清华简与先秦经学文献研究

◎姚小鸥　主编

生活·讀書·新知三联书店

图书在版编目（CIP）数据

清华简与先秦经学文献研究 / 姚小鸥主编. -- 北京:
生活·读书·新知三联书店, 2016.10
ISBN 978-7-108-05647-4

Ⅰ. ①清… Ⅱ. ①姚… Ⅲ. ①简（考古）－中国－战国时代－国际学术会议－文集②经学－中国－先秦时代－国际学术会议－文集 Ⅳ. ①K877.54-54②Z126-53

中国版本图书馆CIP数据核字（2016）第054337号

责任编辑　马　翀
装帧设计　陶建胜
责任印制　宋　家
出版发行　生活·讀書·新知 三联书店
（北京东城区美术馆东街22号　100010）
网　　址　www.sdxjpc.com
经　　销　新华书店
印　　刷　北京隆昌伟业印刷有限公司
版　　次　2016年10月北京第1版
2016年10月北京第1次印刷
开　　本　635毫米×965毫米 1/16　印张 30
字　　数　360千字
印　　数　0,001-3,000册
定　　价　69.00元

（印装查询：010-64002715；邮购查询：010-84010542）

目 录

清华简的文献特色与学术价值

李学勤

清华大学藏战国竹简系于 2008 年 7 月 15 日入藏，经过清理保护和鉴定、拍照、试读等过程，当前的主要工作是进行缀合、编排和分篇，并逐篇进行隶定和释读。到目前为止，清华大学出土文献研究与保护中心业已发布三辑整理报告。经过学者们的研究，清华简的价值越来越显现出来，受到学界同仁和社会各界的广泛关注。

清华简的价值首先基于它的文献性质。与以往的几批重要简帛文献相比，清华简在内容方面的重要特色是：主要由经、史类文献构成。

大家都知道，过去发现的战国时期的竹简，大都是楚简。楚简中，许多属于遣册之类，不是书籍，有些是墓主人在世时的一些祭祀、占卜材料，也不能算是真正的书籍。现代发现的战国书籍，最早的是 1956 年在河南信阳长台关发现的，即长台关 1 号墓出土的《墨子》佚篇。[1] 作为墓主人生前藏书随葬而被大批发现的简册，近年来主要有三批。第一批是 1993 年湖北荆门郭店 1 号墓出土的郭店简，因包含有《老子》等而闻名于世。1994 年上海博物馆从香港抢救回的一批战国

[1] 李学勤：《简帛佚籍与学术史》，南昌：江西教育出版社，2001 年，第 327 页。

简，简称为上博简，也包含有大批珍贵的战国书籍，如《孔子诗论》等。这两批竹简主要内容是属于儒家和道家的理论著作，而清华简的特点则正如前面所说，主要是经、史类书籍。

中国古代也曾有过经、史类简册书籍的出土和发现，著名的有汉代的孔壁藏经和西晋时期的汲冢竹书。孔壁藏经主要包括《尚书》《礼记》《论语》等，汲冢竹书中最为著名的是《竹书纪年》，也有《易经》类文献。这批书籍中流传到现在的还有《穆天子传》。[1]清华简可以说是历史上第三次这类重大发现。

中国古代自春秋时期起即《诗》《书》并称，《尚书》和《诗经》在古文献中最显典重。清华简中就包含着丰富的《尚书》类和《诗经》类的文献。其中，《尚书》类文献分为以下几种情形。

第一种情形，是西汉伏生所传《尚书》里就有的篇目，比如《金縢》。在清华简中叫《周武王有疾周公所自以代王之志》，实际就是《金縢》。[2]因为《周武王有疾周公所自以代王之志》虽然若干文字与传世《尚书·金縢》有所不同，但基本内容是一样的，确定为《金縢》没有问题。第二种情形是，有一些篇目是伏生所传《尚书》二十八篇所无，而在后来的所谓"古文《尚书》"中有的，比如《说命》。《说命》孔壁十六篇里没有，《百篇书序》里有，而且说得很清楚，说"《说命》三篇"。清华简的《说命》就是三篇，称为《傅说之命》。清华简的《说命》每篇都写着篇名《傅说之命》，可见这三篇是一体的。为称呼方便，我们把它称为"上中下"。它们是不是《百篇书序》所言"《说命》三篇"，当然可以讨论。再比方说《尹诰》，《尹诰》在《礼记·缁衣》里面被

[1] 李学勤：《简帛佚籍与学术史》，南昌：江西教育出版社，2001年，第13页。

[2] 清华大学出土文献研究与保护中心编、李学勤主编：《清华大学藏战国竹简（壹）》，上海：中西书局，2010年，第157页。

引用过。

再有一部分，是伏生所传今文《尚书》，或者孔壁发现的古文《尚书》，或者在《百篇书序》里没有，而见于《逸周书》。这一点特别重要。

大家知道，《逸周书》里有些篇，在先秦古籍里引用的时候，就叫“周书”，说明它们属于《尚书》类文献。《汉书·艺文志》有“《周书》七十一篇”，《汉书》颜师古注引刘向语，说是“盖孔子所论百篇之余”。《逸周书》里的《祭公》《皇门》等等，在清华简里面都有。在清华简中，《皇门》《祭公》和《金縢》《说命》一样，地位是平等的。抄写的情况，比如简的大小等等，都完全一致。可见在先秦时候，是拿它们当《尚书》看的。还有一些，是明显只见于《逸周书》的，比如《程寤》篇。[1]《程寤》汉代肯定是在《逸周书》里面。《潜夫论》里面已经引了，东汉以后，一直在引用，到唐代的时候，佚失了，只剩下佚文。清华简中的《程寤》是全篇。

清华简中还有些篇，看起来就像《尚书》，可是今文、古文《尚书》里都没有。清华简一共有六十多篇，接近三分之一是《尚书》一类的文献。

另外一方面，值得特别注意的，就是《诗经》类文献。《清华大学藏战国竹简（壹）》中，有一篇叫《耆夜》。[2]记载“武王八年”戡黎，战胜黎国之后，举行了一个庆功会。庆功会上，周武王、周公都作了诗。特别是在周公作的诗中，有一篇称之为《蟋蟀》。大家知道，今本《诗经》有《唐风·蟋蟀》，《毛诗·序》说是刺晋僖公的诗。那怎么在清

[1] 清华大学出土文献研究与保护中心编、李学勤主编：《清华大学藏战国竹简（壹）》，上海：中西书局，2010年，第135页。

[2] 同[1]，第149页。

华简中说是周公作的呢？当然这是战国时代的一个记载。事实究竟如何，很值得研究。

《诗经》类文献中更值得人们重视的，是我们在清华简第三辑发表的《周公之琴舞》和《芮良夫毖》这两篇。[1]《周公之琴舞》是原标题，诗篇的标题上就写着周公的名字。开头像小序似的，有几句话，明确说这些诗是周公和成王所作。这组诗现存的共有十篇，其中一篇就是今本《周颂·闵予小子之什》的《敬之》。其余九篇，人们根本没见过。将清华简的《敬之》和今本对勘，可知虽有异文，但大体一致。从《敬之》篇来看,《周公之琴舞》为《周颂》之体，但其编排形式和篇中的"乱曰"等字样，是与今本《诗经》不一样的地方。孔子在《论语·泰伯》篇中曾说:"师挚之始,《关雎》之乱，洋洋乎盈耳哉！"[2]《国语·鲁语》中鲁国的大夫闵马父也提到《商颂》的"辑之乱曰"[3]，这些在今本《诗经》中都没有得以显示。它的意义何在，值得研究《诗经》学史的朋友们认真探究。

至于《芮良夫毖》那就更清楚了，因为它作者是明确的，是芮良夫。芮良夫是西周晚期厉王时候的一个著名的贤臣。很多重要的先秦文献比如《国语》中都记载有他的事迹，现存《诗经·大雅·桑柔》篇就是他作的，被称作长篇。《芮良夫毖》这篇诗分为两个部分。两个部分加在一起，有一百八十多句，比《桑柔》还长。《诗经》所有的诗篇里，没有比这个长的。实在令人称奇。

清华简中还有其他一些重要文献，比如第三辑中的《赤鹄之集汤

[1] 清华大学出土文献研究与保护中心编、李学勤主编:《清华大学藏战国竹简（叁)》，上海：中西书局，2012年，第132—144页。

[2] 杨伯峻译注:《论语译注》，北京：中华书局，1980年，第83页。

[3]《国语》，上海：上海古籍出版社，1978年，第216页。

之屋》[1]，情节曲折生动，对于中国早期小说史的研究非常重要。《良臣》[2]的某些内容可以与《春秋》和《左传》对勘。《祝辞》[3]的一些内容可以补充《仪礼·射仪》等。

我们之所以着重提到清华简中的经、史类文献，不但是因为清华简中这类文献所占比例高、数量大，引人注目，更重要的是经、史类文献本身所具有的巨大学术价值和文化意义。从文化制度来说，先秦时期是礼乐社会。经、史类文献反映了礼乐社会的社会制度和主流意识形态，它的精神为先秦诸子所继承。尤其是经过儒家整合与发展之后，成为中国传统文化的理论核心，对于我们今天的文化传统还产生着重大影响。清华简中经学文献的大量发现，无疑对学术史研究有着不可估量的价值，但其意义并不限于此。

我曾有一个谈话，发表在2010年8月4日的《中华读书报》上，题目是《国学的主流是儒学 儒学的核心是经学》。在那篇文章里，我提到一个历史事实，就是在我们中国的传统文化里面，儒学是主流，而经学又是儒学的核心。不研究经学，不了解经学，应该说就没有把握住我们传统文化的主流和核心的部分。

清华简中的经、史类文献，实际多数是后世所说的经学文献。《诗经》就不用说了，在今天一般人看来属于历史著作的《尚书》和《春秋》，也是六经的构成部分，这是大家都熟悉的常识。经学文献在楚简中大量出现，是意味深长的。楚国主要是一少数族群荆楚聚集的地

[1] 清华大学出土文献研究与保护中心编、李学勤主编:《清华大学藏战国竹简（叁）》，上海：中西书局，2012年，第166页。

[2] 同[1]，第156页。

[3] 同[1]，第163页。

方，郭店楚简和上博简、清华简年代大约在公元前三百年左右，这个时代就是方以智所讲的“三子会宗”的时代，孟子、庄子和屈原都生活在这个时期。由经学文献在楚地的大量发现，人们可以想见战国时期的楚国是怎样的一个文化面貌，楚文化与中原主流文化是怎样的一个关系。这对于整个中华民族发展史的研究都有重要的意义，而不仅仅局限于文献方面的学术研究。

（作者单位：清华大学出土文献研究与保护中心）

《清华大学藏战国竹简》与《诗经》学史的若干问题

姚小鸥

《清华大学藏战国竹简》(简称清华简)中含有大量《诗经》类文献。它们的公布给《诗经》学研究带来新的气象。学术史上许多长期争讼不决的问题，因为这批新材料的发现而出现转机。诸如《诗经》编订成书的时间及途径，孔子与《诗经》的关系尤其是“删诗”问题及“佚诗”问题，先秦两汉《诗经》的传承与汉代的《诗经》传本问题等，都得到了新的材料或新的研究视角。有些问题由这批新材料而得以解决，暂时不能定论者也可由此而获得极大的推进。清华简第三辑的《周公之琴舞》篇中，成王所作“敬毖”“琴舞九絉(卒)”的编排及各“启”(今本《诗经》称为“篇”)出现的“乱曰”[1]，就是前所未闻的新知，吸引了众多学者的关注。学者们认为,《诗经》尤其是《周颂》体制问题的研究因此而得到新的门径。凡此种种，凸显了清华简不可替代的学术价值。今择其要者，简述如下。

首先谈谈“孔子删诗”问题。《史记·孔子世家》说:“古者诗三千余篇，及至孔子，去其重，取可施于礼义。上采契、后稷，中述殷

[1] 清华大学出土文献研究与保护中心编、李学勤主编:《清华大学藏战国竹简(叁)》，上海：中西书局，2012年，第132页。

周之盛，至幽厉之缺，始于衽席。故曰《关雎》之乱以为《风》始，《鹿鸣》为《小雅》始，《文王》为《大雅》始，《清庙》为《颂》始。三百五篇孔子皆弦歌之，以求合《韶》、《武》、《雅》、《颂》之音。礼乐自此可得而述，以备王道，成六艺。”[1]对于《史记》所载“孔子删诗”说，孔颖达在《毛诗正义》中提出不同看法，他说：“案书传所引之诗，见在者多，亡逸者少，则孔子所录，不容十分去九。司马迁言古诗三千余篇，未可信也。”[2]自此以后，学者争讼不已。戴维《〈诗经〉研究史》说：“这个问题，自唐代孔颖达挑起战端，经宋儒清儒而民国古史辨派三次大的争论，至今仍无定论。双方利用的文献基本上已搜寻殆尽，就现有的文献资料再起大的争论想彻底解决这一问题，已诚属不可能，只有等待文献进一步的发现了。”[3]

《清华大学藏战国竹简（壹）》曾公布过若干有关《诗经》的材料。其中有与今本《诗经·唐风·蟋蟀》同名且内容大致相同的篇章《蟋蟀》，也有为今人所未知的“逸篇”。《清华大学藏战国竹简（叁）》中公布了更多的材料。包括《周公之琴舞》和《芮良夫毖》等。《周公之琴舞》篇中含有周公所作“琴舞九卒”中的“元纳启”（第一篇）及成王所作“琴舞九卒”的全部“九启”（即当今本《诗经》的九篇）。其中的“元纳启”为今本《诗经·周颂·敬之》篇的另本。从统计学的角度来说，《周公之琴舞》中的诗篇数与今本《诗经·周颂》所存相关诗篇数的对比为十比一，恰恰是司马迁所言古诗与孔子删定之比。当然，不能如此简单处理新出文献与学术公案之间的关系，事情往往复杂得多。但无论如何，这一新发现对于《〈诗经〉研究史》作者前述论断的呼应是

[1]《史记》，北京：中华书局，1980年，第1936—1937页。

[2]《毛诗正义》，阮刻《十三经注疏》，北京：中华书局，1980年，第263页。

[3] 戴维：《〈诗经〉研究史》，长沙：湖南教育出版社，2001年，第35页。

不容忽视的。

与“孔子删诗”相关联的还有所谓“逸诗”问题。按照传统的说法，清华简中的多数《诗经》类文献属于“逸诗”。春秋战国之际到秦汉间的经籍史传乃至诸子等文献，如《左传》《国语》《论语》《孟子》《墨子》《仪礼》《礼记》中，多有引《诗》。其所引诗篇或诗句不见于汉代以后所传《诗经》者，被称为“逸诗”。“逸诗”一名首见于汉代高诱为《战国策》和《吕氏春秋》所作的注中。他将这些文献中出现的类乎《诗经》文体而不见于汉代所传《诗经》文本的篇章称为“逸诗”。欧阳修在《诗本义》中将“逸诗”的产生与“孔子删诗”明确联系起来，并对太史公的记载加以肯定。我们指出这一点，是因为有些当代研究者将先秦典籍中记载的一些非《诗经》体的童谣、俚歌和谚语等也称为“逸诗”，这是很不正确的。

自宋代王应麟《诗考》以来，历代不乏“逸诗”的搜集和整理者。研究者所依据的资料大体相同，对于“逸诗”数量的判定则基于收录标准的宽严不同。清代著名史学家赵翼《陔余丛考》考定的“逸诗”为二十二篇，而另一位清代文献学家郝懿行《诗经拾遗》所收多达一百七十五篇。据说，当代学人有搜罗至数百者，其标准之宽泛可想而知。然而，过去研究者都没有料到会有简帛文献中《诗经》类文献的发现这一学术转机。[1]

回顾《上海博物馆藏战国楚竹书》中《孔子诗论》的公布，曾引起学术界的热议。相比而言，同样出于上博简的“逸诗”《交交鸣乌》和《多薪》两篇，虽有廖名春等学者著文讨论[2]，但并未引起学界的广泛关注。据分析，上博简与清华简抄写的时代与流传地域相近，将两

[1] 参见李琳珂:《先秦逸诗研究》，河南大学 2006 年硕士学位论文，第 3—8 页。

[2] 廖名春:《楚简〈逸诗·交交鸣乌〉补释》,《中国文化研究》2005 年第 1 期。

者放在一起考量，更应该引起人们对相关问题的思考。

这两批竹简中的《诗经》篇章及“逸诗”都属于战国中期偏晚楚国所传《诗经》类文献。关于战国时期各诸侯国在文化上的差异，许慎在《说文解字·序》说：“诸侯力政，不统于王，恶礼乐之害己，而皆去其典籍。分为七国，田畴异亩，车涂异轨，律令异法，衣冠异制，言语异声，文字异形。”[1]《说文解字·序》的上述说法强调春秋战国时期因政治权力分散而造成的文化多元性，这种认识在历史上影响深远。上博简公布之初，人们尚多考虑楚地文献的文化独特性，清华简则使我们进一步认识到先秦时期华夏文化的统一性，以及此类文献文化价值的普适性。

“逸诗”讨论的深入，必然涉及与《诗经》相关的“诗”“乐”关系及“诗”之传承途径及次第。前述清华简中成王所作“琴舞九卒”之“乱曰”出现在每“启”的后半，与今本《周颂》相异。有关“乱”与《诗经》的关系，文献中曾有记述。《论语》说：“师挚之始，《关雎》之乱，洋洋乎盈耳哉！”[2]《国语·鲁语》也提到《商颂》的“辑之乱曰”。[3]“乱曰”为何在今本《诗经》中消失，应当给出合理的解释。仔细分析，可推测这与《诗经》传承路径与传本有关。

先秦两汉时期的传《诗》，有“诗家”与“乐家”之别。以孔子为代表的“诗家”传《诗》重在其义，作为乐官系统代表的周太师传“诗”则重在乐之操作及功能。在这一文化背景下观照《周公之琴舞》中的“乱曰”，可见其尚带有“乐家”传诗的印痕。今人所读到的《诗经》又称《毛诗》，与汉代今文经学派齐、鲁、韩三家所传《诗经》文本一样，

[1]《说文解字注》，上海：上海古籍出版社，1981年，第757—758页。
[2] 杨伯峻译注：《论语译注》，北京：中华书局，1980年，第83页。
[3]《国语》，上海：上海古籍出版社，1978年，第216页。

皆为“诗家”所传之《诗》。从总体上来说，前述清华简中的《诗经》类文献亦然。《上海博物馆藏战国楚竹书（四）》中的《采风曲目》所录[1]，为典型的乐家传本。将之与传世本《诗经》、清华简《诗经》类文献对照，可见三者之间的联系与区别。在传世本《诗经》中，“洋洋乎盈耳哉”的“《关雎》之乱”完全消失了。清华简《诗经》类文献中，尚有标明乐舞表演过程的“乱曰”。上博简《采风曲目》之《硕人》篇前，有“乐调分类声名”“宫穆”这一乐工标记语，必为乐官所传“诗”之操作文本无疑。

王国维《观堂集林·汉以后所传周乐考》认为：“诗家与乐家二家本自殊途，不能相通，世或有以此绳彼者，均未可谓为笃论也。”[2]王国维言“诗”“乐”二家“不能相通”云云，系从其相异处言之，尤指孔子以后战国秦汉间之传《诗》者。至于孔子及其以前《诗》之传授则当别论。

众所周知，先秦君子风范的体现之一就是六艺皆通。《论语·子罕》载：“达巷党人曰：‘大哉孔子，博学而无所成名。’子闻之，谓门弟子曰：‘吾何执？执御乎，执射乎？吾执御矣。’”[3]孔子谦称仅能“执御”（即驾车），但其无疑同样精于他业，包括“乐”在内。据《庄子·天运》篇记载，孔子曾对老子说：“丘治《诗》《书》《礼》《乐》《易》《春秋》六经，自以为久矣，孰知其故矣。”[4]孔子不但熟悉乐经，而且对乐的操作层面也不生疏，故三百五篇皆能弦歌。《论语·八佾》：“子语鲁大师乐，曰：‘乐其可知也：始作，翕如也；从之，纯如也，皦如

[1] 马承源主编：《上海博物馆藏战国楚竹书（四）》，上海：上海古籍出版社，2004年，第159页。

[2] 王国维：《观堂集林》，北京：中华书局，1959年，第118页。

[3] 杨伯峻：《论语译注》，北京：中华书局，1980年，第87页。

[4]《庄子集释》，北京：中华书局，1981年，第531页。

也，绎如也，以成。’”[1]能够与一国最高级别的乐官进行深层次的艺术交流，显见孔子对“乐”的知识与能力是不容置疑的。这是“诗家”《诗经》传本与“乐家”相通的血缘纽带。

有关汉代《诗经》的传承，经学家们有各种解说。就《毛诗》而言，大凡有出自孔子，出自孔门高弟子夏，经由先秦大儒荀卿乃至大小毛公诸说，未定一尊而皆有其故。清华简《诗经》类文献的文本分析，无疑可为上述各说带来新的解释。

由于文献有阙，历史上的《诗经》学史讨论往往各说各话。清华简中的《诗经》类文献可为《诗经》学史的讨论增添学术理据。清华简第三辑中《周公之琴舞》的“乱曰”，更使人们得以窥见早期“诗家”《诗经》传本中带有的乐家传本的某些印迹。这一现象与先秦礼乐社会的总体文化特征密切相关。随着秦汉以后“乐家”退出社会意识形态的核心地位，其传本的影响逐渐消失。其文化遗存则以乐府曲唱文本的形式保存在汉代以后各正史的乐志中，成为观察这一文化现象的参照物。这一演变的机理及过程均极为复杂，容当异日细申论之。

（作者单位：中国传媒大学文学院）

[1] 杨伯峻：《论语译注》，北京：中华书局，1980年，第32页。

《周公之琴舞》的组成、命名及表演方式蠡测

赵敏俐

清华简《周公之琴舞》的发现意义重大，因而从公布之日起，就受到学术界的格外关注。它为我们研究周初的乐舞形态提供了新的实证。在此我想谈两点看法。

一、《周公之琴舞》到底是一组诗还是两组诗

出土的《周公之琴舞》为组诗，按清华简的整理者所言，之所以将这组诗定名为《周公之琴舞》，是因为在这组竹简的第一支后面有这几个字的背题。但问题是，这一背题与竹简的内容不完全相符。因为竹简正文说得非常清楚，分别为“周公作多士儆毖，琴舞九絉”；“成王作儆毖，琴舞九絉”。[1] 据此而言，这组背题为《周公之琴舞》的作品，其实包含了两组诗在内，一组是“周公之诗”，一组是“成王之诗”。而且，既然二者同为“琴舞九絉”，“成王之诗”是9首，那么，“周公之诗”也不能仅仅是1首，而同样应该是9首才对。由此而言，“周

[1]《周公之琴舞》（释文），李学勤主编:《清华大学藏战国竹简（叁）》，上海：中西书局，2012年，第133—134页。

公之诗”中可能还存在着缺失问题。

但是，据公布的清华简图版可知，《周公之琴舞》共写在17支竹简之上，每支竹简背面都有编号，其中第一支简32字，最后一字为“成”字，与第二支简起首4字合在一起为“成王作儆毖”，[1]前后连贯。这说明，出土的清华简在最初抄录时就已经是这种样式，竹简本身不存在缺失问题。由此，蔡先金认为：清华简《周公之琴舞》是一篇完整的作品，是“周公与成王之合作结果”。因为是二人合作，所以前面分别有周公和成王两个“元纳启”以为提示，接下来的第二启写作“通启”，“通，犹同也”，这说明从第二启以下都是周公与成王二人的合作。[2]这种解释虽然可成一说，但是仍有可商榷之处。

按简文所言，前面说的是“周公作多士儆毖”，后面说的是“成王作儆毖”。这两者显然是不同的，这从简文内容上明显地可以看出来。“周公之诗”现在仅残存4句，第1、3两句中各有一个“享”字，2、4两句中各有一个“孝”字。《说文解字》：“享，献也。”“孝，善事父母者。”姚小鸥教授认为：“‘孝享’，在文献中常用于祭祀先祖，表达子孙的孝敬。”《周公之琴舞》篇中“四句歌诗就内容而言符合‘孝享’这一精神内核”。[3]姚小鸥的解释是正确的。而“成王之诗”9首中，“敬”字出现了6次，“德”字出现了8次，“孝”“享”两字却只各出现了一次，可见这9首诗的核心词，一是“敬”字，二是“德”字。其中第一首《敬之》与今本《诗经·周颂·敬之》大致相同，当为同一首诗的不

[1]《周公之琴舞》(放大图版)，李学勤主编：《清华大学藏战国竹简(叁)》，上海：中西书局，2012年，第55页。

[2] 蔡先金：《清华简〈周公之琴舞〉文本与乐章》，《清华大学藏战国竹简与先秦经学文献国际学术研讨会会议论文集》，第19—25页，2013年5月，中国传媒大学文学院国学研究所。

[3] 姚小鸥、杨晓丽：《〈周公之琴舞·孝享〉篇研究》，《清华大学藏战国竹简与先秦经学文献国际学术研讨会会议论文集》，同[2]，第162页。

同版本。《毛诗 · 序》:“《敬之》，群臣进戒嗣王也。”[1]诗的前半部分为群臣进诫语，告诫嗣王敬天。后半部分为成王之语，说自己不敢懈怠，日行月累以明德。分别强调了“敬”“德”二字。而《周公之琴舞》中“成王之诗”的最后一首即第九首中就有两个“敬”字和两个“德”字，中心还是“敬”“德”二字，与“周公之诗”主题有异，不可能是周公与成王二人合作的。那么在“成王之诗”中是否会有周公之作呢？李学勤先生认为，第4篇中有“孺子王矣”一句，在《尚书·立政》里这句话是周公所说，“由此足知这篇诗实际原在周公所作之中”。[2]这一说法也值得商榷。“孺子王矣”这句话，虽然在《尚书 · 立政》里面出自周公之口，但是并不能证明《周公之琴舞》中含有这句话的诗也一定是周公所作。《诗经 · 大雅 · 抑》:“於乎小子，未知臧否”，“於乎小子，告尔旧止”。按《毛诗序》的说法，这两句中的“小子”，都是卫武公对厉王的称呼。[3]但是在《周颂 · 闵予小子》《访落》《敬之》三首诗里分别有“闵予小子”“维予小子”这句话，这里的“小子”却是周成王自称。[4]“成王之诗”中的“孺子”一词，与《诗经》中上几首诗中的“小子”同义。而《敬之》一诗，恰恰见于《诗经·周颂》，可见，这里的“孺子”也是成王自称。这倒进一步证实了这首诗是成王自作，而不会是周公所作。

判定《周公之琴舞》是否存在文字缺失的问题，不仅要依靠出土文献本身，还要结合文献传承的历史。清华简的文字在发现和整理的过程中是没有缺失的，但是并不排除这批竹简在抄录的当时就已经缺

[1] 孔颖达:《毛诗正义》，阮刻《十三经注疏》，北京：中华书局，1980年，第598页。

[2] 李学勤:《新整理清华简六种概述》,《文物》2012年第8期，第67页。

[3] 同[1]，第556页。

[4] 同[1]，第598、599页。

失。《论语·子罕》载孔子曰:“吾自卫反鲁,然后乐正,雅颂各得其所。”[1]西周的雅颂之乐到春秋时已经有残缺失次,《周公之琴舞》创作于周初,学者们断定出土的清华简则写成于战国中期偏晚,相隔近700年,出现文字缺失的情况是可能的。由此我认为,清华简《周公之琴舞》中应该包括两组诗,第一组为“周公之诗”,只残存半首,缺失8首半(因为比照“成王之诗”,周公的这首诗中还缺少“乱”的部分)。第二组应为“成王之诗”,保存完整。

二、“琴舞”名称的内涵及表演方式

在清华简之前,传世先秦两汉文献中都没有“琴舞”这一名称。《周礼·春官宗伯》:“乐师掌国学之政,以教国子小舞。凡舞,有帗舞,有羽舞,有皇舞,有旄舞,有干舞,有人舞。”郑司农云:“帗舞者,全羽。羽舞者,析羽。皇舞者,以羽冒覆头上,衣饰翡翠之羽。旄舞者,氂牛之尾。干舞者,兵舞。人舞者,手舞。社稷以帗,宗庙以羽,四方以皇,辟雍以旄,兵事以干,星辰以人舞。”[2]在如此众多舞名中,唯独不见“琴舞”。《周颂·有瞽》和《商颂·那》描述当时歌舞音乐盛况,也没有提到“琴”。可见,商周时代的乐舞表演不必一定用琴。但是琴作为当时一种重要的乐器则毋庸置疑。《周礼·春官宗伯》:“凡乐……云和之琴瑟,《云门》之舞。”“空桑之琴瑟,《咸池》之舞。”“龙门之琴瑟,九德之歌,《九韶》之舞,於宗庙之中奏之,若乐九变,则人鬼可得而礼矣。”[3]这说明,在某些重大歌舞仪式表演之中,琴又是其中主要的乐器。周公与成王的“琴舞九絉”的表演当是如此,这说明,“琴舞”的命名在这里是有特殊意义的。

[1] 邢昺:《论语注疏》,阮刻《十三经注疏》,北京:中华书局,1980年,第598页。
[2] 贾公彦:《周礼注疏》,阮刻《十三经注疏》,北京:中华书局,1980年,第793页。
[3] 同[2],第789—790页。

《周公之琴舞》组诗在结构上的特殊之处，是在保存完整的“成王之诗”9首之内，每一首都标示为“启”与“乱”两部分。那么，这种标示有什么意义呢？《说文解字》：“启，开也。”引申为一曲乐舞之开始。乱，《说文》与《尔雅》都训为“治”，《玉篇》释为“理”，引申为一曲乐舞之结束。《礼记·乐记》：“今夫古乐，进旅退旅，和正以广，弦匏笙簧，会守拊鼓，始奏以文，复乱以武，治乱以相，讯疾以雅。”又曰：“发以声音，而文以琴瑟，动以干戚，饰以羽旄，从以箫管。奋至德之光，动四气之和，以著万物之理。”[1]把这两段话与“成王之诗”互参，似乎可以发现其中的秘密：也许它的表演方式，就如同《乐记》所说，是“始奏以文，复乱以武”，“文以琴瑟，动以干戚”。前面“启”的部分为“文以琴瑟”的“文舞”，即“始奏以文”，后面“乱”的部分是“动以干戚”的“武舞”，即“复乱以武”。其连续九絉的表演，则说明它用于某个隆重的祭祀活动，这恰如上引《周礼·春官宗伯》所言：“于宗庙之中奏之，若乐九变，则人鬼可得而礼矣。”如此说来。这两组诗序言中所说的“琴舞九絉”四字，正是对其表演方式和表演场合的说明。

“琴舞”连称标示了这两组乐舞的表演方式，“九絉”连体标示了其规模的宏大。这对我们认识周初歌舞、进而认识《诗经·周颂》意义重大。其中，“成王之诗”第一首《敬之》标示了它与《周颂》之关系。由此我们推测，传世《周颂》中可能包含着多首这样的大型乐舞，甚至有多组乐舞组成的系列。《礼记·文王世子》：“天子视学……登歌《清庙》……下管《象》，舞《大武》。”[2]《礼记·明堂位》：“升歌《清庙》，

[1] 孔颖达：《礼记正义》，阮刻《十三经注疏》，北京：中华书局，1980年，第1538、1536页。

[2] 同[1]，第1410页。

下管《象》，朱干玉戚，冕而舞《大武》，皮弁素积，裼而舞《大夏》。"[1]《礼记·祭统》："夫大尝禘，升歌《清庙》，下而管《象》，朱干玉戚，以舞《大武》，八佾以舞《大夏》，此天子之乐也。"[2]《礼记·仲尼燕居》："升歌《清庙》，示德也；下而管《象》，示事也。"[3]可见，《清庙》《象》《大武》《大夏》是最常见的组合方式，用在周王举行的一些大型的礼仪活动之中。以此而言，将"周公作多士儆毖，琴舞九絉"与"成王作儆毖，琴舞九絉"组合在一起，用于成王时的一个大型典礼活动之中，是完全可能的。现存的《周公之琴舞》虽然缺失了"周公之诗"8首半，但是仅从"成王之诗"看，我们已经可以想象到西周初年的王朝礼乐歌舞表演之盛大。而我们今天所看到的《周颂》，仅仅是不相连贯的一篇篇不分章的短诗，这显然与周初颂体歌舞的真实情况相去甚远。《周公之琴舞》的发现，再一次让我们领略了周初乐舞在当时所能达到的艺术高度，对《诗经·周颂》的原初形态也会有全新的认识。

（作者单位：首都师范大学中文系）

[1] 孔颖达：《礼记正义》，阮刻《十三经注疏》，北京：中华书局，1980年，第1489页。

[2] 同[1]，第1607页。

[3] 同[1]，第1614页。

清华简《周公之琴舞》之启示

吴万锺

《清华大学藏战国竹简(叁)》的《周公之琴舞》，依编者的说明，“共十七支简，其中除十五号简残缺了近半，其他都保存完好。篇尾留白，有结尾符号。简背有编号。篇题‘周公之琴舞’写在首简背面上端，字迹清晰”，“首列周公诗，只有四句，是对多士的儆戒，应当是一组颂诗的开头部分。接下来是成王所作以儆戒为主要内容的一组九篇诗作，其中第一篇即今本《周颂》的《敬之》，据此可知这些诗肯定是《周颂》的一部分。周公之颂与成王所作其他八篇今本都已失传。九篇诗简文称为‘九絉’，读为‘九卒’或‘九遂’，义同文献中的‘九成’，孔颖达疏《书·益稷》‘箫韶九成’云：‘郑云：“成犹终也。”每曲一终，必变更奏，故《经》言九成，《传》言九奏，《周礼》谓之九变，其实一也。’[1]”据此可知，《周公之琴舞》是一套完整的乐章，里面共有十首歌诗。

清华大学出土文献研究与保护中心的李守奎先生，对《周公之琴舞》和《周颂》之间的关系进行研究，已提出了概括性的六点看法。

[1] 清华大学出土文献研究与保护中心编，《清华大学藏战国竹简（叁）》，上海：中西书局，2012年，第132页。

他说:“一、颂诗有舞，诗与乐合是歌，诗、乐、舞合是颂。芮良夫所作是歌，周公与成王所作是颂。颂指舞容，颂与风、雅的主要区别当是演奏时有舞。二、颂诗分章，配套使用，九成大礼最少演奏九章，今存《周颂》，散乱缺失，章次不可推究。《周公之琴舞》中的所演奏成王所作的九章使我们得见周颂演奏完整篇章的全貌。三、战国时期楚国尚流传完整的成套颂事‘诗’，诗三百中却支离破碎，十不存一。这为我们重新考虑《诗》的形成过程提供了新的思路。四、周颂中有儆戒为主旨的一类诗，称作‘毖’或‘儆毖’。在本篇简文中，周公之毖主要是警告多士，成王之毖主要是为了自儆。这很符合成王初嗣位时的实际情形。毖诗每章以十二三句为常，分为启与乱两部分，内容或转或承。五、简文第一章与毛诗《敬之》相比，句式整齐，文意显豁，今本《周颂》可能有错简。六、周初成王之诗的语言多承商代成语。”[1]

李先生对《周公之琴舞》篇在诗经学方面所提出的六点意义中，关于成王所作九章为周颂演奏完整篇章的全貌；成王九章为战国时期楚国流传完整的成套颂诗，提供重新考虑《诗》的形成过程；成王九章的启与乱的形式与今存《周颂》篇的形式，尤其成王九章的第一篇与今存《周颂》之《敬之》篇形式的比较等的问题，都有进一步探讨的余地。本文想对这些问题再作讨论。

一

《周公之琴舞》里面成王所作的九章是在战国时期楚国流传的一

[1] 李守奎:《清华简〈周公之琴舞〉与周颂》,《文物》2012年第8期，第76页。

套颂诗，其形式是启与乱两部分构成的演奏乐章的结构，这与今存《诗经》作品之读物文本形式不同。其中的第一篇与今存《周颂》里的《敬之》篇原本是一样的作品。以此，我们有幸看到原本乐歌形式的诗篇在流传过程中如何变成读物文本形式的例子。先秦时期《诗》的流传问题，王国维在《汉以后所传周乐考》指出有两个系统，就是“诗家之诗”与“乐家之诗”。诗家之诗出于古师儒，习其义，乐家之诗出于古太师氏，传其声。[1]依王国维证实的传《诗》体系看，《周公之琴舞》应该属于乐家传的一种乐歌文本。

《诗》学史家一般认为战国时期百家兴盛，而各家之间的思想对立激烈，尤其影响较大的法家、道家、墨家因其思想不合而反儒反《诗》，“或认为《诗》《书》蛊惑人心，主张焚毁；或认为《诗》是无用的糟粕，主张废弃；或认为《诗》只是一种知识，无补于治道。这种思潮对于《诗》学的发展无疑是带有破坏性冲击的。加之这个时代政局对于‘诗礼’制度的根本性排斥，使《诗》学的发展陷入了空前绝后的困境”。而《诗经》学史上战国时期成为最萧条的历史阶段。[2]马银琴先生根据王国维先生提出的先秦时期《诗》传授的诗家与乐家分途的主张，再从周代教育制度入手探讨：“周代礼乐制度下的诗歌传授存在两个系统：瞽矇之教与国子之教。其中瞽矇之教是注重诗之‘声’的传诗系统，而国子之教则是注重诗之‘语言’、‘德义’的传

[1] “此诗乐二家，春秋之季已自分途，诗家习其义，出于古诗儒。孔子所云言诗诵诗学诗者，皆就其义言之，其流为齐、鲁、韩、毛四家。乐家传其声，出于古太师氏。子贡所问于师乙者，专以其声言之，其流为制氏诸家。诗家之诗，士大夫习之，故三百篇至秦汉具存。乐家之诗，惟伶人世守之，故子贡时尚有《风》、《雅》、《颂》、《商》、《齐》诸声……” 王国维：《观堂集林》卷二，《王国维遗书》第一册，上海：上海古籍书店，1983年。

[2] 参阅刘毓庆，郭万金：《从文学到经学——先秦两汉诗经学史论》，上海：华东师范大学出版社，2009年，第78—86页。

诗系统。……随着周代礼乐文化制度本身的发展变革，诗之‘声教’与‘德义’之教之间的关系，也经历了三个不同的发展阶段：以‘声教’为主导的西周时代，‘声教’与‘义教’并重的春秋时代，‘声教’衰落、‘义教’独行的战国时代。”[1]由此可知，《诗》在战国时期，其音乐功能消失殆尽，而阐发诗义的文化功能成为主导。目前我们见到战国时期在楚国流传的《周公之琴舞》这样完整乐章形式的颂诗，可以推测当时诸侯国的朝廷里举办宗庙祭礼等的仪式活动时很可能还使用《颂》诗来进行的。但我们没有更多的资料来说明，当时除了以“德义”为主的《诗》学之外，包括“声教”内容的《诗》学的真实情况如何。

二

《周公之琴舞》里面成王所作的九章以启与乱两部分构成的乐章形式与今存《毛诗》篇章的文本形式有差别，特别是其中的第一章与今存《周颂》里面的《敬之》原本为同一篇而《敬之》篇的形式完全变为读物的诗文本形式。我们把此两者对比一下：

元纳启曰：敬之敬之，天惟显思，文非易思。毋曰高高在上，陟降其事，卑监在兹。

乱曰：遹我宿夜不逸，儆之，日就月将，教其光明。弼持其有肩，示告余显德之行。

敬之敬之，天维显思，命不易哉。无曰高高在上，陟降厥士，

[1] 参阅马银琴：《周秦时代诗的传播史》，北京：社会科学文献出版社，2011年，第4、7—38页。

日监在兹。

维予小子，不聪敬止。日就月将，学有缉熙于光明。佛时仔肩，示我显德行。

简文与毛诗的差别，除了形式上的区分之外，诗句也有多处异文。李守奎先生分析这些异文说："简文的'卑监在兹'与'高高在上'相应，文意很顺。'日就月将，教其光明'较之'日就月将，学有缉熙于光明'，句式整齐，文意显豁，顺畅很多，毛诗可能有错简。"[1]李先生从文章脉络的角度说简文比毛诗顺畅，是对的；但说"毛诗可能有错简"的论断，则未必。我们再看看其他异文，如简文"文非易思"毛诗变为"命不易哉"；"卑监在兹"变为"日监在兹"；"教其光明"变为"学有缉熙于光明"，这里似乎有意改动一个字，而产生诗义的变化。这就说"文非易思"是诗人成王自己的修养文德不容易保持的意思，在"命不易哉"里变为天命不容易保持的意思，诗义从对成王个人的儆戒变成对任何继承王位者的儆戒；"卑监在兹"是卑下监督在兹的意思，在"日监在兹"里变为日日监督在兹的意思，从成王自己卑下监督变成日日监督，日积月累，自强不息的普遍意味；"教其光明"是教导至于光明的境界，在"学有缉熙于光明"里变为学习要有积累而至于光明的境界，是从成王主观教导的事情变为一般学习境界的事情。从上面的分析看，现存《敬之》篇的诗句较简文更为分明地反映了儒家所重视的天命与学习思想，并有儆戒后世君王的普遍性意义。《毛诗序》说解《敬之》篇的诗意为"群臣进戒嗣王也"，不直接说成王而泛言嗣王，正与从乐章形式改动后的毛诗文本的诗义符合。

[1] 参见李守奎：《清华简〈周公之琴舞〉与周颂》，《文物》2012年第8期，第75页。

如果这种分析能成立，我们可以知道原先乐章形式的诗歌变为读本形式的时候，不仅把启与乱的结构改为一体，而且也作了些修辞方面的改动。那么，先秦时期《诗》的结集编订过程中什么时候会产生这些改动的呢？探讨此问题之前，先看一下先秦时期诗文本编订的经过。

三

诗经学的悬案之一的诗文本编订问题，因其资料缺乏，古人多阙疑不谈。研究者们虽就其作品产生时期的问题细作考究，但对作品何时编订的问题却少有探究。有关提及整理诗经作品的较早而可信的资料，就是司马迁《史记·孔子世家》中的一段记录。[1]依此，人们多说孔子曾经从诗三千余篇中，删去内容上重复的诗篇，并选取可施於礼义的作品，而编订《诗三百》。但孔子是否真的做过“编订”和“去诗”的两项工作，至于“去诗”之事，因传世文献里所见到的逸诗甚少，而多被怀疑，至于“编订”，因《论语》里有关孔子重视《诗三百》的言论，而多被肯定。但孔子的编订是对既有的《诗》文本的整理，然则孔子之前《诗》文本的结集是如何形成的呢？对这一问题，近代学者开始关注，并使用多种学科的研究方法和有关资料进行探讨，呈现出大略的轮廓了。

近些年来诗经学界开始关注诗文本的编订问题，较早具体探讨这一问题的是许廷桂先生的两篇文章。[2]他根据先秦史籍里面有关记

[1]《孔子世家》：“古者诗三千余篇，及至孔子，去其重，取可施于礼义，上采契后稷，中述殷周之盛，至幽厉之缺，始于衽席，故曰：‘关雎之乱以为风始，鹿鸣为小雅始，文王为大雅始，清庙为颂始。’三百五篇孔子皆弦歌之，以求合韶武雅颂之音。礼乐自此可得而述，以备王道，成六艺。”

[2] 两文分别是《〈诗经〉结集平王初年考》，《西南师范学院学报》1979年第4期；《〈诗经〉编者新说》，《重庆师院学报》（哲社版）1997年第4期。

录的分析和《诗经》作品内容的考究，判断周宣王时期曾有过一次大规模的搜集编订的措施。[1]之后，周平王为挽回政治上失落的王权的尊严，在宣王时期搜集而粗具规模的诗文本的基础之上，最后结集成书。[2]至于孔子是否做过像司马迁所说的那样大量删去诗篇的工作，许廷桂先生持否定的态度，而对孔子做些部分修订的工作，持肯定的态度。[3]后来，刘毓庆、郭万金先生在《从文学到经学》论述《诗》编订过程时，也持周宣王、周平王、孔子的三次编订而完成与今存《诗经》体制相似的诗文本的看法。[4]

[1] 许廷桂先生对宣王时期《诗》的编订情况说："从谀美宣王诗篇之多、厉宣两代诗篇内容反差之大，结合时代背景的考察，有力表明了《诗经》是在宣王之世，为着政治目的，由他有意识地下令大规模搜集编订起来。当时的《诗经》在规模上也许只有《雅》、《颂》，至多还有二《南》，所以一开始便形成了《诗经》以《雅》、《颂》为称引重点的格局。"参见《〈诗经〉编者新说》，第30页。

[2] 许廷桂先生提出了五种理由。参见《〈诗经〉编者新说》，第30—31页。

[3] 许先生说："一方面我们认定孔子并没有将《诗经》作大规模处理，由三千篇删成三百来篇，另一方面又实事求是地承认，局部的修订是有的。'吾自卫反鲁然后乐正，雅颂各得其所。'（《论语·子罕》）乐与诗是结合在一起的，音乐'雅颂各得其所'意味着对《诗》的编排作过调整。他将《诗》长期作为教学生的基本教材，在使用中作一些修订，也是情理中事。好几篇有明确记载，当时影响广泛的平王以后的作品（如《载驰》《黄鸟》等），极有可能就是由他订补进《诗经》的。如此说来，《诗经》便是主要为着政治的需要而由周宣王、周平王相继主编，他们的乐官史官参编，孔夫子最后补编的了。"参见《〈诗经〉编者新说》，第31—32页。

[4] 刘毓庆先生对此三次编辑的不同的用意和目的，说："第一次宣王编诗，主要是从'典礼仪式'出发考虑的，目的是在'兴正礼乐'，再致盛世，即所谓'法文武成康之遗风'。因而他所'钦定'的只是典礼乐歌，倡导的是一种中正平和之音。据以上考证，尽管宣王有可能是'采诗'制的真正实行者，但所谓'观民风，知得失，自考正'，只是要求政治家自己掌握的事情，故不必颁于天下。平王时则不同了。平王编诗，则是从'反于治道'考虑的，带有非常强烈的政治功利目的。他想从亡国的教训中复振国祚，故而所编以厉、宣、幽三世'怨诽'之音为主，并将此颁于诸侯，以警天下。他所追求的目标只是维护周统不坠而已，故远不及宣王之高远。孔子编诗则面对的是'礼崩乐坏'、天子失统的现实。因而他所考虑的是恢复周礼、'雅颂各得其所'的问题，同时也考虑到了文化承传与世道人心的修复问题，故将'可施于礼义'作为一项标准。"参见《从文学到经学——先秦两汉诗经学史论》，上海：华东师范大学出版社，2009年，第24页。

近些年来，马银琴先生从两周诗歌发展史的角度对诗文本编订的问题探讨得更加详尽。她把当时诗歌的制作年代与编订过程的问题放在两周时代的文化制度、社会生活的背景之下，利用大量的传世文献与考古资料，并参考考古学、历史学等相关学科的研究成果，比较清晰地还原了其历史真相。[1] 马先生把诗文本的编订过程分成六个阶段来论述，其六个阶段分别是周康王时期、周穆王时期、周宣王时期、周平王时期、齐桓公时期和孔子。[2] 对于前三个时期产生诗文本编辑活动意义的历史过程，她概括地说，康王时期主要编订了以仪式乐歌为主的文本，到了穆王时期在既有的仪式乐歌基础上增加了新的燕享乐歌，这一时期诗文本的性质主要在于乐教功能上面。到了宣王时期，"变雅""变风"被编入之后诗文本的性质开始变质，向着由乐教到德教阶段发展。[3] 而这一时期的诗文本是以《诗》《小雅》《大雅》《颂》分离的形式存在的。平王时期，则有把《风》《雅》结合而称《诗》

[1] 参见《两周诗史》，北京：社会科学文献出版社，2006 年，第 1—8 页。

[2] 马先生在探讨诗文本编订的专文里（《诗文本的结集与〈诗〉名称的出现》，《文学评论》2001 年青年学者专号；《齐桓公时代〈诗〉的结集》，《文学遗产》2004 年第 3 期），提出五次编订，这里说六次编订是因为马先生肯定孔子对诗文本所作的整理工作而加的。

[3] "康王时代的意义是在'定乐歌'的行为中产生了第一个仪式乐歌文本，奠定了后世乐歌编定活动的基础，穆王时代的意义是在康王所定乐歌的基础上增加了燕享乐歌这一新的乐歌种类，那么，宣王时代的意义则突出地通过'变雅''变风'被编入诗文本的行为表现出来。'变风'、'变雅'入诗，不但丰富了诗文本的内容，推动了歌与诗的合流，更重要的是，这一现象的产生，对西周时代乐歌隶属于仪式、由瞽矇掌教的乐教传统形成了有力冲击。诗文本的性质开始从根本上发生改变，诗教开始突破乐教的束缚走上独立，向着以德教为中心的阶段发展，中国诗歌史上影响深远的美刺传统开始确立，中国的政教文学由此进入了一个全面发展的崭新时代。"参见《两周诗史》，第 238 页。

的集本，但《颂》仍然是以独立的形式存在而流传的。[1]到了齐桓公时期，独立存在的《颂》被纳入以《诗》为名的诗文本里面，出现了《风》《雅》《颂》合集的，其体制与现代《诗经》大致相同的《诗》文本。[2]距齐桓公大约一百五十年之后的孔子，对既已流传的诗文本做过“删诗”而整编的工作。至于孔子是否做过删诗，马先生提出四种理由，主张孔子确实做了删诗的工作。其四种理由是：第一，经过几次结集的诗文本，每次新文本与旧文本之间产生流行反差，传播过程中发生变异，而同一文本在不同区域产生差异。由此，造成大量重复的“三千余篇”，而孔子有“去其重”的说法。第二，孔子的删诗是在周代诗乐一体的礼乐制度下产生的正乐活动，所谓“乐正，《雅》《颂》各得其所”的另一种表述方式。第三，鲁襄公二十九年，季札在鲁观乐时所听到的《国风》次序与今本《诗经·国风》次序有出入。这种变动说明，在季札之后不久的孔子，作过调整乐次的正乐工作。第四，采诗所得的所谓“淫诗”，就反映采诗观风的古制与春秋时代断章取

[1] 当从西周乐教制度内部发展起来的德教与原有的乐教传统发生冲突并逐渐成为主流时，在诗文本的编辑中，乐教制度的崩坏便从仪式程度最低的诸侯风诗开始，渐及二《雅》，最后至《颂》。从服务于德教的角度而言，讽刺时政、能够提供历史鉴戒的二《雅》，与在采诗观风的目的下进入诗文本的诸侯国风诗有很多相同的特点，因此，它们在《诗》的名义下合编也体现着一种必然。在诸侯《国风》与二《雅》合编的东周初年，乐教传统并未进入全面崩溃的阶段。因此，作为祭神之歌、仪式化程度最强的《颂》，仍能够守着服务于仪式的功能，而与服务于讽谏的《诗》别类分立。这种状况，与周平王时代的历史、政治一样，都表现出了相当明显的过渡性特点。参见《两周诗史》，第 295 页。

[2] 总结上文的讨论可知，齐桓公时代是一个尊重王室、崇尚礼乐的时代，同时也是引诗、赋诗之风开始兴起的时代。在齐桓公时代，周王室确实有过一次编辑诗文本活动；在这次编辑活动中不但《国风》中的大部分作品得到了采集和编定，而且，春秋前期仍以独立形式流传的《国风》与《商颂》，也被纳入了以《诗》为总名的文本当中，以《诗》为名的《风》《雅》《颂》合集的诗文本从此产生出来。参见《两周诗史》，第 394—395 页。

义的用诗观念，这就是孔子以“思无邪”概括《诗三百》的原因。[1]以上近些年来学者们关于诗文本编订经过的探讨，有许廷桂先生主张三次编订的看法，和马银琴先生主张的六次编订的看法。马先生的看法在许先生所主张的基础上，把诗文本结集问题讨论得更细更具体，给我们理解该问题提供了很好的框架。

四

以上述《诗经》六次编订经过，以及如王国维先生所说的乐家之诗与诗家之诗开始分歧的认识为基础，再来看战国时期在楚国流传的《周公之琴舞》一文，就产生这样的疑问，诗文本编订过程中，乐章形式的诗文本什么时候变成今存读本的诗歌形式？孔子是否作过删诗工作？为了解决这两问题，下面我们将在《诗》学发展史的角度从几个方面探讨读物诗文本可能产生的时期。

首先，从诗文本的编订过程的角度看此问题。如前面已论述，平王时期的诗文本已与今存《诗经》的内容和结构相差不大。如此初步定成的诗文本原本是仪式乐歌的形式。春秋时期，这一诗文本一方面又经过齐桓公和孔子的补编和删改，逐步完善，另一方面赋诗引诗之风盛行，《诗》的功用除了典礼仪式之用外，还是诸侯国之间互相聘问时“赋诗言志”的外交手段。王国维先生说的“诗乐二家，春秋之季已自分途”，就在说明当时开始产生的《诗》之两方面的用途。这种诗家与乐家的分离可能发生在独立形式存在的《颂》诗纳入以《诗》为名的诗文本的时候，就是齐桓公时期编订诗文本的时

[1] 参见《两周诗史》，第414—415页。

候[1]，或者之后。《颂》是诗文本里面最初产生的颂功祭祀、宗庙仪式上用的乐诗，所以其初期形态应该是我们在《周公之琴舞》所看到的乐章形式的乐歌。这一群诗被纳入与《风》《雅》合编的《诗》的目的，应该是便于使用。因为散本形式的诗文本可能更接近于典礼仪式上用的乐歌文本，而合编形式的诗文本更接近于便于当作读物使用的诗歌文本。

其次，从《诗》学发展进程的角度看同一问题。春秋时期赋诗引诗并行，到了战国时期赋诗活动消亡，而引诗记载仍见于诸子典籍中。如从诗与乐分不分的角度看，西周时期的《诗》，以与乐一体的形式用于典礼仪式上[2]；至于春秋时期，赋诗引诗的用诗方式盛行，赋诗是在诸侯之间聘问燕享时与音乐配合的仪式活动中表意言志的用诗方式，引诗则是在陈述某种事实或道理时为加强说服力而引《诗》，这与乐毫无关联。从诗乐合一到诗乐分离的《诗》学发展过程意味着乐家之诗与诗家之诗的分歧，此离奇现象开始于赋诗引诗并行的春秋时期，至于战国时期最终分家。这一事实可能说明春秋末期的孔子对《诗》做的工作，对这一现象的发生就起到转折性的作用。马银琴先生说："孔子的以《诗》立教又给引诗行为注入了新的活力。于是，在儒家教诗传诗的过程中，引诗行为又出现了许多新的特点。"[3]孔子给

[1] 马银琴说："《晋语四》公孙固与郑叔詹之引《商颂》、《周颂》等事，发生在公元前642年，即齐桓公卒后一年。而臧文仲引《周颂》而称《诗》，则在公元前638年，即齐桓公卒后五年。由这种称名的变化我们可以推知，《周颂》、《商颂》之与《风》、《雅》合编，成为以《诗》为名的诗文本的组成部分，当发生在公元前七世纪中叶齐桓公称霸中原的时代。"见于《两周诗史》，第391页。

[2] 刘毓庆对西周人的诗乐观念说，"在西周人的观念中，《诗》是作为'乐'的从属而存在于典礼仪式中的，'诗'通过'乐'而服务于'礼'。'音乐'是诗的第一生命，当诗作为乐章而出现于典礼的时候，'诗'自身所具有的内容，完全被淹没在了涣涣洋洋的声乐之中，人们所关注的是它所属附的'乐'的功能"。参见《从文学到经学——先秦两汉诗经学史论》，第26页。

[3] 参见《周秦时代〈诗〉的传播史》，第60页。

引诗的用诗行为注入了新的活力的实质性工作，很可能是把乐章形式的诗文本改为读物形式的诗文本，而导致诗家之诗文本快速传播，并以促成乐家与诗家的最终分家。

再次，从《毛诗序》的形成过程来看。《毛诗序》是以《大序》《首序》《续序》三部分内容组成的。关于《毛诗序》的最终形成，学术界一般认为是汉代经过毛公、卫宏等人之手完成的。依《经典释文·序录》的记载，我们知道郑玄有《大序》是子夏所作，《小序》是子夏、毛公合作的说法。这是历来提到的《毛诗序》作者里面最早的人物。虽近代学者们否认子夏序《诗》的说法，而多有汉人作《毛诗序》的主张，但评论诗篇的方法和性质与《首序》非常相似的《孔子诗论》发现之后，学者们重新关注子夏序《诗》的可能性。[1]但从《诗》学史发展的角度，马银琴先生将《首序》的产生时期追溯到更早的《诗》文本编订时期。她根据四家诗说的比较，说："四家诗说绝大多数情况下的一致与三家诗另立新说时仍与《毛诗》首序'似不同而实未尝不同'的事实，都为它们同出一源提供了最有力的证明。这一共同的'源'，就是产生于周代礼乐制度之下，经孔子、子夏及其后学的师徒相授而保存下来的《毛诗》首序。"并依此提出"《毛诗》首序的产生应在周代礼乐制度尚未崩坏的春秋末期以前"。[2]如果马先生的这一主张成立，孔子之前就有《首序》，则可以推测说《续序》的内容是在孔子之后儒家诗教的过程中逐步形成。由此，再看《续序》内容，虽说是对《首序》的补充说明，但其实际补充的

[1] 参见刘毓庆、郭万金：《从文学到经学——先秦两汉诗经学史论》，第149—157页。

[2] 参见《两周诗史》，第34—62页。

内容对诗的文义阐发的较多。[1]如此看,《毛诗序》的由《首序》到《续序》的形成过程也反映着周代《诗》学的中心由乐家之诗到诗家之诗的变移。产生变移的时期为春秋末期，正与孔子整编《诗》的时期吻合。

以孔子生活的春秋末期为转折点，因如上面所提的散行的《诗》文本逐渐结集成整体的《诗三百》文本，而更加便于习《诗》，带有音乐成分的赋诗言志的用诗方式销声匿迹，战国时期只流行引诗证事的用诗形式,《毛诗序》的形成是先产生赋予音乐仪式主题的《首序》，之后根据诗文补充意义的《续序》才产生等三方面的《诗》学方面的变化，就造成乐家之诗与诗家之诗的分离。这种分离现象的形成，应该与孔子对《诗》做的工作有关。以此，我们大胆假设，孔子删编《诗》的时候，正如《周公之琴舞》里面成王所作九首的第一篇乐章形式变为今存《周颂·敬之》篇的读本形式一样，很可能做了把乐章形式的诗文本改成读本形式的诗文本的工作。

若这种假设能成立，我们可以进一步推测孔子之后的诗文本就分成乐章和读物的两种形式流传，而战国时期的儒生教学《诗》的时候，除了典礼仪式上所需的特殊人员之外，一般用读物形式的诗文本来教学《诗》。《诗》学的这种发展方向正符合于孔子的《诗》学内容。春秋时期礼崩乐坏之际，孔子整编《诗》时所寄托的是周代礼乐文化的

[1] 比如《大雅·泂酌》的《毛诗序》说:“召康公戒成王也。言皇天亲有德、飨有道也。”《首序》是借以儆戒成王之义，用于儆戒君王的典礼仪式上的乐章之义。《续序》则是由诗文里面的“岂弟君子，民之父母”“岂弟君子，民之攸归”“岂弟君子，民之攸塈”之句而发的诗义。《大雅·卷阿》的《毛诗序》说:“召康公戒成王也。言求贤用吉士也。”《首序》是借以儆戒成王之义，用于儆戒君王的典礼仪式上的乐章之义。《续序》则是由诗文里面的“岂弟君子”“蔼蔼王多吉士”等句而发的诗义。

承传与复兴，所以说出不少《诗》的音乐层面的价值，[1]但阐发更多的是《诗》本身的价值，就是《诗》义的价值。以此，把它的价值扩大到人生层面的意义、家庭人伦层面的意义、社会政治层面的意义等。[2]

我们把《周公之琴舞》里的周公之颂一首和成王所作九首与今存《周颂》进行比较的话，可以进一步探讨孔子对《诗》所作工作的实际内容。如上面所述，我们承认孔子做过从三千余篇中删去不合礼义的作品而编订《诗三百》的工作。但关于马银琴先生所说的“同一文本在不同区域产生差异。由此，造成大量重复的‘三千余篇’，而孔子有‘去其重’的说法”，则再作商榷。因为《周公之琴舞》里的周公之颂一首和成王所作九首中，今存《周颂》里面仅存《敬之》一篇，依此资料来判断，“去其重”之“重”的实际情况恐怕不是同样作品的重复，而是作品内容类似而重复的可能性比较大。李守奎先生已指出了成王所作儆毖九篇在《周颂》里面有类似的作品，说“《周颂》有《小毖》，只有七句，内容主要是‘予其惩而毖后患’，是成王自戒。周颂中的这些诗自成一类，很早就引起学者的注意，傅斯年把《闵予小子》、《访落》、《小毖》、《烈文》、《敬之》归为一类，定其为成王

[1] 如：“吾自卫反鲁，然后乐正，雅颂各得其所。”（《子罕》）：“师挚之始，《关雎》之乱，洋洋乎盈耳哉！”（《泰伯》）。

[2] 如：“子贡曰：‘贫而无谄，富而无骄，何如？’子曰：‘可也，未若贫而乐，富而好礼者也。’子贡曰：‘诗云，‘如切如磋，如琢如磨’，其斯之谓与？’子曰：‘赐也，始可与言诗已矣，告诸往而知来者。”（《学而》）；“兴於诗，立於礼，成於乐。”（《泰伯》）；“诗三百，一言以蔽之，曰：‘思无邪’。”（《为政》）；“小子何莫学夫诗？诗，可以兴，可以观，可以群，可以怨。迩之事父，远之事君，多识于鸟兽草木之名。”“子谓伯鱼曰：‘女为周南召南矣乎？人而不为周南召南，其犹正墙面而立也与？’”（《阳货》）；“陈亢问于伯鱼曰：‘子亦有异闻乎？’对曰：‘未也。尝独立，鲤趋而过庭。曰：‘学诗乎？’对曰：‘未也。’‘不学诗，无以言。’鲤退而学诗。他日，又独立，鲤趋而过庭。曰：‘学礼乎？’对曰：‘未也。’‘不学礼，无以立。’鲤退而学礼。闻斯二者。陈亢退而喜曰：‘问一得三，闻诗，闻礼，又闻君子之远其子也。’”（《季氏》）

登基典礼所用的诗歌”[1]。根据《毛诗序》的诗义,《闵予小子》《访落》《小毖》《烈文》《敬之》都是与成王有关的作品。[2]如我们把这些作品与成王所作儆毖九首比较，虽很难判断有什么样的标准把这些作品删去，但可以肯定现存《周颂》里面有关成王的作品，是从更多的类似作品中幸运地存留下来的。

《清华简·周公之琴舞》

周公作多士儆毖，琴舞九卒。

元纳启曰：无悔享君，罔坠其孝，享惟慆思，孝惟型思。

成王作儆毖，琴舞九卒。

元纳启曰：敬之敬之，天惟显思，文非易思。毋曰高高在上，陟降其事，卑监在兹。

乱曰：遹我宿夜不逸，儆之，日就月将，教其光明。弼持其有肩，示告余显德之行。

再启曰：假哉古之人，夫明思慎，用仇其有辟，允丕承丕显，思攸亡斁。

乱曰：已，不造哉！思型之。思毷彊之，用求其定，裕彼熙不落，思慎。

参启曰：德元惟何？曰渊亦抑，严余不懈，业业畏忌，不易威仪，在言惟克，敬之！

乱曰：非天廞德，繄莫肯造之，宿夜不懈，懋敷其有悦，裕其文人，不逸监余。

---

[1] 参见《清华简〈周公之琴舞〉与周颂》，第73页。

[2]《闵予小子》：嗣王朝于庙也;《访落》：嗣王谋于庙也;《小毖》：嗣王求助也;《烈文》：成王即政，诸侯助祭也;《敬之》：群臣进戒嗣王也。

四启曰：文文其有家，保监其有后，孺子王矣，丕宁其有心。慭慭其在位，显于上下。

乱曰：遹其显思，皇天之功，昼之在视日，夜之在视辰。日入辠举不宁，是惟宅。

五启曰：呜呼！天多降德，滂滂在下，攸自求悦，诸尔多子，逐思忱之。

乱曰：桓称其有若，曰享答余一人，思辅余于艰，廼禔惟民，亦思不忘。

六启曰：其余冲人，服在清庙，惟克小心，命不夷歇，对天之不易。

乱曰：弼敢荒才位，宠威在上，警显在下。呜呼！式克其有辟，用容辑余，用小心，持惟文人之若。

七启曰：思有息，思熹在上，丕显其有位，右帝在落，不失惟同。

乱曰：遹余恭害怠，孝敬非怠荒。咨尔多子，笃其谏劭，余逯思念，畏天之载，勿请福之愆。

八启曰：佐事王聪明，其有心不易，威仪謐謐，大其有谟，匄泽恃德，不畀用非雍。

乱曰：良德其如台？曰享人大……罔克用之，是坠于若。

九启曰：呜呼！弼敢荒德，德非惰思，纯惟敬思，文非动思，不坠修彦。

乱曰：遹我敬之，弗其坠哉，思丰其复，惟福思庸，黄耇惟盈。

（作者单位：韩国全南大学）

清华简《周公之琴舞》文本与乐章

蔡先金

地不爱宝，自20世纪末以来简牍文献屡有发现，而且每次重大发现皆令世人惊艳。可惜的是诗乐类文献发现少得屈指可数，而清华战国楚简整理者最近却公布了一篇西周初期的《周公之琴舞》，尤显珍贵，因为这不仅是佚诗的发现，也可谓是佚乐的发现。《周公之琴舞》不仅呈现出一篇完整的颂诗，而且还是迄今唯一可见的一部完整的"颂"类乐章，其学术价值至少可敌半部传世《诗经·周颂》，既可以有助于我们解决一些诗经学案，如颂是"容"之本字、颂与风雅之区别在于舞容之有无、传世《周颂·闵予小子之什·敬之》是《周公之琴舞》删节本，[1]还可以让我们一窥"颂"类乐章之真容，尤其可以少许弥补《乐经》亡佚留给后人之缺憾。

一、《周公之琴舞》的文本结构

（一）循环式结构

《周公之琴舞》的文本相对来说是较为完整的，因为该简册没有

[1] 参见李守奎:《清华简〈周公之琴舞〉与周颂》,《文物》2012年第8期。

出现脱简或严重断简现象，且文本结构亦是很清晰的，这主要是因为“启”或“乱”都是重要的文本结构分析的标识，两篇小“序”亦一目了然。在出土文献中有如此完整的乐诗文本是很难得的，我们今人能够目睹如此完整文本也很幸运。其文本结构可简单描述如下：

序 + 元启 + 序 + 元启 + 乱……第一遂
通启 + 乱……第二遂
三启 + 乱……第三遂
四启 + 乱……第四遂
五启 + 乱……第五遂
六启 + 乱……第六遂
七启 + 乱……第七遂
八启 + 乱……第八遂
九启 + 乱……第九遂

其文本结构相对来说，亦较为简单，是一种常见的“启 + 乱”式的循环结构。严格起来说，“序”应该不属于《周公之琴舞》的固有文本结构，而只是“第三方”后期加入而已。何谓“序”？“序”亦称“叙”，或称“引”。《尔雅》云：“叙，绪也。”《书》有书“序”，《诗》有诗“序”，不仅是传世文献如此，出土文献亦证明了这一点。“序”可能很早就有了，后世编纂典籍目录时亦常作书目之序，用以介绍群书之概略。这可能得益于古代起源很早且又发达的史官系统，制“序”可能就是由这些史官系统的像老子那样的“守藏史”来完成的，目的是为了这些档案文献整理与典藏。诗“序”的作用大抵体现有：一是说明该诗作者；二是说明该诗的创作背景；三是说明该诗的旨意或目的；四是说明该诗用乐情况及其他。清华简《芮良夫毖》同样也有“诗序”，从《周公之琴舞》的“儆毖”或《芮良夫毖》的“毖”的诗序及其诗歌内容来看，“儆毖”可能是当时诗的重要目的或功能，因此传世毛诗的“讽谏”说，未必是空穴来风。由此看来，传世《毛诗》有“序”也就很正常了，渊源有自，并非画蛇添足之举。

“启”“乱”或“遂”在古代音乐体系中皆为专用术语，而且在诗乐文本结构上起到了重要的标识性作用。那么何谓“启”“乱”或“遂”？“启”，为一个乐章的起首之义，可能是毫无疑义的，但是，“启”的唱奏形式是配乐演唱还是清唱甚或朗诵，是领唱还是合唱甚或根据需要而定，就不得而知了。“乱”，《国语·鲁语下》载“其辑之乱曰”，韦昭注：“曲终，乃更变章乱节，故谓之乱也。”《礼记·乐记》记“复乱以饬归”，朱彬《礼记训纂》引王念孙曰：“乐之终、诗之终有乱，皆理之义也。”[1]后来，此种用法运用于“辞赋”，将“乱”这一音节之名化为辞赋文体结构之名，或为总理一辞赋之终，如《楚辞·怀沙》之“乱”；或为引归本旨，如《离骚》《招魂》之“乱”；或长言咏叹，如《涉江》《哀郢》之“乱”；或为分段叙事，如《抽思》之“乱”。清人蒋骥云：“余意‘乱’者，盖乐之将终，众音毕会，而诗歌之节，亦与相赴，繁音促节，交错纷乱，故有是名耳。孔子曰‘洋洋盈耳’，大旨可见。”[2]杨荫浏在《中国古代音乐史稿》中亦认为“乱”在一曲中有适于突现高潮的作用，可能在节奏的变化、旋律的运用、速度的处理、音色的安排、唱奏者表达手法的运用等方面有其突出之处。[3]在某种场合，“启”有可能是领唱，而“乱”有可能就是合乐。《论

[1]（清）朱彬：《礼记训纂》，饶钦农点校，北京：中华书局，1996年，第583页。

[2]（清）蒋骥：《山带阁注楚辞·楚辞余论》，上海：上海古籍出版社，1958年，第192页。

[3] 参见杨向奎：《宗周社会与礼乐文明》，北京：人民出版社，1997年，第355—356页。

语·泰伯》云："子曰：'师挚之始，《关雎》之乱，洋洋乎盈耳哉！'"孔子可能是就《关雎》演奏整体乐章而言，"师挚之始"可能就是指"师挚之启"，即鲁国名乐师挚为"启"唱。《乐记》云："再始以著往，复乱以饬归。"又曰："始奏以文，复乱以武。"皆"始"与"乱"对举，其"始"应为"启"义。《关雎》用乐时有"乱"是无疑的。刘台拱《论语骈枝》曰："凡乐之大节，有歌有笙，有间有合，是为一成。始于升歌，终为合乐，是故升歌谓之始，合乐谓之乱。《周礼·太师职》：'大祭祀，帅瞽登歌。'《仪礼·燕》及《大射》皆太师升歌。挚为太师，是以云'师挚之始'也。"[1]也就是说，《关雎》文本原来也是分为"启"与"乱"的循环式结构，用乐时同样具有"升歌"与"合乐"二部曲式。

由"启"到"乱"，又称为一终或一成或一遂或一絉。孔颖达《礼记正义》曰："成，谓曲之终成。每一曲终成，而更奏，故云。成，犹奏也。"贾公彦《周礼注疏》指出，"成"和"变""终"同义。在此，"成""终""变""遂""絉"五者同义。《周公之琴舞》总为"琴舞九絉"，或可谓"九成""九变""九终""九遂"。倘若遥想当年周颂演奏之盛况，可参照《左传·襄公二十九年》记载的"季札观乐"事件，季札听赏《颂》歌之后曰："至矣哉！直而不倨，曲而不屈；迩而不偪，远而不携；迁而不淫，复而不厌；哀而不愁，乐而不荒；用而不匮，广而不宣；施而不费，取而不贪；处而不底，行而不流。五声和，八风平；节有度，守有序。盛德之所同也！"宫、商、角、徵、羽五声和谐，金、石、丝、竹、匏、土、革、木八音相配，八佾舞容端雅以宣导，音乐节奏分明有度，无相夺伦，守有秩序，盛德至矣哉！因此，中国上古音乐发展已经相当成熟，不仅呈现在世人共识的完善的乐制上，而且还表现在

[1] 程树德著，程俊英、蒋见元点校：《论语集释（二）》，北京：中华书局，1990年，第542页。

音乐创作的明晰的结构上，这种乐制、乐理、乐章、乐语、乐律、乐器、乐容是当时西方乐界不可同日而语的。

由此看来，《周公之琴舞》每一乐章是由“启”与“乱”上下两个部分组成的，段落分明，它的曲调可能是采用“A+B”的单二部曲式，“启”可能是“升歌”部分，而“乱”可能是“合乐”部分。

（二）句读计量

《周公之琴舞》的文本字句结构值得关注，每首颂诗的诗句是以四字为主，但也并非一律，多有随意性，有一字句，如“已”；二字句，如“思慎”；三字句，如“攸亡斁”；五字句，如“佐事王聪明，其有心不易”；六字句，如“毋曰高高在上”；最多的为七字句，如“示告余显德之形”。现将各遂的文字数量结构统计如下：

元启：4+4+4+4（16字，4句读）

元启：4+4+4+6+4+4（26字，6句读）

乱：4+4+4+5+7（24字，5句读）

通启：5+4+5+5+4（23字，5句读）

乱：1+3+3+4+4+5+2（22字，7句读）

三启：4+4+4+4+6（22字，5句读）

乱：4+5+4+5+4+4（26字，6句读）

四启：5+5+4+5+5+4（28字，6句读）

乱：4+4+5+5+6+3（27字，6句读）

五启：2+4+4+4+4+4（22字，6句读）

乱：5+6+5+4+4（24字，5句读）

六启：4+4+4+4+5（21字，5句读）

乱：5+4+4+2+5+4+4+5（33字，8句读）

七启：3+4+5+4+4（20字，5句读）

乱：5+5+4+4+4+4+5（31字，7句读）

八启：5+5+4+4+4+5（27字，6句读）

乱：5+4（？）……+4+4

九启：2+4+4+4+4+4（22字，6句读）

乱：4+4+4+4+4（20字，5句读）

从以上统计可发现，现存整个篇章105句，4字句为67个，所占句读比例为63.8%，占绝对多数；每章的“启”或“乱”字数除首个“元启”外均在20字以上，最多为31字，或者说均在5句读之上，最多为8句读。由此可以看出，当时的诗歌在乐章字句上并没有严格的限制性要求，自由度较大，只要押韵或符合节奏即可，这也无怪朱光潜说：“诗歌、音乐、舞蹈原来是混合的。它们的共同命脉是节奏。在原始时代，诗歌可以没有意义，音乐可以没有‘和谐’（harmony），舞蹈可以不问姿态，但是都必有节奏。后来三种艺术分化，每种均仍保持节奏，但于节奏之外，音乐尽量向‘和谐’方面发展，舞蹈尽量向姿态方面发展，诗歌尽量向文字意义方面发展，于是彼此距离遂日渐其远了。”[1]第二遂的“乱”是一种典型的可以反映字句自由度的歌词结构，其文本如下：

乱曰：“已，不造哉！思型之，思毷强之，用求其定，欲彼起不落，思慎。”

[1] 朱光潜：《诗论》，《朱光潜全集（第三卷）》，合肥：安徽教育出版社，1987年，第16页。

"已"为语气词,《书·康诰》云:"已，汝为小子，乃服惟弘。"亦见《大诰》、大盂鼎铭文等，相当于后世的"呀""啊"，至今中原河南人仍旧喜欢用此类声音作为感叹。闻一多分析此类语气词时说："那不是一个词句，甚至不是一个字，然而代表一种颇复杂的涵义，所以是孕而未化的语言。"[1]这在传世的《诗经》文本中是很难见到了。"思"作为句首语气词用了3次，亦说明乐情表达的重要,《礼记·乐记》云:"乐者，心之动也；声者，乐之象也；文采节奏，声之饰也。""一唱而三叹，有遗音者矣。"《荀子·礼论》云:"清庙之歌，一唱而三叹也。"由该"乱"文本结构可想见彼时"一唱三叹"之况。

由此可见,《周公之琴舞》反映出诗歌起初时期的面貌，也恰恰给我们提供了西周前期诗歌的样板，但是整诗讲究押韵与节奏，契合于"乐"之需要，也十分符合诗歌文学发展的内在规律，由自由走向必然。万物之初，其形大抵应该如此而已。

二、《周公之琴舞》的乐章结构

文本结构分析仅限于目前发现的该简册的文本状况，而乐章结构则关系到该颂诗的内在乐理及其原生态状况分析。《周公之琴舞》属于"周颂"则无疑，而且是诗乐舞合一的，与"风""雅"的区别可能就在于"颂"有舞容而"风""雅"则无。这由清华简《芮良夫毖》的比较则可知。但是，在阅读《周公之琴舞》文本之后，大家对于其乐章结构情况产生了异议。主要令人生疑的是整篇有两个"诗序"，两个"元内启曰"，而且既指周公作"琴舞九遂"，其下仅有"启"诗

[1] 闻一多:《歌与诗》，见于《神话与诗》，上海：上海人民出版社，2006年，第148页。

一篇，又言成王作“琴舞九遂”，其下确实有“启与乱”诗九篇，即有乐九成。现录简首原文如下，便会一目了然。

周公作多士儆毖，琴舞九遂。

元纳启曰：“无悔享君，罔坠其孝，享惟慆帀，孝惟型帀。”

成王作儆毖，琴舞九遂。

元纳启曰：“敬之敬之，天惟显帀，文非易帀。毋曰高高在上，陟降其事，卑监在兹。”

如此的篇章结构，显得尤为特殊，便招致各种正常猜测，大抵可以归结为如下几种：（一）该简册记录了两篇“琴舞九遂”，一篇为周公所作，一篇为成王所作。而周公所作的“琴舞九遂”中只留下了“半遂”，因为仅有“元启”而没有“乱”。此种说法表明，周公另有“琴舞九遂”颂诗乐章，而此遗失了“八遂半”。《周公之琴舞》是由两篇“颂诗”拼合而成的一个简册。（二）从乐角度猜测，周公所作对多士的儆毖九首，只演奏了一个开头，紧接着就演奏成王作儆毖，琴舞九遂，其后就是完整地记录了九遂诗的内容。[1]此种说法表明，《周公之琴舞》仍旧是一个完整的乐章，只是起首借用了周公的“琴舞九遂”的“半遂”作为成王“琴舞九遂”的引子而已。即《周公之琴舞》还是用于一场典礼的一篇完整的乐章。以上两种猜测都是基于原有两篇颂诗“十八遂”基础之上，即如李学勤先生所说：“《周公之琴舞》原诗实有十八篇，由于长期流传有所缺失，同时出于实际演奏吟诵的需要，经过组织编

[1] 参见李守奎：《清华简〈周公之琴舞〉与周颂》，《文物》2012年第8期，第74页。

排，成了现在我们见到的结构。”[1]（三）该简记录的就是一部完整的特殊的“琴舞九遂”，“并不意味着简文周公所作缺失了八篇”，[2]与其他的“琴舞九遂”不同的只是第一遂有两个“启”而已。这三种说法目前仅是各自猜测而已，皆缺乏必要而周全的论证。我们倾向于最后一种说法，认定这就是一篇完整的特殊类型的颂类乐诗，而非两篇的拼合。

该篇颂类诗乐，结构特殊，但总体仍为“九遂”。后“八遂”十分清晰，不应该有任何异议。问题就出在了“第一遂”上。只是“第一遂”有些特殊，其构成应为：

“元纳启”＋“元纳启”＋“乱”

“第一遂”结构为何如此？这里关键要解释两个问题：一是为何“一遂”有两个“元纳启”的问题；二是为何有两个“序”，且说得十分清楚，既记载周公作“琴舞九遂”，又指明成王作“琴舞九遂”。解决了这两个关键问题，第三种说法方可具有说服力，也同时否定了前两种猜测存在的可能性。第一个问题的解释只有一种可能，即周公的“元纳启”为周公导引诗篇，两个“元纳启”实构成“一遂”中的共同“启”，只是分别由周公与成王分开“启”而已。第二个问题的解释则可能是由于礼制的需要，或者是该篇颂诗乐章的记载者或整理者的权宜之计，因为该篇颂诗确实是由周公与成王共同完成。倘若以上两种解释合理的话，那么《周公之琴舞》就是一篇完整而特殊的《周颂》

[1] 李学勤：《论清华简〈周公之琴舞〉的结构》，《深圳大学学报（人文社会科学版）》2013年第1期，第59页。

[2] 参见李学勤：《新整理清华简六种概述》，《文物》2012年第8期，第66页。

之乐章。为何推断这是一篇完整的颂类乐章呢？具体证据大抵如下：

（一）从简的形制及背题简号看

从简的形制及背题看，我们没有理由认为《周公之琴舞》不是一篇完整的颂类诗乐文献。《周公之琴舞》共17简，其中除了一五号简残缺了近半，其余皆保存完好，没有脱简，篇尾留白，有结尾标识符号，而且每枚简背标有没有中断的连续编号，从文献载体看或从抄写形式看，这是完整一篇，没有遗简等缺失现象。竹简的背面的序号很重要，如此完整的序号，起码表明当时抄写者是完整抄写。重要的是在第一号同一简上连续抄写了“周公”与“成王”的内容：

> 周公作多士儆毖，琴舞九遂。元纳启曰：“无悔享君，罔坠其孝，享惟慆帀，孝惟型帀。”

这一简上恰巧有一个“成”字，从抄写上来看，更有理由说明成王“琴舞九遂”是与周公“琴舞九遂”两者相衔接的。即从抄写角度看，抄写者一气呵成，前后是一贯的，通篇是完整的。

（二）从篇题角度看

从篇题角度来看，我们没有理由怀疑抄写者或整理者对于该篇诗乐不了解。此乐章原有篇题，背题在简上，名为《周公之琴舞》，但是同一批简，疑为同一人抄写的《芮良夫毖》首简背面亦书有篇题《周公之颂志（诗）》，似被刮削，字迹模糊，此篇题与竹简正面内容毫无联系，整理者疑是书手或书籍管理者据《周公之琴舞》的内容概括为篇题，误写在《芮良夫毖》的简背，发现错误后刮削未尽。竹简篇题，本不足为怪，只是为了检索方便而已。但是，这也说明抄写者对于该篇整体的认可，也符合古书篇题多是撮取简首字词为题的惯例，而非篇题为《成王之颂诗》或《成王之琴舞》。由此也可说明，命名为“颂诗”也罢还是“琴舞”也罢，该颂诗就是一篇完整的文本。

（三）从第二遂的“启”记载看

从第二遂的记载看，记载者十分清楚地载明从第二遂的第二启开始，是周公与成王共同的“启”了。简文记载第二遂的“启”文为“通启曰”，而非“再启曰”，简牍整理者皆认为这是字误，错将“再”字抄成了“通”，[1]因为从常规思维来说，这里就应该是第二遂的“启”，是故应该是“再”，如此则通顺了。其实“通启曰”的“通”字并非为“再”字之误，反而原文写作“通”是合意的。何谓“通”？“通”，犹共也。《曾子·制言下》：“不通患而出危色。”阮元注：“通，共也，犹交同也。”《后汉书·来历传》：“属通谏何言。”李贤注：“通，犹共也。”《庄子·天地》：“故通于天地者，德也。”成玄英注：“通，犹同也。”[2]由此可知，第二遂的“启”开始了共同之“启”了。为何如此？因为第一遂的“启”是由周公与成王分开的两“启”，而到第二遂则成为同一之“启”，故曰“通启曰”，而非“再启曰”，但是仍旧属于第二遂，所以，后面紧接着的是“叁启”，一直顺序下去，没有任何紊乱问题。如此，此则关系到该颂诗乐的作者问题，待后文再作讨论。

（四）从“序”看

该诗有两“序”，让后人疑为两篇乐章。但两“序”又都指明该

[1] 李学勤：《新整理清华简六种概述》，《文物》2012 年第 8 期，第 66 页。

[2] 参见宗福邦、陈世铙、萧海波主编：《故训汇纂》，北京：商务印书馆，2003 年，第 2290 页。

乐章是“琴舞九遂”。这从乐的角度看，该“颂”通体为“九遂”，这是讲得通的。也许这是作“序”者有意为之，表明无论是“周公作多士儆毖”还是“成王作儆毖”，总归都是一个“琴舞九遂”而已。是故“琴舞九遂”书写了两次，以作强调。

（五）从用乐看

从西周乐制来说，周公作为辅佐大臣，是否可单独作“琴舞九遂”也是值得商榷的。倘若周公果真另行有“琴舞九遂”，那可谓是僭越之举、大逆不道之行，按照孔子的看法则是“是可忍孰不可忍”，因为只有天子方可“用九”。倘若“启”为“升歌”的话，周公与成王分别“升歌”则是有可能的，而且从诗篇内容分析也可得出《周公之琴舞》为周公与成王合作的结论，如此“琴舞九遂”方可符合西周之礼制，何况西周礼乐制度是由周公自己亲自所制。

从以上证据可以基本断定出该颂诗乐为一完整篇章，既非拼凑，亦非误抄。那么《周公之琴舞》为何可以断定是周公与成王之合作结果呢？回答该颂诗的作者问题，更有利于我们判断其乐章的完整性与统一性。

三、《周公之琴舞》的作者

《周公之琴舞》当为周公与成王合作完成。该文献清晰地记载了“周公作”与“成王作”，为何会出现这种现象呢？这应该寻找一下该颂诗乐产生的背景以及使用场合，也许就更能说明问题，如果简牍文献文本自身是“内证”的话，那么这就可以算作“外证”了。现从“外证”与“内证”两个渠道来解释周公与成王合作《周公之琴舞》的合理性。

（一）从该颂产生背景以及使用场合看

该颂乐章产生或用乐的时间背景肯定是成王嗣位典礼或嗣位后的固定场合，不可能产生于成王嗣位之前。倘若用于成王嗣位典礼，可能会有两个时间点：一是武王驾崩之后，直接举行“成王嗣位”典礼；一是周公摄政后归政于成王；但是这两种情况都会是在周公摄政情况下举办的，这是毫无疑问的。周公既然摄政，其地位是他人不可堪比的。在这种情况下，典礼的举办既要符合当时的礼乐制度，又要符合实际情势。周公既然辅佐成王，那么典礼既要能够保持其严肃性，又要能够恰切地符合礼制。倘若成王年幼，成王要完成如此礼乐盛典肯定需要周公的辅佐，亦是名正言顺。在周公摄政的情势下，在庙堂典礼上，如何既能保持周公的辅佐权威又能够做到不僭越？这是当时要考虑的问题。我们推测，这首诗乐在用于周公归正之后，而非武王驾崩之时，因为《周公之琴舞》已经是“琴舞九遂”了。颂诗乐使用“九遂”关系到这时礼乐制度的适用问题。武王时期的礼乐制度还可能仍旧延用商人，没有形成一套完整的西周制度，只有到了周公制礼作乐之后，礼乐“用九”制度可能才得以形成。《尚书·洛诰》记载周公曰：“王，肇称殷礼，祀于新邑，咸秩无文。予齐百工，伻从王于周，予惟曰：‘庶有事。’今王即命曰：‘记功，宗以功作元祀。’惟命曰：‘汝受命笃弼，丕视功载，乃汝其悉自教工。’孺子其朋，孺子其朋，其往！无若火始焰焰；厥攸灼叙，弗其绝。”“厥若彝及抚事如予，惟以在周工往新邑。伻向即有僚，明作有功，惇大成裕，汝永有辞。”由此可知，周公在完成制礼作乐之前，周王朝仍旧可用“殷礼”；而成王之命多来自于周公之劝导，如：“今王即命曰：‘记功，宗以功作元祀。’”因此，在周公与成王如此微妙关系的情势下，《周公之琴舞》的典乐由周公与成王合作，乃顺理成章。

（二）从《敬之》毛诗“序”看

《敬之》的毛诗“序”表明《周公之琴舞》是完整的。成王第一遂的诗作记载在《毛诗》，即是传世《周颂》里的《敬之》，《毛诗序》说《敬之》是“群臣进戒嗣王也”，这不仅与诗中“维予小子”的成王自称及“示告余显德之形”之语不合，也与全诗文意相悖。这一所谓“悖论”现象苦煞了后世经师，要么迂回曲解，要么简单否定。迂回曲解的结果肯定是治丝益棼；而简单否定的结果则是武断有余。其实，《敬之》的“毛诗序”并没有错，因为《毛诗序》的作者如同《周公之琴舞》的记载者一样，了解该颂诗的复杂性，站在周公的角度说，完全是合理的。或者说，《毛诗序》是从《周公之琴舞》整体诗乐而言的，而记载在《毛诗》中的《敬之》仅是该颂诗的一个片段而已。传世《诗经》中《敬之》仅录了代表成王的“第一遂”，这显然是一种“删诗”的结果。无论是删节全诗，或是删节字句令其规整，还是去除“乱曰”的音节标识，都表明《敬之》经过了删节的过程。为何《诗经》选编者要将《周公之琴舞》全诗删节后仅留下目前《敬之》的文本呢？后世《诗三百》只收录了成王的“首遂”，而去掉了周公的“首启”，这可能真的是有隐情的，亦令今人想来很有趣味。《敬之》显示为成王之作，而毛诗“序”应当为“成王作儆毖”之语，然而却反映“周公作多士儆毖”的臣作之义，如此凸显删诗者的破绽，同时亦表明《诗经》编选者良苦用心，既要符合周礼，又不失编选原则，还要保留历史事实，当为难矣！因此，《敬之》毛诗“序”的内容与《敬之》诗作之矛盾恰巧可以从一个角度反映出《周公之琴舞》诗作的复杂性，亦可透露该诗由成王与周公合作之端倪，还可以解决《敬之》的“毛诗序”给解经者带来的烦恼。这也恰恰在提醒我们应该重新认识《毛诗序》的价值与地位。

（三）从《周公之琴舞》内容看

这是一篇特殊的《颂》之乐章，仔细分析“琴舞九遂”各章诗篇，有的是王的口气，有的却是朝臣的口气，更能说明周公与成王在此诗作上的合作。

1.周公的“元启”与成王“元启”诗内容是连贯的。周公元纳启曰：“无悔享君，罔坠其考，享惟慆币，孝惟型币。”成王元纳启曰：“敬之敬之，天惟显币，文非易币。毋曰高高在上，陟降其事，卑监在兹。”两首“启”内容相辅相成，前后呼应，一气通贯。周公要求多士要无怨无悔地效忠于君王，诚心诚意地孝敬于亲人。成王则自儆要虔敬谨慎，上天不可违，法统不可变，功崇惟志，业广惟勤，躬亲在事。君臣意志统一，文气与乐理亦相通。

2.“九遂”为君臣合作完成。后“八遂”中明显有周公所作的内容。如“四启”一篇开端说：“文文其有家，保监其有后。孺子王矣。”李学勤先生发现，冠以“四启曰”的一篇开端说“孺子王矣”，这句话见于《尚书·立政》：“呜呼！孺子王矣！继自今我其立政。”“呜呼！予旦已受人之徽言咸告孺子王矣。”“今文子文孙，孺子王矣！”恰好是成王嗣位时周公所说。这又一次证明这篇颂诗中“四启”可能为周公所作。为此李学勤先生在分析九遂诗篇之后，列出各遂之君臣作者：[1]

元纳启　　臣

[1] 李学勤：《论清华简〈周公之琴舞〉的结构》，《深圳大学学报（人文社会科学版）》2013年第1期，第59页。

元纳启	君
通启	臣
三启	君
四启	臣
五启	君
六启	君
七启	君
八启	臣
九启	臣

“九遂”如同君臣“对歌”一般，你唱我和，君唱臣随，衔接无隙，主题无非劝与戒而已，完美统一，毫无所谓两篇“九遂”拼合的痕迹，再说后人亦难以“组织安排”出如此天成之作。

3. 劝与戒的统一。毖这类诗除了对他人之劝诫之外，还用于自儆。从《耆夜》中周公《蟋蟀》看，多是儆戒他人，而成王在本篇中的诗作大都是自儆，“劝与戒正反相因，二位一体，戒往往离不开劝”[1]。也就是说，这篇颂诗乐里既有周公的“劝”也有成王的“戒”，两者合一。此时的成王，已逐步走向成熟，周公和成王在《周公之琴舞》中要表达的有两层意思：对群臣的告戒和严格的自律。周公率领多士进行儆毖，这与《敬之》的《毛诗序》所说的“群臣进戒嗣王也”是一致的。“按周初《诗》、《书》所言‘多士’，是指朝臣官吏而言。‘毖’的意思是戒慎，所谓‘多士儆毖’，是周公率领的朝臣儆戒成王，而成王自作的‘儆毖’，则是嗣位后对自己的儆戒之词。”[2]整篇乐诗却是周公“多

[1] 李守奎：《清华简〈周公之琴舞〉与周颂》，《文物》2012年第8期，第73页。

[2] 李学勤：《新整理清华简六种概述》，《文物》2012年第8期，第66页。

士儆毖”与成王“儆毖”融合为一，浑然天成。周公摄政与归政成王是很和谐的，君臣之间配合是默契的，在如此场面中，周公也许在引领成王共同“升歌”与“合乐”，朝臣们也是可以理解的。

在一篇完整的颂诗中既然存有这种君臣同在的乐章，那么这可能就是该颂两“序”为何同时记载周公与成王作“九遂”的又一原因所在，也在表明该颂诗为周公与成王合作之结果。

（四）从《大武》比较看

西周乐诗由两人共同完成，不乏其例。《大武》同样是周公与武王共同完成的。从《武》乐表现内容看，不仅有武王伐纣之事件，还呈现出成王时期之事功，“南国是疆”“周召之治”，而其中的核心人物无疑是周公，于是《庄子·天下》云：“武王、周公作《武》。”《白虎通·社稷》云：“《礼记》曰：‘……周乐曰《大武》，武王之乐曰《象》，周公之乐曰《酌》，合曰《大武》。”《吕氏春秋·仲夏·古乐》云：“武王……乃命周公为作《大武》。”即《礼记·乐记》所载的《大武》乐大致是由武王之乐和周公之乐组合而成。周初武王时期，周人沿用殷礼，当可理解，“因为殷的文化高于岐周，典礼制度比较完备……所以周人克殷之后大量采用了殷的文化”[1]。殷人尊六，故“用六”。《易》有三法，殷人用《归藏》，即又名《坤乾》，以纯坤为首，乾卦列在坤卦之后。[2]《礼记·礼运》记载孔子曰：“我欲观夏道，是故之杞，而不足征也，吾得《夏时》焉。我欲观殷道，是故之宋，而不足征也，吾得《坤乾》焉。《坤乾》之义，《夏时》之等，吾以是观之。”《周易》

[1] 顾颉刚:《周公制礼的传说和〈周官〉一书的出现》,《文史》第六辑，中华书局，1979年。王清雷:《西周乐悬制度的音乐考古学研究》，北京：文物出版社，2007年，第73页。

[2] 参见金景芳:《中国奴隶社会史》，上海：上海人民出版社，1983年，第100页。

却列乾卦为首，坤卦列其后，显然周人“尊九”而“用九”。按照武王时期的殷礼来说，也只有君王方可配用《大武》六成，而作为臣子的周公是没有“用六”资格的，因此《大武》也只能由周公与武王合作完成。这同后来周人“用九”乐制一样，《周公之琴舞》也只能是由周公与成王合作而成。在周公与王合作作乐方面，《大武》与《周公之琴舞》同理，当可理解。

从以上分析可知，该颂诗《周公之琴舞》或《周公之颂志（诗）》是由周公与成王合作完成，但是很有可能是在周公主导下制诗乐。我们似乎又可以作如下表述：如果按照正统的礼制，为“尊者讳”，《周公之琴舞》的作者主要应该归于成王，但又不太合乎实情；如果按照实事求是的原则，该诗作者应该是周公甚或是周公主导下完成的，为成王所共用；如果按照目前文献记载状况推断，该诗作者应该是周公与成王合作完成。

四、《周公之琴舞》与西周乐制

西周用乐有其制度，不可随意为之。这种颂诗的“九遂”制度应该是周公制礼作乐的内容之一，《周公之琴舞》不但用“九遂”之乐，而且由摄政首辅与元首亲制，用于最为庄重的君王嗣位或重要固定典礼之场合，由此可想象其威严与隆重了。“九遂”有何礼制意义呢？

（一）“九遂”制始于周公制礼作乐

《大武》为武王、周公共同所作，与《周公之琴舞》是周公与成王共同所作相似。

但《大武》主要为武王灭商之后所作，此时用乐制度仍旧为“六成”，《左传·宣公十二年》载：“武王克商。……又作《武》，其卒章曰‘耆定尔功’。其三曰：‘铺时绎思，我徂求定。’其六曰：‘绥万邦，屡丰年。’”《礼记·乐记》载：“始而北出，再成而灭商，三成而南，四成而南国是疆，五成而分周公左、召公右，六成复缀，以崇天子。”我们还可以推测《大武》此时还是沿用殷商的礼乐制度，因为目前传世的《诗经·商颂》中的《殷武》也是六乐诗，即由此可推论《殷武》为六成。《大武》既然应为天子之制，但是又没使用“九成”，就可知武王在位时还没有一定用“九”之制。到了成王之时，周公完成制礼作乐之后，《周公之琴舞》用乐显然已经用“九遂”了。按照周公制定的西周礼乐制度，周代的各级贵族在使用的配享、列鼎、乐悬、乐曲、舞队规格、用乐场合等方面，皆有严格的规定，用“九”只有君王可配，臣子是没有用“九”资格的，否则即为僭越了。何谓九？从周易角度讲，九为至尊之数，为“天地之至数”，具有极大的神秘性。《周易·系辞传上》云：“天一，地二，天三，地四，天五，地六，天七，地八，天九，地十。天数五，地数五，五位相得而各有合。”在天尊地卑的观念之下，天数当然应该受到应有的尊重。《乐记》云：“天高地下，万物散殊，而礼制行矣。”“天尊地卑，君臣定矣。卑高已陈，贵贱位矣。”谁人可“用九”？当然只有君王一人了。用“九”制度显然肇始于西周。即使有资料记载虞舜之时就有“九成”的《九韶》之乐，而且孔子、孟子还聆听过这种号称虞舜时的所谓乐歌，“子在齐闻《韶》，三月不知肉味”（《论语·述而》），但是这并不能确定虞舜时就有礼乐制度。除了用乐之外，礼器制度同样如此。从考古角度证实，“九鼎”礼器等级制度开始形成于西周，但是包括 20 世纪的疑古学派首领顾颉刚在内，大都皆言“九鼎”制度源于夏代。[1]考古学界没有发现商代有“九鼎”之制。商代重视觚、爵、斝等酒器的组合，可称之为“重酒的组合”。随葬铜礼器至少有觚或爵，甚或加上斝，组成套数，如一套为觚1、爵1、斝1，二套为觚2、爵2、斝2，依次类推，套数的多少反映墓主人的身份等级。周人却为“重食的组合”，采用“九鼎”之制，而且列鼎等级更为森严。[2]《周公之琴舞》是符合西周礼乐“用九”制度的，也就蕴含着西周制度文化的因子，“九遂”与“九鼎”一样彰显着周人文化的特质，同时又可以反过来佐证西周礼乐制度自周公始。

（二）“九遂”用乐制度释义

周人用乐具有一套制度，并且还具有制度性的释义。从音乐考古发现来看，西周乐悬的摆列制度与文献记载有其相合之处，如所谓的“轩悬”“判悬”“特悬”等乐悬之制在西周时期已存在，卿、大夫、士的乐悬之制也与《周礼》相合，据《周礼·春官·小胥》记载：“正乐悬之位，王宫悬，诸侯轩悬，卿大夫判悬，士特悬，辨其声。”[3]这充分地反映出周代用乐制度与礼仪制度一样，也是建立在森严的宗法等级制基础之上的。《周礼·春官·大司乐》对不同“用乐”则作出阐释：“凡六乐者，一变而致羽物及川泽之示，再变而致蠃物及山林之示，三变而致鳞物及丘陵之示，四变而致毛物及坟衍之示，五变而致

[1] 顾氏认为：“九鼎是夏铸的，商灭了夏搬到商，周灭了商搬到周。当时不过因为它是宝物，所以搬了来，并没有多大意味。但经过了长时间的保存，大家对它就有了传统的观念，以为凡是兴国都应取九鼎为信物，正如后世的‘传国玺’一样。”（引自李学勤：《中国古代文明与国家形成研究》，昆明：云南人民出版社，1997年，第271页。）

[2] 参见蔡先金：《述古杂俎》，上海：上海古籍出版社，2003年，第178—180页。

[3] 王清雷：《西周乐悬制度的音乐考古学研究》，北京：文物出版社，2007年，第170页。

介物及土示，六变而致象物及天神。……若乐八变，则地示皆出，可得而礼矣。凡乐，黄钟为宫，大吕为角，大蔟为徵，应钟为羽，路鼓路鼗，阴竹之管，龙门之琴瑟，《九德》之歌，《九韶》之舞，于宗庙之中奏之，若乐九变，则人鬼可得而礼矣。”“一变”即“一遂”,“九变”即“九遂”。在周人看来，用乐不同招致的效果以及显示的意义也不同。商人用“六遂”，最多能够达到的效果是“致象物及天神”。倘若用到“八遂”，“则地示皆出，可得而礼矣”。只有用到“九遂”，方可“人鬼可得而礼矣”。《周公之琴舞》用了“九遂”，在演出场合还需要配上“八佾”之舞，这就如同“九鼎”与“八簋”相配一样。周颂是诗乐舞三位一体的，至于舞队规格，《公羊传 · 隐公五年》称：“天子八佾，诸公六，诸侯四。”《左传 · 隐公五年》记载：“九月，考仲子之宫，将万焉。公问羽数于众仲。对曰：‘天子用八，诸侯用六，大夫四，士二。夫舞所以节八音而行八风，故自八以下。’公从之。于是初献六羽，始用六佾也。”宋人陈旸认为每佾八人，天子八佾就是六十四人，然后“降杀以两”，诸侯六佾则四十八人，大夫四佾三十二人，士二佾十六人；而明代朱载堉则认为，“舞佾行列，盖取算数开方之法”，佾如方阵，八佾则六十四人，六佾三十六人，四佾十六人，二佾四人。[1]但是,《左传·襄公十一年》记有“歌钟二肆，及其镈磬，女乐二八”;《楚辞·招魂》亦云“二八齐容，起郑舞些”。此处“二八”当指十六人。由于材料有限，现在虽然还难以确定佾阵队列及人数，但是对于八佾方阵大都还认为是由“8×8”六十四人构成。由此看来，《周公之琴舞》之“九遂”之制，在演出时必定要配上“八佾”，再配上“五声八音”，蔚为壮观，其目的诚如王国维所言：“纵观周之所以

[1] 参见杨华:《先秦礼乐文化》，武汉：湖北教育出版社，1997年，第114页，

定天下，必自其制度始矣。……皆周之所以纲纪天下，其旨则在纳上下于道德，而合天子、诸侯、卿、大夫、士、庶民以成一道德之团体。周公制作之本意，实在于此。”[1]

（三）“九遂”对于后世之影响

王国维在《汉以后所传周乐考》中指出，先秦诗乐在传承过程中分为两大系统：一为“诗家之传”，重在习其义，出自古师儒，其流为齐、鲁、韩、毛四家。另一为“乐家之传”，重在传其声，出于古太师，“乐家之诗，惟伶人世守之，故子贡时尚有《风》《雅》《颂》《商》《齐》诸声，而先秦之后仅存二十六篇，又亡其八篇，且均被以‘雅’名，汉魏之际仅存四五篇，后又易其三。讫永嘉之乱，而三代之乐遂全亡矣”[2]。《周公之琴舞》恰好可能是属于乐家所传的一种乐歌文本，显得弥足珍贵。在《乐经》遗失的情况下，通过《周公之琴舞》我们或许可以窥见《乐经》的影子。

“九遂”用乐制度对于后世具有很大影响。此影响主要表现为四个方面：一是“九遂”蕴含在西周礼乐制度之内，影响着华夏民族的文化及心理构成，影响着华夏民族在审美特性上诗性意绪的形成，同时也令人产生对于君王权威意象的想象。二是僭越用“九”。礼崩乐坏之后，礼乐征伐自诸侯、大夫出，诸侯可以僭越使用，如舞容用“八佾”，以至于孔子言其“是可忍孰不可忍”。既然如此，诸侯用“九遂”可能也就不稀罕了。三是后人沿用。后人仿“九遂”诗歌结构，然后形成一种称为“九体”的诗歌样式，如战国时屈原的《九歌》《九章》，

---

[1] 王国维：《殷周制度论》，周锡山编校：《王国维集（第四册）》，北京：中国社会科学出版社，2008年，第125页。

[2] 王国维：《汉以后所传周乐考》，《王国维讲国学》，长春：吉林人民出版社，2009年，第188页。

宋玉的《九辩》以及后来西汉时刘向的《九叹》、王褒的《九怀》，东汉时王逸的《九思》，成为楚辞乃至文学史上一道独特的风景。当然，也有资料记载夏时已有古《九歌》与《九辩》，如《天问》云："启棘宾商，《九辩》《九歌》。"《山海经·大荒西经》记载：夏后开"上九嫔于天，得《九辩》与《九歌》以下。此天穆之野，高两千仞，开焉得始歌《九招》"。《九招》即《九韶》。《今本竹书纪年》载，帝舜有虞氏元年己未即位，作《九韶》之乐，"即帝位，蓂荚生于阶，凤凰巢于庭，击石拊石，以歌《九韶》，百兽率舞，景星出于房，地出乘黄之马"[1]。《尚书·益稷》云："箫韶九成，凤凰来仪。"孔《传》云："《韶》，舜乐名。"倘若这些材料记载属实的话，那么同样也无妨"九遂"对于后世"九体"形成的影响；倘若记载并非历史事实的话，那反而就更能说明"九遂"的影响力了。四是后人伪托。《周礼·春官·大司乐》云"以乐舞教国子"，唐贾公彦疏："少昊之乐曰《九渊》。"《九渊》显然为后世伪托。清马国翰辑《玉函山房辑佚书·归藏》云："昔彼《九冥》，是与帝《辩》同宫之序，是为《九歌》。"《九冥》显然是伪托。由此可知，"九遂"之乐制直接影响到后人在用乐上对于至尊之数"九"之崇拜，影响到后人的诗歌文学创作的样式。

综上所述，清华简《周公之琴舞》的文本结构较为简单，既是一种常见的"启＋乱"式的循环结构，又能够反映出西周初期的诗乐面貌。其乐章结构较为特殊，但从简的形制以及背题简号、篇题、第二遂的"通启"记载以及"序"与"用乐"角度分析，可知该"颂"通体是一篇完整的乐章，而非两篇之拼凑，再由该颂产生之背景以及使

[1] 王国维：《今本竹书纪年疏证》，方诗铭、王修龄：《古本竹书纪年辑证》，上海：上海古籍出版社，2005年，第210页。

用的场合、《敬之》毛诗“序”、与《大武》比较以及该颂的内容解读等“外证”与“内证”考证，可知该“颂”之作者为周公与成王。《周公之琴舞》的出土，同时验明了西周乐制中的一些问题，如“九遂”制始于周公制礼作乐，而且“九遂”用乐既有其乐制的意义，还对于后世文学创作等产生了很大的影响。

（作者单位：济南大学出土文献与文学研究中心）

清华简《周公之琴舞》组诗的身份确认及其诗学史意义

徐正英 马芳

《清华大学藏战国竹简》第三册《周公之琴舞》是一组乐诗，以周公还政、成王嗣位为其内容，[1]全诗有周公所作儆毖诗四句和成王所作儆毖诗九首，周公诗之前和成王诗之前各有一短序，它很可能还有另外一个名称叫《周公之颂志（诗）》[2]。将这组诗与今本《诗经·周颂》对比，即可发现，除九首中的第一首存于今本《诗经》外，其他诗句今皆不存，今本《诗经》也没有《周公之琴舞》中"启曰""乱曰"的乐章结构。这些现象启发了笔者对诗经研究领域一些问题的思考。

在具体讨论之前，先将《周公之琴舞》全文过录于下，并依整理者的注释译出大意：

［1］李学勤：《新整理清华简六种概述》，《文物》2012年第8期，第67页。

［2］《清华大学藏战国竹简(叁)》下册，上海：中西书局，2012年，第132页。"本篇(《周公之琴舞》)与《芮良夫毖》形制、字迹相同，内容也都是诗，当为同时书写。《芮良夫毖》首简背面有篇题'周公之颂志（诗）'曾被刮削，字迹模糊。该篇题与其正面内容毫无联系，疑是书手或书籍管理者据《周公之琴舞》的内容概括为题，误写在'芮良夫毖'的简背，发现错误后刮削未尽。竹简篇题本为检取方便而加，篇题异称不足为怪，《周公之琴舞》又称《周公之颂志（诗）》的可能性很大。"

原文：	今文大意：
周公作多士儆毖，	周公作对众士的告诫诗，
琴舞九絉（卒）。	乐舞九首。
元纳启曰：	起首开头曲曰：
无悔享君，	祀奉君王和祖先无怨悔，
罔坠其孝，	孝道莫要中道废。
享惟慆帀，	祭祀朝聘心愉悦，
孝惟型帀。	孝敬父母的行为要追随。
成王作儆毖，	周成王作儆毖之诗，
琴舞九絉（卒）。	乐舞九首。
元纳启曰：	第一首开头曲曰：
敬之敬之，	为人处事常警惕，
天惟显帀，	天理昭彰不可欺，
文非易帀。	修养文德不改易，
毋曰高高在上，	莫说苍天高在上，
陟降其事，	神灵天地常往来，
卑监在兹。	监督人事在此处。
乱曰：	第一首末尾曲曰：
遹我夙夜不逸，	早晚努力不懈怠，
儆之，	时间流逝常自警，
日就月将，	日积月累循渐近，
教其光明。	使我深入明事理。
弼持其有肩，	众臣辅我担重任，

原文：	今文大意：
示告余显德之行。	向我指示明文德。
再启曰：	第二首开头曲曰：
假哉古之人，	先祖先考实伟大，
夫明思慎，	人人英明又谨慎，
用仇其有辟，	高尚德行配君主，
允丕承丕显，	不愧光照延后世，
思攸亡斁。	时间长远不厌弃。
乱曰：	第二首末尾曲曰：
已，	罢了，
不造哉！	如今家国遭不幸，
思型之，	先王德行要效法，
思毷彊之，	勤勉努力不怠慢，
用求其定，	小心谨慎求安定，
裕彼熙不落，	国家兴旺不衰落，
思慎。	每日常思要谨慎。
三启曰：	第三首开头曲曰：
德元惟何？	文德之首是什么，
曰渊亦抑，	深沉渊广有大美，
严余不懈，	警告自己不松懈。
业业畏忌，	提心吊胆要谨慎，
不易威仪，	举止端庄不轻浮，
在言惟克，	开口说话要算数。

原文:	今文大意:
敬之!	常常警惕无大错。
乱曰:	第三首末尾曲曰:
非天廞德,	上天之德广且厚,
繄莫肯造之,	庇佑事事有成就。
夙夜不懈,	早晚不敢有怠慢,
懋敷其有悦,	乐以播布天恩德,
欲其文人,	祈望文德先祖庇,
不逸监余。	对我监督莫放松。
四启曰:	第四首开头曲曰:
文文其有家,	先祖传承家国业,
保监其有后,	保佑监督子孙后,
孺子王矣,	成王登基年纪小,
丕宁其有心。	内心坠坠不安宁。
慭慭其在位,	在位要处忧患中,
显于上下。	成就大业天地间。
乱曰:	第四首末尾曲曰:
適其显思,	勤勉努力建大业,
皇天之功,	上天功劳助昌盛,
昼之在视日,	白天监察有太阳,
夜之在视辰。	晚上监督有星辰。
日入辠举不宁,	担心犯错不安宁,
是惟宅。	国运昌盛延长久。

原文：	今文大意：
五启曰：	第五首开头曲曰：
呜呼！	啊！
天多降德，	上天无私多降德，
滂滂在下，	洪德浩荡似江水，
攸自求悦，	人各求德而安乐，
诸尔多子，	各位众卿士大夫。
逐思忱之。	笃修文德有诚心。
乱曰：	第五首末尾曲曰：
桓称其有若，	有德之人受重用，
曰享答余一人，	天意助我成大业，
思辅余于艰，	辅佐我于艰难中，
廼禔惟民，	又为百姓谋安福，
亦思不忘。	安家兴邦不敢忘。
六启曰：	第六首开头曲曰：
其余冲人，	年幼无知为君主，
服在清庙，	祭祀祖先在清庙，
惟克小心，	为人处事需小心，
命不夷歇，	天命才能无穷尽，
对天之不易。	获得天命不容易。
乱曰：	第六首末尾曲曰：
弼敢荒才位，	在位不敢空荒疏，
宠威在上，	天之宠威高在上，
警显在下。	警告显示于人间。

原文：	今文大意：
呜呼！	啊！
式克其有辟，	身为国君担重任，
用颂辑余，	赞美盛德跟从我，
用小心，	时刻小心与谨慎，
持惟文人之若。	贤人才会来辅佐。
七启曰：	第七首开头曲曰：
思有息，	国治家齐民安宁，
思憙在上，	先祖先考洪福绥，
丕显其有位，	先祖先考在帝侧，
右帝在落，	帝王登基始辅佐，
不失惟同。	勤勉谨慎要如一。
乱曰：	第七首末尾曲曰：
遹余恭害怠，	恭敬不敢有怠慢，
孝敬非怠荒。	孝敬先祖别荒废。
咨尔多子，	嗟叹各位卿大夫，
笃其谏劭，	务常劝谏和勉励，
余逯思念，	夜深人静常思虑，
畏天之载，	上天意志要敬畏，
勿请福之愆。	犯错莫想天降福。
八启曰：	第八首开头曲曰：
佐事王聪明，	辅佐成王明事理，
其有心不易，	此心诚坚不变更，

原文：	今文大意：
威仪谥谥，	言行举止常谨慎，
大其有谟，	深谋远虑为国家，
介泽恃德，	依德祈天降恩泽，
不畀用非雍。	不守常则天不予。
乱曰：	第八首末尾曲曰：
良德其女台？	修养文德怎么样？
曰享人大……	辅佐成王……
罔克用之，	人若无德不能用，
是坠于若。	人若无德失于善。
九启曰：	第九首开头曲曰：
呜呼！	啊！
弼敢荒德，	为政不敢废文德，
德非惰帀，	德行修养不懈怠，
纯惟敬帀，	成善最是要敬畏，
文非动帀，	修养文德不容易，
不坠修彦。	善美之人为我用。
乱曰：	第九首末尾曲曰：
遹我敬之，	时时刻刻常警戒，
弗其坠哉，	修养文德要持恒，
思丰其复，	德盛庇护家国兴，
惟福思庸，	德高老臣满朝堂，
黄耇惟盈。	便是国家有大福。

依如上文本，笔者着重思考了两个问题。

一、《周公之琴舞》组诗身份确认

周成王所作诗中第一首，当为今本《诗经》之《周颂·敬之》篇。现将两诗列出，可堪对比：

清华简《周公之琴舞》	今本《诗经·周颂·敬之》
元纳启曰：	
敬之敬之，	敬之敬之，
天惟显帀，	天惟显思，
文非易帀。	命不易哉！
毋曰高高在上，	无曰高高在上，
陟降其事，	陟降厥士，
卑监在兹。	日监在兹。
乱曰：	
遹我夙夜不逸，	维予小子，
儆之，	不聪敬止。
日就月将，	日就月将，
教其光明。	学有缉熙于光明。
弼持其有肩，	佛时仔肩，
示告余显德之行。	示我显德行。

对比可见，两诗虽有几处异文，但内容基本相同，说明是同一首诗，故《周公之琴舞》中周成王所作儆毖诗第一首为《诗经》之《周

颂》诗无疑。笔者认为，后八首与第一首之间是一个紧密相连的整体，除了形式上第一首开头标有“元纳启曰”之后，其余八首依次标有“再启曰”“三启曰”“四启曰”以至“九启曰”递进序数之外，至少还有三个理由可以探讨。

首先，简文内容前后连贯，主旨一致。

《周公之琴舞》组诗实共九首半，为成王嗣位大典上演奏的乐歌。[1]开篇以周公作对群臣的四句（半首）告诫诗为组诗的起首，告诫群臣要始终全心祀奉君王和祖先，持守孝道。接下来，周成王作九首儆毖诗，以表决心，是全诗主体。依次为：第一首，成王自我儆戒，愿在先祖神灵的监督下，虔敬自律，修养文德，勤勉不懈，守好祖业，并劝勉朝臣，尽心辅弼，勇于监督；第二首，成王颂祖自儆，称扬先祖英明慎思，德披后世，自儆国家遭难之时，效法祖先，励精图治，力兴国运；第三首，成王自我警示并祈天佑，告诫自己修文德，重礼仪，戒轻浮，倡诚信，施恩泽，以祈天恩祖德庇佑；第四首，成王自叙年幼登基，续成大统，自儆增强忧患意识，主动接受上天全程监督，并助自己兴国运；第五首，成王儆戒众臣，笃修文德，尽心辅君，体恤百姓，安国兴邦；第六首，成王自我儆毖，获得天命不易，天威处处警示，唯有小心谨慎、勤勉不惰，才能上不违天命、下不失贤人；第七首，前章成王自戒，感念先祖福佑，告诫自己勤谨如一，孝敬不怠，后章戒毖朝臣，勇于进谏，敬畏天威，切勿犯错；第八首，成王警示群臣，辅佐君王要忠诚、谨慎、有谋、修德，强调无德者不能任用；第九首，成王与群臣共勉，同修文德，持之以恒，福满朝堂，国远久长。

不难看出，后八首诗的主旨与第一首是一样的，都是周成王登基

[1] 李守奎:《清华简〈周公之琴舞〉与周颂》,《文物》2012年第8期。

时的“就职誓词”。各首之间的内容，虽不免有交叉，有重复，但整体而言，前后呼应，甚至依次递进的脉络还是清晰的：从起首在祖先的监督下自警和警示群臣，到称扬先祖、效法先祖，再到自觉接受先祖和上天的监督，进德修业，增强忧患意识；再到告诫群臣尽心辅君，关爱百姓，不要犯错；再到最后君臣共勉，同心同德，福满朝堂，国运长久。因此后八首与第一首是一组系列组诗。

其次，以“九”成组的篇制结构。

《周公之琴舞》简文有两句小序：“周公作多士儆毖，琴舞九絉（卒）”和“成王作儆毖，琴舞九絉（卒）”。这两句中都提到了“九絉（卒）”。整理者注释为：“‘絉’见《玉篇》：‘绳也。’简文中读为‘卒’或‘遂’。《尔雅·释诂》：‘卒，终也。’‘九絉’义同‘九终’、‘九奏’等，指行礼奏乐九曲。《逸周书·世俘》‘籥人九终’，朱右曾《逸周书集训校释》：‘九终，九成也。’”[1]也就是说絉、卒、终、奏、成的意思都一样，在简文中表示有九支乐舞。简文所存周成王所做诗也确实为九首。笔者认为“琴舞九絉（卒）”不仅是乐舞之数，而且还应当是一种固定的音乐篇制结构，而周成王所做的儆毖诗正是具备这种“九首成组”篇制结构的组诗。关于这种篇制结构，我们可以从古乐渊源及其意义中找到根据。

《九辩》《九歌》《九韶》是传说中的上古乐名。有关它们的记载可见《山海经》《楚辞》等古代典籍。

《山海经·大荒西经》称：“有人珥两青蛇，乘两龙，名曰夏后开。开上三嫔于天，得《九辩》与《九歌》以下，此天穆之野，高二千仞，开焉得始歌《九招》。”袁珂案：“开即启也，汉人避景帝刘启讳改。”

[1]《清华大学藏战国竹简（叁）》下册，上海：中西书局，2012年，第135页。

郭璞注“得九”句曰：“皆天帝乐名也，开登天而窃以下用之也。”[1]

《离骚》：“奏《九歌》而舞《韶》兮，聊假日以媮乐。陟升皇之赫戏兮，忽临睨夫旧乡。”[2]“启《九辩》与《九歌》兮，夏康娱以自纵。”[3]

《楚辞·天问》：“启棘宾商，《九辩》《九歌》。”[4]

以上材料中提到了《九辩》《九歌》《九招》《韶》几种古乐。其中《九招》与《韶》指的是同一乐曲，即《九韶》。[5]《九韶》的产生时代有两种说法，一说为舜时音乐，一说为帝喾时的音乐；[6]《九辩》《九歌》是夏时音乐，是夏启从天上得来的。

上述记古乐的文献，虽晚于《诗经》，但其所记古乐之名基本还是可信的。它们的篇名中均含有“九”字，因此数字“九”与古乐应该有某种关系。考察古代文献，发现这种关系表现在两个方面。

第一个方面，这些古乐都是由九首乐曲组成的。《尚书·益稷》提到的“箫韶九成”，孔颖达疏：“‘成’，谓乐曲成也。郑云：‘成’，犹终也，每曲一终，必变更奏。故《经》言‘九成’,《传》言‘九奏’,

[1] 袁珂校注：《山海经校注》，上海：上海古籍出版社，1980年，第435页。

[2]（宋）洪兴祖撰、白化文等点校：《楚辞补注》，北京：中华书局，1983年，第46—47页。

[3] 同[2]，第21页。

[4] 同[2]，第98页。

[5]《史记·五帝本纪》：“四海之内咸戴帝舜之功，於是禹乃兴《九招》之乐。”司马贞《索隐》：“招音韶，即舜乐《箫韶》。九成，故曰《九招》。”可见《九招》《九韶》《箫韶》是同一乐曲的不同名称。

[6]《庄子》《史记》《竹书纪年》中记载为舜时的音乐。《庄子·天下》：“舜有大韶。”大韶即《九韶》。《史记·夏本纪》：“舜德大明，于是夔行乐，祖考至，群后相让，鸟兽翔舞，《箫韶》九成，凤凰来仪，百兽率舞。”《竹书纪年》帝舜有虞氏：“元年己未，帝即位，居冀。作《大韶》之乐。”《吕氏春秋》《文心雕龙》中记载为帝喾时的音乐。《吕氏春秋·古乐》：“帝喾命咸黑作为声，歌九招、六列、六英。”《文心雕龙·颂赞》：“昔帝喾之世，咸墨为颂，以歌九韶。”

《周礼》谓之‘九变’，其实一也。”[1]这里的“《传》言九奏”指孔安国《尚书传》“备乐九奏而致凤凰”[2]；“《周礼》谓之九变”指《周礼·春官宗伯下·大司命》“若乐九变，则人鬼可得而礼之矣”。[3]很明显，这不仅说明《九韶》是由九首乐歌组成的一组乐，而且说明它是一个具有“致凤凰”和“人鬼可得而礼之”的特定意义的结构。再看《九辩》，虽然宋玉《九辩》是一篇抒情长诗，但其诗名是仿古乐而来，在解释宋玉《九辩》诗名的言论里，有不少都提到了《九辩》之名的由来和本义。如王逸注宋玉《九辩》时说“辩者，变也”，[4]王夫之《楚辞通释》注宋玉《九辩》时说，“辩，犹遍也。一阕谓之一遍。盖亦效夏启《九辩》之名，绍古体为新裁”。[5]刘永济《屈赋通笺·九辩》中说：“古乐章一成为一变。《周礼·大司乐》：‘乐有六变、八变、九变。’郑注：‘变，犹更也，乐成则更奏也。’是其证矣。曰变，曰辩，亦犹唐宋乐之称遍也。”[6]可见，《九辩》作为古乐名是有九首乐的含义的。《九歌》的篇制结构少有记载，但现存有屈原所作《九歌》《九章》，这些诗作与古乐有渊源关系。王夫之在《楚辞通释·九辩》中对这种渊源关系进行了阐述：“按九者，乐章之数。凡乐之数，至九而盈。故黄钟九寸，寸有九分，不具十者。乐主乎盈，盈而必反也。舜作《韶》而九成，夏启则《九辩》、《九歌》，以上傧于天。故屈原《九歌》、《九章》皆

[1]（汉）孔安国传、（唐）孔颖达正义、黄怀信整理：《尚书正义》，上海：上海古籍出版社，2007年，第182页。

[2] 同[1]，第179页。

[3] 李学勤主编、（汉）郑玄注、（唐）贾公彦疏、赵伯雄整理：《周礼注疏》，北京：北京大学出版社，1999年，第586页。

[4]（宋）洪兴祖撰、白化文等点校：《楚辞补注》，北京：中华书局，1983年，第182页。

[5]（清）王夫之撰：《楚辞通释》，北京：中华书局，1960年，第121页。

[6] 刘永济：《屈赋通笺》，北京：人民文学出版社，1961年，第47页。

仿此以为度。”[1]可见，屈原的《九歌》《九章》是仿古乐《九歌》《九辩》而来。屈原《九章》共九首，现存《九歌》虽为十一首，但很多学者认为它实际应当是九首。[2]由此可逆推，古乐《九歌》也当为九首。笔者认为，屈原的《九歌》即使不是九首而确为十一首，也可视为古乐《九歌》的变体。

第二个方面，联九首而为一组的乐，大多是帝王祭礼时的礼乐，表演规格最高。与帝王关系密切，是这些古乐的首要特征。《九辩》《九歌》为夏启之乐，《九韶》为舜或帝喾之乐。这些乐都是天子之乐，只有天子才配享用；其次，它们的内容为祭祀天神或歌颂帝王的功德。祭祀天神应该是古乐最古老的意义，如“开上三嫔于天，得《九辩》与《九歌》以下”，虽然是神话传说，但可以看出应当是一种祭天娱神的活动。《周礼 · 春官宗伯下 · 大司命》中所记“若乐九变，则人鬼可得而礼之矣”，显示“九变乐”可通礼人与鬼。除了祭神，古乐还有歌颂帝王功德的重要意义，如，《左传 · 文公七年》：“九功之德皆可歌也，谓之《九歌》。六府、三事，谓之九功。水、火、金、木、土、谷，谓之六府；正德、利用、厚生谓之三事。”[3]《史记》载“四海之内咸戴帝舜之功，于是禹乃兴《九招》之乐”。[4]可见《九歌》的内容是颂九功，而《九招》是颂禹的功德的。由于它们与君王有密切的关系，且是用来祭神和颂君功，所以这种组织结构的乐舞应当是最高规格的、最隆重的演出。现代学者施蜇存介绍这种结构的乐时说：“古代音乐，以九

[1]（清）王夫之撰：《楚辞通释》，北京：中华书局，1960年，第121页。

[2] 关于《楚辞 · 九歌》的篇章构成问题，历来有所争议，（明）陆时雍《楚辞疏》、（清）林云铭《楚辞灯》等都认为《九歌》应为九篇，关于这方面的讨论，可参看褚斌杰《论〈楚辞 · 九歌〉的来源、构成和性质》，载《河北大学学报（哲学社会科学版）》1995年2期。

[3] 杨伯峻：《春秋左传注》，北京：中华书局，2009年，第564页。

[4]（汉）司马迁：《史记 · 五帝本纪》，北京：中华书局，2011年，第39页。

变为最隆重的组曲，祭祖、祀神鬼，都用九变乐。”[1]

综合上述论述，《九辩》《九歌》《九招》等古乐，都具有九首成组篇章结构和重要的结构意义。西周时代，这些古乐仍在流传，是西周“礼乐文化”的文化资源和重要组成部分。古乐之外，西周初周公旦开始制礼作乐，一来歌颂文王和武王的功德，二来服务帝王的统治。周公根据不同等级、不同场合的需要结合典礼仪式，赋予了各种篇制的乐更为严格和固定的结构意义。《周公之琴舞》中成王所作乐诗由九首组成，用于在清庙举行的新君嗣位大典，它的内容是歌颂先祖功德，自儆自毖，劝毖朝臣，通过乐舞表演礼事上神和祖先，彰显统治权威，所以它应当是周成王配合这种特殊的场合和需要，依照最高规格的乐制而创制的乐舞组诗。

再次，西周礼乐文化背景下的“颂诗”原初形式当为组诗。

我们判定《周公之琴舞》九首为一组完整的组诗，还有一条佐证，就是西周时代的颂诗，一般也都是组诗。观今本《诗经》中的颂诗，尤其《周颂》，多为短章，实则它们的原始形态可能不是这样的，谨以仅长七句的《周颂 · 武》为例讨论之。

《武》(或称《大武》)为武王、周公所作[2]，《礼记 · 乐记》记载其乐舞是“始而北出，再成而灭商，三成而南，四成而南国是疆，五成而分周公左、召公右，六成复缀以崇”[3]。可见，《武》是由始、再成、三成以至六成组成的组诗。《左传 · 宣公十二年》记载：“及昏，楚师

[1] 施蛰存：《词学名词释义》，北京：中华书局，1988年版，第42页。

[2]《庄子·天下》：“武王周公作《武》。”《荀子·儒效篇》：“武王之诛纣也……反而定三革，偃五兵，合天下，立声乐，于是《武》、《象》起而《韶》、《濩》废矣。”《吕氏春秋·古乐篇》：“武王即位，以六师伐殷，六师未至，以锐兵克之于牧野。归，乃荐俘馘于京太室，乃命周公为作大武。”

[3] 李学勤主编、(汉)郑玄注、(唐)孔颖达疏、龚杭云等整理：《礼记正义》，北京：北京大学出版社，1999年，第1132页。

军于邲，晋之余师不能军，宵济，亦终夜有声。丙辰，楚重至于邲，遂次于衡雍。潘党曰：'君盍筑武军，而收晋尸以为京观？臣闻克敌必示子孙，以无忘武功。'楚子曰：'非尔所知也。夫文，止戈为武。武王克商，作颂曰：'载戢干戈，载櫜弓矢。我求懿德，肆于时夏，允王保之。'又作《武》，其卒章曰：'耆定尔功。'其三曰：'铺时绎思，我徂惟求定。'其六曰：'绥万邦，屡丰年。'夫武，禁暴、戢兵、保大、定功、安民、和众、丰财者也。"[1]这段材料说明《武》有其三、其六、卒章等篇章，其中"耆定尔功""铺时绎思，我徂惟求定""绥万邦，屡丰年"是此《武》中不同篇章的诗句。王国维《周大武乐章考》依《左传》和《礼记》的这两段记载推断该乐章留存于今本《诗经·周颂》中，由《周颂》中的《昊天有成命》《武》《酌》《桓》《赉》《般》等六篇组成。此后陆侃如《中国诗史》、高亨《周代大武乐考释》等文对此问题都进行了探讨。高亨认为《武》乐诗的篇章和顺序应当是《我将》《武》《赉》《般》《酌》《桓》，[2]与王国维有异。但无论如何，从他们的研究中，可得出三点结论：第一，《武》首先是一组组诗，与今本《诗经》所见仅有7句的短章之《武》有异；第二，《武》乐诗散见于今本《诗经》；第三，不仅散见，且篇次被打乱了。[3]

传世文本《诗经·周颂·武》之外，关于周逸诗《九夏》的记载也可以说明周代颂诗的组诗存在形式问题。

《周礼·钟师》："以钟奏《九夏》:《王夏》,《肆夏》,《昭夏》,《内夏》,《章夏》,《齐夏》,《族夏》,《祴夏》,《骜夏》。"郑注："杜子春云：'内当为纳，祴读陔鼓之陔。王出入奏《王夏》，尸出入奏《肆夏》，牲出

[1] 杨伯峻:《春秋左传注》，北京：中华书局，2009年，第743—745页。

[2] 高亨:《周代大武乐考释》，见于《文史述林》，北京：中华书局，1980年，第90页。

[3] 此观点受到李学勤《新整理清华简六种概述》观点的启发。

入奏《昭夏》，四方宾来奏《纳夏》，臣有功奏《章夏》，夫人祭奏《齐夏》，族人侍奏《族夏》，客醉而出奏《陔夏》，公出入奏《骜夏》。'"[1]

《九夏》有九组乐诗，可惜只有篇名而没有歌辞。这首诗是否是《周颂》的逸诗，可引郑玄注和贾公彦疏来说明。郑玄注曰："玄谓以《文王》、《鹿鸣》言之，则《九夏》皆《诗》篇名，颂之族类也。此歌之大者，载在乐章，乐崩亦从而亡，是以颂不能具。"[2]贾公彦疏曰："'玄谓以《文王》、《鹿鸣》言之，则《九夏》皆《诗》篇名'者，以襄四年，晋侯享穆叔，奏《肆夏》与《文王》、《鹿鸣》同时而作，以类而言，《文王》、《鹿鸣》等既是《诗》，明《肆夏》之三亦是《诗》也。《肆夏》既是《诗》，则《九夏》皆《诗》篇名也。云'颂之族类也'者，《九夏》并是颂之族也。"[3]郑玄、贾公彦认为《九夏》不仅是《诗经》篇名，而且是《周颂》中的篇名，他们的观点至少可作为一家之言。

《武》《九夏》《周公之琴舞》这几组西周时期的乐诗都是以组诗的形式出现的。由此，笔者大胆推测西周礼乐时代"颂诗"的存在形式，可能不是传世文本中的单篇单章的形式，而是联缀两篇或多篇组合而成的一组组诗，换句话讲，今天我们在传世文本中看到的单篇单章"颂诗"，实际上可能是从古本一首首"组诗"中分散出来的。傅斯年曾经举三证，[4]推测今本《周颂》各篇短制且不分章并非原貌，实际应为分章组合而成的长篇，并尝试在《周颂》中寻出《肆夏》、《武》、勺、

[1] 李学勤主编、(汉)郑玄注、(唐)贾公彦疏、赵伯雄整理：《周礼注疏》，北京：北京大学出版社，1999年，第624页。

[2] 同[1]，第624—625页。

[3] 同[1]，第625—626页。

[4] 一是《左传·宣公十二年》中指明《大武》乐有卒章、三章、六章；二是《周颂》各篇文义，都像不完全的，有些篇章合起来才像一事；三是《鲁颂》《商颂》无不是长篇（见傅斯年：《周颂说》，见于《诗经讲义稿》，北京：中国人民大学出版社，2004年，第17页）。

象舞、嗣王践阼之舞、稷田之舞等组诗的端绪，但由于文献不足，感慨“若求在这三十一篇中寻出几个整篇来，是做不到的”。[1]清华简中的《周公之琴舞》使我们得窥颂诗组诗之貌，根据先秦文献的记载和借鉴前人的研究，我们将《武》《九夏》《周公之琴舞》放在一起看，西周礼乐时代组诗文本的形态，基本显现出来了。

综上所述,《周公之琴舞》无论是从音乐序号标识、内容主旨、篇章结构，还是组织形式上讲，都应该可能是一组完整的诗歌，并且是与今本《诗经·周颂》诗篇体制相一致的诗歌。至此，我们可以得出结论，既然第一首出自《周颂》，其余八首也自然是《诗经》作品，即《诗经》的逸诗。那么，这些逸诗又是如何产生的呢？笔者认为很可能与孔子删诗有关。春秋时期，平王东迁，周室衰微，天子失势。随着周王室在政治上的衰落，文化也由官学散向民间。西周初用于嗣位大典的宫廷礼乐《周公之琴舞》在礼崩乐坏的春秋时代可能被束之高阁或随乐师流散民间。孔子见到的本子，是否完整，不得而知。也许孔子见到了完整的《周公之琴舞》，但为了方便教学，根据他的选诗标准，删掉了其他八首，保留了《敬之》一首，因为《敬之》是第一首，且内容在整组诗中又具有代表性，这一点，从我们本文开头所录九首诗的文本中不难看出，所以便以该首代表该组了；也有可能孔子见到的就是残篇断章，但比今本《诗经》保留内容为多，孔子删芜去繁，整理之后，留下了第一首，便成了我们今天所见到的传世文本《诗经·周颂》之《敬之》的模样。那么，楚国为什么会保有《周公之琴舞》的完本？现有资料没有明确记载，但李学勤先生根据《左传》昭公二十六年一条关于周宫“王子朝之乱”的记载所作推测先得笔者

[1] 傅斯年:《周颂说》，见于《诗经讲义稿》，北京：中国人民大学出版社，2004年，第18页。

之心："王子朝及召氏之族、毛伯得、尹氏固、南宫嚚奉周之典籍以奔楚。"[1]王子朝在宫斗中被逐出宫，他及他的党人携周之典籍逃奔楚国。他们所携"周之典籍"应当是宫廷典籍，这些典籍中很可能就有未经孔子删定整理的另类《诗经》抄本，其中"像《周公之琴舞》这种专供嗣王即位一类典礼时演奏的乐章"自然包括在内，"是合乎情理的"。[2]这些宫廷典籍被带到楚国后，在楚国被保存了下来，并代代传抄或摘引，广泛流布。到了战国中期，又被某些钟爱研习它或讲授它的文人贵族遗嘱随葬，继续伴随自己，便就成了我们今天所见到的重新出土的《周公之琴舞》的模样，也未可知。

二、《周公之琴舞》的诗学史意义

孔子删诗说是《诗经》学史上的四大公案[3]之一，迄无定论。"孔子删诗"说[4]自汉至魏晋南北朝无异议。到唐代孔颖达《毛诗正义·诗谱序疏》从古代典籍引诗大都不出《诗经》所录范围的角度开始对司马迁的说法提出质疑，[5]标志着反对"孔子删诗"说的兴起。此后，主

[1] 杨伯峻：《春秋左传注》，北京：中华书局，2009年，第1475页。

[2] 李学勤：《新整理清华简六种概述》，《文物》2012年第8期。

[3] 四大公案指：孔子删诗公案、毛诗序公案、商颂创作时代公案、国风作者与民歌公案。见夏传才：《诗经学四大公案的现代进展》，《河北学刊》1998年第1期。

[4]（汉）司马迁：《史记》，北京：中华书局，2011年，第1733页。《史记·孔子世家》中说："古者《诗》三千馀篇，及至孔子，去其重，取可施于礼义者。"

[5] 李学勤主编、（汉）毛亨传、（汉）郑玄笺、（唐）孔颖达等疏、胡渐逵等整理：《毛诗正义》（上），北京：北京大学出版社，1999年，第8页。"《史记·孔子世家》云：'古者诗本三千余篇，去其重，取可施于礼义者三百五篇。'是《诗》三百者，孔子定之。如《史记》之言，则孔子之前，诗篇多矣，案《书传》所引之诗，见在者多，亡逸者少，则孔子所录，不容十分去九，马迁言古诗三千余篇，未可信也。"

要人物有：宋代的郑樵、朱熹、吕祖谦、叶适、王柏，清代的朱彝尊、王士祯、赵翼、崔述、魏源、方玉润，近代的梁启超、胡适、钱玄同、顾颉刚等。后来影响比较大的文学史教材如游国恩等主编《中国文学史》、中国科学院编《中国文学史》等也采用此观点。清代崔述《洙泗考信录·辨删〈诗〉之说》论述的否定派三个重要证据，颇具代表性：即“诗三百”之名由来已久，非孔子删后而成此数；季札观乐时，鲁乐师所演奏诗歌乐章与今传《诗经》数目和顺序基本一致，当时孔子才八岁；考先秦典籍存引逸诗有限。[1]其他人否定“孔子删诗”说的主要理由也大都不出这三条，当然还有次要的理由，如孔子自言正乐未言删诗、孔子宫中无官位不得删宫诗、孔子不当留“淫诗”等。

正如有学者所说，“诗三百”之名确实出自《论语》孔子口中，现存文献显示孔子之前称《诗经》为“诗”，或具体的《大雅》《周颂》及篇名，无“诗三百”之说，[2]但是，正是孔子始称“诗三百”，才恰恰说明“诗三百”是由孔子删定整理而成之后才开始称呼的；同时，鲁乐师为季札所歌诗，与今本《诗经》在篇目和篇次上其实并不相同

[1]（清）崔述：《崔东壁先生遗书》下册《洙泗考信录》卷三，北京：北京图书馆影印，2007年，第207—208页。“子曰：‘《诗》三百……’，子曰：‘《诗》三百，一言以蔽之……’玩其词意，乃当孔子之时已止此数；非自孔子删之，而后为三百也。《春秋传》云：‘吴公子札来聘，请观于周乐。’所歌之风，无在今十五国外者。……况以《论》、《孟》、《左传》、《戴记》诸书考之，所引之诗，逸者不及十一。则是颖达之言，左券甚明，而宋儒顾非之，甚可怪也。由此论之，孔子原无删《诗》之事。古者风尚简质，作者本不多，而又以竹写之，其传不广。是以传者少而逸者多。……故世愈近则诗愈多，世愈远则诗愈少。孔子所得止有此数；或此外虽有而阙略不全，则遂取是而厘正次第之以教门人，非删之也。”

[2] 曹建国：《〈诗〉本变迁与“孔子删诗”新论》，《文史哲》2011年第1期，第97页注⑦。梁光华：《也说孔子删诗》，《遵义师范学院学报》2008年10月：“遍查孔子之前诸如《周易》、《尚书》、《周礼》等上古所有典籍，包括《十三经》里所有的典籍，没有发现孔子之前任何一部典籍、任何一个人说过‘《诗》三百’的话；而中国历史上第一个说‘《诗》三百’的人正好是伟大的孔子。”

（见注中表格及说明）。[1]这些不同，至少表明，传世《诗经》与季札观乐时的《诗》并不一样。传世《诗经》是汉代毛诗传下来的，毛诗的师承源头可以追溯到孔子。孔子以重建“周代礼乐文化”秩序为理想，非常重视“诗”教。“诗”是他授徒讲学的一门主要课程。在教诗的过程中孔子应当有类似于教材的诗本。如果当时真有古诗三千，用来作教材肯定是不现实的，将其删定到适合作教材的规模是自然而然的事情。司马迁所说“古者《诗》三千馀篇”，也许是虚数，但即便是实数也未必没有可能。刘毓庆《先秦两汉诗经著述考》以刘向校书为例，详列数据，说明刘向时代典籍繁复、数量庞大，其校《管子》《晏子》《孙卿书录》等书，大都十去八九，以此类推“孔子删诗”十去其九，是情理之中事。[2]笔者信从刘毓庆的结论，很有说服力。

[1] 马银琴：《两周诗史》，北京：社会科学文献出版社，2006年，第422页；梁光华：《也说孔子删诗》，《遵义师范学院学报》2008年10月。两人先后将二者之篇名与顺序列表如下：

鲁乐工所歌之乐之《诗》	周南	召南	邶	鄘	卫	王	郑	齐	豳	秦	魏	唐	陈	郐			大雅	颂		
孔子所删之今本《诗经》	周南	召南	邶	鄘	卫	王	郑	齐	魏	唐	秦	陈	桧	曹	豳	小雅	大雅	周颂	鲁颂	商颂

由表格对照可知，十五国风中有七国即近半顺序不同，且数目上鲁乐师演奏少一曹风；小雅则演奏全缺；颂则演奏无周颂、鲁颂、商颂之分。如此，怎能说与今本基本相同？

[2] 刘毓庆：《先秦两汉诗经著述考》，载夏传才主编：《诗经研究丛刊》第二辑，北京：学苑出版社，2002年，第106页。刘毓庆《先秦两汉诗经著述考》以刘向编书为例类推孔子删诗时文献典籍的数量情况，认为：“史公所言甚明，删诗之内容，一是‘去其重’，二是‘取其可施于礼义’，如此而得者不过三百余篇而已。刘向校书，可为佐证。汉改秦之败，大收篇籍，迄孝武世，书缺简脱，礼坏乐崩。刘向‘所校雠中《管子》三百八十九篇，大中大夫卜圭书二十七篇，臣富参书四十一篇，射声校尉立书十一篇，太史书九十六篇，凡中外书五百六十四篇，以校除复重四百八十四篇，定著八十六篇（《管子书录》）’。是十去其八。‘所校中书《晏子》十一篇……太史书五篇，臣向书一篇，参书十三篇，凡中外书三十篇，为八百三十八章。除重复，二十二篇六百三十八章，定著八篇，二百一十五章（《晏子书录》）’。是十去其七。‘所校雠中《孙卿书》，凡三百二十二篇，以相校，除重复二百九十篇，定著三十二篇（《孙卿书录》）’。是十去其九。以此推之，孔子删诗，十去其九，乃情理中事。”

因为孔颖达和后代学者否定“删诗”说的最主要理由就是先秦文献所载赋诗引诗大都不出今本《诗经》所录范围，今本《诗经》之外，逸诗太少，无法证明孔子曾经删诗。所以，不论孔子之前是否确有古诗三千首，我们今天发现逸诗的数量就成了支持删诗说的重要筹码，从地上地下找到的逸诗越多，“删诗”说的可信度就越高。下面让我们在前人辑录的基础上，先对这些逸诗做一盘点。

（一）传世文献中的逸诗辑佚。

《诗经》的逸诗逸句在《左传》《国语》《论语》等文献中已有了一些发现。如宋代王应麟《诗考》，明代杨慎《风雅逸篇》，清代沈德潜《古诗源》、赵翼《陔余丛考》、郝懿行《诗经拾遗》、范家相《三家诗拾遗》、马国翰《目耕贴》等都对古代文献中的逸诗进行了辑佚；20世纪之后，伍剑禅《诗经逸篇名及逸句表》、张西堂《逸诗篇句表》、逯钦立《先秦汉魏晋南北朝诗（上）·逸诗》、张启成《诗经逸诗考》《诗经逸诗考补遗》等也都是逸诗辑佚方面的成果；除此之外，傅道彬《诗外诗论笺》和董治安《先秦文献与先秦文学》书中也有相关的研究。因甄别逸诗标准宽严不同，得数也不同，少则50条左右，多则上百条。清人马国翰《目耕贴》辑佚逸诗最多，共110条，其中逸诗56首，逸句54句。限于篇幅，本文不拟罗列，谨遵从王国维、容庚两先生树立的“多闻阙疑”学术原则，从宽采用马国翰《目耕贴》的辑佚数目。如此，传世文献中所发现的逸诗就已超过了今本《诗经》作品的三分之一，已远非崔述所说的“逸者不及十一”了。

（二）出土文献中的逸诗

随着地下文献的陆续公布，尤其是《上海博物馆藏战国楚竹书》的面世，其中有关“逸诗”的新发现，重新引起了学术界对“孔子删诗”说的热议。笔者统计的结果是，除《周公之琴舞》组诗外，出土文献中已发现逸诗 52 首，逸句 2 条，具体罗列如下：

马王堆帛书中的逸诗。逸句 1 条。1973 年出土的长沙马王堆帛书《周易 · 缪和》引《诗》云:“女弄不币衣常，士弄不币车轮。”[1]

郭店楚简中的逸诗。逸句 1 条。1993 年 10 月，湖北荆门郭店一号楚墓出土的郭店楚简中也有逸句:《郭店楚简 · 缁衣》:“诗曰:‘吾大夫恭且俭，靡人不敛。’”[2]

上博简中的逸诗。《上海博物馆藏战国楚竹书》逸诗共 47 首，列举如下：

上海博物馆藏战国楚竹书《孔子诗论》中有逸诗 7 首:《可斯》《中氏》《菜萏》《律而》《角幡》《河水》《牆又荠》。[3]

上海博物馆藏战国楚竹书《采风曲目》中有逸诗 38 首。马承源认为,《采风曲目》可能是楚国历史上某一时期流行的或有意编集的歌曲曲目，共录 39 个诗篇名，均类似于《诗经》中的篇名，但“这些歌曲的篇目除《硕人》见于《诗 · 卫风》外，其余皆查不到有文献记录”[4],“此简中之《硕人》当为《诗经》中‘硕人’歌曲之目”。[5] 对于所录除《硕人》外的 38 篇曲目，马承源认为“可以看作是遭孔子选编后未传的原名，即三百五篇之外的篇名”。[6] 这些曲目名依《上海博物馆藏战国楚竹书（四）》中编者解释，过录如下:《又畝》(残目)《子奴思我》《又文又畝》《丧之末》《疋埅（共）月》《埜

[1] 汤一介等总编撰:《儒藏》精华编 281 卷出土文献类，北京：北京大学出版社,2007 年，第 294 页。

[2] 荆门市博物馆编:《郭店楚墓竹简》，北京：文物出版社，1998 年，第 130 页。

[3] 马承源:《上海博物馆藏战国楚竹书（一）》，上海：上海古籍出版社，2001 年，第 160—161 页。

[4] 马承源:《〈采风曲目〉释文考释》[说明],《上海博物馆藏战国楚竹书（四）》，上海：上海古籍出版社，2004 年，第 161 页。

[5] 同 [4]，第 162 页。

[6] 同 [4]，第 163 页。

又茦》《出门以东》《君寿》《湝（将）孅人》《毋过吾门》《不寅之媑》《要丘又鼓》《奚言不从》《豊又酉》《高木》《锥口》（残目）、《牧人》《募人》《蚕亡》《霾氏》《城上生之苇》《道之远尔》《良人亡不宜也》《[illegible]（弁）也遗玦》《礚剸（辗转）之宾》《亓[illegible]（翱）也》《之白也》《子之贱奴》《北埜人》《鶪（鸟）虎》《咎比》《王音深浴》《嘉宾遁（慆）憙》《居》（残目）、《思之》《兹信然》《邛䜌（技诈）戋虎》《苟吾君毋死》。

上海博物馆藏战国楚竹书《逸诗》有逸诗2首:《交交鸣鶩》和《多薪》。马承源《〈逸诗〉释文》认为，这两首逸诗与《采风曲目》是在极其偶然的条件下遗留下来的，是三百篇的编外诗，弥足珍贵。[1]

清华简中的逸诗。《清华大学藏战国竹简》除第三册所收《周公之琴舞》组诗外，另外还有5首。清华大学藏战国竹简《耆夜》中有三首逸诗，《乐乐旨酒》《英英戎服》《明明上帝》，它们是周武王征伐耆（黎）国，凯旋后，在庆功典礼上，与大臣饮酒唱和的诗。第三册中有《芮良夫毖》一组。如果按照诗中“再终”“曰”“二启曰”的提示，《芮良夫毖》当为2首。

由罗列可见，即便不将《周公之琴舞》这组大宗逸诗统计在内，地下出土文献中的逸诗数量，也已将达今本《诗经》作品数量的五分之一，已达传世文献逸诗数量的二分之一。关键是这一数量每年都在不停地增加，其既标志着“孔子删诗”说可信性的实证数量在逐渐增加，更预示着有朝一日，这一千年诗学公案，将终获定谳。

（三）《周公之琴舞》的特殊意义

那么，与上列出土文献相比，《周公之琴舞》又有什么特殊的诗

[1] 马承源:《〈逸诗〉释文考释》[说明],《上海博物馆藏战国楚竹书(四)》，上海：上海古籍出版社，2004年，第173页。

学史意义呢？笔者以为，至少表现在四个方面。

首先，《周公之琴舞》所存《诗经》逸诗，不是一组八首，而应该是两组十七首，这就为“孔子删诗”的可信性一次性提供了大宗文本实证。由所录文本可知，《周公之琴舞》组诗有两篇小序，一篇在成王所作组诗之前，而另一篇则在开篇周公所作逸诗之前，称：“周公作多士儆毖，琴舞九絉（卒）。”“成王作儆毖，琴舞九絉（卒）。”前文已述，所谓“九絉”，读为“九遂”或“九卒”，也就是“九成”“九终”的意思。用孔颖达疏解《益稷》“箫韶九成”的话说，为“成犹终也，每曲一终，必变更奏”。“九絉（卒）”无疑是说周公和成王各作了九首乐章。

成王所作九首组诗，已如前析，而周公儆毖成王及群臣的诗章却仅有四句半首，与小序所言“九絉（卒）”明显不符。原来也应当是一组九首。正如江林昌所说：“清华简《周公之琴舞》则明确标出‘周公作多士敬怭琴舞九絉’‘成王作敬怭琴舞九絉’。成王之敬怭琴舞九絉正好九篇，且依次标明‘元内（纳）启曰’‘再启曰’‘三启曰’以至‘九启曰’；而每‘启曰’又均有相对应的‘乱曰’，正可谓是整齐俨然。虽然周公之诗只存一篇（实前半篇），但就其开头即标明‘周公作……琴舞九絉’以及这仅存的一篇开头亦标明‘元内（纳）启曰’，我们有理由推测其佚失的部分应该是‘再启曰’‘三启曰’以至‘九启曰’等八篇，因此，周公之琴舞原亦应当有九篇。”[1]

当然，确认周公所作另外八首半乐诗为何不存于此处竹简中是一个棘手的问题。因为这批竹简是完简，周公之诗与成王诗序是前后相

[1] 见中国传媒大学文学院国学研究所编：《清华大学藏战国竹简与先秦经学文献国际学术研讨会会议论文集》，2013年，第30页。

续的，中间没有脱简。因此，学者们做了多种推测：或称此前十八首诗早已散佚不全，战国抄写者将两人各五篇作品撮抄在一起，合为十篇，以合颂诗以“什”为组之例，[1]此说似与成王所作九首自戒诗章性质不符；或称因是成王嗣位大典所演奏的诗章，故本就仅记录下了演奏成王的九首诗章，而略去了不重要的周公诗章，[2]此说不合周公永享天子之尊崇高地位并主持成王大典的历史实际；或称周公诗开头“元纳启曰”和成王诗开头“元纳启曰”为两人分作，自“乱曰”以下九首皆为二人合作，故两人分算皆为九首，正与两序相合，[3]此说不合九首组诗自我儆戒口吻，周公不可能作自我儆戒诗。可见，各种推测都有启发意义，但又终难服人。

笔者亦不揣固陋，冒昧借此再提出一种猜想方向。因为这批竹简不是科学发掘所得，而“是通过校友赵伟国先生的捐献，自香港抢救回归的”，[4]盗墓者盗墓过程中散简乱简脱简在所难免。“由于这批简久已散乱，大多失去了原来的次序，简上文句又非常古奥难懂，经过通读，只能对简的内容得到有限的了解。”[5]因此，第一简与第二简也许未必就是原来的顺序，中间或许会有书写周公后八首半诗的十数枚脱简也未可知。按整理者的隶定和标点，第一简为“周公作多士儆毖，琴舞九絉(卒)。元纳启曰：无悔享君，罔坠其孝，享惟慆帀，孝惟型帀，成”，第二简开头为“王作儆毖，琴舞九絉（卒）……”。其将第一简结尾的“成”与第二简开头的“王”合释为“周成王”。我们可不可

[1] 李学勤：《清华简〈周公之琴舞〉的结构》，《深圳大学学报》2013年第1期。

[2] 李守奎：《清华简〈周公之琴舞〉与周颂》，《文物》2012年第8期。

[3] 蔡先金：《清华简〈周公之琴舞〉文本与乐章》，载中国传媒大学文学院国学研究所编：《清华大学藏战国竹简与先秦经学文献国际学术研讨会会议论文集》，第17—22页，2013年5月。

[4]《清华大学藏战国竹简（壹）》上册，上海：中西书局，2010年，前言2页。

[5] 同[3]，前言4页。

以在“成”后断句呢？若然，则“成”就可解作周公第一首乐诗前章结束后的音乐标识了。由孔颖达疏《周礼·春官宗伯下·大司乐》“凡乐”至“礼矣”一段，曰：“言六变、八变、九变者，谓在天地及庙庭而立四表，舞人从南表向第二表为一成，一成则一变。从第二至第三为二成，从第三至北头第四表为三成。”及《礼记·乐记》“再成而灭商，三成而南……”之解，“成”非周成王之“成”，而是指一曲的终结。此处可表示周公所作儆毖成王九首组诗中的第一首的第一章曲演奏结束。以下各章是否有可能为盗墓者散佚？如此，第二简开头“王”字并不影响我们理解为成王而非周代其他王，因为前面有“周公”对应。当然，这仅是私意一种猜想方向而已，为能使这一思路立足，笔者期待智者对简背所标简序问题作出圆通解释。但无论今人能否对另外八首半诗的去向作出合理可信的解释，周公曾作过九首一组儆毖诗却是客观存在的事实，学者们也多承认这一点。所以，我们从《周公之琴舞》发现的不是一组九首诗，而是两组十八首诗。既然周成王所作九首确切无疑为未经孔子删除整理过的《诗经》逸诗。那么，周公所作的另外九首组诗，无疑也是《诗经》的逸诗。如此，则一组战国竹简，便一次性为《诗经》新增了十七首逸诗。就出土文献而言，这是一个可观的数目，与原164首(句)逸诗相合，总数已达181首(句)，其无疑进一步弱化了否定派的核心理由，使“孔子删诗”的可信性又向前推进了较大一步。

其次，《周公之琴舞》成王所作九首组诗为“孔子删诗”说提供了经典个案和文本范例。孔颖达质疑司马迁“孔子删诗”说的“要害”，是认为他说的“古者《诗》三千馀篇”，太夸张了，“孔子所录，不容十分去九”。尽管刘毓庆以刘向校《管子》十去其八，校《晏子春秋》十去其七，校《孙卿书》十去其九，来类推孔子校《诗经》也有十去其九的可能，但这毕竟只是类推；尽管马银琴曾从地域角度为“三千首”张目，称“仅从诗篇的数目来讲，新旧文本的同时流传以及同一文本在不同的地区变异都会造成这一数字的成倍增加。司马迁‘去其重’的说法中，已经包含了‘三千馀篇’中有大量重复的意义。”[1]但同样只是合理推测。而《周公之琴舞》九首组诗的发现，则首次从正面为孔子删诗十去其九展示了文本范例，是孔子删诗的经典个案。未经孔子删定的《周公之琴舞》所存诗篇是一组九首，而经孔子删定流传至今的《诗经》仅保留了《敬之》一首，九去其八，不就是十去其九吗？它就是孔子删诗“十分去九”的经典个案，不由你不相信。

更重要的是，这一经典个案，启示了我们重新理解司马迁“去其重”的真正含义。人们通常多将司马迁的“去其重”理解为，指孔子编定《诗经》时，删除不同版本的重复篇目，刘毓庆举刘向校书例所作类推和马银琴对“三千首”存在可能性的论述，都是这样理解的。甚至四库馆臣纪昀在《四库全书总目·总集类》中为总集编纂所立准则，也未跳出这一思维局限，称：“一则网罗放佚，使零章残什，并有所归，一则删汰繁芜，使莠稗咸除，菁华毕出。”所谓“繁芜”、“莠稗”主要是指底本不善、校勘不精、内容不全的重复篇章。但《周公之琴舞》实例启示我们的是，司马迁所称孔子“去其重”的意思并不只是单指删除良莠不齐的重复篇目，更主要的是指孔子删除的是内容相近主旨相类的不同诗篇，每一类仅保留少量代表性的作品于《诗经》之中。我们解读《周公之琴舞》九首作品不难发现，尽管从第二首开始，内容上有一种呼应、递进关系，但整体而言，都没有超出第一首所涵盖的祀祖、自戒、戒臣三个方面的内容，所以，孔子编定时仅保留最

[1] 马银琴：《两周诗史》，北京：社会科学文献出版社，2006年，第414页。

有代表性的第一首于《诗经》中，这就不难理解了。也许周公所作九首儆毖诗同样也仅在今本《诗经》中保留了一两首。两个层次的“去其重”，再加上“取可施于礼义”，孔子在周宣王和周平王时代两次编纂《诗经》的基础上，为教学需要和恢复周礼，最终编成流传至今的《诗经》文本，就是情理之中的事情了。《周公之琴舞》的诗学史意义主要就在于为这一历史性结论提供了新的学术支撑。

再次，《周公之琴舞》的另一诗学史意义也不容忽视，那就是，它还为《诗经》学史上另一学术公案，《毛诗序》形成时间问题的最终解决，提供了新的实证。关于《毛诗序》的形成时间，原来郑玄有《大序》是子夏作，《小序》是子夏、毛公合作的说法，但早已被学术界所否定。学界基本认定，《毛诗序》是西汉经学时代的产物。随着上博简《孔子诗论》的发布，子夏与《毛诗序》的关系问题，又被学术界重新提起，但毕竟没有序文文本的发现，讨论仍是合理的推测。而《周公之琴舞》中的两篇短序的发现，向世人展示了在先秦时代诗序的原始形态。它至少说明了一个基本事实：《诗经》原本是有序的，至迟在战国中期就已经有了，《诗序》不是汉代的产物。同时《周公之琴舞》短序和今本《诗经·周颂·敬之》序文对作品儆毖性质的提示是一致的。当然，当时的序文仅是对作者和作品性质的极简说明，没有今见《毛诗序》对诗旨的具体阐释。据此推测，《诗经》序文可能确实经历了一个从先秦到汉代逐渐丰富完备的过程。《周公之琴舞》序文直言作者谥号，又同时说明序文晚于作品本身，起码早期作品的序文晚于作品产生的时代，是后加上去的。

最后，还有三点也不宜忽视，一是，《周公之琴舞》有原题，作者和创作时代明确，所以在认定它为《诗经》逸诗的问题上较少麻烦。不会像《孔子诗论》中的7篇逸诗那样被怀疑是今本《诗经》中的作品[1]，也不会像《交交鸣鶩》和《多薪》那样，被怀疑为楚地之作。[2]二是，它篇名及九首诗歌内容完整。马王堆和郭店简中只存逸句，《孔子诗论》只有逸诗逸句、篇名或评论，《采风曲目》则仅存篇名，无法看到诗歌文本的整体面貌。三是，展示了周初诗、乐、舞及后加序四位一体的"颂诗"较早形态，"启曰""乱曰"的音乐标识，"琴舞"的题目和短序"琴舞九絉（卒）"的提示，都告知今人"颂诗"不同于"风""雅"的只唱不舞（见清华简《芮良夫毖》），不仅是配乐演唱的，而且是伴舞演出的。对我们认识研究西周礼乐文明背景下的"颂诗"及其流传过程提供了珍贵的文本"化石"。

（作者单位：中国人民大学文学院）

---

[1] 分歧意见：廖名春认为："《墙又荠》即今本《诗经·鄘风》的《墙有茨》，是文字的假借问题。《河水》当是《伐檀》的别名，因'河水清且涟漪'等句得名……《角幡》当读为《角枕》，即《唐风·葛生》因'角枕粲兮'一句得名。"（见廖名春：《上海博物馆藏〈战国楚竹书·孔子诗论〉研究浅见》，《文艺研究》2002年第2期）；刘信芳校点《上海博物馆藏楚竹书〈孔子诗论〉》的校点说明中只确认《河水》一篇逸诗篇名，认为《涉秦》为《诗》之《褰裳》，而《肠肠》《可斯》《子立》《惓而》《角幡》属于"暂时还不能确定其为篇名或不能确定其为何篇之篇名"的情况，《中氏》属于"仅引其文句，现有简文尚未具其篇名的情况"。（见汤一介等总编撰《儒藏》精华编281卷出土文献类，北京：北京大学出版社，2007年，第54页）；晁福林则认为"上博简《诗论》所评之诗绝大部分（或者全部）都见于今本《诗经》，属于逸诗者尚未见到"（晁福林：《上博简〈诗论〉在诗经学史上的价值及其学术史意义》，《河北学刊》2013年第2期）。

[2] 廖名春认为《多薪》"当为楚地之作"。（廖名春：《楚简"逸诗"〈多薪〉补释》，《文史哲》2006年第2期）。曹建国推断《交交鸣鶩》"当是一首楚人创作的诗歌"（曹建国：《楚简逸诗〈交交鸣鶩〉考论》，《考古与文物》2010年第5期）。

《周公之琴舞·孝享》篇研究

姚小鸥　杨晓丽

《周公之琴舞》是《清华大学藏战国竹简（叁）》中的一篇。其文曰："周公作多士敬（儆）怭（毖），琴舞九絉（卒）。元内（纳）启曰：无悔享君，罔坠亓（其）考（孝），亯（享）隹（惟）慆帀，考（孝）隹（惟）型帀。成王作敬（儆）怭（毖），琴舞九絉（卒）。"[1]

由上述引文可知，《周公之琴舞》篇包括周公所作"琴舞九絉（卒）"及成王所作"琴舞九絉（卒）"，其中前一部分即周公所作"琴舞九絉（卒）"应是狭义的"周公之琴舞"。本文即以此为研究对象。

一、"琴舞"释名

《周公之琴舞》的篇题值得玩味。简文的抄写者使用"周公之琴舞"而非"成王之琴舞"作为篇题，直接原因可能是"周公之琴舞"排列在前，但这种排列也反映了抄写者的某种选择。

《周公之琴舞》"周公作多士敬毖"，所称"周公"，与"成王"同

[1] 释文尽量用通行字体，圆括号"（ ）"内的文字是原整理者标出的通假字。《清华大学藏战国竹简（叁）》，上海：中西书局，2012年，第133页。

出，当为周公旦。用“周公”之称谓，可知该小序不作于当时，而作于传诗者。据文献记载，周公在西周初年曾摄政称王。[1]《尚书》的《康诰》《多士》诸篇径称周公之言为“王若曰”，即为历史之记录。[2]“周公”是后人对他的称呼。由此可知《周公之琴舞》中周公所作歌诗前小序当为后人所加。

从理论上来说《周公之琴舞》篇的命名，除有“周公之琴舞”与“成王之琴舞”的不同选择外，还存在“周公之琴舞”与“周公之颂诗”两个题名之间的选择问题。

关于《周公之琴舞》的篇章名称，整理者说：“篇题‘周公之琴舞’写在首简背面上端，字迹清晰。值得注意的是本篇与《芮良夫毖》形制、字迹相同，内容也都是诗，当为同时书写。《芮良夫毖》首简背面有篇题‘周公之颂志（诗）’，曾被刮削，字迹模糊。”[3]这表明，《周公之琴舞》篇的抄写者似乎曾在“周公之琴舞”和“周公之颂诗”两个篇名之间犹豫，而最终选择以“周公之琴舞”作为篇名。

既然“周公之琴舞”与“周公之颂诗”，均可用来作为该篇篇名，抄写者选择“周公之琴舞”而非“周公之颂诗”作为篇名，必然对其意义侧重点有所考量。下面试稍作讨论。

“颂”，《说文》：“貌也。”[4]《释名·释言语》：“颂，容也。”[5]王先谦补证：“毕沅曰：古容貌之容亦作颂。”[6]阮元：“‘颂’之训为‘形容’

[1] 司马迁：《史记》，北京：中华书局，1982年，第132、1518—1520页。

[2]《尚书正义》，阮刻《十三经注疏》，北京：中华书局，1980年，第203、219页。

[3]《清华大学藏战国竹简（叁）》，北京：中西书局，2012年，第132页。

[4] 段玉裁注：《说文解字注》，上海：上海古籍出版社，1988年，第416页。

[5]（清）王先谦撰集：《释名疏证补》卷四，上海：上海古籍出版社，1984年，第4页。

[6] 同[5]。

者，本义也，且‘颂’字即‘容’字也。”[1]“颂”指舞容，《诗经》三颂各章皆有舞容，故称为“颂”。[2]《诗经》的《商颂》《周颂》《鲁颂》，即商之舞容、周之舞容、鲁之舞容。陈子展：“《颂》作为宗庙祭祀之乐章演出，当是采用载歌载舞、有声有色、美先人之盛德而形容之之形式。”[3]“颂”之谓舞容，是因为除“诗”之文辞外，它还包括了乐、舞等艺术形式。

《墨子》有“诵诗三百，弦诗三百，歌诗三百，舞诗三百”之语，孙诒让指出《郑风 · 子衿 · 毛传》“古者教以诗乐，诵之歌之，弦之舞之”与此义同。[4]《诗》本为诗（狭义）、乐、舞三者合一的艺术形式，颂诗尤其如此。《诗经》三颂各篇原本皆为含有音乐、舞容的文辞。下面举《周颂 · 清庙》篇为例略加分析。

> 《礼记 · 文王世子》：“适东序，释奠于先老。……登歌《清庙》。……下管象，舞《大武》。”
>
> 郑注：“象，周武王伐纣之乐也，以管播其声，又为之舞。”[5]

> 《礼记 · 明堂位》：“以禘礼祀周公于大庙，……升歌《清庙》，下管象，朱干玉戚，冕而舞《大武》。皮弁素积，裼而舞《大夏》。”[6]

> 《祭统》：“夫大尝禘，升歌《清庙》，下而管象。朱干玉戚以

[1]（清）阮元撰：《研经室集》，北京：中华书局，1993 年，第 18 页。

[2] 同 [1]，第 19 页。

[3] 陈子展：《诗经直解》，上海：复旦大学出版社，1983 年，第 1066 页。

[4]《墨子 · 公孟篇》，《墨子间诂》，北京：中华书局，2001 年，第 456 页。

[5]《礼记正义》，阮刻《十三经注疏》，北京：中华书局，1980 年，第 1410 页。

[6] 同 [5]，第 1489 页。

舞《大武》。”[1]

《清庙》篇乃“诗、歌、乐、舞、象的综合艺术”。[2]若无音乐、舞蹈等艺术内涵，则《清庙》之隆重难以彰显。

《诗序》对颂诗之舞容有所叙述。《周颂·维清·小序》：“《维清》，奏象舞也。”郑笺：“象舞，象用兵时刺伐之舞。”[3]《周颂·武·小序》：“武，奏《大武》也。”郑笺：“《大武》，周公作乐所为舞也。”[4]《鲁颂·有駜》则在篇中明言其舞容。

下面试从“琴舞”二字的构成分析其性质。“琴”，《说文》：“洞越，练朱五弦。”[5]“琴”为乐器名。《周南·关雎》：“琴瑟友之”，《郑风·女曰鸡鸣》：“琴瑟在御”，《小雅·鼓钟》：“鼓瑟鼓琴”。[6]先秦祭祀等礼乐表演场合常以琴伴奏。《尚书·益稷》：“戛击鸣球，搏拊琴瑟以咏，祖考来格。”[7]《尚书大传》：“古者帝王升歌《清庙》之乐，大琴练弦达越，大瑟朱弦达越。”[8]“琴瑟”等乐器属“弦”乐器。《礼记·乐记》：“乐师辨乎声诗，故北面而弦。”郑注：“弦，谓鼓琴瑟也。”[9]综上所述，琴舞当为以琴伴奏表演的形式，与之相类似的舞名还有羽舞、鼓舞等。

羽舞是舞者手持羽的舞蹈形式。《周礼·舞师》：“舞师，掌教兵舞，

---

[1]《礼记正义》，阮刻《十三经注疏》，北京：中华书局，1980年，第1607页。

[2] 傅道彬：《诗可以观》，北京：中华书局，2010年，第81页。

[3]《毛诗正义》，阮刻《十三经注疏》，北京：中华书局，1980年，第584页。

[4] 同[3]，第597页。

[5] 段玉裁：《说文解字注》，上海：上海古籍出版社，1988年，第633页。

[6] 同[3]，第274、340、467页。

[7]《尚书正义》，阮刻《十三经注疏》，北京：中华书局，1980年，第144页。

[8] 皮锡瑞：《尚书大传疏证》，光绪丙申师伏堂刊本。

[9] 同[1]，第1538页。

帅而舞山川之祭祀；教帗舞，帅而舞社稷之祭祀；教羽舞，帅而舞四方之祭祀；教皇舞，帅而舞旱暵之事。”孔疏：“钟氏染鸟羽，象翟鸟凤皇之羽，皆五采，此舞者所执，亦以威仪为饰。……帗舞、羽舞、皇舞，形制皆同也。”[1]鼓舞谓配合鼓声的舞蹈形式。《小雅·宾之初筵》：“籥舞笙鼓，乐既和奏。”毛传：“秉籥而舞，与笙鼓相应。”孔疏：“舞在笙鼓之上，明其与之相应。乐器多矣，燕之所用，不止于此，作者举鼓舞而言耳，此皆燕时乐也。”[2]

羽舞、鼓舞，皆乐舞形式，各以舞具及伴奏乐器为名。琴舞之为乐舞，表示在舞的过程中，以琴为主奏乐器。

“琴舞”与“颂诗”从不同角度来关注“诗”的艺术呈现。“颂诗”强调“颂”即“舞容”。“琴舞”则除“舞”外还强调“琴”，即表演过程中的用乐。清华简的抄写者选择以“周公之琴舞”而非“周公之颂诗”为篇题，反映了先秦礼乐文化的丰富内涵，显现了《诗经》传承上某些演变之迹。

二、小序

《周公之琴舞》开篇“周公作多士敬毖，琴舞九絉（卒）”为周公所作这组歌诗的小序。

现存《诗经》《尚书》皆有序。《毛诗序》是毛诗学派为《诗经》所作的序，多为阐明诗篇宗旨大义、揭示诗篇创作背景。如《小雅·天保》序：“下报上也。君能下下以成其政，臣能归美以报其上焉。”[3]《小

[1]《周礼注疏》，阮刻《十三经注疏》，北京：中华书局，1980年，第721页。

[2]《毛诗正义》，阮刻《十三经注疏》，北京：中华书局，1980年，第485—486页。

[3] 同[2]，第412页。

雅·采薇》序:“遣戍役也。文王之时,西有昆夷之患,北有猃狁之难,以天子之命,命将率,遣戍役,以守卫中国,故歌《采薇》以遣之,《出车》以劳还,《杕杜》以勤归也。”[1]不独《毛诗》一家有序,齐鲁韩三家《诗》也各自有序,阜阳汉简《诗经》反映出汉代其他《诗》学流派同样有序。[2]

“周公作多士敬毖”句中,“敬毖”二字揭示出周公所作“琴舞”的创作目的,“琴舞九絉(卒)”说明歌诗的性质及篇章结构,与诗序的体例相符。下面我们对该小序稍作疏解。

“多士”,众士也。《大雅·文王》:“济济多士,文王以宁。”孔疏以为,多士“是上世显之人,则诸侯及公卿大夫此文皆兼之”[3]。《尚书·多士》:“猷告尔多士,予惟时其迁居西尔。”孔传:“以道告汝众士。”[4]

“敬”,慎戒也。《周颂·敬之》:“敬之敬之,天维显思。”《诗序》:“《敬之》,群臣进戒嗣王也。”[5]《尚书·吕刑》:“敬之哉!官伯、族姓,朕言多惧。”孔传:“我言多可戒惧,以儆之。”[6]“敬”从本质上强调对人们内在品格的要求,是周礼的核心精神,具有哲学意味和深刻思想内涵。[7]

“毖”,文献中多作慎解。《周颂·小毖》:“予其惩而毖后患。”郑笺:“毖,慎也。天下之事,当慎其小。小时而不慎,后为祸

[1]《毛诗正义》,阮刻《十三经注疏》,北京:中华书局,1980年,第412—413页。

[2] 姚小鸥,任黎明:《关于〈孔子诗论〉与〈毛诗序〉关系研究的若干问题》,《中州学刊》2005年第3期。

[3] 同[1],第504页。

[4]《尚书正义》,阮刻《十三经注疏》,北京:中华书局,1980年,第220页。

[5] 同[1],第598页。

[6] 同[4],第251页。

[7] 王克家:《〈诗经·周颂·闵予小子之什〉研究》,中国传媒大学硕士学位论文,2009年。

大。”[1]《大雅·桑柔》:“为谋为毖，乱况斯削。”毛传:“毖，慎也。”[2]

按，“毖”乃训诫之辞，有特定文化内涵，当为表现先秦“敬”这一“礼”的精神内核的文体形式。《周颂·小毖》篇，清华简《芮良夫毖》篇，皆以“毖”为篇章题名。《小毖》篇“强调了人主内心戒惧，黾勉于事的观念”。[3]其中“予其惩而毖后患”句突出自我省察，自励自觉的“敬”的观念。《芮良夫毖》“敬之哉君子，天猷畏矣”，[4]告诫众人要敬畏天命，内自戒惧。

对照成王所作“琴舞九絉(卒)”为九启(通常以为的九篇)的形式，可知周公所作“琴舞九絉(卒)”也当有九篇，现仅存首篇(元内启)四句。

《周公之琴舞》列成王所作歌诗共九启(九篇)，小序又称之为“琴舞九絉(卒)”。“九絉(卒)”即指“九启”。“絉”，《周公之琴舞》篇注释曰:“字见《玉篇》:‘绳也。’简文中读为‘卒’或‘遂’。”[5]“卒”在文献中有“终”义。《尔雅·释诂》:“卒，终也。”[6]《尚书·舜典》:“卒乃复。”孔传:“卒，终。”[7]《邶风·日月》:“父兮母兮，畜我不卒。”郑笺:“卒，终也。”[8]用在乐章上，“终”乃先秦有关“乐”的术语，用指乐章之构成形式。

“终”,《清华大学藏战国竹简(壹)》注释曰:“古时的诗都可入乐，

[1]《毛诗正义》，阮刻《十三经注疏》，北京：中华书局，1980年，第600页。

[2] 同[1]，第559页。

[3] 姚小鸥、王克家:《〈周颂·小毖〉考论》,《中国文化研究》2012年第2期。

[4]《清华大学藏战国竹简(叁)》，上海：中西书局，2012年，第145页。

[5] 同[4]，第134页。

[6]《尔雅注疏》，阮刻《十三经注疏》，北京：中华书局，1980年，第2577页。

[7]《尚书正义》，阮刻《十三经注疏》，北京：中华书局，1980年，第127页。

[8] 同[1]，第299页。

演奏一次叫作‘一终’。”[1]《清华简》注释中将“终”释为演奏次数，未臻详明。

文献中有关于“终”的记载。《逸周书·世俘》:“奏其大享三终”、“献《明明》三终”。[2]《仪礼·大射》:“乃歌《鹿鸣》三终”、“乃管《新宫》三终”。[3]《礼记·乡饮酒义》:“工入，升歌三终……笙入，三终……间歌三终，合乐三终。”[4]

上述引文中的《明明》指《大明》，属于《大雅》;《鹿鸣》属于《小雅》。[5]《明明》与《鹿鸣》等篇章从乐曲的构成上说，当指一组曲的一支。“献《明明》三终”当指《明明》一章演奏三遍完成。“歌《鹿鸣》三终”指《小雅》中的《鹿鸣》一章演奏三遍完成。故“终”在作音乐术语讲时，指一组曲中的一支歌曲或乐曲的演唱或演奏完毕。[6]

先秦音乐术语中，与“终”相对应的是“成”。“成”指某一完整的乐的组合的演出完成。将该组乐演出一遍，称为一成，数遍即称数成。[7]《尚书·益稷》:“箫韶九成，凤皇来仪。”孔传:“备乐九奏，而致凤皇。”[8]“九奏”，即演奏九遍。《吕氏春秋·古乐》:“夏籥九成。”

---

[1]《清华大学藏战国竹简(壹)》，上海：中西书局，2010年，第152页。

[2] 黄怀信、张懋镕、田旭东撰，李学勤审定:《逸周书汇校集注》，上海：上海古籍出版社，1995年，第453、454页。

[3]《仪礼注疏》，阮刻《十三经注疏》，北京：中华书局，1980年，第1033、1034页。

[4]《礼记正义》，阮刻《十三经注疏》，北京：中华书局，1980年，第1684页。

[5] 卢文弨云:“惠云:‘《明明》即《大明》。’”黄怀信、张懋镕、田旭东撰，李学勤审定:《逸周书汇校集注》，上海：上海古籍出版社，1995年，第453页。

[6] 姚小鸥:《〈诗经〉三颂与先秦礼乐文化》，北京：北京广播学院出版社，2000年，第52页。

[7] 同[6]，第48、52页。

[8]《尚书正义》，阮刻《十三经注疏》，北京：中华书局，1980年，第144页。

高诱注:“九成，九变。”[1]“终”是“成”中较小音乐单位。[2]

由于“卒”“终”互训，“卒”也指一组曲中的一支歌曲或乐曲的演唱或演奏完毕,“琴舞九卒”指九篇歌诗的演奏完毕。由此可知,“琴舞九卒”中包含九篇歌诗。

此外，现存《清华简三》周公所作四句歌诗之前有“元内（纳）启曰”一语，亦可说明周公所作歌诗不止此四句。《周公之琴舞》篇整理者:“‘元内启’义为首章之启。”[3]元内（纳）启为“首章之启”，对照成王所作“琴舞九絉(卒)”有“元内(纳)启”“再启”“三启”……“九启”的形式,可知,周公所作“琴舞九絉(卒)”也当存在“再启”“三启”等。

按,《周公之琴舞》篇整理者注:“启，乐奏九曲，每曲分为两部分,开始部分称‘启’,终结部分称‘乱’。”[4]《芮良夫毖》篇“再启曰”后却无“乱”，则可知“启”可单独使用。曹子建有《七启》诗，其前小序曰:“昔枚乘作《七发》，傅毅作《七激》，张衡作《七辩》，崔骃作《七依》,辞各美丽。余有慕之焉,遂作《七启》。”[5]曹植《七启》文体形式类似枚乘《七发》等“七体”。“七体”的文章一般有七个层次,“七启”之得名即以“七”与“启”的结合。

三、《孝享》疏证

《周公之琴舞》中成王所作歌诗之“元内（纳）”部分即今本《诗

[1] 许维遹撰:《吕氏春秋集释》，北京：中华书局，2009年，第126页。

[2] 姚小鸥:《〈诗经〉三颂与先秦礼乐文化》，北京：北京广播学院出版社，2000年，第52页。

[3]《清华大学藏战国竹简（叁)》，上海：中西书局，2012年，第135页。

[4] 同[3]。

[5] 李善注:《文选》，上海：上海古籍出版社，1986年，第1576页。

经·敬之》。以此相参照，可知《周公之琴舞》各篇若在《诗经》中当各有专名，周公所作“元内（纳）启”之四句歌诗依例可命名为《孝享》。

“享”，贡献也。《说文》:“享，献也。”段注:“下进上之词也。”[1]《尔雅·释诂》:“享，献也。”[2]《商颂·殷武》:“莫敢不来享。”郑笺:“享，献也。”[3]

“享”多用于朝聘或祭祀场合，指向时王或先祖进献贡品及雅乐。《尚书·梓材》:“庶邦享，作兄弟，方来，亦既用明德。后式典集，庶邦丕享。”孔传:“众国朝享于王。”[4]《周礼·大宗伯》:“以肆献祼享先王，以馈食享先王，以祠春享先王，以禴夏享先王，以尝秋享先王，以烝冬享先王。”[5]《小雅·大田》:“以享以祀，以介景福。”[6]《商颂·烈祖》:“以假以享，我受命溥将。”[7]大兴祭祀的目的是为享鬼神、享先祖，希望得到鬼神和先祖庇佑。先秦时期，“享先祖”“享鬼神”的观念盛行，以“享先祖”“享鬼神”为目的的祭祀为周代礼乐制度的重要组成部分。

“孝”，《说文》:“孝，善事父母者。”段注:“礼记：孝者，畜也。顺于道不逆于伦，是之谓畜。”[8]《尚书·尧典》:“克谐以孝。”[9]《论语·学而》:“其为人也孝悌。”[10]

---

[1] 段玉裁注:《说文解字注》，上海：上海古籍出版社，1988 年，第 229 页。

[2]《尔雅注疏》，阮刻《十三经注疏》，北京：中华书局，1980 年，第 2577 页。

[3]《毛诗正义》，阮刻《十三经注疏》，北京：中华书局，1980 年，第 627 页。

[4]《尚书正义》，阮刻《十三经注疏》，北京：中华书局，1980 年，第 208 页。

[5]《周礼注疏》，阮刻《十三经注疏》，北京：中华书局，1980 年，第 758 页。

[6] 同［3］，第 477 页。

[7] 同［3］，第 621 页。

[8] 同［1］，第 398 页。

[9] 同［4］，第 123 页。

[10]《论语注疏》，阮刻《十三经注疏》，北京：中华书局，1980 年，第 2457 页。

“孝”为周代礼乐文化的基本内容。《尚书·康诰》：“元恶大憝，矧惟不孝不友。”孔传：“言人之罪恶，莫大于不孝不友。”[1]《毛诗大序》：“成孝敬，厚人伦。”[2]《周礼·师氏》：“以三德教国子：一曰至德，以为道本；二曰敏德，以为行本；三曰孝德，以知逆恶。教三行：一曰孝行，以亲父母；二曰友行，以尊贤良；三曰顺行，以事师长。”[3]《周礼·大司乐》：“以乐德教国子：中、和、祗、庸、孝、友。”[4]《仪礼·士冠礼》：“孝友时格，永乃保之。”[5]先秦时期，“孝”的观念是社会生活的第一要义。

“孝享”，在文献中常用于祭祀先祖，表达子孙的孝敬。《小雅·天保》：“吉蠲为饎，是用孝享。”孔疏：“善洁为酒食之馔，是用致孝敬之心而献之。”[6]《周颂·载见》：“率见昭考，以孝以享。”郑笺：“使助祭也，以致孝子之事，以献祭祀之礼，以助考寿之福。”[7]《周易·萃卦·彖辞》：“‘王假有庙’，致孝享也。”孔疏：“享，献也。聚道既全，可以至于‘有庙’，设祭祀而‘致孝享’也。”[8]《孝经·圣治章》：“夫圣人之德，又何以加于孝乎？”邢昺疏：“尊父祖以配天，崇孝享以致敬。”[9]可见，“孝享”二字在文献中连用乃为表达人们善事父母、孝敬先祖的思想。《孝享》篇中内容完全符合“孝享”的上述精神内核。

[1]《尚书正义》，阮刻《十三经注疏》，北京：中华书局，1980年，第204页。
[2]《毛诗正义》，阮刻《十三经注疏》，北京：中华书局，1980年，第270页。
[3]《周礼注疏》，阮刻《十三经注疏》，北京：中华书局，1980年，第730页。
[4]同[3]，第787页。
[5]同[3]，第957页。
[6]同[2]，第412页。
[7]同[2]，第596页。
[8]《周易正义》，阮刻《十三经注疏》，北京：中华书局，1980年，第58页。
[9]《孝经注疏》，阮刻《十三经注疏》，北京：中华书局，1980年，第2553页。

“无悔享君”：“悔”，恨也。《说文》：“悔，恨也。”段注：“悔者，自恨之意。”[1]《周易·系辞上》：“悔吝者，忧虞之象也。”孔疏：“悔者，其事已过，意有追悔之也。”[2]“无悔”即无恨，无遗憾。《大雅·抑》：“庶无大悔。”[3]《大雅·皇矣》：“其德靡悔。”[4]“无悔”“靡悔”皆作无恨无遗憾解。“享”，献也。该句义指不留遗憾地贡献君上及先祖。

“罔坠其孝”：“罔”，无也。《大雅·民劳》：“以谨罔极。”郑笺：“罔，无。”[5]《小雅·蓼莪》：“欲报之德，昊天罔极。”朱熹《诗集传》：“罔，无。”[6]贾谊《吊屈原文》：“遭世罔极兮。”吕延济注：“罔，犹无也。”[7]“坠”，失也。《国语·晋语二》：“知礼可使，敬不坠命。”韦昭注：“坠，失也。”[8]《国语·楚语下》：“自先王莫坠其国。”韦昭注：“坠，失也。”[9]《文选·讽谏》：“宗周以坠。”李善注引应劭曰：“坠，失也。”[10]孝，善事父母（见前述）。该句义指对待父母不失孝敬。

“享惟慆帀”：享，献也（见前述）。“惟”语助词。“慆”，悦也。《说文》：“慆，说也。”段注：“《尚书大传》：‘师乃慆’。注曰：‘慆，喜也。’”[11]《慧琳音义》卷九“慆耳”注引《仓颉篇》：“慆，和悦貌也。”[12]“帀”，

[1] 段玉裁注：《说文解字注》，上海：上海古籍出版社，1988年，第512页。
[2]《周易正义》，阮刻《十三经注疏》，北京：中华书局，1980年，第76页。
[3]《毛诗正义》，阮刻《十三经注疏》，北京：中华书局，1980年，第556页。
[4] 同[3]，第520页。
[5] 同[3]，第548页。
[6] 朱熹：《诗集传》，北京：中华书局，1958年，第146—147页。
[7]《六臣注文选》（卷三十），《四部丛刊·集部》，上海涵芬楼刻本。
[8] 徐元诰撰，王树民、沈长云等点校：《国语集解》，北京：中华书局，2002年，第294页。
[9] 同[8]，第523页。
[10] 李善注：《文选》，上海：上海古籍出版社，1986年，第917页。
[11] 段玉裁注：《说文解字注》，上海：上海古籍出版社，1988年，第507页。
[12] 释慧琳：《一切经音义》，丛书集成本。

句末语气词。该句义指在祭祀先祖或朝聘时王时要心怀欢喜。

“孝惟型帀”:“孝”，善事父母也(见前述)。“型”，效法。《说文》:“铸器之法也。”段注:“引申之为典型。”[1]“型”，文献中多写作“刑”。《尚书·尧典》:“观厥刑于二女。”孔传:“刑，法也。”[2]《大雅·文王》:“仪刑文王，万邦作孚。”毛传:“刑，法。”[3]《周颂·我将》:“仪式刑文王之典。”毛传:“刑，法。”[4]该句义指效法恭敬父母的行为。

由上述文字训释可知，周公所作四句歌诗的含义是：不遗余力地服务贡献于君上及先祖，对父母不失孝敬，贡献时内心充满欢喜，效法恭敬父母的行为。

古人在篇章命名时一般选取首章首句或全篇最重要的内容作为篇题。如《周颂·噫嘻》篇名取该诗首句“噫嘻成王”之“噫嘻”，“噫嘻”二字体现了盛赞耕种之宏大场面的赞叹语气。《周颂·丰年》篇名取首句“丰年多黍多稌”之“丰年”，“丰年”二字概括了丰收之盛。[5]

文献中称周公制礼作乐。《尚书》中的《多士》《多方》《无逸》，《诗经》中的《大武》《三象》等皆传为周公所作。然近代以来的学者怀疑周公制礼作乐的真实性。《清华大学藏战国竹简(壹)》的《耆夜》篇记载周公作《蟋蟀》，[6]文献公布后，曾有学者对《蟋蟀》的作者是

[1] 段玉裁:《说文解字注》，上海：上海古籍出版社，1988年，第688页。

[2]《尚书正义》，阮刻《十三经注疏》，北京：中华书局，1980年，第123页。

[3]《毛诗正义》，阮刻《十三经注疏》，北京：中华书局，1980年，第505页。

[4] 同[3]，第588页。

[5] 参见姚小鸥:《先秦礼乐文化与〈周颂〉农事诗的历史演变》，《学术界》2011年第11期。

[6] 见《清华大学藏战国竹简(壹)》，上海：中西书局，2008年，第150页。

周公存有疑问。[1]《清华大学藏战国竹简（叁）》的《周公之琴舞》明确指出《孝享》篇的作者为周公，为历史上有关周公制礼作乐的说法提供了新的文献支撑。该篇可证周公不仅为周代礼乐制度建立之整体规划者，且在操作层面亦为周代礼乐文化的践行者。

（作者单位：中国传媒大学文学院）

[1] 孙飞燕等人认为简文《蟋蟀》是周公所作。孙飞燕：《〈蟋蟀〉释读》，《清华大学学报》2009年第5期。曹国建等学者则认为不能凭简文的记载就断定《蟋蟀》的作者是周公。曹建国："简本《蟋蟀》当系战国时人仿《唐风·蟋蟀》而托名于周公，与《唐风·蟋蟀》旨趣不同。"曹建国：《论清华简中的〈蟋蟀〉》，《江汉考古》2011年第2期。刘光胜："清华简《耆夜》'作'字不能理解为创作，而是指演奏，周公见蟋蟀闯进来，演奏《蟋蟀》三章，不能因此断定周公是《诗经·蟋蟀》诗的作者。"刘光胜：《清华简〈耆夜〉考论》，《中州学刊》2011年第1期。

清华简《耆夜》与《诗经》相关词语的考释

——兼论《诗经》科学阐释体系的建立

李炳海

《诗经》作为中国古代诗歌总集，对它进行有体系的阐释，至迟从孔子就已经开始，距今长达两千五百年左右。然而，如何建立起科学的《诗经》阐释体系，对于当代学者而言，仍然任重而道远，尚有许多基础性的工作需要深入进行。简帛文献的陆续问世，为当代《诗经》研究注入了强劲的活力，其中许多与《诗经》相关的材料，能够为《诗经》科学阐释体系的建构提供有力的支撑。《诗经》的阐释如果不借鉴简帛文献整理和研究的相关成果，不仅无法实现对研究对象的历史还原，而且还与当代学术前沿相疏离，无法取得实质性进展。对于简帛文献的整理和研究而言，整理是基础，研究则是要有创造性成果。对于和《诗经》相关的简帛文献的整理和研究，字义的训诂考辨是关键。这项工作的成效如何，在很大程度上决定研究的成败。怎样在古代学者已有的注释训诂的基础上继续向前推进，是《诗经》和简帛文献研究共同面临的使命，也是亟待解决的学术难题之一。

一、释《耆夜》

清华简《耆夜》为研究《诗经》提供了弥足珍贵的材料，尤其是对《唐风·蟋蟀》的解读，是一个可供参照的对象。如果把《耆夜》与《诗经》进行双向对读，那么，不仅有助于《诗经》科学阐释体系的建立，而且对清华简《耆夜》本身的考释，也会大有裨益，可以实现互利共赢。

《耆夜》第十四简背有"旨阝夜"二字，系篇题，"'旨阝'古书作'黎'或'耆'等"，[1]把旨阝说成是耆，有文献和文字学依据，是可以成立的。但是，把耆说成是黎国，则需要进一步加以斟酌。既然黎是国名，那么，作为篇名的《耆夜》就无法得到合理的解释。耆字不能释为战胜黎国，更不能以国名作为夜的修饰语。把耆认定为国名和篇名相矛盾，在解释上无法圆通。武王八年伐黎，史书无明文记载。《史记·周本纪》对武王的叙事从元年直接跃到第九年，中间有七年空白。《逸周书》对武王的叙事颇为详细，但是《酆谋解》叙述武王三年之事，接续这一年的《和寤解》，所叙述武王至于鲜原，则是武王十年的事，[2]关于武王八年的叙事亦属空白。有鉴于此，如果从《诗经》中耆字含义切入进行阐释，或许是一条可供选择的路子。

《周颂·武》全诗如下：

> 於皇武王，无竞维烈。允文文王，克开厥后。嗣武受之，胜殷遏刘，耆定尔功。

这首诗是歌颂武王能继承文王开创的基业，最终灭商而建立周王

---

[1] 李学勤主编:《清华大学藏战国竹简（壹）》，上海：中西书局，2010年，第149页。

[2] 黄怀信、张懋镕、田旭东:《逸周书汇校集注》，上海：上海古籍出版社，2008年，第330页。

朝。对于“耆定尔功”，毛传:“耆，致也。”[1]毛传以致释耆，致谓达到、实现。“耆定尔功”，指实现并且巩固他的成功，具体指灭商而建立周朝一事。《大雅 · 皇矣》首章如下：

> 皇矣上帝，临下有赫。监观四方，求民之莫。维此二国，其政不获。维彼四国，爰究爰度。上帝耆之，憎其式廓。乃眷西顾，此维与宅。

这是叙述想象中的天帝临观下界的情景。对于其中的“上帝耆之”，毛传:“耆，老也。”[2]韩诗曰:“耆，恶也。”[3]释耆为老，有文献依据，但在这章中无法前后贯通，曲为之解，极其牵强。韩诗释耆为恶，是因为后面有“憎其式廓”的句子，但是，在其他文献中找不到耆为厌恶的例子。从上下文的语境考察，这里所用的耆字，其含义与《周颂·武》的“耆定尔功”，含义是相通的，指的是到达。“维彼四国，爰究爰度”，对于四方诸侯国，上帝决定进行巡视考察。“上帝耆之”，则是说上帝出行，到达考察地点。耆之，谓到达那里。“憎其式廓”，是说憎恨商疆域的扩大，于是决定援助处于西部的周族。

耆指实现、到达，《耆夜》开始一段可作这样的句读:“武王八年，延（征）伐郜，大戡（戡）之。还，乃畲（饮），至于文大（太）室。”[4]武王八年出兵征战，实现预期目的，大为安定。这样一来，《耆夜》指的是平定之夜、胜利之夜。因此之故，君臣饮酒娱乐。至于把夜解

[1] 孔颖达:《毛诗正义》,《十三经注疏》本，北京：中华书局，2008 年，第 597 页。

[2] 同[1]，第 519 页。

[3] 王先谦:《诗三家义集疏》，北京：中华书局，2009 年，第 852 页。

[4] 李学勤主编:《清华大学藏战国竹简（壹）》，上海：中西书局，2010 年，第 150 页。

释为“通‘舍’或‘冟’”，又进一步引伸为舍爵饮酒，对于单独一个夜字同时赋予如此众多的含义，是它无法承担的，也是它在原文中不曾具备的。

清华简以《耆夜》为篇名，周代的乐舞有《武宿夜》，把这两个标题加以对比，会更确切地把握《耆夜》之名的含义。《礼记·祭统》写道：“夫祭有三重焉：献之属莫重于祼，声之属莫重于歌，舞莫重于《武宿夜》。”郑玄注：“《武宿夜》，武曲名也。”孔颖达引皇氏说：

> 师说《书传》云：“武王伐纣，至于商郊，停止宿夜。士卒皆欢乐歌舞以待旦，因名焉。《武宿夜》其乐亡也。”熊氏云：“此即大武之乐也。”[1]

《武宿夜》是反映武王伐纣的乐舞，因此前面冠以武字。关于宿夜二字的含义，王国维先生称：“《武宿夜》即《武夙夜》，其诗中当有夙夜二字，因以名篇。”[2]这是采用通假，以夙释宿，其实没有必要。《武宿夜》之名见于《礼记·祭统》，该篇对于祭祀之前的准备工作有如下记载：“是故先期旬有一日，宫宰宿夫人。”郑玄注：“宫宰，守宫官也。宿，读为肃，犹戒也。戒轻肃重也。”[3]这是把宿释训戒，合乎原文本义。大武乐称为《宿夜》，是因为它反映武王在商郊对将士进行战前的训戒，是在夜间进行。所谓的《宿夜》，亦即夜间的训戒、警示。《耆夜》之名的得来也是缘于战争，不过并非是在战前训戒，而是战后庆功。《宿夜》是指战前进行警示的夜晚，《耆夜》则是指战后安庆的夜晚。

[1] 孔颖达：《毛诗正义》，《十三经注疏》本，北京：中华书局，2008年，第1604页。
[2] 王国维：《观堂集林》（上），北京：中华书局，2006年版，第105页。
[3] 朱彬：《礼记训纂》，北京：中华书局，1996年版，第724页。

两个名称的句型结构相同，可以相互参照对比。

二、释聿

《唐风 · 蟋蟀》首章写道：“蟋蟀在堂，岁聿其莫。今我不乐，日月其除。”对其中的“聿”字，韩诗称：“聿，辞也。”[1]这是把聿字说成语气词，没有实在意义。毛传：“聿，遂也。”郑笺本是复述毛传，未再对聿字做出具体解释。

《大雅 · 文王》写道：“无念尔祖，聿修厥德。”鲁诗聿作述。毛传：“聿，述。”郑笺：“王既述修祖德。”[2]这是以述释聿。

对于《唐风 · 蟋蟀》中的“岁聿其莫”，韩诗认为是语词，毛传则以遂释之。而对于《大雅 · 文王》中的聿字，毛传又释为述，与对《蟋蟀》一诗所做的解释不相统一。近代和当代的《诗经》著述，基本是沿袭韩诗说，把聿作为语词看待。清华简《耆夜》对于文中“岁矞员茖”之语的注释称：“可联系《诗 · 蟋蟀》‘岁聿其莫’来理解。矞通‘聿’，语助词。”[3]这是把矞和聿都看作是语气词，没有实际含义。

聿字在《诗经》中出现的频率较高，它究竟是没有实际意义的语气词，还是作为实词出现？如果是实词，它的具体含义如何？对此，有必要进行辨析，用以去掉《诗经》解读的障碍。

《说文解字 · 聿部》：“聿，所以书也。楚谓之聿，吴谓之不律，燕谓之弗。从聿，一。”段玉裁注写道：

[1] 王先谦：《诗三家义集疏》，北京：中华书局，2009 年版，第 414 页。
[2] 孔颖达：《毛诗正义》，《十三经注疏》本，北京：中华书局，2008 年，第 361 页。
[3] 李学勤主编：《清华大学藏战国竹简（壹）》，上海：中西书局，2010 年，第 154 页。

> 聿者，所用书之物也。……一语而声字各异也。《释器》曰："不律谓之笔。"郭云："蜀人呼笔为不律也，语之变转。"按：郭云蜀语，与许异。[1]

从许慎、郭璞到段玉裁，都一致认定聿字的本义指的是笔，是用于书写的工具。只是各地对于笔加以称呼的方言，所做的解释存在差异。

聿字指的是笔，这个结论已经在近代的古文字研究中得到证实，"聿，象手持笔形，当为会意字。……甲骨文用作地名，则为借音字。"[2]甲骨文的聿字构形是以人手持笔，表示书写动作，聿指的是笔，它的含义由此而来。

聿字的构形从聿、一，《说文解字·聿部》："聿，手之疌巧也。"[3]聿为手之疌巧，所谓疌，亦即快捷、迅速。疌字的构形从聿，亦即迅速、迅疾之义。《诗经》中出现的聿字，表达的均是这种意义。

《唐风·蟋蟀》首章："蟋蟀在堂，岁聿其莫。今我不乐，日月其除。"这是用物候标示季节。蟋蟀已经在堂下，表明岁暮很快就要来到。其中的"岁聿其莫"，是说一年将迅速结束，聿，谓很快。

《豳风·东山》第三章写道："鹳鸣于垤，妇叹于室。洒扫穹窒，我征聿至。"这里叙述征夫的妻子盼望丈夫早归，于是打扫房屋，等待他归来。其中的"我征聿至"，也就是我行早归之义，聿，指的是很快、将要。

《小雅·小明》首章写道："我征徂西，至于艽野。"诗的作者是一位出差到西方边远之地的朝廷官员，诗中反复抒发他的怀归情感。第

[1] 段玉裁:《说文解字注》，上海：上海古籍出版社，1981年，第117页。

[2] 赵诚:《甲骨文简明词典——卜辞分类读本》，北京：中华书局，2009年，第122页。

[3] 同[1]。

二章写道："昔我往矣，日月方除。曷云其还，岁聿云莫。"第三章写道："昔我往矣，日月方奥。曷云其还，政事愈蹙。岁聿云莫，采萧获菽。"诗的作者是在春季出发，即诗中所说的"二月初吉，载离寒暑"。转眼之间，岁末即将到来，因此，怀归之心愈加迫切。其中两次提到的"岁聿云莫"，与《唐风 · 蟋蟀》所说的"岁聿其莫"，含义基本相同，均指年终迅速到来。聿，谓迅速。

《大雅 · 抑》是一首讽谏诗，相传出自卫武公之手，写这首诗的时候已经是九十五岁的高龄。他对于自己的讽刺对象耳提面命，先是写道："借曰未知，亦既抱子。"郑玄笺："假令人云王尚幼少，未有所知，亦已抱子长大矣，不幼小也。"[1]这是把讽谏对象设定为周王，意谓你不要借口说自己年幼无知，实际上你已经娶妻生子，长大成人，应该懂得事理。诗的后面又写道："借曰未知，亦聿既耄。"这两句诗是承前而来，再次警告对方：你不要借口自己年幼无知，实际上很快将成为老年人。这里的聿字，指的也是迅速、很快。

《大雅 · 文王》是追述周文王业迹的作品，其中包括对文王子孙的激励。其中写道："无念尔祖，聿修厥德。"意谓多多地怀念你的祖先，迅速地修炼自身的美德。无念，多念之义。聿，谓迅速。《大雅·大明》写道："维此文王，小心翼翼，昭事上帝，聿怀多福。"这是说文王小心翼翼地服事上帝，很快得到许多福祉。这几句诗可作为《大雅·文王》中"聿修厥德"的注解，是说文王迅速修德，因此很快得到众多福祉。聿，在两句诗中都是指速度很快。

《大雅 · 大明》追述古公亶父率领周族离开豳地，到岐山一带创业的历程。第二章写道："古公亶父，来朝走马。率西水浒，至于岐下。

[1] 孔颖达：《毛诗正义》，《十三经注疏》本，北京：中华书局，2008年，第556页。

爰及姜女，聿来胥宇。”古公亶父率领周族迁移的速度很快，所谓的“来朝走马”，是快马加鞭到达岐山脚下。“聿来胥宇”，则是说他和夫人太姜急忙去勘察建筑房屋的地址。聿，指的是速度很快，急急忙忙。

综上所说，《诗经》中出现的聿字，不是没有实际意义的语气词，而是有确定含义。聿，指的是速度快、节奏紧凑，这种意义在《诗经》中一以贯之。用它的这种意义去解释相关诗句，不会出现扞格障碍，而是处处圆通。现在回首审视对于这个字加以阐释的古注，毛传对于《唐风·蟋蟀》的“岁聿其莫”，以遂释聿，大意得之，但不够确切。可是，他对《大雅·文王》的“聿修厥德”，又把聿释为述。这就出现前后的自相抵牾，使后人无所适从。于是，后代注家索性采用韩诗说，把聿字的含义加以虚化，说成是语气词，这种做法一直延续到当下。

聿指的是速度快，这种含义在后代作品中依然可以见到。扬雄的《羽猎赋》称：“及至罕车飞扬，武骑聿皇。”李善注：“聿皇，轻疾貌。”[1] 聿皇，谓速度极快，聿字还是用于表示快速。马融的《广成颂》也以狩猎为题材，其中写道：“狗马角逐，鹰鹯竞鸷，骁骑旁佐，轻车横厉，相与陆梁，聿皇于中原。”[2] 这里所说的聿皇，还是指飞奔，聿字仍然表示快速。

三、释裔

对于清华简《耆夜》中的“岁裔员茖”之语，所作注释称“裔通

[1] 萧统编，李善注：《文选》，长沙：岳麓书社，2002年，第271页。

[2] 范晔著，李贤等注：《后汉书》，北京：中华书局，2006年，第1960页。

‘聿’，语助词。”把矞或作遹视为语助词，王引之《经义述闻》作过明确的表述：“遹，辞也。”[1]按照这种说法，矞，或作遹，是没有实际意义的语气词。《耆夜》中的“岁矞员荅”，矞是作为虚词而被阐释。

其实，早在三家诗生成的汉代，矞，或遹已经被认定为虚词。《诗经·大雅·文王有声》首章写道：“文王有声，遹骏有声，遹求厥宁，遹观厥成。”这里连续三次出现遹字，三家诗作欥。对此，陈乔枞写道：

> 《广雅·释诂》：“欥，词也。”《汉书》班固《幽通赋》：“欥中龢为庶几兮。”颜注：“欥，古聿字。”据此，是“欥”为正字，省作“曰”，同声假借用“聿”与“遹”。[2]

这样看来，三家诗是把聿和遹视为同义词，都是用于表示语气的虚词，没有实在意义。《说文解字·欠部》：“欥，诠词也。从欠、曰，曰亦声。《诗》曰：‘欥求厥宁’。”[3]许慎认为欥是虚词，所引诗句出自《大雅·文王有声》，是以欥为遹，认为二者都是所谓的诠词，即表示语气的虚词。

对于《文王有声》中的遹字，毛传没有加以解释，郑玄笺写道：“遹，述。骏，大。”[4]郑玄之所以用述释遹，是因为毛传对于《大雅·文王》中的聿字释为述。在郑玄看来，遹与聿是同义词，指的都是继承、延续，是有具体含义的实词。对《诗经》遹字所作的解释，汉代明显地分为两个学派。

---

[1]《清人注疏十三经》(五)，北京：中华书局，1998年，第99页。

[2] 王先谦：《诗三家义集疏》，北京：中华书局，2009年，第869页。

[3] 段玉裁：《说文解字注》，上海：上海古籍出版社，1981年，第413页。

[4] 孔颖达：《毛诗正义》，《十三经注疏》本，北京：中华书局，2008年，第526页。

《说文解字·冏部》:“矞，锥有所穿也，从矛、冏。一曰满有所出也。”段玉裁注:“冏者，入意。小徐作冏声。会意兼形声也。”[1]矞的原义是以锥穿物，它的另一种意义是满有所出。这两种意义是相关联的，以锥穿物，锥子尖端要把物穿透，露出锋芒，这也正是满有所出。以锥穿物必须用力，由此而来，矞及遹字，有着力用劲之义，《文王有声》首章的三个排比句，用的就是这种意义。“遹骏有声”，意谓努力使自身强大而有美好的声望。“遹求厥宁”，指努力追求周邦的安宁。“遹观厥成”，谓力求尽快看到事业的成功。在这几个排比句中，遹字都不是虚词，而是有具体含义的实词。《大雅·大明》称赞文王“小心翼翼，昭事上帝，聿怀多福”，这几句诗可与《文王有声》的上述诗句相互印证。矞，亦即遹，指的是着力推进，这就必然加快速度，所以，遹也有表示迅速之义。清华简《耆夜》中所说的“岁矞员茖”，其中的矞字不是语助词，而是实词，表示迅速、很快之义。

矞字有迅疾之义、构形从矞的字，有时也用于表达这种意义。木华的《海赋》描写海水有“荡飍岛滨”之语，李善注:“飍，风疾貌。”[2]这里还是取矞字的迅疾之义。

当然，《诗经》中遹字的含义并非只此一种，而是还有其他所指。《小雅·小旻》称:“谋猷回遹，何日斯沮?”《大雅·抑》写道:“回遹其德，俾民大棘。”这两处都是回遹连言，指邪曲不正。矞的本义是以锥穿物，这种劳作经常出现锥子在推进过程中的偏斜现象，它的邪曲之义是由此而来。

聿、遹，构形不同，读音相同，有时用于表示迅疾之义。某些与它们读音相同的字，往往也有这方面的含义。《诗经·秦风·晨风》:“鴥

[1] 段玉裁:《说文解字注》，上海：上海古籍出版社，1981年，第88页。

[2] 萧统编，李善注:《文选》，长沙：岳麓书社，2002年，第376页。

彼晨风，郁彼北林。”毛传：“鴥，疾飞貌。”[1]《离骚》：“汩余若将不及兮，恐年岁之不吾与。”王逸注：“汩，去貌，疾者流水也。”[2]鴥，汩，属于同音字，分别表示鸟飞和流水的迅疾。聿，矞，鴥，汩，这些同音字都用于表达迅疾之义，构成一个词汇家族。

四、释员

清华简《耆夜》称“岁矞员莫”，注释写道：“员通‘云’，与‘其’字用法相似，句中助词。”[3]这里采用的是通说，得到普遍的认可。然而，考察员、云这两个字在《诗经》的运用情况，并非如此，而是有具体含义，属于实词。

员字首见于《郑风·出其东门》首章：“出其东门，有女如云。虽则如云，匪我思存。缟衣綦巾，聊乐我员。”末句韩诗作“聊乐我魂”，并称：“魂，神也。”[4]照此说法，其中的员字，指人的精神、魂魄。可是，在《诗经》中找不到这方面证据，先秦其他文献也无法提供支撑，韩诗的解释难以成立。孔颖达疏称：“云、员古今字，助句辞也。”[5]依照这种解释，诗中的员字是语助词，没有实际意义。这样一来，“聊乐我员”就被译为“可以乐我云也”。可是，这就与第二章结尾的“聊可与娱”相重复，且句式不相对应，孔疏显得牵强。需要另辟蹊径，从员字的原始本义切入进行探讨。

[1] 孔颖达：《毛诗正义》，《十三经注疏》本，北京：中华书局，2008年，第373页。

[2] 洪兴祖：《楚辞补注》，北京：中华书局，2006年，第6页。

[3] 李学勤主编：《清华大学藏战国竹简（壹）》，上海：中西书局，2010年，第154页。

[4] 王先谦：《诗三家义集疏》，北京：中华书局，2009年，第368页。

[5] 同[1]，第346页。

《说文解字·员部》:"员，物数也。从贝，口声。凡员之属皆从员。鼎，籀文，从鼎。"段玉裁注:"'鼎'下曰:'籀文以鼎为贝字。'故员作鼎，则作鼎。"[1]籀文员字的构形是上为口，下为鼎，明显是人从鼎中取食之象。人从鼎中取食，是向下索取，亦即取于下，是位于下部的鼎中食物被人所摄取。根据员字的这种原始本义，再去考察《出其东门》的"聊乐我员"之语，意义就比较显豁。这章诗的前四句是说虽然东门有女如云，但是，"匪我思存"，不是他追求的对象。"缟衣綦巾，聊乐我员"，意谓对她依恋喜爱并且要择取。员，本为下取，这里指选定，择取，与员字的本义一脉相承。

《小雅·正月》有如下段落：

> 终其永怀，又窘阴雨。其车既载，乃弃尔辅。载输尔载，将伯助予！
>
> 无弃尔辅，员于尔辐。屡顾尔仆，不输尔载。终踰绝险，曾是不意。

这里叙述遇雨受阻，帮助别人的车辆走出困境的情节。由于途中遇雨，载货的车前行遇到障碍。"乃弃尔辅，载输尔载"，于是车的主人把车轮外侧增缚的直木去掉，并且开始从车上往下卸货物。这里所说的辅，指车轮外侧增缚的直木，通常是两条，用以增强车轮的承载力。诗的作者对车主进行救助，采取的具体方式是禁止对方去掉车辅，嘱咐随车的人不要再往下卸货，还有一条措施就是"员于尔辐"。对于这句话的解释歧义最多。毛传:"员，益也。"[2]近代学者沿袭毛传，

[1] 段玉裁:《说文解字注》，上海：上海古籍出版社，1981 年，第 279 页。

[2] 孔颖达:《毛诗正义》,《十三经注疏》本，北京：中华书局，2008 年，第 443 页。

把这句话译为“还要加粗车轮辐。”[1]辐，指车轮上的辐条，通常每个轮子三十根辐条。对于中途行进的车辆而言，辐条是无法立即加粗的。其实，“无弃而辅，员于尔辐”，是两个相关联的举措。车辅不去掉，则车轮的承载力就不会受到影响。要把载重车辆从泥泞中解脱出来，通常有两种办法，正如黄山所言：“载重踰险，下有折辐之患，即上有载输之虞，为之辅者或挽或推，所以助其车。”[2]挽，是在前面牵引。推，是把车往前推。而把车前推最有力的动作，是手推辐条用以转动车轮。所谓的“员于尔辐”，指的是伸手向下推辐条，用以转动车轮。员，表达的还是取于下、向下之义。

《商颂·玄鸟》歌颂商汤王的功绩时写道：“四海来假，来假祁祁，景员维河。”毛传：“景，大；员，均。”[3]毛传以均释员，意谓平均之义。其中的景，指景山，即高大，是殷商首都所在之地，《商颂·殷武》就有“陟彼景山，松柏丸丸”之语。针对这种地理形势，黄山写道：“‘景员维河’者，当谓景山绵亘四周于河。”[4]这是把员字释为绵亘，与毛传大同小异。员的本义是取于下，向下，“景员维河”，意谓景山的下边就是黄河，员，指的是向下，下边。

员，《诗经·商颂·长发》作陨，但它的本义未变。该诗首章写道：“濬哲维商，长发其祥。洪水芒芒，禹敷下土方。外大国是疆，幅陨既长。有娀方将，帝立子生商。”这几句追溯殷商的发祥历史：当大禹治水之际，殷商就已经开疆拓土，其吉祥由来已久。对其中的“幅陨既长”，

[1] 程俊英：《诗经译注》，上海：上海古籍出版社，2000年，第367页。

[2] 王先谦：《诗三家义集疏》，北京：中华书局，2009年，第672页。

[3] 孔颖达：《毛诗正义》，《十三经注疏》本，北京：中华书局，2008年，第623页。

[4] 同[2]，第1106页。

毛传："幅，广也。陨，均也。"郑笺："长犹久也。陨当作圆，圆谓周也。"[1]郑玄释诗中的长字为久，指的是历时长久，合乎诗的本义。毛传释陨为周，郑笺释陨为圆，都是把幅陨作为并列关系的词组看待，指的是疆域、版图。可是，称疆域长久，又难以圆通，关键在于对幅、陨二字的理解。《说文解字·巾部》："幅，布帛广也，从巾，畐声。"段玉裁注："凡布帛广二尺二寸，其边曰幅。"[2]幅的本义指布帛四周的长度，《长发》用以指代殷商的疆域，这个字本身已有疆域、版图之义。其中的陨字，指的是下取，在疆域上的下取，亦即向外拓展，征服相邻小国。所谓的"幅陨既长"，指疆域的开拓历时久远。因为疆域的开拓是下取，是以吞并相邻小国的方式实现的，因此，诗的第二章开头写道："玄王桓拨，受小国是达，受大国是达。"所谓的"受小国""受大国"，实际是开疆拓土，也就是诗中所说的幅陨。陨是动词，用的是它的本义，指的是取于下，即向下索取。

员字的本义是取于下，行为方式是下行、向下，由此而来，构形从员的字，往往取其下行之义，孳生一系列同族的词汇，如损、殒、硕、霣等。至于员指圆形，那是与圜字同音假借的缘故，并不是它的本义。伍员字子胥，员表示取于下，胥指小吏，他的名和字也体现出员字的本来含义。《山海经·西次三经》写道："长留之山，其神白帝少昊居之。……实惟员神磈氏之宫。是神也，主司反景。"郭璞注："日西入则景反东照，主司察。"[3]主管太阳西落之际回光返照者称为员神，是由太阳下行降落而得名，取员字的下行之义。

[1] 孔颖达：《毛诗正义》，《十三经注疏》本，北京：中华书局，2008年，第623页。
[2] 段玉裁：《说文解字注》，上海：上海古籍出版社，1981年，第358页。
[3] 袁珂：《山海经校注》，成都：巴蜀书社，1996年，第62页。

五、释云（上）

《诗经》中的“云”字，多数作为虚词加以处理，这是古今学人的常见的做法。但也不尽然，有的诗句如果把云字释为虚词，就无法把所要表达的意义加以贯通。有鉴于此，有的学者采取变通的方式，把云字作为实词加以解释。如《大雅·桑柔》写道：“民有肃心，荓云不逮。”程俊英先生注：“云，有。”[1]这是以有释云，把云字认定为实词。那么，《诗经》对于云字的运用，是否有规律可循？它究竟全是用作虚词，还是兼有虚和实两种用法？这是解读《诗经》的难点之一，也是不容回避的问题，还须从探讨云字的本义开始。

《说文解字·雲部》：“雲，山川气也，从雨、云，象回转之形。凡雲之属皆从雲。云，古文省雨。”[2]雲，古文作云，古文字研究已经证实这种说法：“[illegible]，或作[illegible]，象雲彩之形。古人认为雲和雨关系紧密……后来云字加一个雨作为形符变成了雲，与这种观念不无关系。”[3]云的字形演变，经历了一个由简到繁的过程。古文及甲骨文的云字，是云气下行，将要降雨之象。篆文的雲字则把云和雨组合在一起，表达的是降雨的前兆。许慎称云字的构形“象回转之形”，古人对于云字的理解和诠释，着眼于它的动态特征，而不是把它作为静止的自然现象看待。《释名·释天》写道：“云，犹云云，又言运也，运行也。”[4]这是从运动的角度给云下定义，揭示出它的基本属性。

云的运动属性体现在两方面，一是它自身的飘动浮游，二是它能

---

[1] 程俊英：《诗经译注》，上海：上海古籍出版社，2000年，第579页。

[2] 段玉裁：《说文解字注》，上海：上海古籍出版社，1981年，第575页。

[3] 赵诚：《甲骨文简明词典——卜辞分类读本》，北京：中华书局，2009年，第4页。

[4] 刘熙撰，毕沅疏证、王先谦补：《释名疏证补》，北京：中华书局，2008年，第16页。

够降雨，后者与先民的关联最为密切，因此，对于云字所赋予的含义，主要生成于它的降雨功能。

云生雨是自上而下降落，由天空降到地面。由此而来，《诗经》中的云字，往往表示下行之义。这类作品以变雅居多，作为下行的主体，有想象中的天帝神灵，也有现实中的人，还有自然物。

先看由天帝神灵充当行为主体，云字表示下行之义的例证。《小雅·正月》是一首变雅，其中第三章写道："视天梦梦，既克有定，靡人弗胜。有皇上帝，伊谁云憎。"前三句是说上天昏暗不明，但是它主宰一切，没有人能够胜过他。后两句发问：皇皇上帝，你在打压憎恶的是谁？对于其中的云字，通常当作虚词处理，不作解释。实际上，它和憎字是两个并列的动词。云字有下行之义，这里是使动用法，意谓使之下行，亦即向下打压之义。憎则是厌恶、憎恨。把云字释为向下打压，在这首诗中可以找到内证。第七章写道："天之扤我，如不我克。"毛传："扤，动也。"[1]后代注家基本沿袭这种解释，未加修正补充。扤，字形从手，从兀。字形从兀者，往往用砍短、剪短之义，故砍掉脚称为刖，亦称兀。剃光头发称为髡。这里的"天之扤我"，指的是上天向下打压自己，使他无法承受。这里的"扤我"，与前面的"伊谁云憎"对应，云字指的是上天对人的打压。

《大雅·云汉》也是一首变雅，叙述严重干旱给人间造成的灾难，以及周王朝抗灾自救的举措。诗中反复提到"天降丧乱"、"上帝不临"，几乎每章都提到昊天上帝。第七章末尾写道："瞻卬昊天，云如何里？"对后面的一句，通常解释里为忧，前面的云字则释为发语词。实际上，这两句诗是仰望苍天进行询问：上帝降行到下界的什么地方？云：指

[1] 孔颖达：《毛诗正义》，《十三经注疏》本，北京：中华书局，2008年，第443页。

天帝降落下行。如，谓所行趋向。何，谓疑问。里，指人的居住区域。本章末尾询问上天下巡到何处，故第八章结尾是“瞻卬昊天，曷惠其宁”，期待上天赐给安宁，施予恩惠。这两章结尾相呼应，“云如何里”指的是询问天帝下巡何处，云字还是用其本义，指的是下行。

《大雅·抑》也是一首变雅，其中第七章写道：“相在尔室，尚不愧于屋漏。无曰不显，莫予云觏。神之格思，不可度思，矧可射思。”前面两句赞扬对方严于律己，持身严谨，即使在自己家里也敬慎威仪，面对房屋内供奉的神灵而没有愧疚。后面几句则是提示对方，不要说神灵不显现，见不到它。神灵的到来是无法揣度的，不可对它怠惰厌倦。其中的“莫予云觏”，是说神灵不会出行而与自己相遇。云，指神灵降临，与这句相对应的是“神之格思”，云即格，指降临，是下行的方式出现。“莫予云觏”中的云和觏，也是两个动词并列，前者指降临，后者指相遇。

云字表示降行、下行，由人充当行为主体的例证颇多，用法也颇为复杂。

《小雅·何人斯》是一首变雅，毛序称这首诗是周王朝卿士苏公为讽刺暴公而作。首章如下：“彼何人斯？其心孔艰。胡逝我梁，不入我门？伊谁云从？维暴之云。”对于末尾两句出现的云字，毛传：“云，言也。”[1]这是把两个云字都释为“说话”。[2]上述事实表明，这两句诗中云字的实词属性，古今学者均已有不同程度的感觉，需要做的是如何解释得更加确切。

诗中的“伊谁云从”，所用句式与前面提到的《小雅·正月》的“伊谁云憎”相同，只是在云字后面的词语一为憎，一为从。“伊谁云憎”

[1] 孔颖达:《毛诗正义》,《十三经注疏》本，北京：中华书局，2008年，第456页。

[2] 程俊英:《诗经译注》，上海：上海古籍出版社，2000年，第399页。

是云和憎两个动词并列，“伊谁云从”也是属于这种类型。“伊谁云从”的两个动词，云字指的是下行；从字指的是顺从、跟随。《何人斯》首章的大意是：那是个什么人呢？他的内心特别阴险。为什么路过我的鱼梁，却不进入我的家门。他往下行走追随的是谁？唯有苏公是他所追随。这里关键是为什么连续用两个“云”字，用以叙述他的行走，这要放到诗的语境中去考察。那个人是从作者的鱼梁走下，路过作者的门前而没有进屋，鱼梁指水中的石坝，从石坝走向岸边，是从高处走向平地，属于下行，故诗中用云字加以叙述，可谓恰如其分。

变雅中出现云字的诗句，还有一种类型，就是句首冠以曷或盖字，云字后面又缀以表示返回家乡的词语，如还、归等。

《小雅·小明》第二章写道：“昔我往矣，日月方除。曷云其还？岁聿云莫。”第三章又写道：“昔我往矣，日月方奥。曷云其还？政事愈蹙。”这两段诗的后半部分都是以曷字领起，表示疑问，何不之义。“曷云其还”，其中的云字后面又缀以还字，都是用作动词，均为表示返回之义。云字表示从外而返回家乡，与古人对出行的理解有关。在古人观念中，从家向外出发是上行，而自外往回返则是下行，上行下行分别与往来出入相对应。既然如此，云字就由表示下行引申为自外返回，与还、归、来等属于同义词。所谓的“曷云其还”，意谓何不返归回还，是用两个动词表示返回。

变雅诗的这种句型，在其他类别的诗歌中也可以见到。《小雅·黍苗》是一首正雅，叙述周宣王时期召伯营建谢城的情况，作品出自参与营建的人员之手。第二章写道：“我任我辇，我车我牛。我行既集，盖云归哉！”第三章写道：“我徒我御，我师我集。我行既集，盖云归处。”这两章诗前半段叙述准备返回，队伍聚集的情况。最后一句则是作出判断，指出这是要返回原地。盖，表示判断之词。“盖云归哉”，说这就是返回原处，云、归都是返回之义。“盖云归处”，谓这就是返回休息。处，谓休息。

《邶风 · 雄雉》是一首思妇诗，作者盼望丈夫尽快从外地返回。第三章写道：“瞻彼日月，悠悠我思。道之云远，曷云能来？”这里所用的两个云字，均是表示返回之义。“道之云远”，意谓返回的路途很遥远。“曷云能来”，以曷字领起，表示疑问，何时之义。云、来，均是表示返回，区别在于，云字是表示往回返，来自则表示已经或将要到家。

变雅多数出自周王朝官员之手，对于这些贵族来说，离开周王朝首都而流落到外地，属于向低处迁移。因此，对于这类事象，有时用云字加以表示。

《大雅 · 桑柔》第三章开头写道：“国步蔑资，天不我将。靡所止疑，云徂何往？”国步艰难，上天不予救助，使诗的作者无法安定。疑，谓安定。“云徂何往”，用了三个动词。云，谓到外地。徂，指行走方向、路线。往，谓前行去处。这里的云字，指从周王朝首都前往外地，属于下行。

《大雅 · 瞻卬》第五章结尾称：“人之云亡，邦国殄瘁。”第一句是说王朝首都的人纷纷逃走。云亡，是两个动词并列，指流亡、逃亡。云，谓逃离。《大雅 · 召旻》所说的“民卒流亡”，可与“人之云亡”相互印证。《瞻卬》中三次出现“人之云亡”句子，云字都是指离开首都逃亡。

变雅中还有些运用云字的诗句，并不是直接表示行走的向下，而是指人的行为的下落态势。

《小雅 · 正月》第十二章写道：“彼有旨酒，又有嘉殽。洽比其邻，昏姻孔云。”作品所批判的对象有美酒佳肴以供享受，周围聚集一批与他亲近的人，并且举办婚礼。对“昏姻孔云”，毛传：“云，旋也。”

郑笺:"云，犹友也。言尹氏富，与兄弟相亲友为朋党也。"[1]毛传、郑笺都认定句中的云字是实词，而不是虚词。因为如果是虚词，这句诗的表达就不完整。毛传以旋释云，后人解为周旋。郑玄以友释云，但是脱离婚姻语境，明显违背诗的本义。单从这首诗本身考察，无法对"昏姻孔云"做出确切的解释，需要寻找其他旁证。排在这首诗前面的是《小雅 · 节南山》，毛序称，《节南山》是家父刺幽王，具体批判对象是掌握朝廷大权的大师尹氏。《正月》也是刺幽王，其中提到宗周的灭亡，与《正月》具有可比性。《节南山》写道:"琐琐姻亚，则无膴仕。"意谓尹氏与卑微的小人联姻，没有做什么好事。尹氏是朝廷高官，却与卑微的小人结亲，这正是《正月》所说的"昏姻孔云"，这类婚姻太掉价，云字表示婚姻行为的降格，仍是下行之义。

《小雅·四月》也是一首变雅，第五章写道:"我日构祸，曷云能穀。"这是说自己招致许多祸患，怎么做才会好起来呢?这里的云字，表示的是一种低调的行为方式。既然祸患经身，当然要低调做事寻求解脱。

《大雅 · 桑柔》是篇幅最长的变雅，第六章写道:"如彼溯风，亦孔之僾。民有肃心，荓云不逮。"前两句以顶风行走起兴作比，意谓风逆行走必然不会顺畅。后两句批评朝廷的失误，人有恭敬之心，但朝廷未能进行引导。荓，谓牵引、引导。这里的荓和云，是两个动词并列，荓指引导，云是指谦下待人，以友好的方式对待百姓。

云字用于表示人的行为的向下态势，这类诗句多数出自变雅。除此之外，变雅还用云字表示自然存在物的下行趋向。

《小雅·小明》两次出现"岁聿云莫"之语，意谓年终很快就要到来。聿，谓迅速。云，则指时间的推移、流逝。这里之所以用云字加以表示，

[1] 孔颖达:《毛诗正义》,《十三经注疏》本，北京：中华书局，2008年，第443页。

是因为在古人观念中，一年四季，从春到夏是时间的上行；从秋到冬，则是时间的下行。年终即将到来，因此用云字表示时间的流逝。

《大雅·召旻》是编在最后的一首变雅，第六章写道："池之竭矣，不云自频？泉之竭矣，不云自中？"频，谓边缘，通濒。这四句诗是说，池里的水枯竭，最初是边沿水位下降。泉水枯竭，最初是泉眼中部水位下降。这里所用的两个云字，指的都是水位的下落、降低，还是取其下行之义。

用云字表示人或事物的下行态势，和云字的原始本义一脉相通。采用这种表达方式的作品绝大多数出自变雅，主要有两方面的原因。变雅的作者多是西周朝廷的官员，具有良好的文化素养，对于云字的原始本义有确切的理解，加以运用可谓得心应手。再加上他们同在朝廷供职，所以，在运用云字的这种意义进行表述时具有共通性、可传达性。用云字表示下行态势，在以歌功颂德为主的正雅中极其罕见，颂诗则是绝无仅有。这种分布格局表明，云字所表示的下行态势，与变雅创作历史时期王纲解钮、江河日下的形势相吻合。这个字的原始含义与历史情势相契，因此反复在变雅中出现，可以说是不期而遇、不谋而合，偶然性中体现出历史的必然性。

云字的本义是表示下行态势，因此，构形从云的字，往往也有这种含义，如抎，谓坠落，即属于此种情况。《诗经》中字形从云者，也往往取其这种意义。《小雅·苕之华》首章写道："苕之华，芸其黄矣。"毛传："兴也。苕，陵苕也，降落则黄。"[1] 这是以落释芸，极其确切。相比之下，人们对《老子》第十六章中"芸芸"所做的解释就显得大为逊色。该章写道："夫物芸芸，各复归其根。归根曰静，是谓复命。"

[1] 孔颖达：《毛诗正义》，《十三经注疏》本，北京：中华书局，2008年，第500页。

王弼未对芸芸二字出注。河上公称:"芸芸者,华叶盛也。"[1]把芸芸说成是花叶茂盛,与它的本义完全相反。芸芸,凋零飘落之象,是下行态势。至于现代注释《老子》者,则释芸芸为众多,"芸芸,复杂众多。"[2]这是最常见的说法,并且约定成俗,得到普遍的认可。《周颂·载芟》是一首农事诗,首章写道:"载芟载柞,其耕泽泽。千耦其耘,徂隰徂畛。"对于其中的耘,郑玄笺:"耘,除其根株。"[3]郑玄所作的解释对后代影响很大,多数人把耘字理解成为除草。刘向《九叹·愍命》写道:"掘荃蕙与射干兮,耘藜藿与蘘荷。"王逸注:"耘,耔也。《诗》云:'千耦其耘'。"[4]王逸释耘为耔,也就是播种,并援引《周颂·载芟》的诗句为证。王逸所做的解释是正确的,耘的本义的确是播种,把种子投入耕过的农田中,是下行态势的运作方式。所谓的"千耦其耘",其中的耦,指每二人为一组,分别进行翻土挖掘和下投种子,两人协作完成播种。

云字的本义表示下行态势,员字的本义是取于下,由此而来,构形从员,从云的字,往往意义相通。《小雅·苕之华》用芸字表示凋零飘落,《卫风·氓》称:"桑之落矣,其黄而陨。"陨,谓飘落,与芸字表达的意义相同。云和员孳生的词汇往往都有零落之义,可谓殊途同归。这两个字生成的根据不同,因其都有表示下行态势的意义,所以孳生的词汇也意义相通。人们在注释《诗经》时把员和云作为通假字加以处理,并非没有道理。症结是这两个字在《诗经》中是实词,而不是虚词;是表示下行态势的动词,而不是语助词。

[1]《老子道德经河上公章句》,北京:中华书局,2009年,第62页。

[2] 冯达甫:《老子译注》,上海:上海古籍出版社,1998年,第37页。

[3] 孔颖达:《毛诗正义》,《十三经注疏》本,北京:中华书局,2008年,第601页。

[4] 洪兴祖:《楚辞补注》,北京:中华书局,2006年,第6页。

六、释云（下）

云字作为表示动态的词，在《诗经》中除了用于表示人和事物的下行态势外，还用于指称人的言语表达，把人的说话称为云。

《周南·卷耳》末章如下："陟彼砠矣，我马瘏矣。我仆痡矣，云何吁矣。"这几句诗叙述驱车登山的艰难，驾车的马和驭手都疲劳不堪，出现病态。对于末句的云字，毛传、郑笺均未作解释，是作为虚词加以处理。韩诗称："云，辞也。"[1]这是把云字说成语助词，没有实际意义。后代注家基本沿袭这种说法，罕有例外。"云，语词。"[2]这是最常见的解释，基本见不到异议。

从《卷耳》末章的语境考察，冠于句首的云字不是虚词，而是表示说话的动词。"我仆痡矣，云何吁矣"，这两句诗前后相承，用以显示驭手的极度疲劳。先是称驭手疲劳过度，已呈病态；后一句则是叙述他说话时的状态。由于过度疲劳，以至于说话发音时气喘吁吁。驱车登山历险，要对驾车的马用力鞭策，并且高声吆喝，这使得驭手疲劳不堪，发声时喘着粗气。诗中的云字，指驭手的说话发声。而所谓的吁，指呼吸困难，气喘吁吁，而不必假借为忬，释为忧愁。

《卷耳》所用的"云何吁矣"句型，在《诗经》中还可以见到与之相似者。《小雅·都人士》的主角是一位男士，他迷恋一位君子的女儿，但却无法见面。诗的结尾写道："我不见兮，云何盱兮。"这里的"云何盱兮"，用以表示自己的遗憾。这两句诗是说：我无法见到她，说起来眼睛要睁得多么大呀。云，谓说起来这件事。盱，谓张目直视，

[1] 王先谦：《诗三家义集疏》，北京：中华书局，2009年，第31页。

[2] 朱东润主编：《中国历代文学作品选》上编第一册，上海：上海古籍出版社，2006年，第4页。

睁大眼睛，而不必假借为忏，释为忧愁。

《小雅·都人士》和《周南·卷耳》冠于句首的云字，都是用于指称人的言语表达。区别在于，《卷耳》的“云何吁矣”，云字指人的发声、说话；而《都人士》的“云何盱兮”，云字是说来、谈起之义。云字用指称人的言语表达的这两种类型，在《诗经》中都有一系列案例。

先看云字用于表示人的发声说话的案例。

《小雅·雨无正》第六章如下：“维曰予（于）仕，孔棘且殆。云不可使，得罪于天子；亦云可使，怨及朋友。”这几句诗围绕朝廷用人失当进行议论，道出乱世居官的难处。这几句诗的大意如下：就说在朝廷做官，非常急迫危险。你说这个人不可以任用、天子被得罪不开心；你也说这个人可以任用，又会被朋友埋怨。其中的“云不可使”“亦云可使”，指的都是诗作者本人的说话发言。

再看云字表示说起、谈起之义的案例。

《鄘风·桑中》首章如下：“爰采唐矣，沫之乡矣。云谁之思，美孟姜矣。期我乎桑中，要我乎上宫，送我乎淇之上矣。”这是以男性口吻唱出的情歌，其中的“云谁之思”，在后面两章也都出现。所谓的“云谁之思”，即说起来思念何人之义。云，指的是说起、谈起，与《小雅·都人士》的“云何盱兮”属于同一类型。

《小雅·何人斯》第五章如下：“尔之安行，亦不遑舍；尔之亟行，皇脂尔车。壹者之来，云何其盱。”诗的作者埋怨对方不肯到自己家里相聚，这几句诗的大意是：你的车辆缓慢前行，也不肯到我这里停留。你急着赶路，却有空闲给车轴注油。诚心专一地前来我处，说起来令人目瞪口呆。意谓无法相信，也没有可能。这里的“云何其盱”，与《小雅·都人士》的“云何盱兮”含义相同，其中的云字，谓说起、谈起，具有明确的针对性。

《诗经》中还有些把云字冠于句首的例子，究竟属于上面两种类型的哪一种，无法得到确切的认定。《唐风 · 扬之水》第一、二章的结尾分别是："既见君子，云何不乐？" 这几句诗中的云字，可以释为直接的言谈、说话，也可释为说起、谈起，带有明确的针对性。按照前一种解释，"云何不乐" 意谓说话为什么不欢乐。这类句子可以两说并存，总之，云字指的是语言表达。《小雅 · 小弁》首章末尾的 "心之忧矣，云如之何"，也属于这种情况，把它归入哪个系列都有一定的道理。

《鄘风 · 定之方中》第二章结尾是如下两句："卜云其吉，终然允臧。" 这用云字表示占卜结果的出示，云字指的是告之。占卜是人与神灵之间的沟通，占卜结果表达的是神谕，是神灵说的话，因此，也用云字加以表达。

云字用于指称人的言语表达，《诗经》的这类句子都把云字置于前面，冠于句首。《诗经》对于指称人的言语表达的其他词汇，有时采用这种处理方式。《小雅 · 采薇》第一、二、三章都有 "曰归曰归" 的句子，意谓说是返乡，曰字指言说。《小雅 · 黄鸟》三章均有 "言旋言归" 之语，意谓说返回说归乡，言字指的也是说话，是自言自语。把云、曰、言这类用于指称语言表达的词汇冠于句首，是《诗经》特殊的句型。到了后来，这类动词不再冠于句首，而是置于言语表达主体的后面充当谓语，子曰、圣人云一类句式成为常见的类型，而把它们冠于句首的做法则很罕见。至于把 "云尔" 作为句末语气词，也是由云字最初的动词属性，用于指称言语表达而来，只是把云字由冠于句首变为放置在句子尾部。

七、结语

通过对上述词语的考释可以看出，建立科学的《诗经》阐释体系，在词语考释方面还有许多可供拓展的空间。概括而言，主要有以下三方面。

第一，兼顾词语的音形义，借鉴古今注疏和古文字研究成果，结合作品的具体语境，对词语的含义做出准确的认定。

对于词语的训诂考释必须兼顾它的音形义，这是应该遵循的基本原则。可是，相当长一段时间以来，人们往往过分关注词语的音和义之间的关联，而对文字构形有所忽视，从而导致通假过滥。这是持续已久的学术痼疾，至今仍然在起作用。通假泛滥，看似一通百通，实际上经不起推敲，无法牢固确立。兼顾词语的音形义，应以《说文解字》为基础，充分吸收百年来古文字的研究成果。而对于《诗经》的古注今说，则应该择善而从，而不能兼收并蓄。

通假过滥的一个重要原因，是脱离《诗经》具体作品的语境，而只是在音韵方面进行通转，从而造成对词语解释的普泛化、抽象化。因此，把相关词语放置到具体语境中，从音形义的关联方面进行考察，是避免通假过滥的有效途径。

对词语从音形义的关联方面进行考察，是简帛文献整理的基本功，从事此项工作的学人在这方面具有得天独厚的优势。字形的认定、读音的标示，所推出的是初级产品。对于急需这方面文献的《诗经》研究者来说，属于雪中送炭。对相关词语在认定字形、标示读音的基础上，做出合乎实际的阐释，确定它的含义，这属于锦上添花。而从当前情况来看，阐释显然是薄弱环节，对词义的认定滞后于识字定音。

第二，扭转实词虚化的倾向，把对词语的训释落到实处。

《诗经》有许多虚词，这是毋庸置疑的事实。但是，也不可否认，这部典籍中的有些实词，在后代的阐释中被虚化，当作虚词加以处理，并且前后因袭，相沿成习。把《诗经》的有些实词加以虚化，至迟可以追溯到四家诗的创立期，已经长达两千余年。《诗经》作为儒家经典，在古代具有崇高地位。所以，人们在把《诗经》作为经典研读的同时，也把汉代经师实词虚化的阐释方式继承下来，并且一直沿袭到当下。从表面看来，如果说通假过滥是一通百通，那么把实词虚化则是一了百了。既然把它认定为语助词，对它的含义自然也就不必再加以解释，省去许多麻烦。可是，这样一来，势必造成对原有诗句构成因素的阉割，使诗句本身变得残缺不全，所表达的意义也无法得到充分的发掘。处理这类实词被虚化的案例，应该采取与古代经师学者相反的方式，由他们的化实为虚，变为由虚返实。这就必须追本溯源，从词语的原始本义切入进行考察，对于它们的词类属性做出审慎的判断。有些词语之所以被虚化，是因为它们在诗句中的含义不够显豁，给人以模糊之感。而由虚返实，则是使它们由模糊变得清晰。要对《诗经》做出合乎作品实际的阐释，不但要尽量避免把实词虚化的做法，就是对那些真正的虚词，也要进行分辨，过滤出它们的实际承载。矣、兮、也、只，这些语气词虽然没有实际意义，但是，它们所表达的情感意念在基调，色彩、强弱等方面仍然存在差异，有大体明确的分工。

第三，注重义例的梳理归纳，逐步建立起完善严密的体系。

《诗经》中的许多词语，古今注家往往出现在解释上前后不一致，自相抵牾的现象，有时甚至随意性较大。这是因为他们往往只是关注单篇作品、个别例句，而未能从整体上加以观照。

如何通过具体义例的梳理归纳，建立起完整严密的阐释体系，清末的俞樾已经具有这方面的自觉意识。他的《古书疑义举例》就是这方面的有益尝试。作为俞门高足的章太炎先生，不止一次地指出王念孙、王引之父子在义例梳理方面的欠缺。[1]与他同时代的刘师培先生，则通过亲身实践，撰《古书疑义举例补》，[2]为建立义例体系做出了努力。

综观当下的《诗经》及简帛文献研究，义例的梳理及归纳仍然是薄弱环节，因而在阐释方面任意性倾向比较明显。造成这种情况的原因是多方面的。有的是对于文献典籍只顾局部，忽视整体。有的是缺少必要的量化统计，只是凭着已有的印象和感觉下判断。还有的是受到通假泛滥、实词虚化等学术痼疾的困扰，缺少关注义例的自觉意识。对于《诗经》研究而言，如果没有足够数量的义例支撑，未能在词语训释方面形成纵横交错的网络，那么，对于《诗经》的阐释就只能停留在表面，囿于局部，而不可能形成完整严密的阐释体系。

（作者单位：中国人民大学文学院）

[1]《章太炎全集》(三)，上海：上海人民出版社，1984 年，第 111、222 页。

[2] 洪治纲编:《刘师培经典文存》，上海：上海大学出版社，2004 年，第 108—120 页。

清华简《周公之琴舞》与楚辞“九体”

李　颖

“九体”是早期文学的一种样式。在楚辞作品中，它的存在尤为引人注目。然而，学界尽管投入较多关注，但对“九体”问题仍缺乏明晰认识，甚至存在一些偏差。本文从争议较大的《九歌》篇名入手，依据清华简《周公之琴舞》中的“九絉”材料，结合传世文献，对“九体”的结构特征、发展脉络及其所承载的礼乐观念加以剖析。

一、楚辞“九体”与“琴舞九絉”

屈原《九歌》以“九”名篇，而所含篇数为十一。这种篇名与篇数不符的现象早已引起人们的注意，并引起后人对楚辞中有关“九”的含义的纷争。

围绕这一问题，主要有三种观点：一是“实数说”。持此说者如明代汪瑗：“《九章》之篇数皆合于九，而兹《九歌》乃十有一篇，何也？曰：末一篇固前十篇之乱辞也。《大司命》《少司命》，固可谓之一篇……篇数虽十一，而其实为九也较然矣，又何疑乎？”[1]持“实数说”的人不少，但为与“九”数字相合，他们对屈原《九歌》中篇章采用“合并法”，又出现了众多分歧，使人莫衷一是。第二种是“虚数说”。这种观点认为：楚辞中“九”是个特殊数字，表示“多”的意思。如清纪晓岚在《四库全书总目提要》中说：“《国殇》、《礼魂》二篇，向在《九歌》之末。古人以九纪数，实其大凡之名；犹《雅》、《颂》之称什，故篇十有一，仍题曰九。”[2]马其昶《屈赋微》说：“《九章》九篇，《九歌》十一篇，九者数之极，故凡甚多之数皆可以九约之，文不限于九也。”[3]现当代有关“九”的解说中，除在前两者间争持不下外，又出现了“通假说”。[4]这就使“九”的解说更加扑朔迷离，难以分辨。

那么，楚辞中的“九”到底应该是什么含义呢？它与相关作品的篇数到底有什么关系？为了说明问题，我们不妨先抛开聚讼纷纭的个案，对楚辞中“九体”问题做一整体性的关照。

楚辞中以“九”名篇的除了屈原的《九歌》《九章》，宋玉的《九辩》外，还有西汉刘向的《九叹》、王褒的《九怀》，东汉王逸的《九思》。《九章》篇数为九。《九叹》包括《逢纷》《离世》《怨思》《远逝》《惜贤》《忧苦》《愍命》《思古》《远游》九章；《九思》也由《逢尤》《怨

[1] 汪瑗撰，董洪利点校：《楚辞集解》，北京：北京古籍出版社，1994年，第108—109页。

[2] 永瑢等撰：《四库全书总目》，北京：中华书局，1965年，第1270页。

[3] 马其昶：《屈赋微》，台北：广文书局，1967年，第1页。

[4] 一种观点认为“九”通“纠”。持这种观点的人有郭沫若等。郭沫若在《屈原赋今译》中说：“‘九’并不是数目字，或许是纠字的意思，取其缠绵婉转。”北京：人民文学出版社，1953年，第37页。姜亮夫也认为：“‘九’字在古书中往往与‘纠’、‘虯’连在一起。‘纠’即‘九合诸侯’之‘九’，集合起来的意思，因此说《九歌》是纠合起来的，是集合起来的歌辞。”见姜亮夫：《楚辞今绎讲录》(修订本)，北京：北京出版社，1983年，第102页。何新还认为：“九，字通纠。纠，交也。故《九歌》又可释作交歌——郊祀之歌与交会之歌。”见何新：《诸神的起源——中国远古太阳神崇拜》，北京：时事出版社，2002年，第388页。另有“九”通“虯”“鬼”等说法。

上》《疾世》《悯上》《遭厄》《悼乱》《伤时》《哀岁》《守志》九章构成。《九怀》包括《匡机》《通路》《危俊》《昭世》《尊嘉》《蓄英》《思忠》《陶壅》《株昭》《乱曰》，虽形式上有十个标题，但《乱曰》是音乐的一个部分，实则也是九篇。《九辩》与前几篇相比有些特殊。它没有分章设题，但仍与“九”这一数字保持着一种联系：由九个段落构成。就是说，楚辞中的“九体”作品，或为九章，或为九个段落，除《九歌》外，都与“九”相合。这种以“九”为篇章结构的形式说明了“九体”中“九”的实数性质。

与楚辞密切相关，清华简第三辑《周公之琴舞》[1]中，也出现了与“九体”有关的材料。

此篇共两组诗，一组为周公之作，另一组九启为成王之诗。其中，成王诗的第一首（元纳启），与今本《诗经·周颂》中的《敬之》稍有异文，当是其祖本。引人注意的是：在所列周公之诗和成王之诗中，简文两次提到“琴舞九絉”。

何谓“琴舞”？琴是一种乐器，是颂诗采用的音乐形式；“舞”是舞蹈。“琴舞”是与颂诗相伴的乐、舞。“九絉”就是九章。周公之诗在“琴舞九絉”之下仅存四句，但成王之诗“琴舞九絉”下却如数列了九首诗，让我们看到今本以外的《诗经》一组颂诗的完整面貌。

需要补充的是，周公之诗在简中虽仅存一首，且显然不是完篇，但对照成王“琴舞九絉”可知也绝非虚数。从成王之诗中的“九絉”是完整的九章来推断，这里的“九絉”是实数。清华简中另一篇简文

[1] 清华大学出土文献研究与保护中心编，李学勤主编：《清华大学藏战国竹简（叁）》，上海：中西书局，2012年，第132—143页。

《芮良夫毖》中，提到“芮良夫作毖再终”，[1]“再终”是演奏二次之意。故后文“二启”与“再终”相应。这说明，简文中表示篇目的数字都是实数。由此可进一步推知，周公的诗原来也应该是九首。其他八首诗很可能被漏抄了。

如前所述，成王之诗部分内容列入今本《诗经》，是《周颂》的一部分。有可能是孔子删诗前的原本。这说明《诗经·周颂》中也曾存在过九首为一组的诗体组合形式。

《周公之琴舞》发现以前，我们只能看到楚辞中“九体”的文本；现在，我们又看到了《诗经》中“九体”的文本。它们为楚辞中“九”的含义提供了最好的注释。

楚辞“九体”中的各篇，“九”都是作为篇名出现的。《周公之琴舞》中的“九絉”虽不是篇名，但“琴舞九絉”下统领九首短诗，实际上也具有篇名性质。篇名与篇数的相符，实际上贯穿着古人素朴的名、实观念。

凡对事物的命名，古人有基本的原则。先秦时各家有关“名、实之辩”的言论中就突出表现了这种原则。《墨子·小取》：“以名举实。”[2]“名”为概念，事物的名称；何谓“举”？“举，拟实也。”[3]“告以文名，举彼实也。”[4]意思是用来称呼某一事物的名称、概念要反映这一事物的“实”。《经说下》有更明确的说明：“有文实也，而后谓之；无文实也，则无谓也。”[5]有实，才有名；无实，则无名。名既然是“举”

[1] 清华大学出土文献研究与保护中心编，李学勤主编：《清华大学藏战国竹简（叁）》，上海：中西书局，2012年，第145页。

[2] 孙诒让撰，孙启治点校：《墨子间诂》，北京：中华书局，2001年，第415页。

[3] 同[2]，第315页。

[4] 同[2]，第338页。

[5] 同[2]，第358页。

实的，名和实必须相符。荀子对名、实问题也提出过著名论题："制名以指实"。[1]"指"有指称、指代、代表之意。制定事物的名称符号，就在于用名来指称事物，代表事物。在名、实关系上，庄子的观点是："名者，实之宾也。"[2]尽管庄子把"名"列为"宾"，但他同时也指出了"名"与"实"的密切关系："名"与"实"一致并合于"实"。《至乐》篇中这种思想有进一步体现："名止于实。"[3]即"名"不能偏离或超出"实"。至于以"名"为名的名家一派，更是老老实实地承认："夫名，实谓也。"[4]

上述各家尽管因学术观念各不相同，论述中"名"与"实"所包含的意义不完全一样，但在名、实相称的问题上有着惊人的一致性：都主张名与实的统一。

名、实相符，这是先秦时人们普遍的观念。一般事物的名称尚且贯穿着古人的这种素朴观念和命名原则，作为以数字为篇名的楚辞"九体"，亦应如此。

就数字而论，"九"的确是个特殊数字，既可为实数，亦可为虚数。但数字的"虚数化"应该有个渐变的进程。在篇名中，这种渐变的进程就尤为缓慢，甚至不变。"九体""九絉"的实例是很好的例证。就是与"九"没有直接关系的其他数字，应用到篇名中，也会看到它数目上实指的性质。汉代辞赋作品中，有一种"七体"的体例。如枚乘的《七发》、傅毅的《七激》、崔骃的《七依》、张衡的《七辩》、崔瑗的《七厉》等，都是由七件事铺叙，形成"七体"结构样式。北大

[1] 王先谦撰，沈啸寰、王星贤点校：《荀子集解》，北京：中华书局，1988年，第415页。
[2] 郭象注，成玄英疏，曹础基、黄兰发整理：《庄子注疏》，北京：中华书局，2011年，第13页。
[3] 同[2]，第338页。
[4] 胡曲园、陈进坤：《公孙龙子论疏》，上海：复旦大学出版社，1987年，第99页。

藏汉简《反淫》篇名与“七”无涉，而结构与《七发》等相同，也为“七体”。[1]这种“七体”体例到汉、魏之际还有人沿用，曹植的《七启》即为其例，篇名与篇数间的对应性极为明显。特殊数字的虚实运用固然有灵活性，但见于篇名的稳定性还是一以贯之的。

“九”为实数，代表着篇章结构的九个部分。那么，屈原《九歌》这一个案又作何解释呢？

作为“九体”之一的《九歌》，的确有“九体”固有的格式——由九部分构成。但作为个体作家的屈原，情况又与一般作家不同。一方面，他遵循着固有的体例，写出标准的“九体”——《九章》；另一方面，又不完全囿于体例的限制，其创造力充分发挥的结果，使他的《九歌》呈现出更为复杂的面貌。就像音乐中的变奏曲一样，他的《九歌》也是楚辞“九体”中的“变体”。

汉人对“九体”篇名与篇数的实数对应关系并没有怀疑。王逸编辑《楚辞》时不但如数收录了屈原的《九歌》，自己也随同前人创作了标准的“九体”。这表明汉人对“九体”及屈原“变体”的一种认可。即使汉以后相当长的一段时间，人们对“九”的问题也并未存有异议，有关屈原《九歌》篇数的纷争，只是宋时才初露端倪，明清以降愈演愈烈。

二、“九体”“九絉”与古《九歌》

无论是楚辞“九体”，还是《周公之琴舞》的“琴舞九絉”，它们都以“九”为结构缀连成篇。“九”的这种特殊结构方式，可以追溯

[1] 见傅刚等：《北大藏汉简〈反淫〉简说》，《文物》2011年第6期，第78页。

到古《九歌》。

关于古《九歌》，典籍中多有记载。屈原《离骚》曾两处提到古《九歌》：

> 启《九辩》与《九歌》兮，夏康娱以自纵。
> 奏《九歌》而舞《韶》兮，聊假日以媮乐。[1]

《天问》中也有一处：

> 启棘宾商，《九辩》《九歌》。[2]

《山海经·大荒西经》中更有详细记载：

> 西南海之外，赤水之南，流沙之西，有人珥两青蛇，乘两龙，名曰夏后开。开上三嫔于天，得《九辩》与《九歌》以下。此天穆之野，高二千仞，开焉得始歌《九招》。[3]

屈骚诸篇和《山海经》一致把《九歌》与夏联系在一起。《山海经》直接指出《九歌》是夏后开“上三嫔于天”而得到的仙乐。夏后开即夏启。无论是充满灵异色彩的记载，还是具有原始意味的舞、乐形式，都让我们感受到《九歌》的古老。

不仅如此，《左传》和《尚书》中也有关于《九歌》的记载。《左传·文

[1] 洪兴祖撰，白化文等点校：《楚辞补注》，北京：中华书局，1983年，第21、46页。
[2] 同[1]，第98页。
[3] 袁珂校注：《山海经校注》，上海：上海古籍出版社，1980年，第414页。

公七年》：

《夏书》曰：戒之用休，董之用威，劝之以《九歌》，勿使坏。九功之德皆可歌也，谓之《九歌》。[1]

《尚书·大禹谟》的内容与《左传》相似：

禹曰……九功惟叙，九叙惟歌。戒之用休，董之用威，劝之以《九歌》，俾勿坏。[2]

尽管上述典籍中的描写较《山海经》等少了些灵异的成分，赋予《九歌》更多的道德解释，但有一点却与屈骚、《山海经》相同：它们同样指出《九歌》出于夏时。众多材料的一致，说明古《九歌》产生年代的可信性。在先秦典籍中，《左传》所载史料一般被认为是可靠的。《尚书·大禹谟》虽被认为是伪古文，但它也有重要的史料参考价值。综合文献记载可知，在夏代有古《九歌》不当有疑问。

相关文献材料中提到夏《九歌》时，总离不开“九”这一数字。《离骚》《天问》《山海经》中，与《九歌》并提的有《九辩》《九招》《韶》。《九招》，古乐名。《吕氏春秋·古乐篇》：“帝舜乃令质（夔）修《九招》、《六列》、《六英》，以明帝德。”[3]《韶》也称《九韶》，古乐舞名。《尚书·益稷》：“《箫韶》九成，凤皇来仪。”孔《传》：“《韶》，舜乐名。”[4]《史

[1]《春秋左传正义》，阮刻《十三经注疏》，北京：中华书局，1980年，第1846页。

[2]《尚书正义》，阮刻《十三经注疏》，北京：中华书局，1980年，第135页。

[3] 许维遹撰，梁运华整理：《吕氏春秋集释》，北京：中华书局，2009年，第126页。

[4] 同[2]，第2093—2094页。

记·五帝本纪》："于是禹乃兴九招之乐"，《索隐》："招音韶，即舜乐《箫韶》。九成，故曰《九招》。"[1]"《箫韶》九成"是指该乐含有九章。春秋时孔子在齐国还观看过韶乐的演奏，《论语》载："子在齐闻《韶》，三月不知肉味，曰：'不图为乐之至于斯也。'"[2]战国时孟子也见过演奏："齐宣王见孟子于雪宫……景公说……召大师曰：'为我作君臣相说之乐！'盖《徵招》、《角招》是也。其诗曰：'畜君何尤？'"[3]这里的《徵招》《角招》应该就是《九招》即《九韶》中的两章。这样看来，流传到战国时的"招"乐或"韶"乐确实是分章演奏的。"《箫韶》九成"是古乐《九招》《九韶》的分章形式，那么，古《九歌》《九辩》的分章也应与之配合，由九章构成。

《左传》《尚书》皆把《九歌》与"九"联系在一起。"九德之功皆可歌也"中的"九德之功"是更坐实了的数字。《左传》还有两处提到"九歌"。与前引文不同的是：它把"九"与其他数字对举。如《昭公二十年》："声亦如味，一气、二体、三类、四物、五声、六律、七音、八风、九歌，以相成也。"[4]《昭公二十五年》："为九歌、八风、七音、六律，以奉五声。"[5]这里的"九歌"像风分为八、音分为七、律分为六、声分为五一样，是"歌分为九"的形式。不管它是否指夏《九歌》，还是夏《九歌》流布过程中的变体，我们都可以看出："九歌"——歌分为九，已经是一种标准的体裁样式了。

历来的楚辞研究者，都注意到古《九歌》是楚辞中《九歌》的源

[1] 司马迁：《史记》，北京：中华书局，1959 年，第 43—44 页。
[2]《论语注疏》，阮刻《十三经注疏》，北京：中华书局，1980 年，第 2482 页。
[3]《孟子注疏》，阮刻《十三经注疏》，北京：中华书局，1980 年，第 2675—2676 页。
[4]《春秋左传正义》，阮刻《十三经注疏》，北京：中华书局，1980 年，第 2093—2094 页。
[5] 同 [4]，第 2108 页。

头，而对夏时古《九歌》如何一步跨越到战国时代，对屈原等楚辞作家产生影响的中间环节，还缺少必要的关照。其实，传统的典籍材料，已经向我们透露了这方面的信息。在夏《九歌》到楚辞“九体”之间，《九歌》应该有个较长时间的流传过程。《左传》《尚书》多周人言、行记录，两部典籍同时记载《九歌》，说明它在周代的广泛传播。从“九体”在楚辞中的兴盛情况，我们也可以推论：夏时古《九歌》产生后，“九”的形式就流布于后代。从结构形式上而论，清华简《周公之琴舞》的“琴舞九絉”就是周代的《九歌》。尽管《九歌》的内容会因时代的不同而发生一些改变，但其“歌分为九”的形式还一直保留着。

就地域而言，以《九歌》为代表的“九体”不为楚地所专有，它在楚之外的广大地域同样有传播。除上所述，屈原《九歌》的神系也可进一步说明这一点。屈原《九歌》中所祭祀的神，不尽是楚地的神。李炳海先生曾在多篇文章中对这一问题做过研究，《〈楚辞·九歌〉的东夷文化基因》一文认为，《东君》《东皇太一》《山鬼》《国殇》等篇包含东夷文化基因，“山鬼”反映了东夷人“人死归山”的思想。[1]“河伯”是人人皆知的黄河之神。众多的中原地带及其他地域的神都被纳入到楚辞神系中，这说明楚辞虽是楚文化的产物，但也含有丰富的其他区域文化因子；另一方面也说明古《九歌》曾在广大的中原及其他地区盛行过。这样看来，在先秦简册中发现由“琴舞九絉”构成的周代“颂诗”，也是很自然的事了。凡此种种，说明《楚辞》与中原文化有着密切联系。

《九歌》产生之后，它的传播从时间和空间两个维度展开。从时间来看，它历经周代的盛行，才达到战国时屈原等作品的繁荣阶段，

[1] 李炳海：《〈楚辞·九歌〉的东夷文化基因》，《中国社会科学》1991 年第 4 期，第 101—112 页。

汉人的“九体”是它的余绪。从空间上看，它对中原及周边几大族团都有影响。

三、“九”所承载的礼乐观念

“九”是一种体例，是篇章构筑形式。那么，究竟是什么样的内容，一定要用“九”的篇章形式来体现呢？这样的篇章形式与内容是不是也有关联？为了解决这些问题，我们有必要对历来的“九体”内容做一分析。

远古时的《九歌》《九辩》是我们知道的较早的“九体”。这一只见于典籍中记载的古歌因时代久远，文本失传，人们很难确切了解它的原始面貌，只能据后代典籍记载对其内容间接推知。

前文引述，《山海经》说《九歌》《九辩》是夏启“上三嫔于天”而得到的乐歌。关于“嫔”字，郭璞注：“嫔，妇也。言献美女于天帝。”[1]这种“献美女于天帝”显然是一种“娱神”的祭祀场面，这种场面不仅规模宏大，而且极为庄严隆重，有特殊的祭祀场所——“高二千仞”的“天穆之野”；特殊身份的主祭者——夏启；特殊的祭祀对象——天帝。这样看来，远古时的《九歌》是祭祀天帝时所使用的乐歌。而且，从祭祀规格上看，很可能是国家规格的祭祀乐歌。

《周公之琴舞》中的“琴舞九絉”，可以看成是周代的一种《九歌》。尽管这种九章样式不见于今本《诗经》，作为《周颂》的一部分，我们仍可以从“颂诗”的角度对其进行考察。何为“颂”？“颂者，美盛德之形容，以其成功告于神明者也。”孔颖达《毛诗正义》认为“颂

[1] 袁珂校注：《山海经校注》，上海：上海古籍出版社，1980年，第414页。

者”之下省略了“容也”二字。[1]朱熹《诗集传》说：“颂”与“容”古字通用。[2]阮元《研经室集·释颂》：“‘颂’字即‘容’字也。”[3]“美盛德之形容”，就是赞美“盛德”的舞蹈动作。近年来，有人根据甲文“公”“页”和金文“颂”的字形对“颂”的本义进行推求，认为“颂”的本义是“一个人屈膝低头，并开口说话”，“为人屈膝低首恭顺地用语言与神灵沟通”。[4]“颂”的字形更直接地揭示了“颂诗”的祭祀内容。《周颂》与夏代的古《九歌》同为祭祀之歌，但祭祀内容又有不同。“颂”主要是“告庙之辞”。

《左传》中记载“九歌”时，虽同样把其作年推到夏代，但已注入了周代礼乐相关内涵。从“九功之德皆可歌也，谓之《九歌》”的叙述来看，其内容与《周颂》很接近。

楚辞“九体”以屈原作品为主。《九歌》是祭歌，其祭祀的对象有天神、地祇、人鬼。《国殇》祭祀为国阵亡的英雄，也应是国家规模的祭歌。

以上所列“九体”，都是具有国家规格的祭祀之乐歌。尽管祭祀对象各有侧重：有祭天之乐，有“告庙之辞”，有天神、地祇、人鬼同祭，它们无疑都承载着重要的礼乐内容。至于汉人的“九体”，虽在内容上有较大变化，但礼乐文化内涵仍有遗存。《楚辞章句》卷十七在谈到王逸作《九思》时有这样的叙述：“逸与屈原同土共国，悼伤之情与凡有异。窃慕向、褒之风，作颂一篇，号曰《九思》，以裨其辞。”[5]

[1]《毛诗正义》，阮刻《十三经注疏》，北京：中华书局，1980年，第272页。
[2] 朱熹：《诗集传》，上海：中华书局上海编辑所，1958年，第223页。
[3] 阮元撰，邓经元点校：《研经室集》，北京：中华书局，1993年，第18页。
[4] 段立超：《“颂”字本义新考》，《古籍整理研究学刊》2006年第2期，第66页。
[5] 洪兴祖撰，白化文等点校：《楚辞补注》，北京：中华书局，1980年，第272页。

把自己所作《九思》称为“作颂一篇”，实际是对“九体”与礼乐之间关系的一种认可。

考察典籍记载的礼乐制度和出土的礼乐器物，同样可以发现“九”这一数字所占的重要位置。鼎是礼器之重者，作为“礼”的外化形态，先秦时用鼎制度中，“九鼎”的规格最高。《公羊传·桓公二年》何休注：“天子九鼎，诸侯七，卿大夫五，元士三也。”[1]考古材料证明，这种用鼎制度的确在西周实施过，只是后来，礼崩乐坏，各级贵族不断僭越，用鼎情况有些改变。[2]如同鼎在礼器中的位置，钟在乐器中的位置同样重要，是“礼乐”文化中“乐制”的一个组成部分。但，从现有出土的各类编钟看，各类编钟虽成套出土，却不能像鼎那样，按同类器物的数目体现“礼”的等级。“乐”的这一没完成的重任就落在了乐曲的数目与舞的阵容上。乐有九曲或九章，舞有八佾，这都是“乐”的最高规格的体现。

“九体”承载着如此重要的礼乐内容，主要与“九”这一数字有关。

在先民世界中，“九”的地位极其特殊。它既是玄妙神秘的天文易象数字，又是神圣崇高的礼乐数字。《黄帝内经·素问》：

> 天地之至数，始于一，终于九焉。[3]

“九”为“阳数”“天数”之极，因此，《易经》中卦爻术数的推衍，离不开作为“阳爻”的“九”，“九五”之尊由此推衍而来。古人有关天象、天体、地界、神灵、人事的构建，多与“九”相联。《山海经》

[1]《春秋公羊传注疏》，阮刻《十三经注疏》，北京：中华书局，1980年，第2214页。
[2] 俞伟超：《先秦两汉考古学论集》，北京：文物出版社，1985年，第86页。
[3] 郭霭春主编：《黄帝内经素问校注》，北京：人民卫生出版社，1992年，第289页。

中多处提到神秘的“九”字。除前文引述材料外，另有两条尤为引人注意。

《山海经·海外西经》：

> 大乐之野，夏后启于此儛九代，乘两龙，云盖三层。左手操翳，右手操环，佩玉璜。[1]

《山海经·中山经》：

> （丰山）有九钟焉，是知霜鸣。[2]

“环”和“璜”都是有通天灵性的玉器。夏后启手持身佩这两样玉器，驾着飞龙在“大乐之野”的云间观看甚或参与“九代”歌舞，显然具有原始祀神的礼仪性质。“钟”是乐器，这里的“九钟”能感知季节的变化，霜季到来时即发出鸣响，也绝非一般乐器，亦应具有神灵感应的特性。这两处有关“九”的神话，向我们透露了“神器”向“礼器”转化的相关信息。台湾学者邱宜文注意到了这两处细节，评说“用物之备为九”，“礼乐之盛为九”。[3] 他通过对《山海经》有关“九”的条目统计，对“九”这一神秘数字做了细致研究，指出：“‘九’似乎是宇宙的一个终极尺度。”“世界的横向与纵向计量皆为九数。横向来看，人界各有九区，且分为九山九野；纵向来看，天、地，和天地之间（天梯）均是九层。”“‘九’，就是天地间所有事物之最大范限；

[1] 袁珂校注：《山海经校注》，上海：上海古籍出版社，1980年，第289页。
[2] 同[1]，第165页。
[3] 邱宜文：《〈山海经〉的神话思维》，台北：文津出版社有限公司，2002年，第271页。

包括天界的顶点、人界的铺排、冥界的下限，还有制度与物项的穷极发挥等。”[1]

王逸深明“九”的玄妙神圣机理，为《九辩》作《章句》时，特对“九”做了阐发：“九者，阳之数，道之纲纪也。故天有九星，以正机衡；地有九州，以成万邦；人有九窍，以通精明。”[2]正因为“九”的玄妙神秘与崇高神圣性，早期“九体”才能承载起礼乐这样重要的内容。

提起礼乐制度，人们总以为是周代的事情。其实，没有前代的叠加，周代礼乐制度也很难一时形成。孔子说：“殷因于夏礼，所损益，可知也；周因于殷礼，所损益，可知也。其或继周者，虽百世，可知也。”[3]从文化发展的总体来看，《九歌》很可能是这样一脉相承沿袭下来的“夏礼”的一部分。

结语

“九体”作为一种早期文体，从它的发源阶段开始，它的篇数和篇名间就建立起了一种数字上的对应关系，“九”标志着它的章节结构形式，也显示着它与礼乐间的一种特殊联系。尽管在历史沿革中，“九体”内容各有不同，而其上述文体特征却极为明显。

“九体”有其明晰的发展轨迹：自夏时古《九歌》到周代《九歌》，再到战国时屈原、宋玉作品，直至汉代，“九体”作品，一脉相承。只是由于年代久远，它的发展链条上出现断节，又有屈原《九歌》这

[1] 邱宜文：《〈山海经〉的神话思维》，台北：文津出版社有限公司，2002年，第271页。

[2] 洪兴祖撰，白化文等点校：《楚辞补注》，北京：中华书局，1980年，第182页。

[3]《论语注疏》，阮刻《十三经注疏》，北京：中华书局，1980年，第2463页。

种“变体”现象，由此在后来的楚辞研究中出现有关楚辞“九”的含义纷争问题。清华简“琴舞九絉”材料的出现，有益我们对楚辞“九体”进行整体关照。通过对“九体”发展轨迹的追踪，把握其间文化传承脉络，其意义不仅在探究某些文学作品形式及其渊源，更有助于解决文化史上的一些重要问题。

（作者单位：中国传媒大学对外汉语教育学院）

清华简《周公之琴舞》与《周颂·敬之》篇对比研究

廖名春

新近公布的清华简《周公之琴舞》简二、简三有成王所作之《儆毖》，整理者释文为：

> 元纳启曰：敬之敬之，天惟显帀，文非易帀。毋曰高高在上，陟降其事，卑监在兹。乱曰：讫我夙夜不兔（逸），敬之，日就月将，教其光明。弼寺（持）其又（有）肩，示告余显德之行。[1]

李学勤先生指出："这篇诗即是传世《周颂》里的《敬之》。"[2]传世本《周颂·闵予小子之什·敬之》篇即作：

> 敬之敬之，天维显思，命不易哉。无曰高高在上，陟降厥士，日监在兹。维予小子，不聪敬止。日就月将，学有缉熙于光明。

[1] 清华大学出土文献研究与保护中心编，李学勤主编：《清华大学藏战国竹简（叁）》，上海：中西书局，2012年，第133页。案：为简便计，释文尽量取宽式。凡文中不讨论之字，则直接写出本字。

[2] 李学勤：《新整理清华简六种概述》，《文物》2012年第8期，第67页。

佛时仔肩，示我显德行。[1]

很明显，清华简《周公之琴舞》“元纳启曰”的内容相当于《周颂·敬之》篇“敬之敬之”至“日监在兹”部分，“乱曰”的内容相当于《周颂·敬之》篇“维予小子”至“示我显德行”部分。可以说，《周颂·敬之》篇全文皆见于清华简《周公之琴舞》篇，这是《诗经》研究史上难得的机缘。本文拟在时贤工作的基础上，将《周颂·敬之》篇与清华简《周公之琴舞》有关部分对读，并对由此引发的一些问题作一讨论。不妥之处，敬请批评。

《周颂·敬之》篇的“天维显思”，简本“思”作“帀”。原注：“帀，句末虚词，今本作‘思’。《经传释词》卷八：‘思，语已词也。’”[2]李守奎《补释》：帀，先秦出土文献中多用作师旅之“师”，是脂部字，此处为句末虚词，疑当读为兮。[3]

案：“帀”即“师”，师寰簋、蔡太师鼎、禽忎鼎“师”即作“”“”“”，[4]《周易·师》卦里的“师”字，上海博物馆藏战国竹简本也都写作“”。[5]清华简同。而与“师”音近的句末虚词，恐怕就只有“殹”了。“师”为脂部生母字，“殹”为脂部影母字。《古文苑·石鼓文》：“汧殹沔沔。”章樵注：“殹即也字，见《诅楚》及秦斤，下同。”[6]段玉裁《说文解字注》：“秦人借为语词。《诅楚文》：‘礼使介

[1] 文渊阁《四库全书》（电子版，武汉：武汉大学出版社，1997年，下同）经部诗类《毛诗注疏》卷二十八。标点见高亨《诗经今注》（上海：上海古籍出版社，1980年）第499页。

[2] 清华大学出土文献研究与保护中心编，李学勤主编：《清华大学藏战国竹简（叁）》，第135页。

[3] 李守奎：《〈周公之琴舞〉补释》，见于《出土文献研究》第11辑，第10页，北京：中华书局，2012年。

[4]《汉语大字典》，武汉：湖北辞书出版社、成都：四川辞书出版社，1987年，第740页。

[5] 马承源主编：《上海博物馆藏战国楚竹书（三）》，上海：上海古籍出版社，2003年，第19页。

[6] 文渊阁《四库全书》集部总集类《古文苑》卷一。

老将之以自救殹。’薛尚功所见秦权铭：‘其于久远殹。’《石鼓文》：‘汧殹沔沔’。权铭‘殹’字，琅邪台刻石及他秦权秦斤皆作‘也’。然则周秦人以‘殹’为‘也’可信。《诗》之‘兮’字，偁《诗》者或用‘也’为之，三字通用也。”[1]睡虎地秦简和马王堆汉墓帛书“殹”字常见，如秦简《语书》：“凡法律令者，以教导民，去其淫僻，除其恶俗，而使之之于为善殹。”马王堆帛书《经法·道法》：“法者，引得失以绳，而明曲直者殹。”整理者都读为“也”。[2]“帀(师)”为脂部生母字，不好说与之部心母的“思”字音近通用。因此，只有将清华简的“帀(师)”当读为“殹”，方能与今本的“思”字意义相当。

《周颂·敬之》篇的“命不易哉”，简本作“文非易帀”。原注：“文，文德。《周颂·武》‘允文文王’，孔颖达疏释为‘信有文德者之文王’。《国语·周语下》‘夫敬，文之恭也’，韦昭注：‘文者，德之总名也。’”[3]李守奎《补释》：“非，不可。《书·盘庚》：‘人惟求旧，器非求旧，惟新。’易，变易。今本作‘命不易哉’。简文第九章有‘德非堕帀’、‘文非动帀’句式相同，意思相类。‘非易’与‘非动’意思都是不可变易。成王九章诗首尾呼应。天命可易，文德不可易。文德须人奉守，文德堕失则天命改易。”[4]

案：此处“易”义非“变易”，而当训为慢易。黄甜甜指出：《尚书·君奭》有“天命不易，天难谌，乃其坠命，弗克经历”说，清代学者朱骏声《尚书古注便读》解释道：“易，㑥也，犹轻慢也。谌，信

[1] 段玉裁：《说文解字注》第三卷，《续修四库全书》第204册，上海：上海古籍出版社，1995年，第857页。

[2] 睡虎地秦墓竹简整理小组：《睡虎地秦墓竹简》，北京：文物出版社，1990年，第13页；国家文物局古文献研究室：《马王堆汉墓帛书（壹）》，北京：文物出版社，1980年，第43页。

[3] 清华大学出土文献研究与保护中心编，李学勤主编：《清华大学藏战国竹简（叁）》，第135页。

[4] 李守奎：《〈周公之琴舞〉补释》，《出土文献研究》第11辑，第11页。

也。经，径也，犹行也，历过也。经历犹言更历知道也。言命不可慢易，天意难信服，乃或出于不祥而坠命者，以弗能更事弗恭上下以继文明之明德也。"《说文·攴部》："敡，侮也。"徐锴《说文解字系传》："敡，轻易之也"。"敡"字应当是"轻易"之"易"的专用字，表示轻慢之意。"命不易哉"即言不要易慢天命。[1]王克家也说："非易"即"不易"。"不易"是不可怠慢的意思，与"敬"相应。《左传·僖公二十二年》载："邾人以须句故出师。公卑邾，不设备而御之。臧文仲曰：'国无小，不可易也。无备，虽众，不可恃也。《诗》曰："敬之敬之！天惟显思，命不易哉！"'"[2]他们的这些意见都是正确的。可以补充的还有《左传·成公四年》的记载："夏，公如晋。晋侯见公，不敬。季文子曰：'晋侯必不免。《诗》曰："敬之敬之！天惟显思，命不易哉！"夫晋侯之命在诸侯矣，可不敬乎！'"[3]季文子以"夫晋侯之命在诸侯矣，可不敬乎"解释《诗》意，"可不敬乎"是以疑问语气表肯定来说明"不易"之义。从《诗》本文来看，所谓"敬之敬之"是正说，"不易"是反说，"敬之敬之"也就是"不易"。

今本的"命"，清华简本作"文"，原注和李守奎《补释》将"文"释为"文德"，但没交代两者之间的关系。黄甜甜怀疑是简本作者在不理解"命不易哉"文义的情况下，创造性地改作。又认为不排除二字相通的可能性。"文"与"命"古音在声纽上相同，皆为明纽。"文"

[1] 黄甜甜：《试论清华简〈周公之琴舞〉与〈诗经〉之关系》，《〈清华大学藏战国竹简〉与先秦经学文献国际学术研讨会论文集》，2013年5月11日。更详细的论述则可参见黄甜甜《〈诗〉〈书〉所见"天命不易"考》（中国人民大学国学院第二届学术论坛论文，2013年5月25日）一文。

[2] 王克家：《清华简〈敬之〉篇考释》，中国传媒大学文学院国学研究所：《〈清华大学藏战国竹简〉与先秦经学文献国际学术研讨会论文集》，2013年5月11日。

[3] 文渊阁《四库全书》经部春秋类《春秋左传注疏》卷二十六。

字属文部韵，“命”属真部韵，真文两部有旁转关系。[1]王克家则认为传世本“命不易哉”较简文“文非易哉”更佳。[2]笔者认为简本的“文”与今本的“命”是同义互换。“文”有礼法义。《论语·子罕》:“文王既没，文不在兹乎？”朱熹《集注》:“道之显者谓之文，盖礼乐制度之谓。”[3]《国语·周语上》:“明利害之乡，以文修之，使务利而避害，怀德而畏威。”韦昭《注》:“文，礼法也。”[4]又:“先王之训也：有不祭则修意，有不祀则修言，有不享则修文，有不贡则修名。”韦昭《注》:“文，典法也。”[5]“命”有教命、政令义。《周易·姤·大象传》:“后以施命诰四方。”孔颖达《疏》:“风行草偃，天之威令，故人君法此以施教命诰于四方也。”[6]《礼记·缁衣》:“《甫刑》曰:‘苗民匪用命，制以刑，惟作五虐之刑曰法。’”郑玄《注》:“命谓政令也。”[7]礼法义的“文”与教命、政令义的“命”意义相近，所以能够互用。反过来看将“命不易哉”之“命”释为“天命”的通说，[8]就会发现是不能成立的。“敬之，敬之！天维显思，命不易哉”是说：警惕啊，警惕！上天无处不在，先王的礼制不能轻慢。这是成王告诫群臣，要谨慎小心，严守礼制。为什么？因为上天光明普照，洞察一切，谁破坏规矩，就会遭到严惩。

《周颂·敬之》篇的“日监在兹”，清华简本作“卑监在兹”。原注:“‘卑监在兹’，与上文‘高高在上’相对。卑，下，指人间。”[9]黄

[1] 黄甜甜:《试论清华简〈周公之琴舞〉与〈诗经〉之关系》。

[2] 王克家:《清华简〈敬之〉篇考释》。

[3] 文渊阁《四库全书》经部四书类《四书章句集注·论语集注》卷五。

[4] 文渊阁《四库全书》史部杂史类《国语》卷一。

[5] 同[4]。

[6] 文渊阁《四库全书》经部易类《周易注疏》卷八。

[7] 文渊阁《四库全书》经部礼类礼记之属《礼记注疏》卷五十五。

[8] 如高亨就说:“命不易，指天命不易常保不变。”见氏著《诗经今注》，第499页。

[9] 清华大学出土文献研究与保护中心编，李学勤主编:《清华大学藏战国竹简（叁）》，第135页。

甜甜以为“此说可从，简本文意比起今本来，稍显顺畅”。[1]王克家则认为原注“此解，诗意难以贯通”[2]，肯定了今本的“日监”。案：原注的理解有误，“卑监在兹”的，非“高高在上”者，而是“陟降厥事（士）”，上下来往的天帝的使臣。“兹”是近指代词，如果指“高高在上”者，则不能说“在兹”。今本的“日”，郑玄笺训为“日日”，[3]当无问题。依此，简本的“卑”当读为“比”，训为“频”。“卑”与“比”、从“卑”之字与从“比”之字常通用。[4]而“比”有连续、频频、屡屡之义。《战国策·燕策二》：“人有卖骏马者，比三日立市，人莫之知。”鲍彪《注》：“比，犹连。”《礼记·投壶》：“请宾曰，顺投为入，比投不释。”陆德明《释文》：“比，频也。”《汉书·文帝纪》：“间者数年比不登，又有水旱疾疫之灾，朕甚忧之。”颜师古《注》：“比，犹频也。”因此，简本之“卑（比）”与今本之“日”，也属同义互换。

《周颂·敬之》篇的“维予小子，不聪敬止”，清华简本作“讫我夙夜不兔，敬之”。原注：“讫，句首语气词，疑读为‘遹’或‘聿’。《大雅·文王有声》‘遹骏有声，遹求厥宁，遹观厥成’，朱熹《诗集传》云：遹，‘疑与聿同，发语辞。’兔，疑为‘逸’之省形。夙夜不逸，义同下文‘夙夜不解’。”[5]李守奎《补释》：“兔，或可读为豫。兔、豫并为舌音鱼部字，楚文字的‘豫’字象旁变形音化为‘兔’。故训中豫可训‘怠’，《大戴礼记·五帝德》：‘富而不骄，贵而不豫。’兔读为‘逸’的可能性也存在。一种情况是同义换读。逸、豫同义，故训互训的例

[1] 黄甜甜：《试论清华简〈周公之琴舞〉与〈诗经〉之关系》。

[2] 王克家：《清华简〈敬之〉篇考释》。

[3] 文渊阁《四库全书》经部诗类《毛诗注疏》卷二十八。案：“日月”当为“日日”之误。

[4] 高亨、董治安：《古字通假会典》，济南：齐鲁书社，1989年，第478—480页。

[5] 清华大学出土文献研究与保护中心编，李学勤主编：《清华大学藏战国竹简（叁）》，第133、135—136页。

证很多。《小雅·白驹》‘尔公尔侯，逸豫无期’，‘逸’、‘豫’同义连用。第二种情况是文字省形。楚文字逸字作㝹，㝹省作兔也可能与清华简《系年》‘追’省作‘自’属于同类现象。”[1]李锐认为：讫或不必转读为“遹”，读为“汔”即可。《诗经·大雅·民劳》：“民亦劳止，汔可小康。”战国文字中兔、象常相混讹，疑此处兔当为象，象古音邪纽阳部，《敬之》中相应的“聪”古音为清纽东部，东阳合韵，简文可以读为“讫（遹）我夙夜，不聪敬之”。[2]黄甜甜指出：“不聪敬之”历来没有通顺的解读，郑笺云：“群臣戒成王以‘敬之敬之’，故承之以谦云：我小子耳，不聪达于敬之之意。”清代学者马瑞辰依《广雅》“聪，听也”，认为“不聪敬之”意为“听而警戒”。这两说皆显牵强。简本“不聪”做“不逸”，承接上文的“夙夜”，语义就通达多了。[3]王克家则认为简文的“乱曰：遹我夙夜不逸”，传世本《敬之》未见。“夙夜不逸”是“敬”的意思。[4]

案：清华简的“讫我夙夜不兔，敬之”与《周颂·敬之》篇的“维予小子，不聪敬止”表达形式虽有不同，但意义本质上应该是一致的。从这一点考虑，已知“我”即“予小子”，两者皆为成王的自称；“敬之”即“敬止”。就可推知简本的“讫”相当于今本的“维”，“夙夜不兔”也应相当于今本的“不聪”。先说简本“夙夜不兔”，原注指出与下文简六“夙夜不解”义同，完全正确。“解”为松懈之“懈”，“兔”读为“逸”也可信从。《国语·吴语》：“今大夫老，而又不自安恬逸，而处以念恶。”韦昭《注》：“逸，乐也。”[5]《汉书·吴王刘濞传》：“陛下多病志逸，

[1] 李守奎：《〈周公之琴舞〉补释》，《出土文献研究》第11辑，第12页。

[2] 李锐：《读清华简3札记（三）》，孔子2000网站，2013年1月14日。

[3] 黄甜甜：《试论清华简〈周公之琴舞〉与〈诗经〉之关系》。

[4] 王克家：《清华简〈敬之〉篇考释》。

[5] 文渊阁《四库全书》史部杂史类《国语》卷十九。

不能省察。”颜师古《注》:“逸，放也。”[1]《后汉书·文苑传上·傅毅》:“于戏君子，无恒自逸。”[2]而今本“不聪”的解释，从古至今，尚无达诂。笔者认为“聪”当读为“纵”。“聪”古音为清母东部,“纵”为精母东部，韵同声近。《礼记·檀弓上》:“丧事欲其纵纵尔。”郑玄《注》:“纵读如揔领之揔。”[3]“纵”有放纵义。《书·酒诰》:“诞惟厥纵淫泆于非彝。”[4]《楚辞·离骚》:“夏康娱以自纵。”[5]所以，简本“不兔(逸)”与今本的“不聪(纵)”义同，都是说不要放纵。只不过简本多了“夙夜”二字，语气更强烈而已。由此看,《周颂·敬之》篇“维予小子，不聪(纵)敬止”的句读也当依简本改为“维予小子不聪(纵)，敬止”，“维予小子不聪(纵)”是反说,“敬止”是正说。如以“不聪(纵)”归下读，“维予小子”句意就不全了。这一点我们比较简本的“汔”和今本“维”就会更加清楚。

今本的“维”与“唯”“惟”常通用。[6]“唯”“惟”可用于句首，表示希望、祈使语气。《孟子·梁惠王下》:“先王无流连之乐，荒亡之行，惟君所行也。”[7]《史记·刺客列传》:“此丹之上愿，而不知所委命，唯荆卿留意焉。”[8]《史记·廉颇相蔺如列传》:“唯大王与群臣熟计议之。”[9]《汉书·外戚传·赵后》:“陛下未有继嗣，子无贵贱，惟留

[1] 文渊阁《四库全书》史部正史类《前汉书》卷三十五。

[2] 文渊阁《四库全书》史部正史类《后汉书》卷一百十上。

[3] 文渊阁《四库全书》经部礼类礼记之属《礼记注疏》卷五十五。

[4] 文渊阁《四库全书》经部书类《尚书注疏》卷十三。

[5] 文渊阁《四库全书》集部楚辞类《楚辞章句》卷一。

[6] 高亨、董治安:《古字通假会典》，第493—496页。

[7] 文渊阁《四库全书》经部四书类《孟子注疏》卷二上。

[8] 文渊阁《四库全书》史部正史类《史记》卷八十六。

[9] 同[8]，卷八十一。

意。"[1]"唯""惟"于句首，可表示希望、祈使语气，"维"亦当如此。所以，今本的"维予小子不聪（纵）"就是成王勉励自己，希望自己不要放纵。如果断成"维予小子，不聪敬止"，语气就中断了。而简本的"讫"，虽然是"句首语气词"，但文献中并没有表希望、祈使语气的用例，和今本的"维"并不相当。就是读为"汔"也是如此。至于说读为"遹"或"聿"，尚可讨论。人们虽然认为它们是发语词，但一般以为无实义，与"曰"同。这样，与今本"维"意义还是有所不同。笔者认为，简本的"讫"可读为"乞"，而"乞"与"维"音义相近，可以通用。"维"古音为微部喻母，"乞"为物部见母，微、物两韵可对转。《广韵·迄韵》："乞，求也。"与表示希望、祈使语气的"维"义近。明白了这一点，就知道简本的"讫我夙夜不免，敬之"当读为"乞我夙夜不逸，敬之"，除多出"夙夜"二字外，与今本的"维予小子不聪（纵），敬止"并没有什么大的不同。

《周颂·敬之》篇的"学有缉熙于光明"，清华简本作"教其光明"。原注："孥，楚简中多读为'教'，疑读为'效'。"[2]李学勤又读为"学"。[3]李守奎《补释》："孥，《说文》，'放也'，意思是效仿，与'效'是同源词，楚文字多用作教学之'教'，今本《敬之》作'学'。'教'、'学'等是授受同辞，皆同源词。'孥其光明'，从天的角度说就是教人以光明，从人的角度说就是效仿天的普施光明，效仿也是学习的一种方式，意思一贯。"[4]黄甜甜认为："缉熙"，毛传："缉，继。熙，广大。"马瑞辰曾疏通文意："缉熙当谓积渐广大以至于光明。"按，简本和今本

[1] 文渊阁《四库全书》史部正史类《前汉书》卷九十七下。

[2] 清华大学出土文献研究与保护中心编，李学勤主编：《清华大学藏战国竹简（叁）》，第136页。

[3] 李学勤：《新整理清华简六种概述》，《文物》2012年第8期，第66页。

[4] 李守奎：《〈周公之琴舞〉补释》，《出土文献研究》第11辑，第12页。

前文都有“日就月将”，已表达了“积渐”之意。“学有缉熙于光明”，相比“日就月将”，语义重复而且使全诗句式不谐，不如简本“学其光明”语义简明顺畅。我们怀疑因为“缉熙”也有与“光明”相近的意思，二字是后人误加。[1]王克家意见则正好相反，她认为“从文意来看，较之简文的‘教其光明’，传世本‘学有缉熙于光明’与‘日就月将’一语的意义更为呼应”。[2]

案：简本的“孶”可释为“教”，也可释为“学”。简本的“有”与今本的“其”也可互训。吴昌莹指出：其，犹“有”也。（有、其互相为训。此义《释词》不载。）《礼记》:“三代之王也，必先其令闻。”旧解训曰：已有令善之声闻是也。“庶子不祭，明其宗也。”谓明有宗子也。“天下其几矣。”言有几也。《左传·隐元年》:“其谁曰不然？”犹有谁曰不是也。《文二年》:“臧文仲其不仁者三，不知者三。”《昭五年》:“备之若此，其谁重此？”《成八年》:“辟陋在夷，其孰以我为虞？”《周语》:“民所曹好，鲜有不济；民所曹恶，鲜其不废。”其皆言“有”也。凡经言岂其者，犹言“岂有”也。[3]裴学海也说：其，犹“有”也。（“其”与“有”为之部叠韵字。）《史记·武帝纪》:“而公孙卿之候神者，犹以大人迹为解，无其效。”《封禅书》作“无有效”。《韩诗外传》卷五：“天子居广厦之下，帷帐之内，旃茵之上，被躧舄，视不出阃，莽然而知天下者，以其贤左右也。”《新序·杂事》篇作“以有贤左右也”。《淮南子·人间》篇：“今霜降而树谷，冰泮而求获，欲其食则难矣。”《易·大壮》初九：“‘壮于趾，征凶，有孚。’象曰：‘壮

[1] 黄甜甜:《试论清华简〈周公之琴舞〉与〈诗经〉之关系》。

[2] 王克家:《清华简〈敬之〉篇考释》。

[3] 吴昌莹:《经词衍释》，北京：中华书局，1956年，第88—89页。

于趾，其孚，穷也。'"（其，亦"有"也，变文以避复耳。）[1]如此，简本的"有"与今本的"其"就是音近互通了。

今本"缉熙于"三字为简本所无。《诗经》"缉熙"五见，毛传郑笺都训为"光明"。[2]《汉书》颜师古注、《后汉书》李贤注亦同。[3]如此，将"学有缉熙于光明"解为"欲学于有光明之光明者，谓贤中之贤也"[4]，确实有重复迂曲之嫌。唐人史征云："'大人以继明照于四方'者，'继明'犹'缉熙'之义。"[5]是解"缉"为"继"。北宋欧阳修指出：《颂·敬之》云"学有缉熙于光明"，毛、郑说以为学有光明于光明，谓贤中之贤。此穿凿之尤甚者。许慎《说文》"熙，燥也"，孔安国传《尚书》"熙，广也"，他书或训为安，或训为和，随文义各自不同。而此熙训广近是矣。缉，绩也。绩者，接续而成功也。缉熙云者，接续而增广之也。又说："缉熙"，《诗》《书》之常语也。而毛郑常以为光明。至于此《颂》云"学有缉熙于光明"，然则"缉熙"不为光明可以悟矣。而二家对执，遂云学有光明于光明，谓贤中之贤。此岂为通义哉！[6]后来朱熹解《诗·文王》"缉熙"为"缉，续；熙，明。亦不已之意"[7]，马瑞辰以"缉熙当谓积渐广大"，皆出于欧阳氏之说。

今人高亨之说也颇值得参考：《诗》言缉熙者五篇，此古成语也。《文王》篇毛传："缉熙，光明也。"旧儒多从此说，然《敬之》篇曰

[1] 裴学海：《古书虚字集释》，北京：中华书局，1954年，第409页。

[2] 其中《昊天有成命》毛《传》分训为："缉，明；熙，光。"《国语·周语下》单靖公的解说"缉，明；熙，广"，亦同。

[3] 文渊阁《四库全书》史部正史类《前汉书》卷八十七下、《后汉书》卷三。

[4] 文渊阁《四库全书》经部诗类《毛诗注疏》卷二十八。

[5] 文渊阁《四库全书》经部易类《周易口诀义》卷三。

[6] 文渊阁《四库全书》经部诗类《诗本义》卷十、卷十二。

[7] 文渊阁《四库全书》经部诗类《诗经集传》卷六。

"学有缉熙于光明"，依毛训，则是"学有光明于光明"矣，岂非甚误。综而观之，缉熙当为奋发前进之义。缉当读为揖，同声系古通用。《广雅·释诂》："揖，进也。"《公刘》曰："思辑用光。"辑亦与揖通，谓进而争取光荣也。《尔雅·释诂》："熙，兴也。"《说文》："兴，起也。"缉熙合为一个成语，则为奋发前进之意。《文王》曰："於缉熙敬止。"言文王奋发前进而敬事也。本篇曰："维清缉熙，文王之典。"言清明而奋发前进，乃文王之德也。《昊天有成命》曰："於缉熙，单厥心。"言成王奋发前进，尽心以从政也。《载见》曰："俾缉熙于纯嘏。"言使其奋发前进至于甚固之境域也。《敬之》曰"学有缉熙于光明。"言学又奋发前进至于光明之地步也。[1]

比较起来，似乎史征的"继明"说、欧阳修的"接续而增广之"说、马瑞辰的"积渐广大"说更胜。这与上文的"日就月将"是不是重复呢？笔者认为应该是同中有异。"缉熙"系"接续而增广之""积渐广大"，是对"日就月将"具体意义的概括。一是写实，一是点睛，有何不可？贾谊《新书》《淮南子》《韩诗外传》，都是西汉初年的作品，其多引《敬之》篇的"日就月将，学有缉熙于光明"为说。[2]这说明"缉熙"本为《敬之》篇原文，渊源有自。简本无"缉熙于"三字，当是对《敬之》篇

[1] 高亨:《周颂考释（上）》,《高亨著作集林》第10卷，北京：清华大学出版社，2004年，第162页。

[2] 贾谊《新书·礼容语下》："是岁也，齐人果杀国武子。《诗》曰：'敬之敬之，天惟显思，命不易哉，毋曰高高在上，陟降厥士，日监在兹，维予小子，不聪敬止，日就月将，学有缉熙于光明，佛时仔肩，视我显德行。'故弗顺弗敬，天下不定，忘敬而怠，人必乘之。呜呼，戒之哉！"《淮南子·修务》："由此观之，知人无务，不若愚而好学。自人君公卿至于庶人，不自强而功成者，天下未之有也。诗云：'日就月将，学有缉熙于光明。'此之谓也。""夫事有易成者名小，难成者功大。君子修美，虽未有利，福将在后至。故诗云：'日就月将，学有缉熙于光明。'此之谓也。"《韩诗外传》卷三："凡学之道，严师为难。师严，然后道尊。道尊，然后民知敬学。故太学之礼，虽诏于天子，无北面，尊师尚道也。故不言而信，不怒而威，师之谓也。《诗》曰：'日就月将，学有缉熙于光明。'"

原文的简省。由于“缉熙”是对“日就月将”意义的概括，这种简省也就最大限度地避免了对诗歌原意的损伤，因而也是可以接受的。

《周颂·敬之》篇的“佛时仔肩”，清华简本作“弻寺其又肩”。原注：“弻，纠正、辅佐。寺，读为‘持’，扶持、护持。弻、持同义，《敬之》作‘佛时’。又肩，有肩，有所承担、担负。”[1]黄甜甜：“佛时仔肩”一句古奥难懂，郑笺：佛，辅也。时，是也。仔肩，任也。按，郑笺已经能把大体意思疏通，唯独训“佛”为“辅”，“仔肩”为“任”，古书中只此一见。简本“弻持其有肩”表达了与“佛时仔肩”同样的意思，而且用词简单恰当明快。[2]王克家：“持”、“时”音近形似，可通。“有”、“仔”形近，当以简文“有”为是。[3]

案：今本的“佛”字，毛传训“大”而郑笺训“辅”，陆德明《经典释文》：“佛，郑音弻。”孔颖达正义：“笺读佛为辅弻之弻。”[4]从简本来看，郑玄笺的意见显然是正确的。今本的“仔”字，简本作“又”，说形近而讹，恐怕有问题，因为两字形体相距很远。“仔”与“又”虽声母一为齿音，一为喉音，但韵母皆属之部。疑本字为“有”，音讹写成了“仔”。“仔”字《诗经》仅一见，其他的先秦文献也不见。《说文·人部》：“仔，克也。”[5]《尔雅·释诂上》：“肩，克也。”[6]毛传：“仔肩，克也。”郑笺：“仔肩，任也。”[7]两字虽然同训，实质训诂是落实在“肩”字上，“仔”字只是连类而及而已，其释义都是从《敬之》

[1] 清华大学出土文献研究与保护中心编，李学勤主编：《清华大学藏战国竹简（叁）》，第136页。

[2] 黄甜甜：《试论清华简〈周公之琴舞〉与〈诗经〉之关系》。

[3] 王克家：《清华简〈敬之〉篇考释》。

[4] 文渊阁《四库全书》经部诗类《毛诗注疏》卷二十八。

[5] 文渊阁《四库全书》经部小学类字书之属《说文解字》卷八上。

[6] 文渊阁《四库全书》经部小学类训诂之属《尔雅注疏》卷一。

[7] 文渊阁《四库全书》经部诗类《毛诗注疏》卷二十八。

篇推测出来。简本的“其”，可读为“以”，两者虽声母一为牙音，一为舌音，但韵母也皆属之部。《周礼·考工记·匠人》：“眡以景。”《文选·景福殿赋》李善注引“以”作“其”。《礼记·王制》：“不敬者，君削以地。”《通典·礼十四》引“以”作“其”。[1]因此，简本“弼寺其又肩”当读作“弼持以有肩”，是成王要求群臣“以有肩弼持”自己。今本的“佛时仔肩”也当读作“弼持有肩”，只不过省去了“其（以）”字而已。

《周颂·敬之》篇的“示我显德行”，清华简本作“示告余显德之行”。原注：“䭫，即‘视’字，读为‘示’，教导。”[2]苏建洲认为：“䭫”从“旨”声，最直接应该读为“指”，《尚书》正好有“指告”的说法，《书·微子》“今尔无指告予”，屈万里先生说：“指，指点也。”[3]其说是。今本之“示”，简本作“指”，是同义互换。“我”与“余”亦如此。今本之“德行”，简本作“德之行”，多了一虚词“之”字，不足为训。[4]

由上可知，清华简本所载与《周颂·敬之》篇内容基本相同，其字词虽然互有繁简，存在不少同义互换、音近通用的现象，但基本上无损于思想主旨的表达。认定这一点，对于读懂清华简本与《周颂·敬之》篇是非常重要的。《周颂·敬之》篇“命不易哉”的问题，“不聪”及其句读的问题，“佛时仔肩”句“时”“仔”两字的问题，都是在对读清华简本时发现并解决的。同时，清华简本一些字词的释读，也在与《周颂·敬之》篇的比较中得以落实，如“帀”字的问题、“卑”

---

[1] 高亨、董治安：《古字通假会典》，第 390 页。

[2] 清华大学出土文献研究与保护中心编，李学勤主编：《清华大学藏战国竹简（叁）》，第 136 页。

[3] 苏建洲：《初读清华三〈周公之琴舞〉、〈良臣〉札记》，简帛网 2013 年 1 月 19 日。

[4] 今本的“佛时仔肩，示我显德行”亦为贾谊《新书·礼容语下》、《韩诗外传》卷三、《说苑》卷一《君道》所引。陆德明《经典释文》本也作“佛时”“仔”“肩”“德行”，与今本同。

字的问题、“讫”字的问题等。事实证明，出土文献与传世文献的互证，也就是相互印证，相互发明，相互补充，远比相互否认、相互贬低、相互排斥更为重要。对于出土文献与传世文献的异文和差别，寻找其共同性，从殊途同归的眼光看问题，往往比简单地谈不同更有效。

同时，还应该指出，虽然是同一篇作品，但比较而言，清华简本在形式上更原始，而《周颂·敬之》篇则更规范。清华简本的“元纳启曰”“乱曰”都是记事之辞，记载的是《敬之》篇演奏的情况，保留了《敬之》篇出世时的原貌。《周颂·敬之》篇没有这些记事之辞，当是“制礼作乐”后整齐规范的结果。《论语·子罕》篇载“子曰”：“吾自卫反鲁，然后乐正，《雅》、《颂》各得其所。”[1]现在看来，早在孔子之前，在“《诗》三百”篇形成时，“制礼作乐”者就对《颂》诗进行了整理规范。从清华简本所载到《周颂·敬之》篇，正反映了这一过程。这就告诉我们：“《诗》三百”篇每一篇的产生，都有其故事，都有其特殊的背景。而“制礼作乐”者，恰恰就在整理规范时，删去了这些作品的故事。后来的《毛诗序》，由于距离作诗的时间太远，基本上是强为之说，在没有其他过硬证据的情况下，我们不能过于坚信。

（作者单位：清华大学历史系）

[1] 文渊阁《四库全书》经部四书类《论语注疏》卷九。

清华简《敬之》篇与《周颂·敬之》的比较研究

王克家

《清华大学藏战国竹简(叁)》之《周公之琴舞》中成王所作“敬毖”共九启。其“元纳启”与今本《周颂·敬之》内容大体相同，本文称其为清华简《敬之》篇。

清华简《敬之》释文	今本《周颂·敬之》
元纳启曰:	
敬之敬之,	敬之敬之,
天惟显帀,	天维显思,
文非易帀。	命不易哉!
毋曰高高在上,	无曰高高在上,
陟降其事,	陟降厥士,
卑监在兹。	日监在兹。
乱曰:遹我夙夜不逸,	维予小子,
敬之,	不聪敬止。
日就月将,	日就月将,
教其光明。	学有缉熙于光明。
弼持其有肩,	佛时仔肩,
示告余显德之行。[1]	示我显德行。[2]

今传本《毛诗》经汉代学者的整理和研究，成为重要的传世经典。传本中存在的问题，多数在历代学者尤其清代学者的相关研究著作中得到了梳理和阐释。对清华简《敬之》篇进行考释，应当尽量汲取前人研究成果，并充分考虑传世本的文本状况，一般情况下，以传世本惯用字为正字。

清华简《敬之》篇与今本《周颂·敬之》的诗句存在多处异文，下面对此逐一进行说明。

“天惟显帀”，今本作“天维显思”。“惟”与“维”通，典籍中常见，两者无本质区别。《左传·僖公二十二年》引诗作“天惟显思”。[3]“帀”，经典通常作“思”，句末语气词。

简文“文非易帀”，今本作“命不易哉”。“非易”即“不易”。“不易”为不可怠慢之意，与“敬”相应。《左传·僖公二十二年》载：

> 邾人以须句故出师。公卑邾，不设备而御之。臧文仲曰：“国无小，不可易也。无备，虽众不可恃也。《诗》曰：‘战战兢兢，如临深渊，如履薄冰。’又曰：‘敬之敬之，天惟显思，命不易哉！’”[4]

“不易”今本《诗经》凡五见，皆就天命或王命言。文献中并无“文不易”之用例。

---

[1]《毛诗正义》，阮刻《十三经注疏》，北京：中华书局，1980 年，第 598—599 页。

[2] 同 [1]。

[3]《春秋左传正义》，阮刻《十三经注疏》，北京：中华书局，1980 年，第 1813 页。

[4] 同 [3]。

宜鉴于殷，骏命不易！（《大雅·文王》）

命之不易，无遏尔躬。（《大雅·文王》）

天难忱斯，不易维王。（《大雅·大明》）

夙夜匪解，虔共尔位，朕命不易。（《大雅·韩奕》）

敬之敬之，天维显思，命不易哉。（《周颂·敬之》）[1]

周人从殷商灭亡的历史教训中认识到"天命靡常"，如果无有敬畏，则不能保有天命，"对这种无常的天命要自我惕惧，不能过分依赖"。[2]"命不易"反映了周人对待天命的态度。今本"命不易哉"较简文"文非易帀"意义更为显豁。

简文"陟降其事"，今本为"陟降厥士"。厥，其也。《诗经》《尚书》及金文中通常作"厥"。《大雅·生民》："厥初生民"。《大雅·瞻卬》："懿厥哲妇"，郑笺皆云："厥，其。"[3]清华简为战国抄本，写作"其"，反映了稍晚的语言习惯。"陟降"系古人成语，有固定搭配和习惯用法，表示特定的含义。王国维在《与友人论诗书中成语书》中说："古人颇用成语，其成语之意义，与其中单语分别之意义又不同"，"古又有陟降一语，古人言陟降，犹今人言往来，不必兼陟与降二义。"[4]

前代学者已注意到"陟降"的这一特殊用法。马瑞辰云："古者言天及祖宗之默佑，皆曰陟降"，"《诗》、《书》于天人之际多言陟降"。[5]

[1]《毛诗正义》，阮刻《十三经注疏》，北京：中华书局，1980年，第505、505、506、570、598页。

[2] 以上参见褚斌杰、章必功：《〈诗经〉中的周代天命观及其发展变化》，《北京大学学报》（哲学社会科学版）1983第6期，第53页。

[3] 同[1]，第528、577页。

[4] 参见王国维：《与友人论诗书中成语书》，《观堂集林》，北京：中华书局，1959年，第75—78页。

[5] 分别见马瑞辰《毛诗传笺通释》第794页《大雅·文王》"文王陟降，在帝左右"和《闵予小子》"陟降庭止"句注解。马瑞辰：《毛诗传笺通释》，北京：中华书局，1989年，第1092页。

马瑞辰此说乃因袭匡衡而来。[1] 按，《汉书·匡衡传》记匡衡上疏汉元帝曰：

> 昔者成王之嗣位，思述文武之道以养其心，休烈盛美皆归之二后而不敢专其名，是以上天歆享，鬼神祐焉。其《诗》曰："念我皇祖，陟降廷止。"言成王常思祖考之业，而鬼神祐助其治也。[2]

陟降言"祐助"，为汉代以来的经学家所认同。由此可知，《诗经》中"陟降"言天帝或先祖神灵上下往来，含有神明庇佑之义。

简文"陟降其事"之"事"当系"士"字音近致误。今本"厥士"原当作"厥土"。《周颂·桓》篇"保有厥士"句，高亨先生指出，"士，当作土，形似而误"。[3]《敬之》篇中此句与之情况类似。"厥土"指周人保有的天下。"陟降厥土"与《周颂·闵予小子》"陟降庭止"以及《访落》"陟降厥家"用法、意义皆相近。[4]

简文"卑监在兹"。整理者认为，此与上文"高高在上"相对，卑，下，指人间。[5] 按，传世文献中，"卑"常见意义有三种，其一是"低"之意，与"高"相对。《小雅·正月》："谓山盖卑，为冈为陵……谓山盖高，不敢不局"，[6] 其中"卑"指地势低。其二，地位低下，与"尊"

---

[1] 据姜昆武先生《诗书成词考》"绍庭解"，匡衡释陟降为鬼神佑助其治，马瑞辰因之。

[2] 班固：《汉书·匡张孔马传》，北京：中华书局，1962年，第3338页。

[3] 高亨：《诗经今注》，上海：上海古籍出版社，1980年，第506页。

[4] 谓神灵莅临，往来长在。与下文"日监在兹"呼应。王克家：《〈诗经·周颂·闵予小子之什〉研究》，中国传媒大学2009届硕士学位论文。

[5] 清华大学出土文献研究与保护中心编，李学勤主编：《清华大学藏战国竹简（叁）》，上海：中西书局，2012年，第135页。

[6]《毛诗正义》，阮刻《十三经注疏》，北京：中华书局，1980年，第442页。

相对。《礼记·曲礼》:“夫礼者，自卑而尊人。”[1]其三作“衰微”解。《国语·周语》:“王室其将卑乎？”韦昭注云:“卑，微也。”[2]“卑”作“下”解，不符合于经典中“卑”字用例。两者相较，今本作“日监在兹”为长。“日监在兹”，与上文“勿曰高高在上，陟降厥士”连言，告诫人们不要以为上天高高在上不察人间，显示出周人对待天命的态度相当理性，一方面对天命仍保持适度的尊崇，另一方面也时常戒慎自警。

简文“教其光明”，今本为“学有缉熙于光明”。“学”“教”为同源字。《尚书·盘庚》:“盘庚斆于民”，孔传云:“斆，教也。”[3]《毛诗》郑玄笺云:“缉熙，光明也。”[4]清代学者马瑞辰指出,“缉熙”与“光明”散文则同，对文则“缉熙”为积渐之明：

> 《尔雅·释诂》:“缉熙，光也。”光、广古通用。《周语》叔向释《昊天有成命》诗曰:“缉，明；熙，广也。”广即光也。此《传》又以光为广，广犹大也。“学有缉熙于光明”若释之曰“学有光明于光明”，则不词。《说文》:“缉，绩也。”绩之言积，缉熙当谓积渐广大以至于光明，即《大戴礼》所云:“积厚者其流光”也。《说文》:“巸，广𦣝也。”引申为凡广之称。熙即巸之假借，故训广，又训光。缉熙与光明散文则通，对文则缉熙者积渐之明，而光明者广大之明也。[5]

[1]《礼记正义》，阮刻《十三经注疏》，北京：中华书局，1980年，第1231页。
[2] 徐元诰:《国语集解》，北京：中华书局，2002年，第13页。
[3]《尚书正义》，阮刻《十三经注疏》，北京：中华书局，1980年，第169页。
[4]《毛诗正义》，阮刻《十三经注疏》，北京：中华书局，1980年，第463页。
[5] 马瑞辰:《毛诗传笺通释》，北京：中华书局，1989年，第1097—1098页。

《礼记·孔子闲居》:“无体之礼，日就月将。”孔颖达疏曰:“日就月将，渐兴进也”，[1]正用此意。与简文“教其光明”相比，今本“学有缉熙于光明”与“日就月将”一语的意义更显呼应。

简文“弼持其有肩”句，今本为“佛时仔肩”。高亨先生《诗经今注》云:“佛，通弼，大也。”[2]“持”“时”音近形似，可通。“有”“仔”形近。“仔肩”，毛传云:“克也”，郑笺云:“辅也”，[3]未单释“仔”字。以此观之，当以简文作“有肩”为是。

简文“示告余显德之行”，今本为“示我显德行”。关于今本中“行”字的读音，陆德明《释文》注为“下孟反”。[4]从简文“德之行”来看，当读如《周南·卷耳》“嗟我怀人，置彼周行”之“行”。《释文》云:“行，户康反”。[5]周行，即大道。《小雅·鹿鸣》“示我周行”，毛传云:“周，至。行，道也。”[6]清华简《敬之》篇“显德之行”的“行”与此相似，意指方向、大道，具有抽象的道德含义。

简文“乱曰：遹我夙夜不逸”，今本《敬之》未见。“夙夜不逸”意在“敬”。“夙夜”一词系“成语”，有特定内涵。姚小鸥先生指出:“在整个《诗经》中,‘夙夜’一词虽然在使用时，有时字面还含有‘早晚’的含义，但其精神主要是表示‘敬’的思想文化内涵”。[7]

“乱曰”不见于今本《诗经》，而在《楚辞》作品中多见。清代学者蒋骥对《楚辞》中“乱曰”进行解释时说：

---

[1]《礼记正义》，阮刻《十三经注疏》，北京：中华书局，1980年，第1617页。

[2] 高亨:《诗经今注》，上海：上海古籍出版社，1980年，第499页。

[3]《毛诗正义》，阮刻《十三经注疏》，北京：中华书局，1980年，599页。

[4] 同[3]，第463页。

[5] 同[3]，第277页。

[6] 同[3]，第405页。

[7] 姚小鸥:《诗经三颂与先秦礼乐文化》，北京：北京广播学院出版社，2000年，第195页。

> 旧解“乱”为总理一赋之终，今按《离骚》二十五篇，“乱词”六见，惟《怀沙》总申前意，小具一篇结构，可以总理言，《离骚》、《招魂》，则引归本旨；《涉江》、《哀郢》，则长言咏叹；《抽思》则分段叙事，未可一概论也。余意“乱”者，盖乐之将终，众音毕会，而诗歌之节，亦与相赴，繁音促节，交错纷乱，故有是名耳。孔子曰“洋洋盈耳”，大旨可见。[1]

蒋骥认为，屈原作品中的“乱辞”，各篇作用各异。总体来说“乱”是指“乐”（包括乐曲与歌诗）进行到某一阶段时，其节奏纷繁的艺术特征。

从传世文献记载来看，“乱”的出现往往与乐奏或乐舞有密切关系。《礼记·乐记》载魏文侯与子夏论古乐：

> 今夫古乐，进旅退旅，和正以广，弦匏笙簧，会守拊鼓。始奏以文，复乱以武。治乱以相，讯疾以雅。

郑玄《注》云：“文，谓鼓也。武，谓金也。相，即拊也，亦以节乐。”[2]

“乱”是乐曲中“众音毕会”纷繁交错的演奏段落，在节奏、曲调等方面与其他乐段有较大区别。反映在文学文本上，表现为歌诗的“乱辞”在句式或节奏上与其他部分有较大差异。学者指出：“‘乱’，可适用于不同时代的多种音乐形式。它的具体形式及表现手法与乐曲

[1] 蒋骥：《山带阁注楚辞·楚辞余论》，上海：上海古籍出版社，1958年，第192页。

[2]《礼记正义》，阮刻《十三经注疏》，北京：中华书局，1980年，第1538页。

内容的表达有密切的关系，有的‘乱’华丽、抒情，有的和平、庄严，等等不一”，“大多数的‘乱’，比之其前的歌节，在句法上都有突然的改变。这说明在音乐上必然有节奏的改变……但也有在句法上看不出什么改变的痕迹的‘乱’……也不能说明它们不能改变音节的长短，从而改变节拍的形式”。[1]清华简《敬之》从“乱曰”开始，句式参差错落，极有可能与“乱”的节奏有关。

清华简《敬之》篇由“乱曰”分为两个段落，今本《周颂·敬之》无此种段落划分。清华简《周公之琴舞》在一定程度上反映了颂诗用于乐舞的情况。姚小鸥先生指出，“诗家”和“乐家”有共同的历史渊源，《周公之琴舞》中所包含的“启曰”“乱曰”等术语，是其所具有的乐家传诗之印迹。其文本性质“是未经汉儒整理的诗家传本的早期形态，其中的乐舞术语是乐工标记语未全部剥离所致”[2]。

清华简《周公之琴舞》的发现有助于厘清诗经学史上的某些争议问题。今本《敬之》与《闵予小子》《访落》《小毖》四篇“俱言嗣王，文势相类”（孔颖达疏语）。[3]《闵予小子》诸篇《诗序》俱言“嗣王”，[4]《郑笺》及“鲁诗”说皆以为“嗣王”指成王，此四篇作于成王时。[5]历代学者多无异词。由于这一结论系据诗篇文意本身进行推断，无其

[1] 杨荫浏、吴剑：《说“乱”及其他》，《人民音乐》1963年第1期，第24—32页。

[2] 姚小鸥、孟祥笑：《试论清华简〈周公之琴舞〉的文本性质》，《文艺研究》2014年第6期。

[3] 高亨先生认为《闵予小子》《访落》《敬之》《小毖》四篇“辞意相联，適如一篇之四章”。参见1985年《中华文史论丛》（第六辑），第83页。为叙述方便，我们将此四篇称为《闵予小子》诸篇，下文仿此，不另说明。

[4] 据《毛诗正义》，各篇诗序如下：《闵予小子》，嗣王朝于庙也。《访落》，嗣王谋于庙也。《敬之》，群臣进戒嗣王也。《小毖》，嗣王求助也。

[5]《闵予小子》篇《诗序》《笺》云：“嗣王者，谓成王也”。《鲁》说曰：“《闵予小子》一章十一句，成王除武王之丧，将始即政，朝于庙之所歌也”。见王先谦撰：《诗三家义集疏》，北京：中华书局，1987年，1037页。

他相关文献的确切证明，致使人们对此发生疑问。近年有学者提出"《闵予小子》四篇作于穆王时"，是穆王在"登基大典中使用的仪式乐歌"，[1]否定成王所作的传统说法。

按，文献表明，西周初期，周公与成王及王室其他成员之间存在某些矛盾，[2]周公由此曾"出居东方"。周公避居他处，成王暂时失去了重要的辅助，面对复杂的局面，有"嬛嬛在疚"(《周颂·闵予小子》)、"朕未有艾"(《访落》)、"莫予荓蜂"(《小毖》)之叹。我们据此提出，《周颂·敬之》等四篇系成王作于"周公居东"期间。[3]结合清华简《周公之琴舞》篇"成王作敬毖""服在清庙"及"余冲人"等语，可以进一步确定《敬之》篇作者系成王无疑。

（作者单位：中国传媒大学文学院）

[1] 持此说者如，李山:《诗经的文化精神》，上海：东方出版社，1997年。马银琴:《西周穆王时代的仪式乐歌》,《中国诗歌研究》(第一辑)等。

[2] 传世文献中对周王室内部的尖锐矛盾，虽有记载，但颇为隐晦。如《金縢》篇:"周公居东二年，则罪人斯得。于后，公乃为诗以贻王，名之曰《鸱鸮》，王亦未敢诮公。"《大诰》言："有大艰于西土，西土人亦不静"。参看李民:《〈尚书·金縢〉的制作时代及其史料价值》,《中国史研究》1995年第3期。

[3] 姚小鸥、王克家:《〈周颂·小毖〉考论》,《中国文化研究》2012年夏之卷，第121—127页。并参见王克家:《〈周颂·闵予小子之什〉研究》，中国传媒大学2009届硕士学位论文。

清华简与先秦诗乐舞传统[1]

江林昌

清华简《周公之琴舞》以及《耆夜》《耆芮良夫毖》等诗篇，为我们认识先秦诗乐舞三位一体的颂诗传统提供了重要证据。通过这批竹简与相关传世文献的印证，我们可以对先秦时期颂诗的原始结构、性质功用及其流传结集等具体问题做出进一步的分析。按照西方文化人类学理论，诗乐舞三位一体的颂诗传统盛行于原始氏族社会，当社会进入文明时代后，诗乐舞便逐渐分离。中国从五帝时代到春秋时期，文明起源发展已经历了二千五百多年，而诗乐舞三位一体的颂诗却依然盛行。这在世界文化史上是个特例，需要从理论上加以分析与总结。清华简《周公之琴舞》的出现有利于这一问题的深入展开。

一、清华简所见颂诗的诗乐舞三位一体结构

清华简《周公之琴舞》是我们目前所见先秦时期最原始最完整的诗乐舞三位一体的颂诗，此外，《耆夜》《芮良夫毖》也提供了相关重

---

[1] 本文为国家社科基金项目“考古发现与先秦史诗、颂诗”（编号 13BZW046）的阶段性成果和教育部哲学社会科学研究重大课题“出土简帛与古史再建”（09JZD0042）。

要信息。

（一）“周公之琴舞”与“周公之颂诗”

清华简《周公之琴舞》的篇题写于第一支简正文的背面上端，字迹清晰可读。清华简《芮良夫毖》的形制、字迹与《周公之琴舞》基本相同，两者又都是诗，因此，整理者估计这是同一人所抄写。值得注意的是，在《芮良夫毖》第一支简正文的背面上端，题有“周公之颂诗”，因被削刮而字迹模糊。整理者认为，“此篇题与竹简下面内容毫无联系，疑是书手或书籍管理者据《周公之琴舞》的内容概括为篇题，误写在芮良夫之诗的简背，发现错误后刮削未尽”[1]。也就是说，在当时抄写者观念里，“周公之琴舞”与“周公之颂诗”是同一概念，以致互抄。恰恰是这一误抄，给我们提供了一个十分重要的历史文化信息，即先秦时期，原始“颂诗”本是与“琴舞”紧密不分的。琴指音乐，舞为舞容，合配颂诗。清华简“周公之琴舞”与“周公之颂诗”篇题的同时出现与互用，正揭示了先秦时期诗乐舞三位一体的颂诗原貌。

（二）“作歌一终”“作毖再终”与“琴舞九遂”

清华简丰富的乐舞术语，为我们了解颂诗的诗乐舞结构提供了重要资料：

《周公之琴舞》：周公作多士敬毖琴舞九遂

成王作敬毖琴舞九遂

《芮良夫毖》：芮良夫作毖再终

[1] 李守奎：《清华简〈周公之琴舞〉与周颂》，《文物》2012 年第 8 期。

《耆夜》：王夜爵毕公，作歌一终，曰《乐乐旨酒》。
王夜爵周公，作歌一终，曰《輶乘》。
周公夜爵毕公，作歌一终，曰《英英》。
周公或（又）夜爵王，作祝诵一终，曰《明明上帝》
周公秉爵未饮，蟋蟀造降于堂，周公作歌一终，曰《蟋蟀》。

竹简的“作歌一终”，又见于传世文献《吕氏春秋·音初》：“有娀氏有二佚女，为之九成之台，饮食必以鼓。……二女作歌一终，曰《燕燕往飞》，实始为北音。”因为先秦时期颂诗与乐舞一体，乐舞一次为“一终”或“一成”，其于诗则为一章。“作歌一终”既是乐舞一成，也是作诗一章。“芮良夫作毖再终”，便是乐舞二成，作诗两章，简文正是以“曰”开启前章，中间再标以“二启曰”以示后章开始。

《周公之琴舞》的成王“作敬毖琴舞九遂”，便是乐舞九成，作诗九章，而简文正好有九首诗。《尚书·益稷》：“《箫韶》九成，凤皇来仪。”孔颖达疏：“成，谓乐曲成也。郑玄：‘成犹终也。’每曲一终必变更奏，故经言‘九成’，传言‘九奏’，《周礼》谓之‘九变’，其实一也。”由此推测，《周公之琴舞》说“周公作多士敬毖琴舞九遂”，亦当有九首诗，而简文只有“元内（入）启曰”一首，疑另八首已佚。

颂诗本为宗庙祭祀时所表演，以后又扩展为在各种政治飨宴场合表演。清华简《耆夜》“作歌一终”与“作祝诵一终”并用，正揭示了这一特点。简文《明明上帝》又曰：“明明上帝，临下之光，丕显来格，歆是禋盟。……作兹祝诵，万寿亡疆。”正是以祭祀上帝、祝福武王为内容。“祝”本是巫觋祭神通神之语。《说文·示部》：“祝，祭主赞词也，从示，从人口。一曰从兑省，《易》曰‘兑，为口为巫。’”段玉裁在“从人口”条下注曰：“以人口交神也。”甲骨文、金文中，“祝”

字作人跪于祭台前口朝上向神灵作祷告状。卜辞中"祝"即为祭祀用辞：

惟高祖夔祝用，王受又。(《合》30398)

贞，祝于祖辛。(《合》787)

丙子贞，其祝于上甲乙。(《合》787)

《尚书·洛诰》："王命作册，逸祝册。"孔颖达疏："读策告神谓之祝。"《诗·小雅·楚茨》："工祝致告，神具醉止。"《楚辞·招魂》："工祝招君，背行先些。"王逸注："男巫曰祝。"《礼记·曾子问》："祫祭于祖，则祝迎四庙之主。"郑玄注："祝，接神者也。"这些材料进一步说明，颂与乐舞的配合原是用于宗庙祭神场合的。

(三)"启曰""乱曰"

清华简《周公之琴舞》"成王作敬毖琴舞九遂"，其每一遂都有"启曰"与"乱曰"相对，乐舞章节非常规整：

元启曰＋乱曰——第一遂(成)

再启曰＋乱曰——第二遂(成)

三启曰＋乱曰——第三遂(成)

四启曰＋乱曰——第四遂(成)

五启曰＋乱曰——第五遂(成)

六启曰＋乱曰——第六遂(成)

七启曰＋乱曰——第七遂(成)

八启曰＋乱曰——第八遂(成)

九启曰＋乱曰——第九遂(成)

传本《诗经》从未见有这些“启曰”“乱曰”乐舞术语。虽然《楚辞》之《离骚》《九章》及《荀子·赋》、贾谊《吊屈原赋》有“倡曰”“重曰”与“乱曰”“少歌曰”等术语，但并不严密完整。《尚书·益稷》虽说“《箫韶》九成”，但不见“九成”的具体内容与结构。清华简《周公之琴舞》标有“九遂（成）”，而实际亦配有“九启”“九乱”。这是目前所见先秦时期诗乐舞三位一体最完整的颂诗结构。

“乱”本是音乐曲调名，指乐章的终了，亦即全曲的尾声。在传世先秦文献中，“乱”常常与“始”相对。《礼记·乐记》：“夫古乐，进旅退旅，和正以广，弦匏笙簧，会守拊鼓，始奏以文，复乱以武。”又曰：“乐者，心之动也。声者，乐之象也。文采节奏，声之饰也。……是故先鼓以警戒，三步以见方，再始以著往，复乱以饬归。”均以“始”与“乱”相对。对照清华简《周公之琴舞》可知，这里的“始”相当于“启”，“再始”相当于“再启”。又《论语·泰伯》：

> 师挚之始，《关雎》之乱，洋洋乎盈耳哉。

杨伯峻《论语译注》：“师挚之始——‘始’是乐曲的开端，古代奏乐，开始叫做‘升歌’，一般由太师演奏。师挚是鲁国的太师，名挚，由他演奏，所以说‘师挚之始’。《关雎》之乱——‘始’是乐的开端，‘乱’是乐的结束。由‘始’到‘乱’，叫做‘一成’。‘乱’是合乐，犹如今日的合唱。当合奏之时，奏《关雎》的乐章，所以说‘《关雎》之乱’。”

总之，“始”与“乱”组成“一成”，清华简《周公之琴舞》成王作诗共“九遂（成）”，刚好有九组“始”与“乱”，结构相当完整。以往由于文献阙如，对颂诗的“九成”结构莫知其详。今清华简的出现使我们明白，先秦原始颂诗，内涵丰富，诗与乐舞之间有固定的组合模式。

据先秦文献可知，先秦时期有《诗》《书》《礼》《易》《乐》《春秋》六经。其中《乐经》经战国之乱与秦火而趋于衰微。《汉书·艺文志》:“周室俱坏，乐尤微眇，以音律为节，又为郑、卫所乱，故无遗法。”所以汉代已缺《乐经》，而独存五经了。清华简《周公之琴舞》《耆夜》《芮良夫毖》等诗篇，不仅扩大了我们对先秦时期颂诗的认识，更重要的是有助于我们对汉代以来已佚失的先秦乐经有一些新的认识。

二、由清华简看“颂”与“容”的关系

颂诗原是宗庙祭神时所唱之乐歌，其内容为祭享神灵、歌颂神灵。《毛诗序》谓:“颂者，美盛德之形容，以其成功告于神明者也。”主持宗庙祭祀者为巫祝卜史等神职人员。这些神职人员在宗庙祭祀时口诵祝告之辞，郑玄注《周礼》:“颂之言诵也”。后来，将这些祝告之辞用文字记录下来便是颂诗。神职人员在口诵祝辞的同时，伴随着乐舞，古人称之为舞容。《释名·释言语》:“颂，容也。叙说其成功之形容也。”而阮元《释颂》所论更详尽:

> 《诗》分风、雅、颂。颂之训美盛德者，余义也。颂之训为形容者，本义也。且颂字即容字也。容、养、羕一声之转……今世俗所传之样子。……三颂各章皆是舞容，故称为颂，若元以后戏曲，歌者舞者与乐器全动作也。[1]

[1] 阮元:《研经室集》卷一,《四部丛刊》本，上海：商务印书馆，1934年。

前人释颂为容，容即舞容，均为正解。这里要补充指出的是，这舞容当有具体内涵。在原始氏族时代，不同的氏族部族有不同的具体图腾神灵、祖先神灵。这舞容便是模拟这些具体不同的图腾神灵、祖先神灵的容貌形象。因为在巫术互渗观念支配下，原始人相信扮演成所祭神灵的形象有利于与之沟通。因此，颂即为容，容为容貌，即图腾神灵容貌、祖先神灵容貌。

有意思的是，清华简《周公之颂诗》的“颂”字，在楚简里往往写作“容”,“颂”与“容”通用无别，例证颇多。李守奎《清华简〈周公之琴舞〉与周颂》文已指出这一点，刘信芳《楚简帛通假汇释》有详细论证，此不赘述。这不仅说明阮元等学者释颂为容是可信的，而且其直接证据提前到了公元前300年左右埋于地下的楚简里。

当我们研读了清华简《周公之琴舞》又作《周公之颂诗》，而楚文字中颂诗的“颂”又作“容”字后，再去读先秦文献，便会恍然明白，有关文字正是有关“颂”与“容”的描述。《荀子·乐论》：

> 故听其《雅》《颂》之声，而志意得广焉；执其干戚，习其俯仰屈伸，而容貌得庄焉；行其缀兆，要其节奏，而行列得正焉，进退得齐焉。……是先王立乐之术也。

这段文字又见于《礼记·乐记》。执干戚而俯仰屈伸正是舞蹈动作的情状。而“容貌得庄焉”之“容貌”就是先王之乐，“雅”“颂”之声。《礼记·乐记》又说：

> 诗言其志也，歌咏其声也，舞动其容也。三者本于心，然后乐器从之。

这里又明确指出,“舞”是动其“容”的。舞容配合“诗志”与“歌声”，此即诗乐舞三位一体的文字描述。

有关记录先秦诗乐舞相配及其功用的传世文献资料，除上述《荀子·乐论》《礼记·乐记》外，还见于《墨子》之《非乐》《明鬼》,《吕氏春秋》之《仲夏》《大乐》《侈乐》《适音》《古乐》《季夏》《音律》《音初》《制乐》《明理》，以及《尚书》《逸周书》《左传》《国语》《仪礼》《周礼》《老子》《论语》《庄子》等先秦文献。以新出清华简《周公之琴舞》《耆夜》《芮良夫毖》的出现为契机，结合这些传世文献进行综合研究，必将有助于我们对先秦《乐经》有关内容的复原，中国先秦时期诗乐舞之繁盛亦由此可见。

三、先秦时期诗乐舞繁盛的文明史背景与相关理论问题

学者们的研究表明，今传本《诗经》之十五国风、二雅与周颂、鲁颂是从西周至春秋时期逐步结集而成的，至于商颂的流传，应追溯到商代。西周时期，在朝廷中流行的是《颂》，其后是《雅》[1]。《颂》《雅》都是王官之学，是为大传统，属于精英文化。从西周末年开始，由于王权旁落，礼崩乐坏，代表小传统，体现民间文化的十五国风才逐步被收集起来，并与大传统“颂”“雅”之诗合编在一起。《史记·儒林列传》:“周室衰而《关雎》作，幽厉微而礼乐坏，诸侯恣行，政由强国。”孙作云先生1957年发表《论〈诗经〉的时代及地域性》，指出:“今本《诗经》的次序，是以《国风》为首,《小雅》《大雅》次之,《周颂》《鲁颂》《商颂》殿后。……不过，这个顺序是一种由近及远的向上倒算

[1] 据孙作云先生研究,“雅”诗中大多为“颂”诗，见其《论“二雅”》,《文史哲》1958年第8期。

的逆排法。换句话说,《国风》的时代最近，其次为《小雅》，其次为《大雅》，再其次为《周颂》。我们根据作品本身的时间顺序，把它颠倒过来，那就是最早的《周颂》，其次是‘二雅’，再其次是‘十五国风’。”[1] 孙先生的判断无疑是正确的。商颂与周颂开始应该是单篇别行。据《国语》《左传》可知，西周到春秋前期的人引《诗》即直称《周颂》《商颂》。如《周语·周语上》记载穆王时（前97—前922）祭公谋父谏伐犬戎，有“周文公之《颂》曰”之称。《国语·晋语四》载宋襄公（前644—前637）时，公孙固进言称“《商颂》曰”。郑文公（前644—前628）时，大叔叔詹进谏称“《周颂》曰”。而到了春秋中后期的人引《周颂》《商颂》便直称《诗》了，说明这时“风”“雅”“颂”合编的《诗》已初步形成[2]。

（一）先秦时期颂诗的繁盛

“颂”本是宗庙祭祀乐舞歌辞，诗乐舞三位一体。因此，西周时期单独流行的“周颂”“商颂”都是乐舞之诗，而今传本《诗经》里的“周颂”“商颂”已经过了孔子等人删定改编，成了读本之诗。清华简《周公之琴舞》“成王作敬毖琴舞九遂”共九成，每成有“启”“乱”相对，自然是乐舞之诗。其中第一成又见于今本《周颂·敬之》。但今本《敬之》不仅字句与《周公之琴舞》有出入，而且还删去了“启曰”“乱曰”等乐舞术语。至于《周公之琴舞》的后八成均不见于今本《周颂》。可见,《周公之琴舞》保留的是乐舞之诗的原貌，而今本《诗经·周颂》是读本之诗，已脱离了祭祀活动中诗乐舞三位一体的舞容场景了。

[1] 孙作云:《论〈诗经〉的时代和地域性》,《历史教学》1957年3月号。

[2] 许廷桂:《“诗经”结集平王初年考》,《西南师范学院学报》1979年第4期。

20世纪30年代，罗根泽先生发表《由墨子引经推测儒墨两家与经书之关系》一文，指出《墨子》书中引《诗》十一则，除去重复者一则，实际引《诗》十则。然而仅这十则之中，“不见今本《诗经》者至有四则之多；其多与今本次序不同者三则；字句不同者二则；大致相同者，止一则而已。”由此得出结论：“墨子所见之诗，与儒家所传之诗不同。”清华简为楚简，其下葬时代约在战国中期，晚于孔子编订《诗三百》作教材之时。而清华简仍保留了乐舞之诗原貌，说明楚地所传诗本与中原儒家所传诗本不同。

近半个世纪以来，学术界对《商颂》编定过程亦有突破性的认识，认为“《商颂》渐出于商族统治者巫祝集团”，后来，“《商颂》由殷太师少师传入周室”，到春秋宋襄公时只存了残简十二篇，到了孔子编传的《诗三篇》时，仅存五篇了。[1]推想从西周再上推商代，《商颂》内容应更为丰富，篇目亦更多。不仅如此，我们还根据有关出土资料的印证，相信夏颂、虞颂等原来也是有的。[2]

氏族社会时期，每个氏族部落只祭祀自己所崇拜的神灵，神灵也只庇护自己的氏族部落。《左传》僖公十年：“神不歆非类，民不祀非族。”僖公三十一年：“鬼神非其族类，不歆其祀。”因此，从理论上讲，每个氏族、每个部族都有祭祀自己神灵的诗乐舞三位一体的颂，而且颂只在自己的氏族部落内世代相承，即《荀子·荣辱》所谓“父子相传，以持王公”，而“慎不敢损益也”。由于氏族社会“国之大事，在祀与戎”（《左传》成公十三年），作为宗庙祭祀活动中的主要内容，颂诗如同祭器鼎簋一样，是每一氏族的神权、族权、政权的象征。只有氏

[1] 江林昌：《“商颂”的作者、作期及其性质》，《文献》2000年第1期。

[2] 江林昌：《“商颂”作于商代的考古印证与“虞颂”“夏颂”存于〈天问〉的比较分析》，《华学》第九、十辑，上海：上海古籍出版社，2008年。

族、部落被他族所灭，其颂诗祭仪、鼎簋祭器等才可能落入他族，即《孟子·梁惠王》所说："毁其宗庙，迁其重器"。历史上也因此有过"夏太史令终出其图法奔商"（《吕氏春秋·先识览》），"殷之太师少师乃持其祭乐器奔周"（《史记·殷本纪》）等现象。

从五帝时代到虞夏商周四代，氏族如林，邦国众多。《左传》哀公七年："禹合诸侯于涂山，执玉帛者万国"，《吕氏春秋·用民》："当禹之时，天下万国，至于汤而三千余国。"因此，五帝时代到孔子之前二千多年的漫长岁月中，中国的颂诗应该是十分丰富发达的。而且，由清华简提供的资料可知，当初各氏族部落流传的颂诗，应该都是乐舞之诗。

（二）文明史背景与相关理论问题

如前所述，诗乐舞三位一体的颂诗的产生是以巫术互渗律为思想文化基础的。而巫术互渗律产生的社会基础则是以血缘管理为特征的原始氏族社会。因此，巫术互渗律又称原始思维、野性思维、神话思维、前逻辑思维等。

法国人类学家列维－布留尔在其《原始思维》一书中指出：原始思维"以不同形式和不同程度包含着那个作为集体表象之一部分的人和物之间的互渗。……我把这个原始思维所特有的支配这些表象的关联和前关联的原则叫做'互渗律'"[1]。意大利文化哲学家维柯在其《新科学》一书中则称这种巫术互渗律为原始诗性思维，认为在原始社会，"人对辽远的未知的事物，都根据已熟悉的近在手边的事物去进行判断"[2]。人类学家们都认为，以巫术互渗律为特征的原始思维是任何一

[1]（法）列维－布留尔：《原始思维》，丁由译，北京：商务印书馆，1981年，第69页。

[2]（意）维柯：《新科学》，朱光潜译，北京：商务印书馆，1989年，第99页。

种文明产生之前的必由之路。[1]

以清华简《周公之琴舞》为代表的颂诗，诗乐舞三位一体，"颂诗"即"琴舞"，"颂"即"容"，"容"即"舞容"。所谓"舞容"，即在集体祭祀活动时，巫祝卜史等主祭者都扮演成所祭神灵的形象容貌，类似于后世的图腾化妆舞，其目的在于取悦于神灵，更好地与神灵沟通。这就是巫术互渗。颂诗的这些特征完全属于列维－布留尔与维柯等人所说的以巫术互渗律为特征的原始思维。

然而，产生"虞颂""夏颂""商颂""周颂"的虞夏商周四代，已属于中国早期文明发展阶段。在此之前的中国文明起源阶段的五帝时代，也已经历了一千年之久。西方学者所揭示的原本产生于原始氏族社会的以巫术互渗律为特征的原始思维，在中国为什么会在进入文明时代数千年之久仍一直保留呢？这就涉及东西方文明起源发展的不同道路，以及与之相关的理论问题。

按照恩格斯《家庭、私有制和国家的起源》等西方文明理论可知，由原始氏族社会进入文明国家社会，必然会出现两个根本性的社会组织变化：一是出现了凌驾于整个社会成员之上的国家公共权力机构，二是氏族血缘管理变为国家地缘管理。恩格斯的文明国家起源理论是在分析古希腊、古罗马等西方古代社会资料基础上建立起来的。以这一理论来分析中国古代社会，我们会发现中国文明起源与西方文明起源实际存在着差异。即中国从五帝时代的文明起源到虞夏商周四代的早期文明发展，虽然也出现了凌驾于全体社会成员之上的国家公共权力机构，出现了阶层的分化；然而，原始氏族社会的血缘管理制度却依然保留下来，而没有被地缘管理所取代。中国的地缘管理要到秦汉

[1] 刁生虎：《隐喻思维与诗性文化》，《周易研究》2008 年第 5 期。

以后才逐步建立。[1]著名历史学家侯外庐先生称中国这种氏族血缘管理制度从原始社会一直延续到文明社会的现象为“新陈纠葛”路径，而与西方文明起源的“新陈代谢”路径相区别；[2]著名考古学家张光直先生则称中国文明起源表现为“连续性”特点，而与西方文明起源的“破裂性”特点相区别。[3]这是近半个多世纪以来，历史学界、考古学界的学者们探索中国古代社会的新成果，应当引起文艺学界的高度认知。

正是由于中国原始氏族社会的血缘管理制度在五帝文明起源至虞夏商周文明早期发展过程延续保留了下来，才使得盛行于原始氏族社会的以巫术互渗律为特征的原始思维也相应地保留下来，从而出现了先秦时期颂诗繁盛的现象。以往，学者们认识到了这一现象，却一直未能从理论上加以总结与揭示。现试作分析。

原始巫术互渗律在五帝文明起源过程中，经过颛顼的改革，即所谓“绝地天通”之后，与政治相结合，而发展成了中国原始宗教。中国原始宗教的特征便是原来人人都可以与神灵相沟通的巫术互渗律开始被氏族贵族阶层所垄断，出现了神权（巫术）与族权、政权的结合。这种现象在中国早期文明发展阶段经夏禹的“铸鼎象物”而得到进一步完善与加强。[4]

盛行于五帝文明起源到虞夏商周早期文明发展阶段的原始宗教，以敬天祭祖为具体内容，原始巫术互渗律在氏族贵族主持下与天体神

[1] 江林昌：《马克思、恩格斯的古代文明理论与中国早期文明》，《中原文物》2006 年第 6 期。

[2] 侯外庐：《中国古代社会史论》，石家庄：河北教育出版社，2000 年，第 29—33 页。

[3] 张光直：《中国青铜时代》，北京：生活·读书·新知三联书店，1999 年，第 484—496 页。

[4] 江林昌：《诗的源起及其早期发展变化》，《中国社会科学》2010 年第 4 期；江林昌：《论原始宗教对中国古代文明起源发展的影响》，《东岳论丛》2010 年第 10 期。

灵、祖先神灵的沟通中发生作用，具体表现便是氏族宗族的集体祭祀活动。而以诗乐舞三位一体为特征的中国颂诗正是在这样的背景下产生并繁盛起来。这是中国文艺发展有别于西方文艺发展的重要特点之一。

这也是一个重要的理论问题，即原始社会的某些状态（恩格斯称之为“原始状态”）如何在文明社会中保留并表现出新的现象。其根本原因即在于原始社会的血缘关系是否在文明社会保留及其保留的程度。1883 年 2 月 10 日恩格斯在《致卡尔·考茨基》的信中已揭示了这一重要规律，可惜未能引起学界的重视，兹引录如下：

> 原始状态的标志不是粗野，而是部落古老的血缘关系保留的程度。因此，从这个或那个部落的一些个别现象作出某些结论之前，首先必须确定每一个别场合下的这种关系。

恩格斯指出，这种部落古老的血缘关系，不仅在“加利福尼亚半岛居民那里发生，而且在许多其他印第安人部落，以及在腓尼基人、巴比伦人、印度人、斯拉夫人、克尔特人那里，也实际地或者象征性地发生”。

可惜的是，恩格斯没有看到，这种“部落古老的血缘关系”在中国五帝文明起源至虞夏商周早期文明发展近三千年的历史长河中一直广泛普遍地保留下来了。因此，以巫术互渗律为特征的原始思维，以诗乐舞三位一体为特征的中国颂诗，也在这历史长河中普遍盛行[1]。如

[1] 恩格斯给考茨基的信写于 1883 年，如果他当时看到中国在文明时代依然保留丰富的“原始状态”，我们推测恩格斯于 1884 年完成《家庭、私有制和国家起源》一书时，会专门总结这一问题。

果我们以清华简《周公之琴舞》等出土文献为契机，对中国的这种普遍现象加以分析总结，这不仅有助于丰富恩格斯的“原始状态”理论，而且还有助于揭示出人类文明发展史上另一种文艺发展模式。这自然是意义重大。

（作者单位：烟台大学中国学术研究所）

《周公之琴舞》诸篇释名

姚小鸥　李文慧

《清华大学藏战国竹简（叁）》之《周公之琴舞》包括“周公作多士敬毖”和“成王作敬毖”两部分。[1]其中，周公所作“多士敬毖”仅存“元纳启”以下四句，成王所作敬毖“琴舞九絉（卒）”完整保留下来，系以九启的形式连缀而成。学者多认为，这种结篇方式与先秦典籍所载《大武》构成相类。[2]《大武》多以独立篇章的形式散见于今本《诗经》，各有篇名。周公与成王所作敬毖各启与今本《诗经·周颂》诸篇相当，依例应冠名。我们曾将周公所作敬毖之“元纳启”命名为《孝享》，[3]这里不再述及。本文讨论成王所作敬毖“琴舞九絉（卒）”，试为命名。

一 《敬之》

元纳启曰：

敬之敬之，天惟显帀，文非易帀。毋曰高高在上，陟降其事，卑

[1] 清华大学出土文献研究与保护中心编，李学勤主编：《清华大学藏战国竹简（叁）》，上海：中西书局，2012年，第133页。

[2] 参见李学勤：《新整理清华简六种概述》，《文物》2012年第8期。

[3] 参见姚小鸥、杨晓丽：《〈周公之琴舞·孝享〉篇研究》，《中州学刊》2013年第7期。

监在兹。乱曰：遹我夙夜不逸，敬之，日就月将，教其光明。弼持其有肩，示告余显德之行。[1]

本启与今本《诗经·周颂·敬之》基本内容一致，言上天无所不察，为人君者当恪敬天命，日就月将，奋进不止。[2]今本《诗经》以《敬之》名篇，与其思想内涵相符。

二《思慎》

再启曰：

假哉古之人，夫明思慎，用仇其有辟，允丕承丕显，思攸亡斁。乱曰：已，不造哉！思型之，思毷彊之，用求其定，裕彼熙不落，思慎。

本篇为成王诫群臣之语，希望群臣追法古之贤者，勤勉王事，以使天下安定兴旺。开篇“假哉古之人，夫明思慎”，赞美“古之人”品行高尚，戒惧敬慎。“假”,《尔雅·释诂》解释为“嘉也”。[3]《大雅·假乐》:“假乐君子，显显令德。”《毛传》:“假，嘉也。”[4]《礼记·中庸》引作“嘉乐君子”。[5]“古之人”，谓古之贤者。“明”，《大雅·皇矣》:“其德克明”。《毛传》:“照临四方曰明”。[6]

---

[1] 清华大学出土文献研究与保护中心编，李学勤主编:《清华大学藏战国竹简（叁）》，上海：中西书局，2012年，第133页。本文所引成王之“琴舞九絉（卒）”全部出自《清华大学藏战国竹简（叁）》，并根据整理者所作相关文字的隶定，诗篇采用通行字体，下文不再另外说明。

[2] 参见王克家:《〈周颂·敬之〉与周礼核心精神的构成》,《文艺评论》2013年第4期。

[3]《尔雅注疏》，阮刻《十三经注疏》，北京：中华书局，1980年，第2576页。

[4]《毛诗正义》，阮刻《十三经注疏》，北京：中华书局，1980年，第540页。

[5]《礼记正义》，阮刻《十三经注疏》，北京：中华书局，1980年，第1628页。

[6] 同[4]，第520页。

“思慎”是本篇的核心。“慎”，《尔雅》释为“诚也”。[1]《说文》释为“谨也”。《段注》:“未有不诚而能谨者。”[2]“慎”是君子言行举止的重要准则，承载着周代礼乐文化的道德伦理与审美要求。古人将其视为君主治国的必备条件。《国语 · 周语下》:“慎，德之守也。”[3]《尚书·微子之命》:“恪慎克孝，肃恭神人。”[4]《邶风·燕燕》:“淑慎其身。”[5]《诗经》中常“敬慎”连用，如《大雅·民劳》:“敬慎威仪，以近有德。”《大雅 · 抑》:“敬慎威仪，维民之则。”[6]“敬”重于肃，“慎”重于谨，二者浑言则同，析言则异。《仪礼 · 聘礼》:“入门主敬，升堂主慎”，可见“敬”“慎”二者之间的联系与区别。[7]

“用仇其有辟，允丕承丕显，思攸亡斁”，言古之人“思慎”而能够匹配辅佐君主，很好地继承并光大先人之志。“仇”，当依《尔雅·释诂》释为“匹也”。[8]《兔罝》:“赳赳武夫，公侯好仇。”孔颖达《正义》:“赳赳然有威武之夫，有文有武，能匹耦于公侯之志，为公侯之好匹。”[9]“仇”或写作“逑”，《周南 · 关雎》:“君子好逑。”《毛传》:“逑，匹也。”孔颖达《正义》:“《诗》本作逑，《尔雅》多作仇，字异音义同也。”[10]

“允丕承丕显，思攸亡斁”，与《周颂 · 清庙》“不显不承，无射

[1]《尔雅注疏》，阮刻《十三经注疏》，北京：中华书局，1980 年，第 2569 页。

[2] 许慎撰，段玉裁注:《说文解字注》，上海：上海古籍出版社，1988 年，第 502 页。

[3] 上海师范大学古籍整理组校点:《国语》，上海：上海古籍出版社，1978 年，第 98 页。

[4]《尚书正义》，阮刻《十三经注疏》，北京：中华书局，1980 年，第 200 页。

[5]《毛诗正义》，阮刻《十三经注疏》，北京：中华书局，1980 年，第 298 页。

[6] 同 [5]，第 548、554 页。

[7]《仪礼注疏》，阮刻《十三经注疏》，北京：中华书局，1980 年，第 1073 页。

[8] 同 [1]。

[9] 同 [5]，第 281 页。

[10] 同 [5]，第 273 页。

于人斯”略同。[1]“亡斁”又作“无斁”、“无射”，是古之“成语”。“成语”指《诗》《书》中所习用的，在一定的历史语境中形成的具有特定内涵和固定搭配的词语。它们承载着古人关于社会、历史、文化、自然等方面的许多基本观念。“无斁”于《诗经》中凡五见，“无射”于《诗经》中凡三见。《诗经》诸篇所言“无斁（无射）”，是对人们“无怠于事”之美德的赞语。“无斁（无射）”在金文中多作“睪”，多为子孙所陈先祖之德。有学者指出，“无斁”乃“贵族阶级歌颂其德行隽美、承业事君无怠及上天无怠其国祚福禄之常命之专用成词。乃统治阶级之雅言”[2]。其说是。

“乱曰”部分是王对群臣的共勉之语。

“已，不造哉”，整理者指出，此句意略同《闵予小子》“遭家不造”，《郑笺》：“造，犹成也。……遭武王崩，家道未成”。[3]

“思型之，思毷彊之”，二句勉励群臣追法古之人，黾勉从事。“型”，效法之意。“毷”，整理者读为“懋”，劝勉之意。“彊”，整理者指出，典籍多作“强”，《尔雅·释诂》释为“勤也。”[4]

“用求其定，裕彼熙不落，思慎”，言思慎以致天下安定兴旺。“裕”，句首语气词。“熙”，《尔雅·释诂》释为“光”也。光大、兴旺之意。[5]“落”，《国语·吴语》：“民人离落。”韦昭注：“落，殒也。”[6]

---

[1]《毛诗正义》，阮刻《十三经注疏》，北京：中华书局，1980年，第583页。

[2] 姜昆武：《诗书成词考释》，济南：齐鲁书社，1989年，第79页。“无斁”的详细解释，可参看姚小鸥、李文慧：《〈诗〉〈书〉成语与〈周颂·振鹭〉篇的文化解读》，《中州学刊》2011年第6期。

[3] 同[1]，第598页。

[4]《尔雅注疏》，阮刻《十三经注疏》，北京：中华书局，1980年，第2574页。参见清华大学出土文献研究与保护中心编，李学勤主编：《清华大学藏战国竹简（叁）》，上海：中西书局，2012年，第137页。

[5] 同[4]，第2573页。

[6] 上海师范大学古籍整理组校点：《国语》，上海：上海古籍出版社，1978年，第595—596页。

末句“思慎”重言前文“夫明思慎”。《诗经》中有以二字作为诗篇结句的情况。《周颂 · 赉》:“文王既勤止，我应受之。敷时绎思，我徂维求定。时周之命，於！绎思。”[1]“於”是感叹词。末句“绎思”，以二字为结句，重文“敷时绎思”。

本篇反映周人戒惧敬慎的思想观念，言思慎守德，事君无斁，方能致天下兴旺。篇中两次出现“思慎”一语，前后呼应，突出主题。故此本篇当命名为《思慎》。

三《渊》

三启曰：

德元惟何？曰渊亦抑，严余不懈，业业畏忌，不易威仪，在言惟克，敬之！乱曰：非天諡德，繄莫肯造之，夙夜不懈，懋敷其有悦，裕其文人，不逸监余。

本篇言德之首在于内心笃诚，威仪抑抑，言语谨慎。

开篇明义，曰:“德元惟何？曰渊亦抑。”“德元”，即德之首。“渊”，整理者解释为“深邃、深沉”。[2]《邶风·燕燕》:“仲氏任只，其心塞渊。”孔颖达《正义》:“言仲氏有大德行也，其心诚实而深远也。”[3]“渊”是君子的至高品德。《礼记·中庸》:“唯天下至诚，为能经纶天下之大经，立天下之大本，知天地之化育。夫焉有所倚？肫肫其仁！渊渊其渊！

[1]《毛诗正义》，阮刻《十三经注疏》，北京：中华书局，1980年，第605页。

[2] 清华大学出土文献研究与保护中心编，李学勤主编:《清华大学藏战国竹简（叁）》，上海：中西书局，2012年，第137页。

[3] 同[1]，第298页。

浩浩其天！苟不固聪明圣知达天德者，其孰能知之？”[1]君子常因具有“渊”的品德，而见载于史册。《尚书·微子之命》：“乃祖成汤，克齐圣广渊，皇天眷佑，诞受厥命。”[2]《左传·文公十八年》：“昔高阳氏有才子八人，苍舒、隤敳、梼戭、大临、尨降、庭坚、仲容、叔达，齐圣广渊，明允笃诚，天下之民，谓之八恺。”[3]

“抑”，《诗经》中常用来形容威仪之美，《大雅·抑》：“抑抑威仪，维德之隅。”《郑笺》：“人密审于威仪抑抑然，是其德必严正也。古之贤者，道行心平，可外古而知内。如宫室之制，内有绳直，则外有廉隅。”[4]

“渊”和“抑”分别指德的内外表现。“德元惟何？曰渊亦抑”，言君子当内心笃诚，思虑深远且有美好的威仪。

“严余不懈，业业畏忌，不易威仪，在言惟克”，叙述“渊”和“抑”的具体内涵。

“严余不懈，业业畏忌”言“渊”所反映的心理状态和行为准则，即时刻敬慎而不懈怠。“严”，《商颂·殷武》：“天命降监，下民有严。”《毛传》：“严，敬也。”[5]“业业”，《大雅·云汉》：“兢兢业业”。《毛传》：“兢兢，恐也。业业，危也。”[6]“畏忌”，整理者解为“谨慎”。[7]《仪礼·士虞礼》：“小心畏忌，不惰其身。”[8]

---

[1]《礼记正义》，阮刻《十三经注疏》，北京：中华书局，1980年，第1635页。

[2]《尚书正义》，阮刻《十三经注疏》，北京：中华书局，1980年，第200页。

[3]《春秋左传正义》，阮刻《十三经注疏》，北京：中华书局，1980年，第1861—1862页。

[4]《毛诗正义》，阮刻《十三经注疏》，北京：中华书局，1980年，第554页。

[5] 同[4]，第628页。

[6] 同[4]，第562页。

[7] 清华大学出土文献研究与保护中心编，李学勤主编：《清华大学藏战国竹简（叁）》，上海：中西书局，2012年，第138页。

[8]《仪礼注疏》，阮刻《十三经注疏》，北京：中华书局，1980年，第1176页。

“不易威仪，在言惟克”，从威仪和言语两方面反映了“抑”的内涵。整理者指出，“不易”为古习语，屡见于《书》、《诗》及金文。[1]《大雅·文王》：“命之不易。”[2]“不易”，言不可怠慢。[3]“在言惟克”，整理者认为，此句意近《大雅·抑》“慎尔出话，敬尔威仪。”[4]“克”，《春秋·宣公八年》：“雨，不克葬。”杜预注：“克，成也。”[5]

说明“渊”和“抑”的具体内涵后，诗人以“敬之”一句作为总结。成王所作敬毖“琴舞九絉（卒）”首篇亦言“敬之”，今本《诗经·周颂》并以之名篇，由此用语可见成王所作敬毖“琴舞九絉（卒）”各启之间的联系。

“乱曰”部分为诗人自我勉励之语。

“非天諡德，繄莫肯造之”，这两句是说上天并非禁止德行，而是没有人能成就它。[6]“諡”，整理者读为“廞”，《尔雅·释诂》解释为：“廞，兴也。”[7]有学者认为“諡”当读为“禁”，楚简从“金”声之字有用为“禁”之例。[8]“繄”，语助词。“造”，成也，参见《思慎》“不造哉”的解释。

“夙夜不懈，懋敷其有悦”，言当敬慎勉励而又乐于播布美德。“夙夜”为古之“成语”，字面意思是指早和晚，核心内涵是“敬”。“夙夜”

[1] 清华大学出土文献研究与保护中心编，李学勤主编：《清华大学藏战国竹简（叁）》，上海：中西书局，2012年，第138页。

[2]《毛诗正义》，阮刻《十三经注疏》，北京：中华书局，1980年，第505页。

[3] 参见王克家：《清华简〈敬之〉篇考释》，《清华大学藏战国竹简与先秦经学文献国际学术研讨会论文集》，北京，2013年。

[4] 同[1]。

[5]《春秋左传正义》，阮刻《十三经注疏》，北京：中华书局，1980年，第1873页。

[6] 参见黄杰：《再读清华简（三）〈周公之琴舞〉笔记》，简帛网2013年1月14日。

[7]《尔雅注疏》，阮刻《十三经注疏》，北京：中华书局，1980年，第2576页。

[8] 同[6]。

一词见于《诗经》十二篇中，凡十六例。除《召南·行露》之“岂不夙夜，谓行多露”疑为断简，义不能明外，其他皆指敬慎于事。[1]“夙夜不懈”意同《大雅·韩奕》“夙夜匪解”，敬慎之意。[2]“懋”，勉也。“敷”，训为“布”。《小雅·小旻》：“旻天疾威，敷于下土。”《毛传》：“敷，布也。”[3]

“裕其文人，不逸监余”，言先祖时刻瞻视垂顾。“裕”，句首语气词。“文人”，整理者解释为“古称先祖之有文德者”。[4]《大雅·江汉》：“告于文人。”《毛传》：“文人，文德之人也。”孔颖达《正义》：“谓先祖有文德者，故云文德之人。”[5]

本篇反映了周代人们对“德元”的认识。君子修德，首要做到内善而外美。外在的威仪是内在品质的表现。诗句“夙夜不懈，懋敷其有悦”言发自内心地播布美德。可见周人更看重内心的敬畏，即在德元“渊”和“抑”中，更偏重“渊”。与《大雅·抑》相参照，将此篇命名为《渊》。

四《文》

四启曰：

文文其有家，保监其有后，孺子王矣，丕宁其有心。慭慭其在位，显于上下。乱曰：遹其显思，皇天之功，昼之在视日，夜之在视辰。日入罪举不宁，是惟宅。

---

[1] 参见姚小鸥、李文慧：《〈诗〉〈书〉成语与〈周颂·振鹭〉篇的文化解读》，《中州学刊》2011年第6期。

[2]《毛诗正义》，阮刻《十三经注疏》，北京：中华书局，1980年，第570页。

[3] 同[2]，第448页。

[4] 清华大学出土文献研究与保护中心编，李学勤主编：《清华大学藏战国竹简（叁）》，上海：中西书局，2012年，第138页。

[5] 同[2]，第574页。

本篇言为君者当黾勉于事，敬慎其位，依天时而行政令，从而使天下安宁。

“文文其有家，保监其有后”，言黾勉为政，方可得以世享。有学者将“文文”释为“亹亹”。[1] 按，马瑞辰《毛诗传笺通释》：“《说文》无亹字，亹者釁之省，隶变为亹，或作斖。釁从爨省，从酉，分声；斖从爨省，从酉，文声；分、文古音同部，故字同音亦同也。古音微与文通，故《周官》郑司农《注》曰：‘釁读为徽。’徽从微省声，音近眉，故古钟鼎文眉寿字多作釁，又作斖。”[2] 由此可知，“文”与“亹”音同义同。马瑞辰指出亹亹、娓娓、勉勉、明明、没没、勿勿、穆穆、旼旼，皆以声近互转，字当以忞忞为正。[3]《尔雅·释诂》：“亹亹，蠠没……勉也。”郭璞注：“蠠没犹黾勉。”邢昺疏：“云‘蠠没犹黾勉’者，以其声相近，方俗语有轻重耳。《邶风·谷风》云：‘黾勉同心。’”[4] 故，亹亹当为黾勉之意。《论语》：“文莫吾犹人也”，马瑞辰引刘台拱曰：“文莫即勉强。”[5]《广雅·释诂》：“文，勉也。”[6] 由以上论述可知，“文文”与“亹亹”同为黾勉之义。“文文其有家”，意略同《大雅·棫樸》“勉勉我王，纲纪四方”。[7]

黾勉于事是君子行为处事的基本准则。《礼记·礼器》：“是故昔先王之制礼也，因其财物而致其义焉尔，故作大事必顺天时，为朝夕

[1] 香港浸会大学陈致教授释“文文”为“亹亹”。参见李学勤:《论清华简〈周公之琴舞〉的结构》，《深圳大学学报（人文社会科学版）》2013 年第 1 期。

[2] 马瑞辰:《毛诗传笺通释》，北京：中华书局，1989 年，第 794—796 页。

[3] 同 [2]，第 796 页。

[4]《尔雅注疏》，阮刻《十三经注疏》，北京：中华书局，1980 年，第 2570 页。

[5] 同 [2]，第 795—796 页。

[6] 王念孙:《广雅疏证》，北京：中华书局，2004 年，第 84 页。

[7]《毛诗正义》，阮刻《十三经注疏》，北京：中华书局，1980 年，第 515 页。

必放于日月，为高必因丘陵，为下必因川泽。是故天时雨泽，君子达亹亹焉。”孔颖达《正义》：“天以高圆为质，地以下方为体，天子爱物为用，故天地感祭而降雨泽，天子皆爱物生而勉勉劝乐，所以与天地合德也。”[1]《诗经》中常用亹亹、明明等词赞美君子勤勉于事。《大雅·文王》：“亹亹文王，令闻不已。”《大雅·大明》：“明明在下，赫赫在上。”《鲁颂·有駜》：“夙夜在公，在公明明。”[2]

“孺子王矣，丕宁其有心”，意思是今稚子承袭王位，应心态安定。“孺子王矣”，《尚书·立政》载周公语：“呜呼！孺子王矣。继自今，我其立政、立事、准人、牧夫，我其克灼知厥若，丕乃俾乱。相我受民，和我庶狱庶慎，时则勿有间之。自一话一言，我则末惟成德之彦，以乂我受民。”孔颖达《正义》：“既正位为王，事不可不慎。”[3]

“慜慜其在位，显于上下”，“慜”，《说文》解释说：“楚颍之间谓忧曰慜。”[4]“上下”，整理者以为，指天神和人间。[5]《国语·周语上》：“夫王人者，将导利而布之上下者也，使神人百物无不得其极”，韦昭注：“上谓天神，下谓人物也。”[6]这两句诗言在位心怀忧惧，恭敬祇畏，以得显于神人百物间。

“乱曰”部分言当勤勉于事，时刻查举不宁，使天下得安。

“遹其显思，皇天之功”，可译为“多么光明显著啊，上天的功

[1]《礼记正义》，阮刻《十三经注疏》，北京：中华书局，1980年，第1440页。

[2]《毛诗正义》，阮刻《十三经注疏》，北京：中华书局，1980年，第504、506、610页。

[3]《尚书正义》，阮刻《十三经注疏》，北京：中华书局，1980年，第232页。

[4] 许慎撰，段玉裁注：《说文解字注》，上海：上海古籍出版社，1988年，第513页。

[5] 清华大学出土文献研究与保护中心编，李学勤主编：《清华大学藏战国竹简（叁）》，上海：中西书局，2012年，第139页。

[6] 上海师范大学古籍整理组校点：《国语》，上海：上海古籍出版社，1978年，第12—13页。

德！”“遹”，句首语气词。“思”，语气词，用于句末。[1]“显”，光明，显著。“皇天之功”，即上天的功业，《尚书·梓材》：“皇天既付中国民，越厥疆土，于先王肆。”[2]

“昼之在视日，夜之在视辰”，整理者指出，清华简《说命下》作“昼女（如）视日，夜女（如）视辰，时罔非乃载。”[3]整理者将“女”读为“如”。按，“女”应读为“汝”，这两句的字面意思是你要在白天观察太阳，在夜晚观察星辰。其中蕴含着深刻的天文学和政治学意义。古人常“察日、月之行以揆岁星顺逆”“察日辰之会，以治星辰之位”，[4]依天时而行政令。《周易·系辞下》：“古者包牺氏之王天下也，仰则观象于天，俯则观法于地。”[5]《淮南子·时则训》：“孟春之月，招摇指寅，昏参中，旦尾中。……布德施惠，行庆赏，省徭赋。立春之日，天子亲率三公九卿大夫以迎岁于东郊，修除祠位。”若不依时令为政，则国不宁，“孟春行夏令，则风雨不时，草木旱落，国乃有恐。行秋令，则其民大疫，飘风暴雨总至，黎莠蓬蒿并兴。行冬令，则水潦为败，雨霜大雹，首稼不入。”[6]故，太史公曰：“自初生民以来，世主曷尝不历日月星辰？及至五家、三代，绍而明之，内冠带，外夷狄，分中国为十有二州，仰则观象于天，俯则法类于地。天则有日月，地则有阴阳。天有五星，地有五行。天则有列宿，地则有州域。三光者，阴阳之精，

[1] 清华大学出土文献研究与保护中心编，李学勤主编：《清华大学藏战国竹简（叁）》，上海：中西书局，2012年，第139页。

[2]《尚书正义》，阮刻《十三经注疏》，北京：中华书局，1980年，第208页。

[3] 同[1]。

[4]《史记》，北京：中华书局，1959年，第1312、1327页。

[5]《周易正义》，阮刻《十三经注疏》，北京：中华书局，1980年，第86页。

[6] 诸子集成本《淮南子注》，上海：上海书店，1986年，第69—70页。

气本在地，而圣人统理之。”[1]

本篇“昼之在视日，夜之在视辰”意与清华简《说命下》“昼女(汝)视日，夜女(汝)视辰”相同，但其语气及句式有所不同。这是由于文体不同而造成的。清华简《说命下》“昼女(汝)视日，夜女(汝)视辰”，是君主对傅说的命辞，采用了倒装句式，原句应作“女(汝)昼视日，女(汝)夜视辰”。本篇“昼之在视日，夜之在视辰”是诗的语言，乃成王之自勉。其中,“之”为介词,“在”为审视之意，较“昼女(汝)视日，夜女(汝)视辰”显礼敬之意。

“日入罪举不宁，是惟宅”，这两句诗的意思是当时刻查举不宁，使天下得安。“入”,《广雅》释为“得也。”[2]“举”，意同《周礼·司门》:“凡财物犯禁者举之”之“举”，郑玄注:“犯禁，谓商所不资者，举之没入官。”[3]“宅”[4],《说文》释为:“人所托居也。”段注:“引伸之凡物所安皆曰宅。”[5]宅，即安定之意。

本启言君子当勤勉于事，纲纪天下。“文文”为本启核心内涵，故本启当命名为《文》。按,《周颂·雍》:“有来雍雍，至止肃肃。”[6]诗篇取“雍雍”中的“雍”字为名，本启命名依循其例。

五《思忱》

五启曰：

於呼！天多降德，滂滂在下，攸自求悦，诸尔多子，逐思忱之。

[1]《史记》，北京：中华书局，1959年，第1342页。

[2] 王念孙:《广雅疏证》，北京：中华书局，1983年，第96页。

[3]《周礼注疏》，阮刻《十三经注疏》，北京：中华书局，1980年，第738页。

[4] “宅”，整理者指出，一说或读为“度”，法度；或疑字当释为“引”，义为延续久长。《礼记·王制》孔颖达《正义》:“郑注云‘宅读曰咤，惩刈之器’，谓五刑之流皆有器。”此处,“宅”释为“安”较好。

[5] 许慎撰，段玉裁注:《说文解字注》，上海：上海古籍出版社，1988年，第338页。

[6]《毛诗正义》，阮刻《十三经注疏》，北京：中华书局，1980年，第596页。

乱曰：桓称其有若，曰享答余一人，思辅余于艰，迺禔惟民，亦思不忘。

本篇为成王勉励众公卿大夫之语，言天既降德，众人需笃诚修德，辅助王室，以安万民。

“天多降德，滂滂在下”，言天降大德，广被四方。“滂滂”，《广雅·释训》释为“流也”[1]。《陈风·泽陂》：“涕泗滂沱”。整理者认为，此以水流喻降德之广被。[2]

“攸自求悦”，整理者以为，此句言人各自求德而乐之。[3]“攸”，裴学海《古书虚字集释》训为“所以”。[4]《尚书·大诰》：“予惟往求朕攸济”，《孔传》：“往求我所以济渡。”[5]

“诸尔多子，逐思忱之”，“多子”，《尚书·洛诰》：“予旦以多子，越御事，笃前人成烈，答其师，作周孚先。”孔颖达《正义》：“‘子’者，有德之称，大夫皆称‘子’，故以‘多子’为众卿大夫。”[6]“逐”，整理者读为“笃”，当依《尔雅·释诂》解释为“厚也”。[7]“忱”，《说文》释为“诚也”[8]。古人关于“诚”的思想观念可为“忱”之观念的相关注脚。《礼记·中庸》：“诚者，天之道也。诚之者，人之道也。诚者，不勉而中，不思而得，从容中道，圣人也。诚之者，择善而固执之者也。”“至诚之道，可以前知。国家将兴，必有祯祥。国家将亡，必有

[1] 王念孙：《广雅疏证》，北京：中华书局，2004年，第184页。

[2] 清华大学出土文献研究与保护中心编，李学勤主编：《清华大学藏战国竹简（叁）》，上海：中西书局，2012年，第139页。

[3] 同[2]。

[4] 参见裴学海：《古书虚字集释》，上海：上海书店，1935年，第67页。

[5]《尚书正义》，阮刻《十三经注疏》，北京：中华书局，1980年，第198页。

[6] 同[5]，第216页。

[7]《尔雅注疏》，阮刻《十三经注疏》，北京：中华书局，1980年，第2575页。

[8] 许慎撰，段玉裁注：《说文解字注》，上海：上海古籍出版社，1988年，第505页。

妖孽。见乎著龟，动乎四体。祸福将至，善必先知之，不善必先知之。故至诚如神。”“诚者，物之终始，不诚无物。是故君子诚之为贵。诚者，非自成己而已也，所以成物也。成己，仁也。成物，知也。性之德也，合外内之道也。”[1]《孟子·离娄章句上》:“思诚者，人之道也。”[2]诗言“逐思忱之”，蕴含了君王对公卿大夫的勉励和期许。

“乱曰”部分言笃诚修德者能辅佐君主，安定天下。

“桓称其有若，曰享答余一人，思辅余于艰”，言笃诚修德者能够享答君王。“桓”，《尔雅·释训》:“桓桓，威也。”“称”，《尔雅·释言》释为“好也”[3]。“若”，审慎郑重之意。[4]“有若”指贤者，这里指笃诚修德者。《尚书·君奭》:“君奭，我闻在昔成汤既受命，时则有若伊尹，格于皇天。在太甲，时则有若保衡。在太戊，时则有若伊陟臣扈，格于上帝，巫咸乂王家。”[5]“余一人”，为君王自称。

“迺禔惟民，亦思不忘”，言使民众安康。“禔”，《说文》释为“安福也”[6]。“忘”，整理者读为“荒”。《大雅·桑柔》:“哀恫中国，具赘卒荒。”《郑笺》:“哀痛乎，中国之人，皆见系属于兵役，家家空虚。”[7]

“思忱”是本启的核心内容，反映了周人对君子的品行要求及先秦人们笃诚修德的观念，故本篇当命名为《思忱》。

---

[1]《礼记正义》，阮刻《十三经注疏》，北京：中华书局，1980年，第1632—1633页。

[2]《孟子注疏》，阮刻《十三经注疏》，北京：中华书局，1980年，第2721页。

[3]《尔雅注疏》，阮刻《十三经注疏》，北京：中华书局，1980年，第2589、2582页。

[4] 参见姚小鸥:《“王若曰”与周公称王问题》(待刊)。

[5]《尚书正义》，阮刻《十三经注疏》，北京：中华书局，1980年，第223页。

[6] 许慎撰，段玉裁注:《说文解字注》，上海：上海古籍出版社，1988年，第3页。《说文》:“禔，安也。”《段注》:“本安下有福。”

[7]《毛诗正义》，阮刻《十三经注疏》，北京：中华书局，1980年，第559页。

六《辑余》

六启曰：

其余冲人，服在清庙，惟克小心，命不夷歇，对天之不易。乱曰：弼敢荒才（在）位，宠威在上，警显在下。於呼！式克其有辟，用容辑余，用小心，持惟文人之若。

本篇是成王祭祀先王时的自誓之词，言年幼而承大命，当敬慎于位，使天下辑睦。

“余冲人”，为成王自称。整理者指出，“余冲人”即《尚书》“予冲人”，见《盘庚》《金縢》《大诰》等。[1]“冲人”，《尚书·盘庚》：“肆予冲人，非废厥谋。”《孔传》解释说：“冲，童。童人，谦也。”孔颖达《正义》：“冲、童声相近，皆是幼小之名。自称童人，言已幼小无知，故为谦也。”[2]

“服在清庙，惟克小心”，言祭祀于清庙，恭敬谨慎。“服”，整理者训为“事”。[3]“清庙”，《周颂·清庙》之《郑笺》：“清庙者，祭有清明之德者之宫也，谓祭文王也。”[4]“克”，能也，言承大命。

“命不夷歇，对天之不易”，“命”，整理者认为指天命。[5]“夷”，

[1] 清华大学出土文献研究与保护中心编，李学勤主编：《清华大学藏战国竹简（叁）》，上海：中西书局，2012年，第140页。

[2]《尚书正义》，阮刻《十三经注疏》，北京：中华书局，1980年，第172页。

[3] 同[1]。

[4]《毛诗正义》，阮刻《十三经注疏》，北京：中华书局，1980年，第583页。

[5] 同[1]。

杨树达释为语中助词。[1]"歇",《尔雅·释诂》释为"竭也。"[2]"对",意同《大雅·江汉》"对扬王休"之"对",《郑笺》:"对,答。"[3]又,《井侯簋》:"追考(孝)对,不敢坠。"王辉先生指出:"对,报答,称颂,常与扬连用。"[4]"对扬"是臣下对天子的敬答之语,有承袭发扬先祖或天子美德之意。[5]"命不夷歇,对天之不易"言天命不尽,当发扬天之大德而不懈怠。

"乱曰"部分言慎乃有位,以致天下和睦安宁。

"弼敢荒才(在)位,宠威在上,警显在下",这三句是成王自勉之语,言不敢不敬慎于位。"弼",整理者读为"弗"。"荒",《国语·吴语》:"荒成不盟。"韦昭注:"荒,空也。"[6]"宠威在上,警显在下",意略同《大雅·大明》"明明在下,赫赫在上。"

"式克其有辟","式",句首语助词。"克",《尔雅·释言》释为"能也",[7]整理者以为是"肩任"之意。"有辟",整理者以为指国君。此句言承担天子的重任。

"用容辑余,用小心"。"用容辑余"即"余辑用容"。"余",即"予",指成王。"辑",《尔雅·释诂》释为"和也"。[8]《左传·僖公十五年》:"群臣辑睦"是其例。[9]"辑"字蕴含了成王纲纪天下的理想。古有用"辑"表示天下得治者,如《尚书·汤诰》:"俾予一人,辑宁尔邦家。"

[1] 参见杨树达:《词诠》,北京:中华书局,2006年,第348页。
[2]《尔雅注疏》,阮刻《十三经注疏》,北京:中华书局,1980年,第2576页。
[3]《毛诗正义》,阮刻《十三经注疏》,北京:中华书局,1980年,第574页。
[4] 王辉:《商周金文》,北京:文物出版社,2006年,第62页。
[5] 参见姚小鸥、李文慧:《〈周颂·载见〉与西周朝觐礼》,《中国诗歌研究》2013年第1辑。
[6] 上海师范大学古籍整理组校点:《国语》,上海:上海古籍出版社,1978年,第596页。
[7] 同[2],第2584页。
[8] 同[2],第2573页。
[9]《春秋左正义》,阮刻《十三经注疏》,北京:中华书局,1980年,第1807页。

《孔传》:“言天使我辑安汝国家。”[1]《诗经·公刘》:“笃公刘,匪居匪康。乃埸乃疆,乃积乃仓。乃裹餱粮,于橐于囊,思辑用光。”《毛传》:“思辑用光,言民相与和睦,以显于时也。”《郑笺》:“厚乎,公刘之为君也。……思在和其民人,用光大其道,为今子孙之基。”[2]

“容”和“小心”乃成王致天下辑睦的方式。“容”,《左传·昭公九年》:“服以旌礼,礼以行事,事有其物,物有其容。”杜预注:“容,貌也。”[3]容,当指威仪。威仪是君主治国的必备条件。《左传·襄公三十一年》:“有威而可畏,谓之威,有仪而可象,谓之仪。君有君之威仪,其臣畏而爱之,则而象之,故能有其国家,令闻长世。臣有臣之威仪,其下畏而爱之,故能守其官职,保族宜家。顺是以下,皆如是,是以上下能相固也。”[4]“小心”,《大雅·大明》:“维此文王,小心翼翼”,《郑笺》:“小心翼翼,恭慎貌。”[5]“容”和“小心”与三启《渊》篇“德元”内涵亦复相关。

“持惟文人之若”,言承继先人审慎敬重的品德,有追法先人之意。“若”,意同《思忱》“桓称其有若”之“若”,审慎郑重之意。[6]“文人”,即文德之人,这里指先王,详见《渊》篇。

诗篇语言庄重谨慎而满怀抱负,显示出成王纲纪天下的志向。“辑余”为本篇核心词语,言成王承担天子重任,欲致天下和睦。故将本篇命名为《辑余》。《周颂》中有与“辑余”结构相同的篇名,如《闵予小子》,“闵”,《郑笺》:“悼伤之言也。”“予小子”,是成王告先王

[1]《尚书正义》,阮刻《十三经注疏》,北京:中华书局,1980年,第162页。

[2]《毛诗正义》,阮刻《十三经注疏》,北京:中华书局,1980年,第541页。

[3]《春秋左传正义》,阮刻《十三经注疏》,北京:中华书局,1980年,第2057页。

[4] 同[3],第2016页。

[5] 同[2],第507页。

[6] 参见姚小鸥:《“王若曰”与周公称王问题》(待刊)。

宗庙时的自称。

七《有息》

七启曰：

思有息，思憙在上，丕显其有位，右帝在落，不失惟同。乱曰：適余恭害怠，孝敬非怠荒。咨尔多子，笃其谏劭，余彖（逯）思念，畏天之载，勿请福之愆。

本篇言欲求天下繁盛、上天得悦，当恭敬从事，同时也勉励公卿大夫笃于建言。

"思有息"，言欲天下繁盛。"思"，通"斯"，句首语气词。"息"，《说文》释为"喘也"。段注："此云息者喘也，浑言之。人之气急曰喘，舒曰息。引伸为休息之称。"[1]《广雅·释诂一》："息，安也。"[2]按，"息"可引申为安定使之繁盛之意。《周礼·大司徒》："以保息六，养万民。一曰慈幼，二曰养老，三曰振穷，四曰恤贫，五曰宽疾，六曰安富。"郑注："保息，谓安之使蕃息也。"[3]

"有息"，意同《左传·隐公十年》"继好息民"。武王克商后，使天下民人休养生息成为周人敬守天下的主要任务，故周代初期以后的一段历史时期内，周人的主流思想观念由崇尚武力衍变为保安民人。《左传·宣公十二年》记载楚庄王语："夫文，止戈为武。……夫武，禁暴、戢兵、保大、定功、安民、和众、丰财者也。"[4]诸侯邦国往往息民而

[1] 许慎撰，段玉裁注：《说文解字注》，上海：上海古籍出版社，1988年，第502页。

[2] 王念孙：《广雅疏证》，北京：中华书局，2004年，第13页。

[3]《周礼注疏》，阮刻《十三经注疏》，北京：中华书局，1980年，第706页。

[4]《春秋左传正义》，阮刻《十三经注疏》，北京：中华书局，1980年，第1882页。

致国家繁盛。《左传·襄公九年》:“晋侯归，谋所以息民。魏绛请施舍，输积聚以贷。自公以下，苟有积者，尽出之。国无滞积，亦无困人。公无禁利，亦无贪民。祈以币更，宾以特牲，器用不作，车服从给。行之期年，国乃有节。三驾而楚不能与争。”[1]

“思憙在上”，言悦于上天。“憙”，《说文》:“说也。”段注:“说者，今之悦字。……古有通用喜者，如《封禅书》:‘天子心独喜其事。’”并引颜师古曰:“喜下施心是好憙之意。”[2]整理者认为，“思憙在上”意与铭文“喜侃前文人”类同。[3]

“丕显其有位，右帝在落，不失惟同”，意略同《大雅·文王》“文王陟降，在帝左右”，言前文人在上帝左右，庇佑瞻视天下。“有位”，整理者疑指前文人在帝侧之位。“不失”，整理者读为“不佚”，与三启《渊》之“不逸”同义。[4]

“乱曰”部分言欲天下“有息”，当恭慎、孝敬，公卿大夫则当多建言。

“遹余恭害怠，孝敬非怠荒”，言当恭慎孝敬而不懈怠。“害”，整理者训为“何”。《周南·葛覃》:“害浣害否”,《毛传》:“害，何也。”[5]恭、

[1]《春秋左传正义》，阮刻《十三经注疏》，北京：中华书局，1980年，第1944页。

[2] 许慎撰，段玉裁注:《说文解字注》，上海：上海古籍出版社，1988年，第205页。

[3] 参见清华大学出土文献研究与保护中心编，李学勤主编:《清华大学藏战国竹简（叁）》，上海：中西书局，2012年，第141页。宋华强《新蔡简“百之”“赣之”解》:“钟铭‘昭各’、‘喜侃乐’这一类话总是连在一起出现，而且总是出现在表示祭祷的‘追孝’、‘敦祀’后面，和新蔡简‘乐之’、‘百之’、‘赣’的情况如出一辙，都是古人在祭祷仪式后要举行娱神降神仪式的反映。”参见宋华强:《新蔡简“百之”“赣之”解》，简帛网，2006年8月13日首发。

[4] 清华大学出土文献研究与保护中心编，李学勤主编:《清华大学藏战国竹简（叁）》，上海：中西书局，2012年，第141页。

[5]《毛诗正义》，阮刻《十三经注疏》，北京：中华书局，1980年，第277页。

孝是周代礼法的重要内容。《尚书·太甲中》:“奉先思孝，接下思恭。”[1]恭是君子待人接物必备的美好品德。《大雅·抑》:“温温恭人，维德之基。”[2]先秦时期，孝是维系宗法社会稳定的基本伦理观念，含有追法先人之意。《论语·学而》:“孝弟也者，其为仁之本与！”[3]清华简《孝享》篇:“孝惟型帀。”[4]

“咨尔多子，笃其谏劭”，这两句的大意是勉励群臣黾勉王事，多多建言。“咨”,《大雅·荡》:“文王曰咨，咨女殷商。”《毛传》:“咨，嗟也。”[5]“多子”，这里指公卿大夫，参见五启《思忱》“多子”解释。“劭”,《尔雅·释诂》释为“勉也”。意同“亹亹”。

“彔（逯）思念”，彔，字见甲骨文，是一个夜间的时称。[6]这里整理者疑读为“逯”,《广韵》:“逯，谨也。”“思念”,《国语·楚语下》:“吾闻君子唯独居思念前世之崇替，与哀殡丧，于是有叹，其余则否。”[7]

“畏天之载”，指敬畏天事。《大雅·文王》:“上天之载，无声无臭。”《毛传》:“载，事。”《郑笺》:“天之道，难知也。耳不闻声音，鼻不闻香臭。”[8]

“勿请福之愆”，“愆”，过也。此句是祈福之意。

“有息”一词显示出诗人心怀天下的理想抱负。按照颂诗命名多取句首词语的原则，将本篇命名为《有息》。

---

[1]《尚书正义》，阮刻《十三经注疏》，北京：中华书局，1980年，第165页。
[2]《毛诗正义》，阮刻《十三经注疏》，北京：中华书局，1980年，第556页。
[3]《论语注疏》，阮刻《十三经注疏》，北京：中华书局，1980年，第2457页。
[4] 参见姚小鸥、杨晓丽:《〈周公之琴舞·孝享〉篇研究》,《中州学刊》2013年第7期。
[5] 同[2]，第553页。
[6] 参见黄天树:《黄天树古文字论集》，北京：学苑出版社，2006年，第185—188页。
[7] 上海师范大学古籍整理组校点:《国语》，上海：上海古籍出版社，1978年，第578页。
[8] 同[2]，第505页。

八《谟》

八启曰：

佐事王聪明，其有心不易，威仪谌谌，大其有谟，匄泽恃德，不畀用非雍。乱曰：良德其如台？曰享人大……罔克用之，是坠于若。

本启简文有缺，但诗篇大意尚可知，言当勉励辅佐王室，光大先人功业。

“佐事王聪明，其有心不易”，言作王之耳目，不懈怠于王事。“佐事”，整理者理解为辅佐之意。“聪明”，《尚书·尧典》：“昔在帝尧，聪明文思，光宅天下。”孔颖达《正义》：“言聪明者，据人近验则听远为聪，见微为明，若离娄之视明也，师旷之听聪也；以耳目之闻见喻圣人之智慧，兼知天下之事，故在于闻见而已，故以聪明言之。”[1]《尚书·皋陶谟》：“天聪明，自我民聪明。”《孔传》：“言天因民而降之福，民所归者天命之。天视听人君之行，用民为聪明。”[2]

“威仪谌谌”，意略同“威仪棣棣”。《邶风·柏舟》：“威仪棣棣，不可选也。”《毛传》：“君子望之俨然可畏，礼容俯仰各有威仪耳。棣棣，富而闲习也。”[3]“谌”，《玉篇》释为“静也。”[4]

“大其有谟”，意略同《周颂·清庙》“秉文之德”，言光大先人之功业。“谟”，《尔雅·释诂》释为“谋”，功业之意。《大禹谟》《皋陶谟》皆以“谟”名篇，以叙述前文人功业。《大禹谟》孔颖达《正义》：“典是常行，谟是言语，故传于典云‘行之’，于谟云‘言之’，皆是顺考

[1]《尚书正义》，阮刻《十三经注疏》，北京：中华书局，1980年，第118页。

[2] 同[1]，第139页。

[3]《毛诗正义》，阮刻《十三经注疏》，北京：中华书局，1980年，第297页。

[4] 顾野王：《大广益会玉篇》，北京：中华书局，1987年，第43页。

古道也。"[1]《皋陶谟》之《孔传》:"夫典、谟，圣帝所以立治之本，皆师法古道以成不易之则。"[2]

"有谟"，当指"文王谟"，意同"文王之典"、"文王之德"，指文王灭商而抚有天下的整体战略构想和军事武功。[3]《尚书·君牙》:"丕显哉，文王谟！丕承哉，武王烈！启佑我后人，咸以正罔缺。尔惟敬明乃训，用奉若于先王，对扬文武之光命，追配于前人。"[4]

"佐事王聪明，其有心不易，威仪谑谑"皆是"大其有谟"的表现。

"匄泽恃德"，言依凭文王之德。"匄"，《汉书·文帝纪》:"匄以启告朕。"颜师古注:"匄，亦乞也。"[5]

"不畀用非雍"，言若不和顺，则天不畀之。有学者指出，"不畀"为《诗》、《书》成语，"《尚书》凡用畀字，皆专以言天赐与之意。……否定曰'不畀'，则正言曰'畀'。"[6]"雍"，意同《周颂·雍》:"有来雍雍"之"雍雍"，《郑笺》解释为"和也"。[7]

本启"乱曰"部分有缺文，从残存的简文来看，大意是说若不具良德，则对先祖有失于敬。

"良德其如台，曰享人大……罔克用之，是坠于若"，整理者指出，"如台"多见于《尚书》,《史记》训为"奈何"。[8]"享"，孝也。马瑞辰《毛诗传笺通释》:"享祀亦曰孝祀，《楚茨》诗'苾芬孝祀'是也；

[1]《尚书正义》，阮刻《十三经注疏》，北京：中华书局，1980年，第134页。

[2] 同[1]，第138页。

[3] 参见姚小鸥:《诗经三颂与先秦礼乐文化》，北京：北京广播学院出版社，2000年，第75—82页。

[4] 同[1]，第246页。

[5] 班固撰，颜师古注:《汉书》，北京：中华书局，1962年，第116页。

[6] 姜昆武:《诗书成词考释》，济南：齐鲁书社，1989年，第72—73页。

[7]《毛诗正义》，阮刻《十三经注疏》，北京：中华书局，1980年，第596页。

[8] 清华大学出土文献研究与保护中心编，李学勤主编:《清华大学藏战国竹简（叁）》，上海：中西书局，2012年，第142页。

致享亦曰致孝,《论语》'而致孝乎鬼神' 是也。"[1] "若",审慎敬重之意，与《思忧》"桓称其有若"、《辑余》"持惟文人之若" 二句之"若" 意同。

周人认为，文王之德启佑后人，多士须秉承之而不懈怠。"谟"为众公卿大夫所承继光大的对象，亦道出了本篇主旨，故命名为《谟》。

九《庸》

九启曰：

於呼！弼敢荒德，德非堕帀，纯惟敬帀，文非动帀，不坠修彦。乱曰：遹我敬之，弗其坠哉，思丰其复，惟福思庸，黄耇惟盈。

本篇大意是成王表示要勤于修德，自求多福。

"弼敢荒德"，言不敢荒废德行。"弼敢"，整理者读为"弗敢"。

"德非堕帀，纯惟敬帀，文非动帀"，言"弼敢荒德" 的具体表现。

"德非堕帀"，言敬慎修德。"堕"，整理者读为"惰"，不敬之意。"帀",《诗经》通作"思"，语气词。

"纯惟敬帀"，言敬于事才能拥有"纯" 的美德。"纯",《周颂·维天之命》:"文王之德之纯",《毛传》:"纯，大。"《郑笺》:"纯亦不已也。"[2] 马瑞辰《毛诗传笺通释》:"《说文》:'焞，明也。' 引《春秋传》曰'焞耀天地'。纯与焞通用,《汉书·扬雄传》'光纯天地', 纯亦明也。此承上'於乎不显' 言之，不显，显也；显，明也；纯亦明也。文与明义相引伸。《方言》、《广雅》并曰：'纯，文也。'《中庸》引此诗而释之曰：'盖曰文王之所以为文也，纯亦不已。' 正训纯为文。《说文》:

[1] 马瑞辰:《毛诗传笺通释》，北京：中华书局，1989 年，第 1086 页。

[2]《毛诗正义》，阮刻《十三经注疏》，北京：中华书局，1980 年，第 584 页。

'纯，丝也。'崔观说《易》曰：'不褋曰纯。'纯本美丝之称，假以状德之明而不褋，故义为明，为文，又为大耳。"[1]

"文非动帀"，"文"，文德。《国语·周语下》："夫敬，文之恭也。"韦昭注："文者，德之总名也。"[2]"动"，整理者以为是变化之意，这里应理解为怠慢。"文非动帀"意同《敬之》"文非易帀"，言敬修文德。

"不坠修彦"，整理者解释为不失善美之人。"修"，整理者训为"善"，与"彦"义近。"彦"，《尔雅·释训》："美士为彦。"[3]《郑风·羔裘》："彼其之子，邦之彦兮。"[4]

本启"乱曰"部分承前文不敢荒于修德，言敬慎于事，自求多福。

"遹我敬之，弗其坠哉"，言勤勉修德而不懈怠。整理者认为，这两句可与《尚书·金縢》："无坠天之降宝命，我先王亦永有依归"相参看。[5]

"思丰其复，惟福思庸，黄耇惟盈"，言丰大其庇护，光大福祉。"丰"，《说文》："艸盛丰丰也。"《段注》："引伸为凡丰盛之偁。"[6]《郑风·丰》："子之丰兮"，《毛传》："丰，丰满也。"[7]"复"，庇护。《小雅·蓼莪》："顾我复我，出入腹我。"高亨《诗经今注》："复借为覆，庇护之意。"[8]

---

[1] 马瑞辰：《毛诗传笺通释》，北京：中华书局，1989年，第1044页。

[2] 上海师范大学古籍整理组校点：《国语》，上海：上海古籍出版社，1978年，第96页。

[3]《尔雅注疏》，阮刻《十三经注疏》，北京：中华书局，1980年，第2591页。

[4]《毛诗正义》，阮刻《十三经注疏》，北京：中华书局，1980年，第340页。

[5] 清华大学出土文献研究与保护中心编，李学勤主编：《清华大学藏战国竹简（叁）》，上海：中西书局，2012年，第142页。

[6] 许慎撰，段玉裁注：《说文解字注》，上海：上海古籍出版社，1988年，第274页。

[7] 同[4]，第344页。

[8] 高亨：《诗经今注》，上海：上海古籍出版社，1980年，第308页。

诗言“惟福思庸”，意在自勉，正是前句“遹我敬之”的注解。“庸”，整理者训为大。“惟福思庸”意略同《大雅·文王》“自求多福”，《郑笺》：“常言当配天命而行，则福禄自来。”[1]在周人的思想观念中，天命靡常，需勤勉于事才能保有大福。《礼记·礼器》：“祭祀不祈”，《郑注》：“祭祀不为求福也。《诗》云‘自求多福’，福由己耳。”[2]《孟子·公孙丑上》：“国家闲暇，及是时，明其政刑。虽大国，必畏之矣。……今国家闲暇，及是时，般乐怠敖，是自求祸也。祸福无不自己求之者。《诗》云：‘永言配命，自求多福。’”[3]

“黄耇惟盈”，“盈”，满也。《召南·鹊巢》：“维鹊有巢，维鸠盈之。”《毛传》：“盈，满也。”《郑笺》：“满者，言众媵侄娣之多。”[4]

诗篇末三句用“丰”、“庸”、“盈”三个词语表明了诗人的志向，即勤于修德，惠于民人。“庸”为本篇的核心内涵，在后世儒家思想体系中得以发扬光大。故将本篇命名为《庸》。

为成王所作敬毖“琴舞九絉（卒）”之各启命名，是诗经学史的重要工作，若能得体，将对研究颂诗的结构形式及其性质有所助益。《周公之琴舞》中，成王所作敬毖“琴舞九絉（卒）”是一个有机结合的整体，在很大程度上反映了周人道德体系的建立。侯外庐在《中国思想通史》中指出，“有孝有德”是贯通周代文明社会的道德纲领。“在这纲领之下，周初新的道德概念出现甚多，如敬、穆、恭、懿

[1]《毛诗正义》，阮刻《十三经注疏》，北京：中华书局，1980年，第505页。

[2]《礼记正义》，阮刻《十三经注疏》，北京：中华书局，1980年，第1434页。

[3]《孟子注疏》，阮刻《十三经注疏》，北京：中华书局，1980年，第2690页。

[4] 同[1]，第284页。

等。”[1]这种系统的道德观念，使周人抚有天下，正如王国维先生所言，周之制度典礼实为道德而设，欲知周公之圣，与周之所以王，必于是乎观之矣！[2]

（作者单位：中国传媒大学文学院）

[1] 侯外庐：《中国思想通史》，北京：人民出版社，1967年，第93页。

[2] 参见王国维：《殷周制度论》，《观堂集林》，北京：中华书局，1959年，第477、480页。

试论清华简《周公之琴舞》的文本性质

姚小鸥　孟祥笑

清华大学藏战国竹简第三辑《周公之琴舞》，在体制和结构上与今本《诗经》有异，引起学者对其文本性质的关注。

李学勤先生首先将这篇文献介绍给学术界，他说："《周公之琴舞》的性质是一种乐章，堪与倍受学者重视的《大武》乐章相比。……《周公之琴舞》乃是与之结构相仿的乐诗，以周公还政、成王嗣位为其内容，这不仅是佚诗的发现，也是佚乐的发现。"[1]李守奎教授认为，《周公之琴舞》中"成王所作的九章使我们得见周颂演奏完整篇章的全貌"[2]。吴万锺教授根据王国维《汉以后所传周乐考》所指出的两个传诗系统，即"诗家之诗"和"乐家之诗"，认为"依王国维证实的传《诗》体系看，《周公之琴舞》应该属于乐家传的一种乐歌文本。"[3]总之，多数学者认为应将《周公之琴舞》的文本性质定为"乐家"之诗。

从《周公之琴舞》的篇名即可推测所涉伴奏乐器、舞容等若干先

---

[1] 李学勤:《新整理清华简六种概述》,《文物》2012 年第 8 期。

[2] 李守奎:《清华简〈周公之琴舞〉与周颂》,《文物》2012 年第 8 期。

[3] 吴万锺:《〈清华简・周公之琴舞〉之启示》,《清华大学藏战国竹简与先秦经学文献国际学术研讨会会议论文集》，北京，2013。

秦诗乐要素。《周公之琴舞》或又名《周公之颂诗》。整理者说："篇题'周公之琴舞'写在首简背面上端，字迹清晰。值得注意的是本篇与《芮良夫毖》形制、字迹相同，内容也都是诗，当为同时书写。《芮良夫毖》首简背面有篇题'周公之颂志（诗）'，曾被刮削，字迹模糊。该篇题与其正面内容毫无联系，疑是书手或书籍管理者据《周公之琴舞》的内容概括为题，误写在'芮良夫毖'的简背，发现错误后刮削未尽……《周公之琴舞》又称'周公之颂志（诗）'的可能性很大。"[1]由上述可知，书手曾对《周公之琴舞》篇名的选择产生犹疑，盖由二者各反映了该篇的部分特征。称其为"琴舞"，着重表明它的伴奏乐器为"琴"。称其为"颂诗"，重在言其舞容。《说文》："颂，貌也。"[2]"颂"谓之舞容，除"诗"之文辞外，还包括乐、舞等艺术形式。[3]

判断《周公之琴舞》是否为乐家之诗，除篇名外，还须从文本的形式和内容入手，对它进行具体分析。《周公之琴舞》包括周公和成王所作两组诗篇。其开篇曰：

> 周公作多士敬毖，琴舞九絉。元纳启曰：无悔享君，罔坠其孝，享惟慆帀，孝惟型帀。
>
> 成王作敬毖，琴舞九絉。元纳启曰：敬之敬之，天惟显帀，文非易帀。毋曰高高在上，陟降其事，卑监在兹。乱曰：遹我夙夜不逸，儆之，日就月将，教其光明。弼持其有肩，示告余显德之行。再启曰：假哉古之人，夫明思慎，用仇其有辟，允丕承丕

[1] 清华大学出土文献研究与保护中心编，李学勤主编：《清华大学藏战国竹简（叁）》，上海：中西书局，2012年，第132页。

[2] 许慎撰，段玉裁注：《说文解字注》，上海：上海古籍出版社，1988年，第416页。

[3] 姚小鸥、杨晓丽：《〈周公之琴舞·孝享〉篇研究》，《中州学刊》2013年第7期。

显，思攸亡斁。乱曰：已，不造哉！思型之，思毷强之，用求其定，裕彼熙不落，思慎。（下略）[1]

周公和成王所作“敬毖”前之小序皆有“琴舞九絉”字样，正文并以“元纳启曰”开篇。周公所作仅存“元纳启”以下四句。成王所作“琴舞”九启皆存，篇中有“再启”“三启”等语，每“启”中都有“乱曰”。

《周公之琴舞》与今本《诗经》的差异，从成王所作“元纳启”与今本《周颂·敬之》的比较来看，尤为明显。《敬之》文辞如下：

敬之敬之，天维显思，命不易哉！无曰高高在上，陟降厥士，日监在兹。维予小子，不聪敬止。日就月将，学有缉熙于光明。佛时仔肩，示我显德行。[2]

将简文和《敬之》对勘，可以发现简文保存了战国传本不同于今本《诗经》的文本面貌，显示《周公之琴舞》具有某些乐歌特征。关于其中的“琴舞九絉”“启曰”“乱曰”等乐舞术语。简文整理者说：

絉，字见《玉篇》：“绳也。”简文中读为“卒”或“遂”。《尔雅·释诂》：“卒，终也。”“九絉”义同“九终”、“九奏”等，指行礼奏乐九曲。《逸周书·世俘》“籥人九终”，朱右曾《逸周书集训校释》：“九终，九成也。”

[1] 清华大学出土文献研究与保护中心编，李学勤主编：《清华大学藏战国竹简（叁）》，上海：中西书局，2012年，第133页。引文尽量采用通行字体。本文重新进行了分段。

[2]《毛诗正义》，阮刻《十三经注疏》，北京：中华书局，1980年，第598—599页。

> 元，始。内，读为“纳”，进献。元纳，首献之曲。启，乐奏九曲，每曲分为两部分，开始部分称“启”，终结部分称“乱”。篇中成王所作共九章，每章都有“启”与“乱”两部分。“元内启”义为首章之启。[1]

整理者的上述解释得到多数学者的赞同，[2]但有些问题仍需进一步讨论。比如，将“琴舞九絉（卒）”之“絉（卒）”释为“终”“成”，似有不妥。我们曾经指出：“在先秦礼乐制度中，‘成’与‘终’是所示内容区别很大的两个术语。‘成’表示某一完整的‘乐’的演出的完成；而术语‘终’则表示‘乐’中某些较小的单位的演出完成。”[3]尽管有此类疑问，《周公之琴舞》和乐歌的联系不容否认。

《周公之琴舞》中成王所作“琴舞九絉”中的每“启”都有“乱曰”。“乱曰”后面的文辞即为传统诗学所称“乱辞”。今本《诗经》无“乱辞”，但从文献记载来看，春秋及其以前所传“诗”之文本中多有“乱辞”。《国语·鲁语下》闵马父答景伯问曰：“昔正考父校商之名《颂》十二篇于周太师，以《那》为首，其辑之乱曰：‘自古在昔，先民有作。温恭朝夕，执事有恪。’”韦昭注：“辑，成也。凡作篇章，义既成，撮其大要以为乱辞。诗者，歌也，所以节儛者也。如今三节儛矣，曲终乃更，变章乱节，故谓之乱也。”[4]“商之名《颂》十二篇”既校之于周太师，其为乐歌文本无疑。从乐曲的角度来看，“乱”为曲终部分，起到收

[1] 清华大学出土文献研究与保护中心编，李学勤主编：《清华大学藏战国竹简（叁）》，上海：中西书局，2012年，第134—135页。

[2] 参见赵敏俐：《〈周公之琴舞〉的组成、命名及表演方式蠡测》，《文艺研究》2013年第8期。

[3] 姚小鸥：《诗经三颂与先秦礼乐文化》，北京：北京广播学院出版社，2000年，第53页。

[4] 徐元诰撰，王树民、沈长云点校：《国语集解》，北京：中华书局，2002年，第205页。

束全篇的作用，是乐歌演奏的高潮。《论语·泰伯》:“子曰:‘师挚之始，《关雎》之乱，洋洋乎盈耳哉。’” 郑玄注:“师挚，鲁太师之名。……鲁太师挚识《关雎》之声，而首理其乱，有洋洋盈耳，听而美之。”[1]《史记·孔子世家》:“《关雎》之乱以为《风》始。”[2] 从以上记载来看,《关雎》篇原本中亦有“乱”。

从舞蹈的角度来看，“乱”是乐舞的重要组成部分。《礼记·乐记》载孔子与宾牟贾论《大武》舞:

> 子曰:“居，吾语汝。夫乐者，象成者也。总干而山立，武王之事也。发扬蹈厉，大公之志也。《武》乱皆坐，周、召之治也。[3]

魏文侯与子夏论古乐也涉及舞之“乱”:

> 子夏对曰:“今夫古乐，进旅退旅，和正以广，弦匏笙簧，会守拊鼓。始奏以文，复乱以武。治乱以相，讯疾以雅。君子于是语，于是道古。修身及家，平均天下。此古乐之发也。”[4]

《乐记》又载:

> 乐者，心之动也。声者，乐之象也。文采节奏，声之饰也。君子动其本，乐其象，然后治其饰。是故先鼓以警戒，三步以见方，

[1]《论语注疏》，阮刻《十三经注疏》，北京：中华书局，1980年，第2487页。
[2] 司马迁:《史记·孔子世家》，北京：中华书局，1959年，第1936页。
[3]《礼记正义》，阮刻《十三经注疏》，北京：中华书局，1980年，第1542页。
[4] 同[3]，第1538页。

再始以著往，复乱以饬归，奋疾而不拔，极幽而不隐，独乐其志，不厌其道，备举其道，不私其欲。[1]

“乱”是乐舞的高潮，《大武》舞之“乱”象征周、召之治。由子夏所言可知，古乐舞以多种乐器伴奏，舞“乱”尤重节奏。《乐记》“复乱以饬归”，《正义》曰：“谓舞曲终，舞者复其行位而整治，象武王伐纣既毕，整饬师旅而还归也”。[2]显见“乱”乃用于收束全舞。

据《文心雕龙·辨骚》篇，《楚辞》对《诗经》多有承继，从篇章结构来看，“乱辞”是一个重要方面。《离骚》《涉江》《哀郢》《抽思》《怀沙》《招魂》六篇有“乱曰”。王逸以“总撮其要”来解释《离骚》中的“乱”。[3]后世学者指出《楚辞》中的“乱”系继承诗乐而来。朱熹《楚辞集注》说：“乱者，乐节之名。”《楚辞集注》引《国语》《史记》《仪礼》相关资料以为佐证。[4]吴仁杰言：“诗乐所以节舞者也，故其诗辞之终，《商颂》辑之乱是已；乐曲之终，《关雎》之乱是已。《离骚》有乱辞，实本之诗乐。”[5]蒋骥《山带阁注楚辞》说：“余意乱者，盖乐之将终，众音毕会，而诗歌之节，亦与相赴，繁音促节，交错纷乱，故有是名耳。孔子曰‘洋洋盈耳’，大旨可见。”[6]

由以上讨论可知，《周公之琴舞》确具有某些乐歌文本特征。尽管如此，将其定为乐家之诗，理由尚不够充分。

[1]《礼记正义》，阮刻《十三经注疏》，北京：中华书局，1980年，第1536—1537页。

[2] 同[1]，第1537页。

[3]（宋）洪兴祖撰，白化文等点校：《楚辞补注》，北京：中华书局，1983年，第47页。

[4] 朱熹：《楚辞集注》，上海：上海古籍出版社，1979年，第26页。

[5] 游国恩主编，金开诚补辑，董洪利、高路明参校：《离骚纂义》，北京：中华书局，1980年，第496页。

[6] 蒋骥：《山带阁注楚辞·楚辞余论》，上海：上海古籍出版社，1958年，第192页。

乐家之诗承自先秦乐官系统。《仪礼》《礼记》等载有诸仪典演奏篇目，然传世文献皆未见先秦乐歌具体形态。出土文献可稍补不足。《上海博物馆藏战国楚竹书（四）》中的《采风曲目》，载有标明宫调等音乐要素的乐歌篇目。与《采风曲目》相对照，同书所载《多薪》《交交鸣乌》的文本形态类似今本《诗经》。整理者将其定名为《逸诗》。《采风曲目》和《逸诗》为同出文献，抄写时间当大致相同。二者和《诗经》都有某种联系，但从命名来看，整理者已经注意到它们之间的差异。

《采风曲目》的第一简和第二简的内容为：

> 【第一简】又誟》■，《子奴思我》■。宫穆：《硕人》，《又文又誟》■。宫䂁（巷）：《丧之末》■。宫讦：《疋埅月》，《埜又萊》■，《出门㠯（以）东》■。宫祧：《君寿》
>
> 【第二简】□》■，《𤀹𡗜（孅）人》，《毋逃（过）虔（吾）门》■，《不寅之媑》■。[illegible]商：《𥃩（要）丘又（有）誟》■，《奚言不从》■，《豊又酉（酒）》■。趘商：《高木》■。讦商：《锥[1]

整理者说，《采风曲目》“记载的内容是五声中宫、商、峉（徵）、羽各声名所属歌曲的篇目，没有发现角音的声名。这些歌曲的篇目除《硕人》见于《诗·卫风》外，其余皆查不到有文献记录。声名所附的前、后缀词，也不见有先秦史料可资稽核。”[2] 方建军教授对《采风曲目》做了进一步的整理和解释。他指出，“又誟”“又文又誟”等语应是独立于篇名之外和音乐有关的术语。方建军教授说：

[1] 马承源主编：《上海博物馆藏战国楚竹书（四）》，上海：上海古籍出版社，2004 年，第 164—165 页。

[2] 同[1]。

《采风曲目》还有一些文字可能也与音乐有关，如简文中出现的“又詨”、“又文又詨”即是。“又”通“有”,“又文”即“有文”。这里的“文”，可能指“乐文”。……可引申为记录音乐作品的乐谱。“又詨”即“有詨”。《广韵》:“詨，指声。”《集韵》:“筊,《说文》:‘手足指节鸣也。’或作詨、效，通作肑。”以此推之，“詨”或为手指磨擦发出的声响，引申为节奏或节拍。[1]

无论是将“文”理解为“文辞”，抑或如方建军教授所言为“乐谱”,《采风曲目》含有宫调等各类音乐术语是可以确定无疑的。这些事实说明其必为可配乐演唱的乐家传本。下面，我们结合文献对相关问题作进一步的探讨。

《大戴礼记·投壶》篇载有先秦乐歌在汉代的流传情况：

凡雅二十六篇。其八篇可歌，歌《鹿鸣》、《狸首》、《鹊巢》、《采蘩》、《采蘋》、《伐檀》、《白驹》、《驺虞》；八篇废，不可歌；七篇《商》、《齐》，可歌也；三篇间歌。《史辟》、《史义》、《史见》、《史童》、《史谤》、《史宾》、《拾声》、《睿挟》。[2]

王国维指出:“《投壶》所纪诗之部居次第，均与四家诗不同，盖出先秦以后乐家之所传。”[3]王氏又根据《乐记》所载师乙关于声歌的

[1] 方建军:《楚简〈采风曲目〉释义》,《音乐艺术》2010年第2期。

[2] 王聘珍撰:《大戴礼记解诂》，北京：中华书局，1983年，第244页。王国维说，“《史辟》以下八篇孔氏广森补注以为即废不可歌之八篇。”参见王国维:《汉以后所传周乐考》，见于《观堂集林》，北京：中华书局，1959年，第118页。

[3] 王国维:《汉以后所传周乐考》，见于《观堂集林》，北京：中华书局，1959年，第118页。

分类和汉代杜夔所传雅乐，考证出《投壶》所存古乐十八篇为周秦之间乐家旧第。王国维说：

> 诗乐二家，春秋之季，已自分途。诗家习其义，出于古师儒。孔子所云言诗、诵诗、学诗者，皆就其义言之，其流为齐鲁韩毛四家。乐家传其声，出于古太师氏。子贡所问于师乙者，专以其声言之，其流为制式诸家。诗家之诗，士大夫习之，故诗三百篇至秦汉具存。乐家之诗，惟伶人世守之，故子贡时尚有《风》、《雅》、《颂》、《商》、《齐》诸声……迄永嘉之乱而三代之乐遂全亡矣。二家本自殊途，不能相通，世或有以此绳彼者，均未可谓为笃论也。[1]

汉代所存先秦乐歌曲目，不限《投壶》所载诸篇。《毛诗》中的“笙诗”亦属此类。今本《诗经·小雅》中的《南陔》《白华》《华黍》《由庚》《崇丘》《由仪》六篇有目无辞，被称为“笙诗”。据文献记载和前代学者的研究，可知“笙诗”实为流传至汉代的乐家歌诗传本。

关于“笙诗”的性质，历史上多有讨论。朱熹《诗集传》说：

> 《乡饮酒礼》，鼓瑟而歌《鹿鸣》、《四牡》、《皇皇者华》，然后笙入堂下，磬南北面立，乐《南陔》、《白华》、《华黍》。《燕礼》亦鼓瑟歌《鹿鸣》、《四牡》、《皇华》，然后笙入立于县中，奏《南陔》、《白华》、《华黍》。《南陔》以下，今无以考其名篇之义，然曰笙、曰乐、曰奏，而不言歌，则有声而无词明矣。所以知其篇

[1] 王国维:《汉以后所传周乐考》，见于《观堂集林》，北京：中华书局，1959年，第121—122页。

第在此者，意古经篇题之下必有谱焉，如《投壶》鲁、薛鼓之节而亡之耳。[1]

《诗集传》于《鱼丽》篇下注：

按《仪礼·乡饮酒》及《燕礼》，前乐既毕，皆间歌《鱼丽》，笙《由庚》；歌《南有嘉鱼》，笙《崇丘》；歌《南山有台》，笙《由仪》。间，代也。言一歌一吹也。然则此六者，盖一时之诗，而皆为燕飨宾客上下通用之乐。[2]

朱熹认识到“笙诗”和乐家的种种关联。他说，“笙诗”既“曰笙、曰乐、曰奏，而不言歌，则有声而无词明矣”。关于“笙诗”有无文辞的论争，自《毛传》“有其义而亡其辞”起。[3]朱熹《诗序辨说》：“所谓有其义者，非真有。所谓亡其辞者，乃本无也。”[4]朱熹所说“笙诗”非真有其义，指无文辞所显示的具体思想内涵，说明其为乐家所传。朱熹还指出，古经篇题之下必有谱。对其具体形态，朱熹认为如《投壶》鲁、薛鼓之节。《礼记 · 投壶》所载鲁、薛鼓谱为：

鼓○□○○□□○□○○□半○□○□○○○□□○□○

鲁鼓○□○○○□□○□○○□□○□○○□□○半○□○○○□□○薛鼓

[1] 朱熹:《诗集传》，上海：上海古籍出版社，1980年，第109页。

[2] 同[1]，第110页。

[3]《毛诗正义》：阮刻《十三经注疏》，北京：中华书局，1980年，第418、419页。

[4] 朱熹:《诗序辨说》，影印复旦大学图书馆藏明崇祯毛氏汲古阁刻本，第277页。

取半以下为投壶礼，尽用之为射礼。[1]

关于上述鼓谱，郑玄注："此鲁、薛击鼓之节也。圜者击鼙，方者击鼓。古者举事，鼓各有节。闻其节，则知其事矣。"[2]乐歌文本中节奏的呈现方式为特定符号记录，与《采风曲目》所示可互为补充。

如《礼记》所言，上谱尽用之为射礼，对射礼仪节进行的讨论，可揭示鲁、薛鼓之节在射礼中的重要作用。

射礼的主要程序是"三番射"，第三番射要求按鼓音的节奏来发射，是"射"的最高要求。杨宽先生对其仪程有如下描述：

当一切"射"的准备工作做好后，司射就升堂"请以乐（音乐）乐（欢乐）于宾"，并对乐正发出命令，随即到堂下发布发射命令说："不鼓不释。"就是说：如果不按鼓的节奏发射，不能"释算"计数。接着退回原位，命令大师（乐师）说："奏《驺虞》，间若一。"就是说：奏《驺虞》这首歌曲，节奏的间隙要均匀一律。于是乐工便奏《驺虞》，三耦、宾和主人、大夫、众宾依次听从鼓音的指挥而发射。[3]

由上述可知，节奏为乐歌的重要组成部分。《大武》舞"先鼓以

[1]《礼记正义》：阮刻《十三经注疏》，北京：中华书局，1980年，第1667页。《投壶》还附有另一种鲁、薛鼓谱。

[2]《礼记正义》：阮刻《十三经注疏》，北京：中华书局，1980年，第1667页。

[3] 杨宽：《西周史》，上海：上海人民出版社，1999年，第720—721页。射礼分乡射礼和大射礼，"两种礼在第三番中奏的乐，有些不同。乡射礼用鼓来节奏，大射礼用的乐器有钟、镈、磬、鼓、应鼙、朔鼙、簜、鼗等。乡射礼奏的乐章是《驺虞》，大射礼则奏《狸首》。"参见杨宽：《西周史》，上海：上海人民出版社，1999年，第724页。

警戒”，是节奏在乐舞中具有重要地位的例证。[1]

朱熹虽然认识到“笙诗”的乐歌文本性质，但他未注意到春秋之后“诗乐二家”殊途传承，所传各有篇目和次第。所以他按照《乡饮酒礼》《燕礼》所载乐歌次第，将“笙诗”置于《毛诗》中重新编排。姚际恒《诗经通论》则明确指出，“笙诗”为汉代所存乐歌文本，系误编入《毛诗》中。他说：“六笙诗本不在《三百篇》中，系作序者所妄入；既无其诗，第存其篇名于诗中。”[2]姚氏对《毛诗》所存“笙诗”之序进行驳斥，说其“既不见笙诗之辞，第据其名妄解其义，以示《序》存而诗亡。”[3]

“笙诗”原不在《毛诗》中，可从多种文献推知。《汉书·艺文志》曰：“孔子纯取周诗，上采殷，下取鲁，凡三百五篇，遭秦而全者，以其讽诵，不独在竹帛故也。”[4]由此可知，《毛诗》中应不存在没有文辞的篇目。汉代《齐》《鲁》《韩》三家诗中皆未见“笙诗”。有学者指出，从《毛诗》本身编排来看《毛诗》原本《小雅》中亦原无“笙诗”。[5]

朱熹对古乐的认识，远不止于对“笙诗”的讨论。《宋史·乐志》载：“《小雅》诗谱：《鹿鸣》、《四牡》、《皇皇者华》、《鱼丽》、《南有嘉鱼》、《南山有台》皆用黄钟清宫。（俗呼为正宫调）《二南》《国风》诗谱：《关雎》、《葛覃》、《卷耳》、《鹊巢》、《采蘩》、《采蘋》皆用无射清商。（俗呼为越调）”[6]朱熹就此说：

[1] 参见《礼记正义》，阮刻《十三经注疏》，北京：中华书局，1980年，第1536—1537页。

[2] 姚际恒：《诗经通论》，北京：中华书局，1958年，第258页。

[3] 同[2]。

[4]（汉）班固撰，（唐）颜师古注：《汉书》，北京：中华书局，1962年，第1708页。

[5] 参见赵茂林：《由“笙诗”看〈毛诗序〉完成时间》，《南京师范大学文学院学报》2011年第1期。

[6]（元）脱脱等撰：《宋史》，北京：中华书局，1977年，第3340页。

> 《大戴礼》言:《雅》二十六篇，其八可歌，其八废不可歌，本文颇有阙误。汉末杜夔传旧雅乐四曲：一曰《鹿鸣》，二曰《驺虞》，三曰《伐檀》，又加《文王诗》，皆古声辞。其后，新辞作而旧曲遂废。唐开元乡饮酒礼，乃有此十二篇之目，而其声亦莫得闻。此谱，相传即开元遗声也。古声亡灭已久，不知当时工师何所考而为此。窃疑古乐有唱、有叹。唱者，发歌句也；和者，继其声也。诗词之外，应更有叠字、散声，以叹发其趣。故汉、晋间旧曲既失其传，则其词虽存，而世莫能补。如此谱直以一声协一字，则古诗篇篇可歌。又其以清声为调，似亦非古法，然古声既不可考，姑存此以见声歌之彷佛，俟知乐者考焉。[1]

朱熹所言对研究《周公之琴舞》的文本性质颇具启发意义，惜其未举有文本佐证。汉代保存了大量先秦礼乐制度。六朝承汉余绪。汉魏六朝歌诗与先秦乐舞有着承继关系。[2]相关研究对讨论先秦歌诗的文本形态具有重要参考意义。

《汉书·艺文志》载:"《河南周歌诗》七篇。《河南周歌声曲折》七篇。《周谣歌诗》七十五篇。《周谣歌诗声曲折》七十五篇。"[3]王先谦《汉书补注》曰:"此上诗声篇数并同，声曲折，即歌声之谱，唐云乐句，

---

[1] (元)脱脱等撰:《宋史》，北京：中华书局，1977年，第3340—3341页。从前后文来看,《大戴礼记》非如朱熹所言有所阙佚。朱熹言"新辞作而旧曲遂废"，与古代乐歌传承亦不完全相符。一般来说，历代礼乐制度的沿革包括袭用与新变两方面。《旧唐书》和《新唐书》载有唐代所存汉晋旧曲名目，进一步的研究表明，古曲传承有绪。前引王国维所言三代之乐迄永嘉之乱而全亡，似非的论。朱熹虽然指出《宋史·乐志》所载《鹿鸣》等十二篇为开元遗声，但他对宋代所传前述乐歌文本的真实性及其与先秦歌诗的相似度有所怀疑。

[2] 参见张永鑫:《汉乐府研究》，南京：江苏古籍出版社，1992年，第35页。

[3] (汉)班固撰，(唐)颜师古注:《汉书》，北京：中华书局，1962年，第1755页。

今曰板眼。”[1]杨荫浏《中国古代音乐史稿》说:“若说前者为歌曲的词,则后者的所谓‘声曲折’,有极大的可能,就是乐谱。”[2]研究者对“声曲折”的具体形态有各种不同的看法,除上述“乐谱”说以外,还有“曲线说”、“曲谱说”、“旋律谱本说”等各种观点。[3]可以肯定的是,“声曲折”属于与文学文本相对应的乐家歌诗传本。

因文献体例的关系,《汉书·艺文志》未能尽显汉代所存乐家歌诗传本的具体形态。《宋书·乐志》记载了若干汉魏六朝乐府歌诗曲目,其文本形态可以分为三种。下面,对此逐一进行分析。

第一种是文学文本。《汉鼓吹铙歌十八曲》中的《上邪曲》即为其例:

> 上邪,我欲与君相知。长命无绝衰。山无陵,江水为竭,冬雷震震夏雨雪,天地合,乃敢与君绝。[4]

此种文本为公众所熟知,其性质与今传本《诗经》诸篇相类,兹不赘述。

第二种文本含有科范字、舞台指示字等。《宋书》《乐府诗集》所载《公莫巾舞歌行》,因声辞杂写,自晋代以后无人知晓其义。杨公骥先生首先将其破译,指出:它是“我们今天所能见到的我国最早的一出有角色、有情节、有科白的歌舞剧。尽管剧情比较简单,但它却

[1] 班固撰,王先谦补注:《汉书补注》,上海:上海古籍出版社,2008年,第3023页。

[2] 杨荫浏:《中国古代音乐史稿》,北京:人民音乐出版社,2004年,第134页。

[3] 李娜:《“声曲折”研究综述》,《音乐研究》2002年第1期。关于汉以后历代乐谱种类及其存佚情况,可参看王德埙:《中国乐曲考古学理论与实践》,贵阳:贵州人民出版社,1998年。

[4] 沈约撰:《宋书》,北京:中华书局,1974年,第643页。

是我国戏剧的祖型”[1]。这类文本和舞蹈、歌唱等表演形式有密切联系。

今传乐府歌诗中的有些篇章可见到古代乐舞术语“乱曰”的遗留，如《妇病行》等。《妇病行》中除“乱曰”这一和乐舞有关的术语外，还有对白、科范字等指示表演的成分。[2]

有些汉乐府文本中虽也有“乱曰”，但已经看不出指示表演的痕迹了。如《孤儿行》：

> 孤儿生，孤子遇生，命独当苦！父母在时，乘坚车，驾驷马。父母已去，兄嫂令我行贾。南到九江，东到齐与鲁。腊月来归，不敢自言苦。……
>
> 乱曰：里中一何譊譊，愿欲寄尺书，将与地下父母，兄嫂难与久居。[3]

《孤儿行》的“乱曰”位于篇尾，作用类似《楚辞》中的“乱曰”。它虽然继承了古代诗乐形式的某些方面，但总体上来说，其文本形态与前所述第一类文学文本相类。

第三种为“声辞杂写”的曲唱本。刘宋《今鼓吹铙歌》和《汉鼓吹铙歌十八曲》中的《石留》篇为其代表。对乐府歌诗曲唱文本的解读历来是公认的学术难题，虽经明清诸儒着力笺释，近人诂训考论，问题仍未全部解决。孙楷第先生独辟蹊径，他在对《宋书·乐志》所载“今鼓吹铙歌”及“铎舞歌诗”进行研究时，发现了乐府歌诗曲唱

---

[1] 杨公骥:《西汉歌舞剧巾舞〈公莫舞〉的句读和研究》,《中华文史论丛》1986 年第 1 辑。并参见本文附录。

[2] 参见王克家:《汉代戏剧研究》，中国传媒大学 2013 届博士论文。

[3] 郭茂倩:《乐府诗集》，北京：中华书局，1979 年，第 567 页。

文本解读的一些规律。孙楷第先生的发现具有突破性意义。他指出，刘宋“今鼓吹铙歌”《上邪曲》实际上是晋代傅玄所造鼓吹曲《大晋承运期》的曲唱本。现将孙楷第先生整理的《大晋承运期》和《上邪曲》对比如下：[1]

傅玄《大晋承运期》：

大晋承**运**期，德隆**圣皇**。**时清宴**，**白日**垂光。**应录**图，**陟**帝**位**，**继天**正玉衡。**化行象**神**明**。**至哉**，**道隆**虞与唐。元首敷**洪化**，**百寮**股肱并**忠良**。**民大康**。**隆隆赫赫**，**福胙盈**无疆。

《宋书》刘宋“今鼓吹铙歌”《上邪曲》：

大竭（大晋）夜乌自云（运）何来堂吾来声乌奚姑悟姑尊庐圣（圣）子黄（皇）尊来餽清婴（时清宴）乌白日（白日）为随来郭吾微令吾

应龙（应录）夜乌由道何来直（陟）子为（位）乌奚如悟姑尊庐鸡（继）子听（天）乌虎行为（化行象）来明（明）吾微令吾诗则（至哉）乌道禄（道隆）何来黑洛道乌奚悟如尊尔尊庐起黄华（洪化）乌伯辽（百寮）为国日忠雨（忠良，按良谐声作两又误作雨）令吾

伯辽（百寮）夜乌若（当作为）国何来日忠雨（忠良）乌奚如悟姑尊庐面道康（民大康）尊录龙（隆隆）永乌赫赫（赫赫）

[1] 按，孙楷第先生说明，傅曲中凡字下加圈的，是与“今鼓吹铙歌”《上邪曲》相当的字。在“今鼓吹铙歌”《上邪曲》中，凡括弧里的字，是傅曲中的本词本字。本文援用这一方法，但按照古乐录“大字是辞，细字是声”的惯例，将孙先生加圈的字改为用较大号黑体字排出。

福胙夜（福胙盈）音微令吾[1]

从篇名来看，曲唱文本往往以“声”命名。傅玄《大晋承运期》的刘宋曲唱本即以汉代旧曲“上邪曲”命名。孙楷第先生还指出，傅玄《征辽东》的曲唱本为刘宋《今鼓吹铙歌》中的《艾如张曲》。[2]从文本内容来说，刘宋“今鼓吹铙歌”《上邪曲》中有些字采用与《大晋承运期》音同或音近的字，另加有若干衬字。其中的讹变，当为传抄所致。这是乐人对所歌依声录入，不计其义的结果。[3]凡此，皆反映了六朝时期歌诗的乐家传本与通常人们所知乐府诗的区别。

孙先生对乐府曲唱文本解读规律的探索，为学者提供了研究的门径。[4]我们受其启发，对《汉鼓吹铙歌十八曲·石留》篇进行解读，揭示了《石留》篇的曲唱文本原本面貌。《宋书》所载《石留曲》全篇如下：

石留凉阳凉石水流为沙锡以微河为香向始鋊冷将风阳北逝肯无敢与于杨心邪怀兰志金安薄北方开留离兰[5]

《石留》篇与刘宋“今鼓吹铙歌”《上邪曲》的文本类型相类，皆

[1] 孙楷第：《沧州集》，北京：中华书局，2009年，第321—322页。

[2] 同[1]，第322页。

[3] 参见姚小鸥：《关于刘宋“今鼓吹铙歌”〈上邪曲〉的研究》，《北方论丛》2005年第1期。

[4] 孙先生所校《上邪曲》中还有部分与《大晋承运期》相对应的“声”“辞”未标识出来。如《上邪曲》中的“随来郭’”即《大晋承运期》“垂光”由于曲唱时语音的变化造成的（“来”是夹在歌辞中的衬字）。参见姚小鸥：《关于刘宋“今鼓吹铙歌”〈上邪曲〉的研究》，《北方论丛》2005年第1期。

[5] 沈约撰：《宋书》，北京：中华书局，1974年，第643—644页。按：《乐府诗集》“杨”作“扬”，作“扬”是。

为“声辞杂写”的曲唱本。我们解读《石留》篇时，先剥离其乐工标记语“开留离兰”四字，再依韵脚断句。最后，参照曲唱文本规律，对各句加以校正。

以“石水流为沙锡以微河为香向”句为例。“‘水流为沙’的‘沙’字当为‘何’字之讹。系由‘何’记为‘河’，又由‘河’字误传抄为‘沙’。‘锡以’为唱句中的衬字，由‘兮’拖腔而分记为两字，‘以’为‘锡’字的曼声余韵。‘微’在六朝曲唱文本中常用作衬字，这里用作‘为’的复唱记音字。‘河’即‘何’之讹。‘香’、‘向’两字同为‘向’的记音字。记为两字，也是由于演唱中受唱腔影响而发生语音变化所造成的。该句校为‘石水流为（沙）[何]锡以[兮]（微）[为]（河）[何]为（香）向？’其中‘石’字涉上句而衍，全句读为‘水流为何兮为何向？’”[1]经整理后的《石留》全篇文辞如下：

石［上］流凉阳凉，
（石）水流为何兮为何向？
始兮何冷，
将风扬。
北逝肯无？
敢与于扬。
心邪怀兰志，
今安薄北方。
——开留离兰

[1] 姚小鸥：《〈汉鼓吹铙歌十八曲〉的文本类型与解读方法》，《复旦学报》（社会科学版）2005年第1期。

以上整理本的文本形态和风格与传世汉乐府诗非常相近。这说明对“声”辞演唱方式和记录方法的把握是解读曲唱文本的关键。[1]

刘宋“今鼓吹铙歌”《上邪曲》中的“如悟姑尊”“吾微令吾”等声辞,《石留》篇中的“锡以”,以及《巾舞歌诗》唱词中的“吾何婴,**海**何来婴,**海**何来婴,**四海**吾”等语,分别为前引朱熹所言古乐演唱中的“叠字”或“散声”。[2]它们在某种程度上证实了朱熹对《宋史》所载“古乐”演唱方式的猜测。将其文辞与声辞对照,并非一字一声,说明朱熹对《宋史》所记古乐谱的质疑有一定道理。

由汉魏六朝曲唱文本可推知“古乐”演唱的某些方式。《汉书·礼乐志》载:“汉兴,乐家有制氏,以雅乐声律世世在大乐官,但能记其铿锵鼓舞,而不能言其义。”[3]汉代乐家承自先秦乐官系统,但已与之有所区别。制式对古乐“能记其铿锵鼓舞,而不能言其义”,即说明了这一问题。关于汉魏六朝乐家传承诗乐的情况,《宋书·乐志》言:“今鼓吹铙歌,虽有章曲,乐人传习,口相师祖,所务者声,不先训以义。今乐府铙歌,校汉、魏旧曲,曲名时同,文字永异,寻文求义,无一可了。”[4]汉魏六朝乐府中的曲唱文本系由乐工所记行内传本,声辞杂写,记音之字或发生讹变,或有复唱记音,造成这些文本内容不为后人知悉。凡此皆可见乐家歌诗传本的复杂性和研究的难度。

结合学者对《采风曲目》的研究成果,参之朱熹对“笙诗”和“古乐”的讨论,对照汉魏六朝乐府歌诗文本形态,可知《周公之琴舞》中虽然存在若干乐舞术语,但不宜遽判为乐家传本。综合来看,《周

[1] 姚小鸥:《关于刘宋“今鼓吹铙歌”〈上邪曲〉的研究》,《北方论丛》2005 年第 1 期。
[2]《巾舞歌辞》以“大字书辞,细字写声”。参见姚小鸥:《〈巾舞歌辞〉校释》,《文献》1988 年第 4 期。
[3](汉)班固撰,(唐)颜师古注:《汉书》,北京:中华书局,1962 年,第 1043 页。
[4] 沈约撰:《宋书》,北京:中华书局,1974 年,第 204 页。

公之琴舞》与汉乐府《孤儿行》的文本形态最为相类，它们虽继承了古代诗乐的某些形式，但称其为文学文本最为相宜。

《周公之琴舞》的主体部分呈现的是诗家所重之“义”，而非乐家所传之“声”。篇中小序交代诗篇的创作背景，明确其为周公和成王所作告诫之诗。这与汉代所传《毛诗序》十分相似。“‘周公作多士敬毖’句中‘敬毖’二字揭示出周公所作‘琴舞’的创作目的，‘琴舞九絉（卒）’说明歌诗的性质及篇章结构，亦与诗序的体例相符。”[1]

从《周公之琴舞》的本文来看，周公所作《孝享》篇虽仅存四句，却较完整地表达了“享”先祖、“孝”父母的思想内容，体现了先秦礼乐文化的基本精神。[2]成王所作各启具体内容有别，但皆秉承先秦礼乐文化之要旨。大略如下：

“元纳启”与今本《诗经·周颂·敬之》基本内容一致，可名为清华简《敬之》篇。言上天无所不察，人君当恪敬天命，日就月将，奋进不止。

“再启”可名为《思慎》。为成王诫群臣之语，希望群臣追法古之贤者，勤勉王事，以使天下安定兴旺。

“三启”可名为《渊》。言德之首在于内心笃诚，威仪抑抑，言语谨慎。当敬慎勉励而又乐于播布美德，以成就德行，并希望先祖时时垂顾。

“四启”可名为《文》。言为君者当黾勉于事，敬慎其位，依天时而行政令，使天下安宁。

“五启”可名为《思忱》。为成王勉励众公卿大夫之语，言天既降德，众人需笃诚修德，辅助王室，以安万民。

“六启”可名为《辑余》。为成王祭祀先王时的自誓之词，言年幼

[1] 姚小鸥、杨晓丽：《〈周公之琴舞·孝享〉篇研究》，《中州学刊》2013年第7期。

[2] 同[1]。

而承大命，当敬慎于位，使天下辑睦。

“七启”可名为《有息》。言欲求天下繁盛、上天得悦，当恭敬从事，同时勉励公卿大夫笃于建言。

“八启”可名为《谟》。本启简文有缺，但诗篇大意尚可知，言当勉力辅佐王室，光大先人功业。

“九启”可名为《庸》。篇中成王言要勤于修德，自求多福。[1]

成王所作九启，或为自儆之言，或为告诫臣下之语。涉及礼乐文化基本精神的话语在诗篇中贯彻始终。

如上所述，《周公之琴舞》中周公和成王所作两组诗篇从内容讲，与今本《诗经》之“颂”诗并无本质区别。至于篇中“乱曰”等乐舞术语的存留，是先秦诗家未将乐工标记语全部剥离所致，究其原委，与诗家和乐家共同的渊源相关。

诗家与乐家皆可追溯到先秦乐官系统。文献记载有先秦乐官系统传诗的情况。《周礼·大司乐》：

> 以乐德教国子：中、和、祗、庸、孝、友。以乐语教国子：兴、道、讽、诵、言、语。以乐舞教国子：舞《云门》、《大卷》、《大咸》、《大韶》、《大夏》、《大濩》、《大武》。[2]

《周礼·太师》：

> 太师……教六诗：曰风，曰赋，曰比，曰兴，曰雅，曰颂。

[1] 参见姚小鸥、李文慧：《〈周公之琴舞〉诸篇释名》，《中国诗歌研究》第十辑，北京：社会科学文献出版社，2014年。

[2]《周礼注疏》，阮刻《十三经注疏》，北京：中华书局，1980年，第787页。

以六德为之本，以六律为之音。[1]

《礼记·王制》：

乐正崇四术，立四教。顺先王《诗》《书》《礼》《乐》以造士。春秋教以《礼》、《乐》，冬夏教以《诗》、《书》。王太子、王子、群后之太子，卿大夫、元士之適子，国之俊选，皆造焉。[2]

古人习“诗”，不是一般地学习知识和技能，更重要的是作为人的思想和行为规范来学习的。[3]先秦时期“诗”广泛应用于社会生活，是邦国间交往的重要工具。《左传·襄公四年》载：“穆叔如晋，报知武子之聘也。晋侯享之，金奏《肆夏》之三，不拜。工歌《文王》之三，又不拜。歌《鹿鸣》之三，三拜。”穆叔之所以如此，是因为“三《夏》，天子所以享元侯也。使臣弗敢与闻。《文王》，两君相见之乐也，臣不敢及。《鹿鸣》，君所以嘉寡君也，敢不拜嘉？”[4]上述《左传》赋诗只是春秋时期人们运用“诗”进行政治和外交活动的一个侧影。

春秋末期，礼崩乐坏，乐官系统受到严重破坏。《论语·微子》：“太师挚适齐，亚饭干适楚，三饭缭适蔡，四饭缺适秦，鼓方叔入于河，播鼗武入于汉，少师阳、击磬襄入于海。”[5]天子失官，私学兴起，从乐官系统所传诗乐衍生出诗家之诗和乐家之诗。

[1]《周礼注疏》，阮刻《十三经注疏》，北京：中华书局，1980年，第795—796页。
[2]《礼记正义》，阮刻《十三经注疏》，北京：中华书局，1980年，第1342页。
[3] 参见姚小鸥：《诗经译注·前言》，北京：当代世界出版社，2009年，第2页。
[4]《春秋左传正义》，阮刻《十三经注疏》，北京：中华书局，1980年，第1931—1932页。
[5]《论语注疏》，阮刻《十三经注疏》，北京：中华书局，1980年，第2530页。

诗家自乐官系统的传诗体系中分离出来，时在春秋末期。这从学理上来说有其必然性。春秋及其以前所传“诗”中，以文辞为载体的诗之“义”本具有相对独立性。《左传 · 襄公十四年》载：

> 公（卫献公）饮之酒，使太师歌《巧言》之卒章。太师辞，师曹请为之。初，公有嬖妾，使师曹诲之琴，师曹鞭之。公怒，鞭师曹三百。故师曹欲歌之，以怒孙子，以报公。公使歌之，遂诵之。[1]

师曹为报私仇，采用直接吟诵诗篇文辞的形式，以彰明诗意。这是“诗”之文辞独立于乐而存在的一个著名例证。《国语·周语》载：“故天子听政，使公卿至于列士献诗，瞽献曲，史献书，师箴，瞍赋，矇诵，百工谏，庶人传语，近臣尽规，亲戚补察，瞽史教诲……”[2]公卿列士所献之“诗”与“曲”“书”并论，皆用于对王的讽谏，成为历代论诗的重要典故。[3]

孔子是诗家第一人。[4]孔子最先开办私学，“诗”是孔门传习的重要内容。《论语》载孔子论“诗”甚多。《为政》：“诗三百，一言以蔽之，曰：‘思无邪。’”《八佾》：“《关雎》乐而不淫，哀而不伤。”《泰伯》：“兴于诗，立于礼，成于乐。”《子路》：“诵诗三百，授之以政，不达；使于四方，不能专对，虽多，亦奚以为？”《阳货》：“小子何莫学夫诗。

[1]《春秋左传正义》，阮刻《十三经注疏》，北京：中华书局，1980年，第1957页。

[2] 徐元诰撰，王树民、沈长云点校：《国语集解》，北京：中华书局，2002年，第11—12页。

[3] 参见姚小鸥：《“成相”杂辞考》，《文艺研究》2000年第1期。

[4] 姚小鸥、任黎明：《关于〈孔子诗论〉与〈毛诗序〉关系研究的若干问题》，《中州学刊》2005年第3期。

诗可以兴，可以观，可以群，可以怨。迩之事父，远之事君，多识于鸟兽草木之名。”[1]孔子重视“诗”的道德伦理功能和政治作用，强调“诗”的应用功能。这些，都须从“诗”之义出发。

早期诗家对乐的具体操作程序十分熟悉。孔子对与“诗”相关的用乐情况非常关注。《论语·子罕》载孔子曰：“吾自卫反鲁，然后乐正，《雅》《颂》各得其所。”[2]《史记·孔子世家》：“三百五篇孔子皆弦歌之，以求合《韶》、《武》、《雅》、《颂》之音。礼乐自此可得而述，以备王道，成六艺。”[3]我们曾指出：“先秦君子风范的体现之一就是六艺皆通。……孔子谦称仅能‘执御’（即驾车），但其无疑同样精于他业，包括‘乐’在内。据《庄子 · 天运》篇载，孔子曾对老子说：‘丘治《诗》、《书》、《礼》、《乐》、《易》、《春秋》六经，自以为久矣，孰知其故矣。’孔子不但熟悉乐经，而且对乐的操作层面也不生疏，故三百五篇皆能弦歌。”[4]《论语·八佾》：“子语鲁大师乐，曰：‘乐其可知也：始作，翕如也；从之，纯如也，皦如也，绎如也，以成。’”[5]我们据此指出：“能够与一国最高级别的乐官进行深层次的艺术交流，显见孔子对‘乐’的知识与能力是毋庸置疑的。”[6]孔子与诗、乐的关系，反映出孔子在礼乐文化传承中的关键地位。

孔子删诗是“诗家”成立过程中的重要事件。《史记·孔子世家》：“古者《诗》三千余篇，及至孔子，去其重，取可施于礼义，上采契后稷，中述殷周之盛，至幽厉之缺，始于衽席，故曰‘《关雎》之乱以为《风》

[1] 以上引文皆出自《论语注疏》，阮刻《十三经注疏》，北京：中华书局，1980年。

[2]《论语注疏》，阮刻《十三经注疏》，北京：中华书局，1980年，第2491页。

[3] 司马迁：《史记 · 孔子世家》，北京：中华书局，1959年，第1936—1937页。

[4] 姚小鸥：《〈清华大学藏战国竹简〉与〈诗经〉学史的若干问题》，《文艺研究》2013年第8期。

[5] 同[2]，1980年，第2468页。

[6] 同[4]。

始，《鹿鸣》为《小雅》始，《文王》为《大雅》始，《清庙》为《颂》始。'"[1]孔子删诗，确定了《诗经》的篇目，后世学者得据以发明章句，延续不衰。"从统计学的角度来说，《周公之琴舞》中的诗篇数与今本《诗经·周颂》所存相关诗的篇数对比为十比一，恰恰是司马迁所言古诗与孔子删定之比。"[2]这为孔子删诗说增添了有力的论据。

孔门弟子传"诗"是早期"诗家"传承的重要阶段。七十子对"诗"的演奏层面亦未尝忽视。《论语·先进》"子曰：'由之瑟，奚为于丘之门？'"《邢昺疏》："子路性刚，鼓瑟不合《雅》、《颂》，故孔子非之云：'由之鼓瑟，何为于丘之门乎？'所以抑其刚也。"[3]七十子虽皆受学于孔子，但所习不同，各有专长，唯子夏兼通"六艺"。《论语·先进》载："德行：颜渊，闵子骞，冉伯牛，仲弓。言语：宰我，子贡。政事：冉有，季路。文学：子游，子夏。"[4]清代朱彝尊《经义考》曰：

> 孔门自子夏兼通"六艺"而外，若子木之受《易》，子开之习《书》，子舆之述《孝经》，子贡之问《乐》，有若、仲弓、闵子骞、言游之撰《论语》，而传《士丧礼》者，实孺悲之功也。[5]

由文献记载来看，子夏习"诗"重其文辞。《汉书·艺文志》载："毛公之学，自谓子夏所传"。[6]《后汉书·徐防传》载徐防上疏曰："《诗》、

[1] 司马迁：《史记·孔子世家》，北京：中华书局，1959年，第1936页。

[2] 姚小鸥：《〈清华大学藏战国竹简〉与〈诗经〉学史的若干问题》，《文艺研究》2013年第8期。

[3]《论语注疏》，阮刻《十三经注疏》，北京：中华书局，1980年，第2499页。

[4] 同[3]，第2498页。

[5] 朱彝尊：《经义考》卷二百八十一，北京：文物出版社，1992年。

[6]（汉）班固撰，（唐）颜师古注：《汉书》，北京：中华书局，1962年，第1708页。

《书》、《礼》、《乐》，定自孔子；发明章句，始于子夏。”[1]诗家传至汉代产生了齐、鲁、韩、毛等流派。

孔门的“诗”学传承，显示了诗、乐两家的联系及分途之枢机。诗家有广泛的社会基础，所传受到社会各阶层的重视。姚际恒《诗经通论》说：“三百篇经圣人手定，褎然巨帙，传之于学士大夫，朝夕弦诵，宜乎其独存也。”[2]乐家传承则仅限于行业内部，有特定的传播对象。关于这一点，前引《宋书·乐志》所言甚明，不再赘述。

由对诗、乐二家的源流考辨可知，春秋之后二家殊途传承，所重有别。《周公之琴舞》产生于诗、乐二家分流之际，向人们展示了诗家的早期文本形态。

诗家早期传本之所以保存了部分乐舞术语，不仅因为其传本承自古代乐官系统，还因为这些乐舞术语在篇章文辞上也起到划分结构、显其要旨的重要作用。研究者已经指出，《周公之琴舞》中的“琴舞九絉（卒）”，是以“九”为结构连缀成篇。[3]“乱曰”也在诗篇的结构方面具有特定意义。

考“乱曰”有三层含义。其一，标志乐舞的转换，如“《武》乱皆坐”。其二，乐奏之义，如“治乱以相”。其三，即韦昭所言“撮其大要以为乱辞”，起到总结全文的作用，这种形式为《楚辞》及汉乐府所继承。[4]《周公之琴舞》中“乱曰”的用法即为最后一种。

《周公之琴舞》保存了部分乐舞术语，这在出土文献中并非孤例。

[1] 范晔撰，李贤等注：《后汉书》，北京：中华书局，1965年，第1500页。

[2] 姚际恒：《诗经通论》，北京：中华书局，1958年，第259页。

[3] 参见李颖：《清华简〈周公之琴舞〉与楚辞“九体”》，《清华大学藏战国竹简与先秦经学文献国际学术研讨会会议论文集》，北京，2013。

[4] 关于“乱”的乐奏之义，参见何涛：《“乱”为乐奏考》，《乐府学会成立大会暨第四届乐府歌诗国际学术研讨会论文集》，北京，2013。

《清华大学藏战国竹简（壹）》中的《耆夜》篇载：

> 王夜爵酬毕公，作歌一终曰《乐乐旨酒》："乐乐旨酒，宴以二公。恁仁兄弟，庶民和同。方臧方武，穆穆克邦。嘉爵速饮，后爵乃从。"王夜爵酬周公，作歌一终曰《輶乘》……周公夜爵酬毕公，作歌一终曰《央央》……周公或夜爵酬王，作祝诵一终曰《明明上帝》…… 周公秉爵未饮，蟋蟀趋降于堂，（周）公作歌一终曰《蟋蟀》……[1]

《耆夜》诸诗篇中的"终"为周代乐歌术语，学者未因此而对其诗家传本的文本性质有所怀疑。

综上所述，《周公之琴舞》系未经汉儒整理的诗家传本早期形态。诗家之诗缘于古代乐官传诗系统，其文本脱胎于古代乐歌文本，故保存有若干关于乐、舞的术语。在诗家传诗过程中，这些乐、舞术语逐渐剥离，最终在汉代定型为今本《诗经》。《周公之琴舞》的文本性质，决定了它在《诗经》学史上具有重要意义。

附：《宋书·乐志》及《乐府诗集》所载《公莫巾舞歌行》及其校本：

公莫巾舞歌行

吾不见公莫时吾何婴公来婴姥时吾哺声何为茂时为来婴当思

[1] 清华大学出土文献研究与保护中心编，李学勤主编：《清华大学藏战国竹简（壹）》，上海：中西书局，2010年，第150页。

吾明月之土转起吾何婴土来婴转去吾哺声何为土转南来婴当去吾城上羊下食草吾何婴下来吾食草吾哺声汝何三年针缩何来婴吾亦老吾平平门淫涕下吾何婴何来婴涕下吾哺声昔结吾马客来婴吾当行吾度四州洛四海吾何婴海何来婴海何来婴四海吾哺声熇西马头香来婴吾洛道五吾五丈度汲水吾噫邪哺谁当求儿母何意零邪钱健步哺谁当吾求儿母何吾哺声三针一发交时还弩心意何零意弩心遥来婴弩心哺声复相头巾意何零何邪相哺头巾相吾来婴头巾母何何吾复来推排意何零相哺推相来婴推非母何吾复车轮意何零子以邪相哺转轮吾来婴转母何吾使君去时意何零子以邪使君去时使来婴去时母何吾思君去时意何零子以邪思君去时思来婴吾去时母何何吾吾[1]

（注:《乐府诗集》所载较《宋书》少四字，即第122至125的“海何来婴”。本文对异文有所校正）

巾舞歌辞

说明:《公莫巾舞歌行》又称《巾舞歌诗》等，杨公骥先生校本称

[1] 第26字“思”,《乐府诗集》作“恩”,误;《宋书》作“思”,是。第31字《宋书》作“上”,《乐府诗集》作“土”,作“土”是,据改。第122字到第129字《宋书》共两个“海何来婴”,《乐府诗集》诸本这里较《宋书》少一个“海何来婴”。第144字到第145字“五吾”,殿本《宋书》作“吾河”；影宋本《乐府诗集》作“吾治”，中华书局校点本《宋书》同；汲古阁本、四库全书本《乐府诗集》作“五吾”；作“五吾”是，据改。详姚小鸥:《巾舞歌辞校释》,《文献》1998年第4期。

其为《巾舞歌辞》，本校本采用这一名称。

一 **吾不见公莫［姥］**，〈时〉吾何婴，

公来婴**姥**〈时〉吾〈哺声〉**何为茂**？〈时〉**为**来婴，

当思吾**明月**之土，〈转起〉吾何婴，**土**来婴〈转〉。

二 **去**吾〈哺声〉**何为**？**土［士］**〈转南〉来婴**当去**吾！

城上羊，**下食草**吾何婴，**下**来吾**食草**吾〈哺声〉。

汝何三年〈针［振］缩〉何来婴，**吾亦老**！

吾〈平平门［频频扪］〉**淫涕下**吾何婴，何来婴，**涕下**吾〈哺声〉。

三 **昔结**吾**马**，**客**来婴吾**当行**吾！

度四州，**洛［略］四海**。吾何婴，**海**何来婴，**海**何来婴，**四海**吾〈哺声〉。

熇［鄗］西马头香，来婴吾。

洛道五吾**五丈度汲水**。吾噫邪！〈哺〉。

四 **谁当求儿**？**母何意零**！邪！〈钱［践］健步哺〉。

谁当吾**求儿**？

五 母：何吾！〈哺声，三针［振］一发，交，时，还，弩心〉

意何零！

意〈弩心，遥［还］〉来婴〈弩心，哺声，复相，头［投］巾〉

意何零！何邪！

〈相，哺，头［投］巾，相〉吾来婴，〈头［投］巾〉。

母：何何吾！〈复来推排〉**意何零**！〈相，哺，推，相〉来婴，〈推非［排］〉。

母：何吾！〈复车［转］轮〉**意何零**！

子：以邪！〈相，哺，转轮〉，吾来婴，〈转〉。

母：何吾！**使君去时意何零**！

子：以邪！**使君去时，使**来婴**去时，**

母：何吾！**思君去时意何零！**

子：以邪！**思君去时，思**来婴吾**去时，**

母：何何吾吾！[1]

（作者单位：中国传媒大学文学院）

[1] 姚小鸥：《〈巾舞歌辞〉校释》，《文献》1998 年第 4 期。《〈巾舞歌辞〉校释》后收入姚小鸥先生自选集《吹埙奏雅录》，其校本稍有修改。本文采用《吹埙奏雅录》所录校本。参见姚小鸥：《吹埙奏雅录》，北京：北京广播学院出版社，2004 年。

《清华简·芮良夫毖·小序》研究

姚小鸥

《清华大学藏战国竹简》(叁)收有韵文一篇，该篇共二十八支简，满简书写三十字左右。整理者依内容及古书命名惯例，命之《芮良夫毖》。(参见:《芮良夫毖》整理者《说明》)

《芮良夫毖》是一篇内涵丰富的历史文献，在文献学上有重要意义。仅其开篇四十字，就值得认真研究。本文试对此作初步探讨。兹引其辞如下:

> 周邦骤有祸，寇戎方晋，厥辟、御事各营其身，恒争于富，莫治庶难，莫恤邦之不宁。芮良夫乃作毖再终，曰:……(以下为《芮良夫毖》正文)

这段文字非常重要。李学勤先生在《新整理清华简六种概述》中已将其先行拈出，简要介绍。[1]赵平安教授《〈芮良夫毖〉初读》将其与《尚书·康诰》前段文字等进行了比较，认为从文献性质来说，《芮

[1] 李学勤:《新整理清华简六种概述》,《文物》2012年第8期。

良夫毖》当为《尚书》类文献。[1] 这些讨论具有启发性。本文在此基础上进一步讨论这段文字的性质及其他相关问题。

一、《芮良夫毖》前部文字为该篇“序言”

《〈芮良夫毖〉初读》指出:“《芮良夫毖》的结构和《周书》多篇相似，都是两段式，先交行背景，然后详载君臣之言。”至于“两段”之间的关系及各段的文体性质，文中未明确。我们认为,《芮良夫毖》前段上述四十字为小序，其后为正文。关于其文体特征及意义，兹分述如下。

先秦古书正文即主要叙述部分前往往有引论性质的文字，可称为“序辞”或“序言”。《楚辞·招魂》开头“朕幼清以廉洁”等六句，叙述作文之背景，可称为《序辞》。《〈芮良夫毖〉初读》所引《尚书》之《多士》《多方》及《康诰》前部文字则可称为《序言》。我们之所以做出这一区分，是因为前者为“楚辞体”且与正文一起皆为作者本人所作，系作品的有机组成部分；后者显系文献记录者或编辑者所加，从文体及内容两方面来说非属作品本身之构成。如《多士》前之“惟三月，周公初于新邑洛，用告商王士”。这十五字用以说明周公作《多士》的时间、地点及诰命之对象，并非《多士》本身的组成部分。

古书中的这种“序言”与现存《诗经》《尚书》的“序”(《毛诗序》《尚书序》)有相似之处。现存《诗经》《尚书》的“序”多交代其写作背景，亦有勾稽文献大意或作文要旨者。《尚书》中，前引《多士》篇文字系交代背景，而《说命·序》则在交代背景时兼勾稽大意。《说

[1] 赵平安:《〈芮良夫毖〉初读》,《文物》2012 年第 8 期。

命·序》曰:“高宗梦得说。使百工营求诸野，得诸傅岩，作《说命》三篇。”比较《芮良夫毖》前《小序》，可知二者皆系櫽括作品内容，以为引首。应当说明的是，现行《尚书》的《说命》三篇虽由清华简的发现而铁证为伪古文，但由清华简《傅说之命》的内容亦可知附于今《古文尚书·说命》前之《书序》作者曾亲见真古文《尚书》。

《康诰》前《序言》情况特殊，应专门提出讨论。其辞曰:

> 惟三月哉生魄，周公初基作新大邑于东国洛，四方民大和会。侯、甸、男、邦、采、卫，百工、播民，和见士于周。周公咸勤，乃洪大诰治。

这篇文字与《康诰》内容完全不能相合，历代学者多疑其为错简。[1]引文中“侯、甸、男、邦、采、卫，百工、播民，和见士于周”句，赵平安教授《〈芮良夫毖〉初读》断作:“侯甸男邦，采卫百工，播民和见，士于周。”阮刻十三经注疏本断为:“侯甸男邦采卫，百工播民和，见士于周。”刘盼遂《观堂学书记》记载王国维讲课说:“师云，此一段疑不能明。”又说:“侯甸男邦采卫，师云，五服中加邦者所以俪句。”[2]检索《尚书》诸篇相关词语，可知静安先生此说并非的论。《尚书》中“侯甸男”等爵称连用者大体如下:

> 《酒诰》:“越在外服，侯甸男卫邦伯，越在内服，百僚庶尹、惟亚惟服宗工，越百姓里居，罔敢湎于酒。”
>
> 《召诰》:“越七日甲子，周公乃朝用书命庶殷侯甸男邦伯。

[1] 参见臧克和:《〈尚书〉文字校诂》，上海：上海教育出版社，1999年，第306—307页。

[2]《古史新证》，北京：清华大学出版社，1994年，第274页。

厥既命殷庶，庶殷丕作。”

《康王之诰》：“庶邦侯甸男卫，惟予一人钊报诰。”

由上引《尚书》诸篇相关文字可见，西周早期文献凡言诸侯皆“侯甸男卫”并称（《召诰》疑漏“卫”字），无俪句之用。

由上讨论可知，《康诰》前这段文字不但非“康诰”的固有内容，且有衍误。更由文中“周公”之称谓，可知其必为战国人所作《尚书》某篇序言而误植此篇之首。《康诰》既屡言“王若曰”，知此时周公已称王，[1]一篇之内，关键处称谓断无相互龃龉之理。如此可证，此序非西周史官所记，而必为东周人所作。由一般所知《诗》《书》传承而言，成于战国经师之手的可能性最大。

以上是基于将《芮良夫毖》判为《尚书》类文献进行的讨论，说明《芮良夫毖》前四十字具有“序言”的性质而非文献固有之内容。下面就此话题继续进行讨论，并涉及《芮良夫毖》本身的文体性质。

二、《芮良夫毖》为《诗经》类文献，《芮良夫毖·序》为先秦《诗序》遗存

在讨论本节所言“《芮良夫毖·序》为先秦《诗序》遗存”这一判断之前，先简要说明《芮良夫毖》本身为《诗经》类文献。这是进一步讨论的基础的前提。众所周知，现存《诗经》为汉代《毛诗》传本，三百零五篇中，各篇前皆有序，称《毛诗序》。传统上，《毛诗序》分“大序”和“小序”，我们依多数人的意见称《关雎序》以下大段

[1] 参见姚小鸥《“王若曰”与周公称王问题》，待刊。

序文为《大序》，各篇之序称《小序》。如此，则《芮良夫毖·序》可依经学史惯例称“小序”。将《毛诗序》与《芮良夫毖·小序》比较，有助于我们加深对这一文献性质的认识。

《芮良夫毖·序》中有“芮良夫乃作毖再终”一句，为讨论提供了理据。“终”是周代礼制度所用术语之一。经学文献表明，在周代礼乐制度的操作系统中，“终”表示“成”即“备乐”中较小的音乐单位（一般指某一支歌曲或乐曲）的演唱或演奏完毕。[1]兹引若干文献为证。《仪礼·燕礼》：

> 工歌《鹿鸣》、《四牡》、《皇皇者华》……笙入，立于县（悬）中。奏《南陔》、《白华》、《华黍》……乃间歌《鱼丽》，笙《由庚》；歌《南有嘉鱼》，笙《崇丘》；歌《南山有台》，笙《由仪》。遂歌乡乐。《周南》：《关雎》、《葛覃》、《卷耳》。《召南》：《鹊巢》、《采蘩》、《采蘋》。太师告于乐正曰：“正歌备。”

《郑注》：

> 正歌者，声歌及笙各三终，间歌三终，合乐三终为一备。备亦成也。[2]

《礼记·乡饮酒义》：

> 工入，升歌三终，主人献之。笙入三终，主人献之。间歌三终，

[1] 参见姚小鸥：《诗经三颂与先秦礼乐文化》，北京：北京广播学院出版社，2000年。

[2]《仪礼注疏》，阮刻《十三经注疏》，北京：中华书局，1980年，第1021页。

合乐三终。工告乐备，遂出。[1]

《逸周书·世俘解》:“献《明明》三终。”“籥人奏《崇禹生开》三终。”[2]《仪礼·大射》:“乃歌《鹿鸣》三终。”“乃管《新宫》三终。”[3]亦皆为例证。

以上“终”字的用法，出于音乐体制，兼有动词和名词之意。《吕氏春秋·音初篇》:“二女作歌一终，曰《燕燕往飞》，实始作为北音。”[4]这一记载明确“终”字的名词用法。由于清华简之发现，知“终”字于古人观念中，意义相当于汉人以下所言《诗》之“篇”或“章”。

《清华大学藏战国竹简（壹）》中，“终”字的这一用法在出土文献中首次出现，充分揭示其意义。《耆夜》篇：

王舍爵酬毕公，作歌一终，曰《乐乐旨酒》:“乐乐旨酒，宴以二公。任仁兄弟，庶民和同。方壮方武，穆穆克邦。嘉爵速饮，后爵乃从。”

《耆夜》还有“王舍爵酬周公，作歌一终”（下略）;“周公舍爵酬毕公，作歌一终”;“周公或舍爵酬王，作祝诵一终”等。尤其值得注意的是，《耆夜》中言:“周公秉爵未饮，蟋蟀骤降于堂，周公作歌

[1]《礼记正义》，阮刻《十三经注疏》，北京：中华书局，1980年，第1684页。
[2] 黄怀信等:《逸周书汇校集注》，上海：上海古籍出版社，2007年，第428—429页。
[3]《仪礼注疏》，阮刻《十三经注疏》，北京：中华书局，1980年，第1033—1034页。
[4] 陈其猷校释:《吕氏春秋校释》，上海：学林出版社，1984年，第335页。

一终，曰《蟋蟀》(下引文略)"。周公所作《蟋蟀》篇与今本《诗经》对照，虽有异文，但可知系出同一母本。《耆夜》中所记或竟真为其本事。[1]

《芮良夫毖·小序》言"芮良夫乃作毖再终，曰"，"曰"后即述韵文一篇，"二启曰"后又述韵文一篇。由此可知《芮良夫毖》必为"诗""歌"类文体。其文势与内容又与《诗经》之大小《雅》相仿，故当定为《诗经》类文献。《〈芮良夫毖〉初读》定其为《尚书》类文献似有不妥。

下面谈一谈《芮良夫毖·小序》与传世《毛诗序》之关系。前文曾指出，《芮良夫毖·小序》与《古文尚书·说命·序》等相似，"皆系櫽括作品内容，以为引首"。又说"现存《诗经》、《尚书》的'序'多交代其写作背景，亦有勾稽文献大意或作文要旨者"。就本节而言，今本《诗经》中所存《毛诗序》虽以多言"美""刺"而为人诟病，然其中实亦不乏交代作品背景或櫽括作品内容者。兹举数例如下：

《七月·序》：

> 《七月》，陈王业也。周公遭变故，陈后稷先公风化之所由，致王业之艰难也。

《鸱鸮·序》：

> 周公救乱也。成王未知周公之志，公乃为诗以遗王，名之曰《鸱鸮》焉。

---

[1]《清华大学藏战国竹简(壹)》，上海：中西书局，2010年，第150页。

《鹿鸣·序》：

《鹿鸣》，燕群臣嘉宾也。既饮食之，又实币帛筐篚，以将其厚意，然后忠臣嘉宾得尽其心矣。

《采薇·序》：

《采薇》，遣戍役也。文王之时，西有昆夷之患，北有玁狁之难。以天子之命，命将率遣戍役，以守卫中国。故歌《采薇》以遣之，《出车》以劳还，《杕杜》以勤归也。

下面，结合内容具体分析《芮良夫毖·小序》与该诗篇正文之关系，以见其与《毛诗序》的异同。《芮良夫毖·小序》与《芮良夫毖》正文之对照如下：

周邦骤有祸，寇戎方晋（第十简：寇戎方晋），厥辟、御事各营其身（十五简：莫称其位），恒争于富（第四简：富而无倪，用莫能止欲。十四简：恒争其力，畏燮方仇。），莫治庶难（十二简：□□庶难），莫恤邦之不宁（六简：恤邦之不臧。十七简：自起残虐，邦用不宁。二十八简：而邦受其不宁。）。芮良夫乃作毖再终。

以上为初步对比。实际上，诗篇中多以先王之敬事对比“今”之“厥辟、御事各营其身”，以正喻反，亦乃《诗经》诸篇常见文法。从《芮良夫毖·小序》之书法可以窥见《毛诗序》以正喻反，以反美正的影子。由上述简单分析可以初步得出如下结论：《芮良夫毖·小序》为先秦《诗序》之遗存。它向人们展示了先秦时期《诗序》的原始面貌，在文献学上具有重要意义。

（作者单位：中国传媒大学文学院）

出土文献给我们的启示

——以清华简《尚书·说命》为例

傅　刚

一百多年前，王国维利用殷墟出土的甲骨，开始了对殷商史的研究，从而揭开了殷商王朝的面纱。王国维先生根据自己研究的体会，把考古出土的实物和文献总结为第三重证据，以与传世文献相参互证。这种研究的方法，随着近年来越来越多的出土文献问世，也越来越为学术界所使用，而研究成果也越来越丰富，对古史的解读与以往依靠传世文献得到的结论也往往有不同，这真是当代学者的幸运。对于文史研究者来说，近几年考古发现的出土文献，无论其质量还是数量，都令人备受鼓舞。数量不少的典籍文献的问世，让当代的古代学术研究呈现出新局面。如上海博物馆购进的战国楚竹书，对先秦的哲学和经学都提供了非常重要的不同于传世文献的材料，已经在国内掀起了研究的热潮。最近清华大学公布的战国竹简，以及即将公布的北大汉简，又将这种研究推向新的热潮。

北大简正在整理中，我参加了《反淫》一篇的释读，初步的介绍已经发表在《文物》2011 年第 6 期上。这是一篇很有意思的文辞，有三分之一的内容与传世的《七发》辞句相近，很明显两者之间是有关联的。到底是《七发》在前，还是《反淫》在前，还在研究，无论是哪一种，都有许多关于汉代七体文写作的疑问有待探讨。北大简还有一篇《妄稽》，写一个悍妇的故事，文字很长，其中对悍妇丑陋容貌的描写和其恶行的叙述，都极尽文字之能事，这种文体，也是传世文献中所没有的。这种文体的出现很重要，它告诉我们西汉时流传有这种类似后世小说的文体，有比较详细的故事情节和想象、夸张的写作手段，这就为我们研究《左传》以及《史记》的写作及取材，提供了珍贵的文体材料。

这次公布的清华简，有关传世经史文献甚为丰富，尤其是《尚书·说命》《系年》和《周公之琴舞》以及《尹诰》《保训》等类似《逸周书》的史料，让文史研究者异常兴奋。其中最为学术界所热议的要算《尚书·说命》了。自清人阎若璩《古文尚书疏证》发表以来，伪《古文尚书》已成定案，但都还是后人根据考证学方法研究出来的结果，因此，维护《古文尚书》的人，如毛奇龄就撰写《古文尚书冤词》为《古文尚书》鸣冤。尽管学术界基本同意了阎若璩的意见，但也仍然期盼着能够通过考古发掘，发现一部汉以前的《尚书》。清华简正是应着这种期盼出现了，清华简《说命》一文与伪《古文尚书》中的《说命》，的确有太大的不同，也正如整理者以及学术界的共识一样，认为清华简《说命》充分证明了伪古文的“伪”。笔者也非常同意清华简整理者以及学术界同仁的意见，这批简文的问世，大大地丰富了先秦文献，让我们在传世文献之外，又见到了许多对从未著录过的文献，同时这批简也能够帮助我们印证许多文献的真伪。除此之外，我以为这批简的问世，还更能帮助我们加深理解先秦文献内容的复杂性，以及不同的传播方式下所表现的不同内容和形态。且以《尚书·说命》为例。

伪《古文尚书·说命》共有三篇，孔颖达《正义》说：“此三篇，上篇言梦说始求得而命之；中篇，说既总百官，戒王为政，下篇，王欲师说而学，说报王为学之有益，王又厉说以伊尹之功。相对以成章，史分序以为三篇也。”按《说命》三篇，不见于伏生所传二十九篇，亦不见于孔壁书，《史记·殷本纪》述殷事，往往用《尚书》，如《太甲》《盘庚》，而独无《说命》，故前人以此为疑，不知伪古文此篇之来历。毛奇龄对此有所辩驳，以为《国语》明引其文，可证《说命》在先秦时确有其篇。又，前人疑武丁梦得傅说之传说不可信，又说《史记》谓以立语相之，亦非考言明试之法，对此毛奇龄亦作辩驳。伪古文固然是伪书，但前人所怀疑的证据，亦不无商榷之处。如谓《史记》不引《说命》，今清华简可证先秦时确有《说命》之文，且明分三篇；又如疑武丁梦说之事，清华简《说命中》有“王原比厥梦”语，则见梦说之事可信。又前人驳伪古文之伪，往往以其与先秦典籍所引字句异同为证，合即谓伪古文抄袭先秦典籍，不合则生疑，此种方法似亦可商榷。今以清华简为例，其不合先秦所引者甚于伪古文。如三篇之中唯中篇多有与先秦典籍相合者：“若金，用惟汝作砺，古我先王灭夏，燮强，捷蠢邦，惟庶相之力胜，用孚自迩。敬之哉，启乃心，日沃朕心。若药，如不瞑眩，越疾罔瘳。朕畜汝，惟乃腹，非乃身。若天旱，汝作淫雨。若津水，汝作舟。汝惟兹说底之于乃心，且天出不祥，不徂远，在厥落，汝克覭视四方，乃俯视地。心毁惟备。敬之哉，用惟多德。且惟口起戎出好，惟干戈作疾，惟衣载病，惟干戈眚厥身，若抵不视，用伤，吉不吉。余告汝若时，志之于乃心。”此一段文字，略见于先秦典籍《国语》《孟子》《缁衣》《学记》等，《国语》引《书》曰：“若金，用汝作砺，若津水，用汝作舟，若大旱，用汝作霖雨。启乃心，沃朕心。若药，不瞑眩，厥疾不瘳，若跣，不视地厥足用伤。”《孟子》引《书》曰：“若药，不瞑眩，厥疾不瘳。”《缁衣》引《说命》曰：“惟口起羞，惟甲胄起兵，惟衣裳在笥，惟干戈省厥躬。”《国语》白公引《书》：“必交修毋予弃也。”然两相比对，可以看出字句并不完全相符，且前后顺序亦不同，如《国语》所引“若金”一段与清华简明显不同。

其次，先秦典籍中记有高宗谅阴三年不言的记载，如《论语》：“高宗谅阴，三年不言。”《尚书·无逸》：“乃或亮阴，三年不言。”事为可信，且为高宗时重大事件，但清华简无一字提及。

第三，先秦典籍引《说命》除上引外，还有《坊记》：“三年其惟不言，言乃欢。”

同上：“《兑命》曰：‘爵无及恶德民，立而正事，纯而祭祀，是为不敬。事烦则乱，事神则难。’”

《学记》：“《兑命》曰：‘念终始典于学。’”

同上：“《兑命》曰：‘学学半。’”

同上：“《兑命》曰：‘敬孙务时敏，厥修乃来。’”此皆格言警语，清华简亦未见。

除此之外，还有一些很有意思的现象，比如清华简《说命上》“惟弼人得说于傅岩”，整理者解“弼人”为与制弓有关的职官，此解与伪孔传解为“百官”相同，而与皇甫谧解为“工巧之人”不同。伪孔传出于东晋，然其解不遵皇甫谧，却与此战国简相合，不知其据从何来？又如清华简《说命上》：“其惟说邑，在北海之州。”此以傅说之邑在北海之州，伪孔传则谓在虞虢之际界，清华简与孔颖达所引的《尸子》说合，亦与《墨子·尚贤下》所说合。然伪孔传作伪不从《尸子》、《墨子》，据何而谓在虞虢之界？至于清华简《说命上》与《说命下》文，似皆不见于传世文献记载，亦令人对先秦《书》文献有不同流传方式和文本生发感想。

出土文献为当代学人提供了丰富多样的研究空间，它启发我们对先秦典籍再不能如以往以单一线索的前后传承思路去观察，因为它们无论是文本、文体、字句，都存有多种形态，甚至差别很大，但其实可能与真伪无关。这也许是清华简以及北大简对我们的重要启示。

《清华大学藏战国竹简》与古文尚书《说命篇》文体比较

王　永

一、从文体比较看《说命篇》真伪之争

古文尚书《说命》三篇在先秦古籍中仅能见到八个被引用的片段，其中在清华简中可以找到踪迹的主要有两段。一是《国语·楚语上》："武丁于是作《书》曰：'若金用女作砺，若津水用女作舟，若天旱用女作霖雨，启乃心，沃朕心。若药不瞑眩，厥疾不瘳；若跣不视地，厥足用伤。'"（《孟子·滕文公上》引《书》曰："若药不瞑眩，厥疾不瘳。"）古文尚书《说命上》将此段吸纳，改写为："若金用汝作砺，若济巨川用汝作舟楫，若岁大旱用汝作霖雨。启乃心，沃朕心。若药弗瞑眩，厥疾弗瘳；若跣弗视地，厥足用伤。"二是《礼记·缁衣篇》引《兑命》篇云："惟口起羞，惟甲胄起兵，惟衣裳在笥，惟干戈省厥躬。"古文尚书《说命中》对此段仅改"兵"为"戎"。上述两个段落在清华简《说命中》所见词句为：

> 武丁曰："来格汝敚，听戒朕言，渐之于乃心。若金，用惟汝作砺。古我先王灭夏，燮强捷蠢邦，惟庶相之力胜，用孚自迩。敬之哉！启乃心，日沃朕心。若药，如不瞑眩，越疾罔瘳。朕畜汝，惟乃腹，非乃身。若天旱，汝作淫雨；若津水，汝作舟。汝惟兹说，底之于乃心。且天出不祥，不徂远，在厥落，汝克覭视四方，乃俯视地。心毁惟备。敬之哉，用惟多悳（德）。且惟口起戎出好，惟干戈作疾，惟衣载病，帷干戈眚厥身。若抵不视，用伤，吉不吉。余告汝若是，志之于乃心。"[1]

可见，清华简《傅说之命》是一个与《国语》《礼记》等古籍所引《说命篇》略有不同的版本。以"若"字领起，《国语》及古文尚书《说命篇》都使用了3+2式共五个比拟，清华简《说命篇》这段文字容纳了这五个比拟，但呈现出散在的状况，明显文风更加古朴，实用目的是主导，修饰意识不强。即便是基本相同的《礼记·缁衣篇》及古文尚书《说命篇》那四个排比句，清华简《说命篇》在用字上也略显参差。清华简《说命》篇每片竹简之后都有"傅说之命"字样，文章命名应该不会出现偏差，所以，如果我们说清华简版《说命篇》是一个可信的先秦古本，应该是合乎逻辑的。

经过古籍佚文、古文尚书和清华简三种《说命篇》的比较，我们还可以发现：古文尚书《说命篇》并无超出先秦佚文以外并可在清华简《说命篇》中找到明显来源的内容，基本可以确定是后世杂糅再造的伪书。

《礼记·学记》等篇所引并被古文尚书《说命篇》所吸纳改造的"念

[1] 清华大学藏战国竹简《说命中》，《清华大学藏战国竹简（叁）》，上海：中西书局，2012年，第125页。

终始典于学”“学学半”“敬逊务时敏，厥休乃来”“厥无及恶德；民。立而正事，纯而祭祀，是为不敬，事烦则乱，事神则难”等内容均不见于清华简，李学勤先生认为“这应该是由于《说命》篇的传本有异”[1]。这种说法是有道理的，但问题是这些句子的主题是游离的，究竟是以怎样的状态存在于某一版本中呢？清华简《说命篇》给了我们一点线索。仔细推究发现：原书最后一部分七个高宗语录片段之间并无严密逻辑线索，所以那些佚文极有可能大部分出自这里，也是语录群的组成部分。这样看来，伪作围绕着这些佚文大做文章，借题发挥，一定更加偏离了《说命篇》的原貌。古文尚书《说命篇》的作者缀合了先秦佚文，并进行了文学化处理。此篇与清华简的差异在于其三篇均为完整的君臣对话体，但清华简三篇之间是一个有机整体。

清华简《说命》上篇叙述武丁发现傅说的经历，中篇是任命时说的长篇告诫，下篇是一些片段的训话。伪作将三篇改成趋于并列平行式的关系，每篇都由完整的对话构成。就对话的角度看，清华简纯是“王言”之体，其中傅说对武丁的回应只有一次，且发生在“验梦”的叙事环节中，这与《书序》所云“高宗梦得说，使百工营求诸野，得诸傅岩，作《说命》三篇”完全吻合。而伪作对武丁的训诫，傅说的回应有四次，并且还要外加一次中篇开头大段的主动立论。清华简记录的是君王提拔并着力塑造贤臣的过程，而伪作记录的却是贤臣积极立言，着力缔造明君的过程，明显带有后世的儒家观念色彩。

故而，古文尚书《说命篇》是一个具有独立文体特征和文化内涵新文本，它的价值应该单独来看待。正如李学勤先生所言：“这并不表明伪书是毫无价值的……对于伪书的形成和传流过程，我们还有深入

[1] 李学勤：《说命上》说明，《清华大学藏战国竹简（叁）》，上海：中西书局，2012年，第121页。

探讨的必要。”[1]下文即从文体学及文化学层面对伪书影响进行一定的分析。

二、古文尚书《说命篇》与命体文之成立

东晋梅赜所献古文尚书中已经有了鲜明的文体意识，其中附有的孔安国传云：“讨论坟、典，断自唐虞以下，讫于周。芟夷烦乱，翦截浮辞，举其宏纲，撮其机要，足以垂世立教，典、谟、训、诰、誓、命之文凡百篇，所以恢弘至道，示人主以轨范也。”[2]这里明确了“命”为“六体”之一科。对具体篇目，陆德明释为：“命，凡十八篇，正十二，三篇亡。”[3]对于“命”体的篇目，孔颖达《尚书正义·尧典第一》疏云：“《说命》三篇，《微子之命》、《蔡仲之命》、《顾命》、《毕命》、《冏命》、《文侯之命》九篇，命也。”[4]至此，命体文的文类命名和范本已经形成，但争议却也存在。

唐人刘知几云：“盖《书》之所主，本于号令，所以宣王道之正义，发话言于臣下，故其所载，皆典、谟、训、诰、誓、命之文。至如《尧》、《舜》二典、直序人事，《禹贡》一篇，惟言地理，《洪范》总述灾祥、《顾命》都陈丧礼，兹亦为例不纯者也。”[5]单从“命体文”而言，这里对《顾命篇》提出了质疑。宋人林之奇又云：“书有五十八篇，其体有六：曰典、曰谟、曰诰、曰命、曰训、曰誓。此六者，错综于五十八篇之中，

[1] 李学勤：《新整理清华简六种概述》，《文物》2012年第8期。

[2]《尚书正义》，阮刻《十三经注疏》，北京：中华书局，1980年，第114—115页。

[3] 同[2]，第114页。

[4] 同[2]，第117页。

[5]（唐）刘知几著、张振佩笺注：《史通笺注》，贵阳：贵州人民出版社，1985年，第5页。

可以意会而不可以篇名求之。先儒乃求之于篇名之间……学者不达古人作《书》之意，而欲于篇名求之，遂以一篇为一体。”[1]林又云：“《书》之为体，虽尽于典、谟、训、诰、命之六者，然而以篇名求之，则不皆系以此六者之名也。虽不皆系于六者之名，然其体则无以出于六者之外。”[2]这里又取消了文体概念而代之以文体功能。

对于命体文等的文体功能内涵，明代学者又展开深入的探讨。吴讷《文章辨体序说》引宋张表臣《珊瑚钩诗话》云：“因官使而命之者谓之‘命’”。[3]这究竟道出了《尚书》“命体文”的文体内涵。徐师曾《文体明辨序说》“命”类云：

> 按朱子云：“命犹令也。”《字书》：“大曰命，小曰令”。此命、令之别也。上古王言同称为命；或以命官，如《书》:《说命》、《冏命》是也；或以封爵，如《书》:《微子之命》、《蔡仲之命》是也；或以饬职，如《书》:《毕命》是也；或以锡赉，如《书》:《文侯之命》是也；或传遗诏，如《书》:《顾命》是也。秦并天下，改名曰制。汉唐而下，则以策书封爵制诰命官，而“命”之名亡矣。[4]

如上，命体之文则起自《说命》等文，秦代以后流入制诏。至现代学者鲁迅，除认可《尚书》所蕴含的文体价值，亦指明其与后世的渊源关系：“《书》之体有六：曰典、曰谟、曰训、曰诰、曰誓、曰命，是

[1]（宋）林之奇：尚书全解卷七，文渊阁四库全书本，上海：上海古籍出版社，1987年，第55册，第132页。

[2] 同[1]，第445页。

[3]（明）吴讷:《文章辨体序说》，北京：人民文学出版社，1962年，第12页。

[4]（明）徐师曾:《文体明辨序说》，北京：人民文学出版社，1962年，第111页。

称文体。然其中有《禹贡》，颇似记，余则概为训下与告上之词，犹后世之诏令与奏议也。”[1]显然，鲁迅所讲之“命”体该归入“训下”之类，亦犹后世“诏令”之文。与其他训下之体不同的是，“命体”另含除授之意。

由于《说命》《囧命》《毕命》等篇不传，秦汉以来其体亦亡。梅赜献《古文尚书》后，至朱熹等人疑《古文尚书》之前，诸家“命体”之论，多是就《古文尚书》而言。而其赏罚、除授之精神亦入于制诰。以中唐为例，元稹是制诏文体革新的领袖，其《人道短》诗云：“周公周礼二十卷，有能行者知纪纲。傅说说命三四纸，有能师者称祖宗。”（《元氏长庆集·卷二三》）。长庆元年（821）二月，元稹迁中书舍人、翰林承旨学士，其《制诰序》云：“制诰本于《书》。《书》之诰、命、训、誓，皆一时之约束也。自非训导职业，则必指言美恶，以明诛赏之意焉。是以读《说命》，则知辅相之不易；读《胤征》，则知废怠之可诛。”（《元氏长庆集·卷四十》）这都可见《古文尚书·说命》等篇对元稹乃至后世制诏文的影响。

三、真伪《说命篇》之价值比较

清华简《说命篇》给我们提供了可靠的上古文献，真伪之较尘埃落定。然而，伪《古文尚书》对《说命篇》所起到的文体作用乃至文化功能也应得到认识。基于在“除授”性制诰文体中产生的深刻影响，伪《说命篇》也在古代政治文化中发挥了一定的作用。唐人所作《路随平章事制》云：“任贤着于禹谟，纳诲载于说命。”（《唐大诏令集·卷

[1] 鲁迅:《鲁迅全集》卷九，北京：人民文学出版社，1991年，第350页。

四十八》）李商隐《李卫公集序》云：“征召诰说命之旨，定元首股肱之契。”宋祁《景文集·卷六十一》载：“太宗幸上庠，诏说《尚书·说命》三篇，动容称善，且叹曰：天以良弼赉商，朕顾不得若人耶？因赐公绯衣银鱼。”《宋史·卷三九四》谢深甫本传记载道：“嘉泰元年，累疏乞避位。宁宗曰：‘卿能为朕守法度、惜名器，不可以言去。’召坐赐茶，御笔书《说命》中篇及金币以赐之。”这都体现了历代帝王对《说命》篇的谙熟和运用。

清华简《说命篇》的出土，证明了上述伪《说命篇》的文体价值和文化影响与原作有大体相同的主题，却是完全相反的文化取向。伪作依据史料背景和一些断简残章所进行还原，孔颖达《说命》疏云：“三篇上篇言梦说，始求得而梦之；中篇说既总百官，戒王为政；下篇王欲师说而学，说报王为学之益，王又厉说以伊尹之功。相对以成章，史分序以为三篇。”这样，尽管在文章结构和对话形式上比现存原作流畅完整，文体功能的体现更加直观，但却破坏了原作的文化功能。《清华简·说命》三篇有尚未被充分解读的深刻的仪式背景，与伪作比较起来，原作有以下几个值得注意的文化研究价值：

首先，上篇充满传奇色彩，较多对傅说的美化。上篇的叙事非常完整，有可能是在三篇中承担序辞的功能。[1]叶修成云：“《尚书》中的‘命’体都是册命之文，册命之文是因册名制度而生成的，册命有着繁缛的礼仪过程，因而，‘命’体之文均显示出三段式的仪式性结构模式。”[2]尽管其中所谈的“三段式”并非基于出土原作的可靠归纳，单就其对《尚书》文体功能的总体认识，其观点颇有可取之处。《尚书》中大部分文章是仪式的附带产物，具有档案性质，并非是以书写或文

[1] 此说受赵平安《〈芮良夫毖〉初读》等学术界新观点的启发，赵文参见《文物》2012年第8期。

[2] 参见叶修成:《论〈尚书〉命体及其文化功能》,《上海交通大学学报》(哲社版) 2009年第3期。

学为首要目的的。从这个角度看，清华简《说命篇》也应该是一个完整的、典范的仪式记录。上篇仅仅是交代背景，应该是后来追记上去的，所以才会保存一些细腻生动的情节，重点是中篇，即典礼上的王言。

其次，中篇则是高宗鼓励傅说用心辅政，体现了帝王政德。先秦古籍从中有略多的直接引用，可见中篇的文学影响。这些鼓励是以自上而下的训诫语气表达的，合乎当时的历史条件：帝王基于权力和文化的拥有占据相对后世更高的威严。整个三篇是君王在塑造贤臣，并非是能臣在塑造明君。张扬君德还是倡导臣德，是我们在对话分析中看到的真伪二作中篇最大的差别。我们认为，伪作明显带有儒家理想君臣关系想象色彩，应该是儒家思想在政治文化中深化和发展的产物。伪作不仅与命官仪式的目的冲突，而且与商代的政治形态龃龉，展现出后世谏臣建言的自负。两相比较，恰好看出时代隔绝后文化背景的差异。

最后，下篇则回归到高宗对傅说的训诫语录。清华简原作这种语录集合式的结构也使得那些主题游离的佚文得以寻找到合乎逻辑的归属，而伪作只是围绕着包含有“学”的几条佚文做文章。按内容来看，原作这些语录应该发生于中篇记录的任命训诫之后，这样，整个《说命》三篇的成文周期就被大大延长了。这些语录纯一是高宗的申诫，并无傅说的回应，这一形式与伪作相比有本质区别，应该联系更多新出土的清华简文献，从交互方式的角度对商代君臣关系进行探析。

清华简原作这些安排，都被伪作破坏了，使得伪作在增强文体效果的同时，失落了许多文化意味。原作所体现的商代中期政治生活和任官制度等问题有待于学者的进一步研究。

（作者单位：中国传媒大学文学院）

论清华简《程寤》“梦见商廷惟棘”的象征意义及其流变

钟　涛　刘彩凤

清华大学藏战国竹简，简称清华简，由清华校友在境外拍卖所得捐赠母校，于2008年7月入藏。虽然由于出土时间与流散过程不得而知，学界对其真伪等问题还存在一些争议，但通过学界的鉴定和研究，大多倾向其为战国中晚期竹简。这批竹简载录的既有与传世文献相同或相近的材料，也有不见于传世文献的新材料。清华大学出土文献研究与保护中心对其进行了拍照、分篇、隶定、释读等一系列整理与研究工作，2010年底出版了《清华大学藏战国竹简（壹）》。随着整理成果的不断正式发布，对清华简的研究也成为一个学术热点。《清华大学藏战国竹简（壹）》中《程寤》篇所记载的内容，与传世《逸周书》散佚之《程寤》既相印证又有不同之处，其中“太姒梦见商廷惟棘”这一情节，是传世文献《逸周书》“程寤”篇佚文的主要内容，颇值得重视。本论文拟以出土文献与传世文献相互印证，梳理“廷惟棘”这一后世广泛运用的象征意象的渊源和流变过程。

一、《程寤》简文与传世文献的比较

据整理者介绍，本篇原无篇题，亦无次序编号，据《艺文类聚》、《太平御览》等文献引《逸周书 · 程寤》的文句，断定此篇为失传已久的《程寤》篇。简文如下：

> 惟王元祀正月既生魄，太姒梦见商廷惟棘，乃小子发取周廷梓树于厥间，化为松柏棫柞。寤惊，告王。王弗敢占，诏太子发，俾灵名凶，祓。祝忻祓王，巫率祓太姒，宗丁祓太子发。币告宗祊社稷，祈于六末山川，攻于商神，望，烝，占于明堂。王及太子发并拜吉梦，受商命于皇上帝。兴，曰："发，汝敬听吉梦。朋棘𣪊梓松，梓松柏副，棫覆柞，柞化为䕵。呜呼，何警非朋，何戒非商，何用非树，树因欲，不违材。如天降疾，旨味既用，不可药，时不远。惟商戚在周，周戚在商，欲惟柏梦，徒庶言迖，矧又勿亡秋明武威，如棫柞亡根。呜呼，敬哉。朕闻周长不贰，务择用周，果拜不忍，绥用多福。惟梓敝不义，芃于商，俾行量亡乏，明明在向，惟容纳棘，亿亡勿用，不忑，使卑柔和顺，生民不灾，怀允。呜呼，何监非时，何务非和，何褱非文，何保非道，何爱非身，何力非人。人谋强，不可以藏。后戒，后戒，人用汝谋，爱日不足。"[1]

传世文献直接点明引自《周书》或《程寤》的有五条：

[1] 清华大学出土文献研究与保护中心编，李学勤主编:《清华大学藏战国竹简（壹）》，北京：中华书局，2010年，第136页。

《艺文类聚》卷七十九:《周书》曰:“太姒梦见商之庭产棘,太子发取周庭之梓树于阙,梓化为松柏棫柞。寐觉,以告文王。文王乃召太子发,占之于明堂。王及太子发并拜吉梦,受商之大命于皇天上帝。”[1]

又卷八十九引文:《周书·程寤》曰:“文王在翟,梦南庭生棘,小子发取周庭之梓于阙间,化为松柏棫柞。惊以告文王,文王召发于明堂,拜吉梦,受商大命。秋朝士。”[2]

《文选》卷五十六李善注:《周书》曰:“文王至自商,至程,太姒梦见商之庭生棘,太子发取周庭之梓,树之于阙间,化为松栢。”[3]

《太平御览》卷三九七引文:《周书》曰:“文王去商在程,正月既生魄,太姒梦见商之庭产棘,小子发取周庭之梓树乎阙间,梓化为松栢棫柞。寤惊,以告文王。王及太子发并拜吉梦,受商之大命于皇天上帝。”[4]

又卷五三三引文:又《程寤》曰:“文王在翟,太姒梦见商之庭产棘,小子发取周之梓树于阙间,化为松柏棫柞。惊以告文王。文王曰召发于明堂,拜告梦受商之大命。”[5]

上述材料中的《周书》即为今人所称《逸周书》[6]。还有一些未明言出

[1]（唐）欧阳询撰，汪绍楹校:《艺文类聚》，上海：上海古籍出版社，1982年，第1355页。

[2] 同[1]，第1549页。

[3]（梁）萧统编，（唐）李善注:《文选》，上海：上海古籍出版社，1986年，第2419页。

[4]（宋）李昉等撰:《太平御览》，北京：中华书局，1960年，第1836页。

[5] 同[4]，第2418页。

[6] 黄怀信曰:“《逸周书》之名，向无定称：或曰‘周书’，或曰‘汲冢周书’，或曰‘逸周书’，亦曰‘周志’。自清修《四库全书》题之为‘逸周书’。后世率多遵之。”参见黄怀信著:《〈逸周书〉源流考辨》，西安：西北大学出版社，1992年，第5页。

自《逸周书》或《程寤》的相关文献，但其内容也可与清华简《程寤》篇相印证。如《潜夫论》卷七、《博物志》卷八、《艺文类聚》卷八十八、《太平御览》卷八十四、《册府元龟》卷二一及卷八九二等，都有太姒梦见商廷生棘的记载。

清华简简文的内容大略由三部分组成：太姒梦商廷生棘，文王占梦并与太子发拜吉梦，文王以吉梦告诫太子发。传世文献中的《程寤》不仅与简文字句有异，还只保留了前两部分的内容，没有记载文王对太子发告诫的具体内容。清华简《程寤》篇的内容比传世《逸周书·程寤》的内容要丰富得多，大概最接近《程寤》篇的原本面貌。

太姒梦见商廷生棘的历史背景是商末，但传世文献中与其内容相关的记载最早见东汉的《潜夫论》，到了初唐才有文献明确记载这个内容是《周书·程寤》。清华简"太姒梦见商廷惟棘"的内容印证了《逸周书·程寤》确为先秦文献。清华简《程寤》中太姒梦见商廷生棘的内容被传世文献保存了下来，可见廷堂之上生荆棘这一意象，不仅渊源久远，而且流播广泛。

二、"梦见商廷惟棘"蕴含的意义

清华简《程寤》篇与传世文献中保存的内容均有太姒梦见商廷生棘的情节，作为周代历史典籍的《逸周书》详细记载此情节，是因为梦廷生棘事件具有强烈的政治象征意义。我们认为《程寤》中"梦见商廷惟棘"可以从以下几重意思来理解：

第一，梦的预见性。先秦时期，人们认为梦是人与鬼神沟通的一种形式，鬼神的意旨经常通过人的梦境表达出来，因此认为梦具有预示性，占卜梦的内容往往能知晓即将发生的事情，尤其可对政治决策起到指导作用。文王之妃太姒是政治人物，她的梦境不是普通的梦，预示着某种重大事件的发生，因此惊醒后即告诉文王，且文王很郑重地对此梦进行了占卜。

第二，植物变异的象征意味。在太姒梦中，商王庭院长出荆棘，而太子发取来周的梓树植于此处，且梓树化成了松、柏、棫、柞等树木。清华简整理者认为此处“以棘比喻奸佞朋党，以松、柏比喻贤良善人”[1]，梓树亦为国之栋梁的象征。棫、柞的寓意则存在争议：或认为棫、柞是灌木，且生有棘刺，常是人们拔除的对象，是低劣树种；或认为松、柏、棫、柞质地坚硬，皆为栋梁之材。[2]《诗经·大雅·绵》“柞棫拔矣，行道兑矣”[3]与《皇矣》“柞棫斯拔，松柏斯兑”[4]中的“拔”皆为茂盛之意，而《棫朴》“芃芃棫朴，薪之槱之。济济辟王，左右趣之”[5]以棫、柞比喻济济人才，因此将棫、柞视为劣木的观点并不恰当，松、柏、棫、柞当暗指同一类事物与荆棘象征的小人相对立。《程寤》中的“商廷惟棘”即是商王朝出现了危害国家的小人，梓树是支撑国家的栋梁，由它化成的松、柏、棫、柞亦皆为良木，是辅佐周王的贤臣象征。商廷生棘，象征着商将衰落，梓树取代棘并化为良木，象征着周将得到众人支持，兴盛在即。

第三，预兆梦与植物变异的共构。“太姒梦见商廷惟棘，乃小子

[1] 清华大学出土文献研究与保护中心编，李学勤主编:《清华大学藏战国竹简（壹）》，上海：中西书局，2010年，第137页。

[2] 禚孝文集释、按语:《清华简〈程寤〉集释》，复旦大学出土文献与古文字研究中心网站论文，2011年9月17日发布，第12页。链接：http：//www.gwz.fudan.edu.cn/SrcShow.asp?Src_ID=1653。

[3]（清）阮元校刻:《十三经注疏·毛诗正义》，北京：中华书局，1980年，第511页。

[4] 同[3]，第520页。

[5] 同[3]，第514页。

发取周廷梓树于阙间，化为松柏棫柞”，象征着商王朝廷中出现了作乱的谗佞小人，太子发将成为天下的栋梁，并有大批贤臣的辅佐。梦的预示性与生棘、树梓、化为良木等植物变异的因素共同构成了“梦见商廷惟棘”的具体含义，表明太姒之梦象征着天下将发生重大的政治变革，即是周将取代商，且取代者是太子发，还会得到天下贤才的支持。文王占梦的结果亦是如此，于是与太子发“并拜吉梦，受商命于皇上帝”。

三、“梦见商廷惟棘”与先秦预兆梦和植物意象

清华简和汉代以来相关传世文献均以太姒梦见商廷生棘象征周将代商。先秦时期的其他传世文献，也从旁证明了具有政治象征意义的预兆梦与植物意象具有悠久的历史，在先秦是一个广泛存在的文化现象。

先秦时期，人们认为梦是一种神秘的鬼神预兆形式，通过占梦可预见未来之事。《周礼·春官宗伯》中记载大卜掌“三兆之法”“三易之法”“三梦之法”，“梦者，人精神所寤可占者”[1]，占梦是一项重要的活动，周代礼官之属设占梦一职，“占梦，掌其岁时，观天地之会，辨阴阳之气。以日月星辰占六梦之吉凶。一曰正梦，二曰噩梦，三曰思梦，四曰寤梦，五曰喜梦，六曰惧梦。季冬聘王梦，献吉梦于王，王拜而受之，乃舍萌于四方，以赠恶梦，遂令始难欧疫”[2]。占梦之官掌管之事既与四时历法有关，又观测天地万物、阴阳二气的变动，主要职能是通过日月星辰占卜梦的吉凶，梦又分为六种，包括“正梦”“噩梦”“思梦”“寤梦”“喜梦”及“惧梦’，其中“寤梦”为“觉

[1]（清）阮元校刻：《十三经注疏·周礼注疏》，北京：中华书局，1980年，第803页。
[2] 同[1]，第807—808页。

时道之而梦”[1]，即为太姒之梦。岁末之时，群臣献吉梦于王，王通过一系列祭祀活动接受吉梦，送走恶梦，且令作傩，驱逐厉鬼。梦是鬼神向人们告知未来之事的重要途径，梦的占卜的过程即为揭示鬼神意图、预知未来的过程。

《左传》常把梦当作重要的史实或史料来处理，在叙述史实过程中涉及了很多梦，据统计《左传》中写到梦的地方有 29 次[2]，梦的内容大多预示未来之事，且多与战争胜负、王位继承、国家兴衰、君臣命运等现实政治有密切关系。如僖公二十八年，“晋侯（文公）梦与楚子搏，楚子伏己而盬其脑，是以惧。”[3]子犯占得此梦为吉梦，预示着晋国得到上天的帮助，会令楚国伏罪，后与楚国之战果然取得了胜利。又如昭公七年，“孔成子梦康叔谓己：‘立元，余使羁之孙圉与史苟相之。’史朝亦梦康叔谓己：‘余将命而子苟与孔烝鉏之曾孙圉相元。’史朝见成子，告之梦，梦协。晋韩宣子为政聘于诸侯之岁，婤姶生子，名之曰元。”[4]孔成子与史朝做了同样的梦，梦中康叔安排了卫国将来的国君与辅政重臣，孔成子按照梦的指示立元为国君。又如哀公七年，曹国人的梦预见到了国家将毁于公孙强之手，后来公孙强果然执政，导致曹国被宋国所灭。[5]而成公十年的晋景公梦大厉一段中，则记录了三个相互联系的梦，预示晋景公与小臣的命运，且一一应验[6]。《左传》中所记载的梦大多具有成梦、占梦、验梦三个环节，梦境所示基本上在政治现实中应验。《左传》中的这些梦与《程

[1]（清）阮元校刻：《十三经注疏 · 周礼注疏》，北京：中华书局，1980 年，第 807 页。

[2] 薛亚军：《〈左传〉梦占预言述论》，《阴山学刊》2001 年 3 月第 14 卷第 1 期，第 16 页。

[3] 杨伯峻：《春秋左传注》，北京：中华书局，1990 年，第 459 页。

[4] 同 [3]，第 1297—1298 页。

[5] 同 [3]，第 1644—1645 页。

[6] 同 [3]，第 849—850 页。

寤》的太姒之梦一样，都以梦占预言反映了天命与人事在政治生活中的作用。

太姒梦境中的植物变异具有政治象征意义。以植物意象象征政治兴衰、国家兴亡，在先秦传世文献最典型的例子是《诗经·王风·黍离》。《毛诗序》认为此诗的主旨和创作背景是“闵宗周也。大夫行役至于宗周，过故宗庙宫室，尽为禾黍。闵宗周之颠覆，彷徨不忍去而作是诗也”[1]。昔日周王在镐京的宗庙与殿宇皆已荒废沦为田地，种满了绿油油的庄稼，大夫行经此处不禁感慨国家的败亡，悲忧不已。黍离意象成为国家覆灭的象征。微子过殷墟而作麦秀之歌[2]的意境与黍离之情境极为相似，亦为故臣对前朝灭亡的无限伤感。黍离与麦秀皆生长在故国宫室废墟之上，昔日繁华不再，植物的变异暗示出了新旧王朝的更替。此外，伍子胥以宫殿生荆棘劝谏吴王[3]，东郭书因宋国将有荆棘而避祸[4]的典故也用生荆棘的意象预示国家的败亡。

清华简《程寤》篇“梦见商廷惟棘”是预兆梦与植物变异意象的结合体，而《周礼》《左传》中的预兆梦及其他传世文献中的故地生黍离、麦秀、荆棘等植物意象则没有结合点，可见类似“廷惟棘”的植物象征意象在先秦时期就已独立存在。这一意象在不同语境中或是结果性象征或是预示性象征，都与国家兴亡相联系，且具有政治意味，并在后世得到了沿用与发展。

[1]（清）阮元校刻：《十三经注疏·毛诗正义》，北京：中华书局，1980年，第330页。

[2]（汉）伏胜撰，（汉）郑玄注，陈寿祺校辑：《尚书大传》，北京：中华书局，1985年据古经解汇函本排印初编版，第54页。

[3] 周生春：《吴越春秋辑校汇考》，1997年，第82页。

[4]（宋）李昉等撰：《太平御览》卷六九三引《韩诗外传》，北京：中华书局，1960年，第3094页。

四、“廷惟棘”意象在汉魏六朝的流变

清华简《程寤》的“廷惟棘”意象具有象征意义，预示着周将推翻商而坐拥天下。这一象征意象在汉魏六朝时期得到了继承与发展。汉魏六朝时期的文献和文学作品中出现了很多以故地生黍离、麦秀、荆棘、荆杞、蒿棘等类似“廷惟棘”的植物意象，这些意象的内涵较先秦有极大拓展。既有政治变动、故国倾覆的悲痛，也有游子行人怀恋故里的哀愁，亦有韶光无情人生无常的伤感，还有隐者绝尘逸世的孤高等等。而与《程寤》“廷惟棘”意象联系最直接的，当然是前者。《汉书·蒯伍江息夫传》和《晋书·索靖传》中的两则故事，与《程寤》“商廷惟棘”政治预见蕴含颇为类似：

> 淮南王阴有邪谋，(伍)被数微谏。后王坐东宫，召被欲与计事，呼之曰：“将军上。”被曰：“王安得亡国之言乎？昔子胥谏吴王，吴王不用，乃曰‘臣今见麋鹿游姑苏之台也。’今臣亦将见宫中生荆棘，露沾衣也。”[1]
>
> 靖有先识远量，知天下将乱，指洛阳宫门铜驼，叹曰：“会见汝在荆棘中耳！”[2]

伍被借用其先祖伍子胥的劝谏之言，预见到淮南王宫将生满荆棘，暗示淮南王造反将会失败，欲劝诫淮南王勿反。索靖意识到天下将会大乱，以在“蒿棘”中再会宫门铜驼暗示晋宫室将长满荆棘，西晋朝廷将会覆亡。上述植物意象，皆象征着国家将要灭亡，是对《程寤》“廷

[1]（汉）班固撰：《汉书》，北京：中华书局，1962年，第2168页。

[2]（唐）房玄龄等撰：《晋书》，北京：中华书局，1974年，第1648页。

惟棘”意象的沿用。

汉魏六朝时期有许多的文学作品以类似“廷惟棘”的植物意象暗示政治更替与国家兴亡，寄寓对政治变动无常的感慨及对故国灭亡的哀痛之情。如曹植《送应氏诗二首·其一》“洛阳何寂寞，宫室尽烧焚。垣墙皆顿擗，荆棘上参天”[1]，展现了遭董卓焚毁后的洛阳城墙倒塌、布满荆棘的残败荒凉之景。荆棘意象隐喻着在政变迭起、杀戮频仍的乱世，衰微的汉室权柄失落，正一步步走向灭亡。左思《魏都赋》“翼翼京室，耽耽帝宇，巢焚原燎，变为煨烬，故荆棘旅庭也”[2]，也描绘了汉末动乱中董卓焚毁洛阳、宫室化为灰烬的破败景象，象征着汉室将亡。在魏晋易代之际，以植物意象象征即将到来的政治更替的作品，以阮籍《咏怀诗》其三最具代表性：“嘉树下成蹊，东园桃与李。秋风吹飞藿，零落从此始。繁华有憔悴，堂上生荆杞。”[3]这首诗中的植物意象，和曹植与左思之作某种意义上的写实相比，更具有象征意义。据蒋师爚及黄节考证，此诗作于齐王曹芳被废的嘉平六年[4]，表面上不问世事的阮籍面临即将到来的改朝换代，仍以隐晦曲折的诗句表达了对现实政治的不满，前人对此诗的解读亦与当时的政局相联系。张铣注曰：“荆杞喻奸臣，言因魏室陵迟，奸臣是生，奸臣则晋文王。”[5]刘履的解释则更为具体：“此言魏室全盛之时，则贤才皆愿禄仕其朝，譬犹东园桃李，春玩其华，夏取其实，而往来者众，其下自成蹊也。及乎权奸僭窃，则贤者退散，亦犹秋风一起，而草木零落，繁华者于是

[1]（梁）萧统编，（唐）李善注：《文选》，上海：上海古籍出版社，1986年，第974页。

[2] 同[1]，第265页。

[3] 同[1]，第1068页。

[4] 邱镇京：《阮籍咏怀诗研究》，台北：文津出版社有限公司，1980年，第147页。

[5]（梁）萧统编，（唐）李善注，（唐）吕延济、刘良、张铣、吕向、李周翰注：《六臣注文选》，北京：中华书局，1987年，第420页。

而憔悴矣，甚至荆杞生于堂上，则朝廷所用之人，从可知焉……朝廷终将变革，无复可延之理。"[1]认为"堂上生荆杞"是因为魏室被权奸把持失去了贤人，而终将灭亡。张玉谷亦认为"首六（句），就植物春盛夏衰比起，说到堂生荆杞，京师乱象隐然"[2]。"堂上生荆杞"的诗句无论是暗喻奸臣司马氏的横行，还是形容贤人散去的冷落，都象征着当时的政治乱局，预示曹魏政权已经由盛而衰，司马氏专权并将取而代之。《程寤》"廷惟棘"意象亦包含商朝出现作乱小人、周将代商之义。阮籍诗中的植物意象，继承了"廷惟棘"意象，而却更含蓄蕴藉，不仅具有政治象征意义，更是文学意象。

以类似"廷惟棘"意象抒发兴亡感慨，象征国家败亡或政治势力更替，在六朝文学中比较普遍。如鲍照《芜城赋》描写了广陵城的衰败：

> 崩榛塞路，峥嵘古馗。白杨早落，塞草前衰。稜稜霜气，蔌蔌风威。孤蓬自振，惊砂坐飞。灌莽杳而无际，丛薄纷其相依。[3]

昔日繁盛的广陵城如今荒无人烟、草木丛生：崩折的榛莽填满道路，白杨树叶早已凋零，离离荒草提前枯萎，孤蓬在寒风中飘荡，灌木林莽幽远无际，草木杂处纠缠相依。《芜城赋》以盛极一时的广陵城长满衰草、荆榛，象征繁华富庶之城在阴谋叛乱与外族入侵中衰亡。《洛阳伽蓝记序》则直接以荆棘丛生意象象征了一代王朝的灭亡：

[1]（魏）阮籍著，黄节注，华忱之校订：《阮步兵咏怀诗注》，北京：人民文学出版社，1984年，第5页。

[2]（清）张玉谷著，许逸民点校：《古诗赏析》，上海：上海古籍出版社，2000年，第230页。

[3]（梁）萧统编，（唐）李善注：《文选》，上海：上海古籍出版社，1986年，第505页。

> 城郭崩毁，宫室倾覆，寺观灰烬，庙塔丘墟，墙被蒿艾，巷罗荆棘。野兽穴于荒阶，山鸟巢于庭树。游儿牧竖，踯躅于九逵；农夫耕老，艺黍于双阙。麦秀之感，非独殷墟，黍离之悲，信哉周室。[1]

北魏灭亡后东西魏分治，都城分别迁至长安和邺城，繁华的洛阳便城池荒废、佛寺寂然。杨衒之目睹故都“墙被蒿艾，巷罗荆棘”的荒凉之景，不禁感慨一代王朝的倾覆。

源于先秦的“廷惟棘”等具有政治象征意义的植物意象，发展到汉魏六朝时期，演化为都城生荆棘、蒿棘，堂上生荆杞等众多类似植物意象。这一时期文学作品中的堂生荆棘之类意象，不仅仅有象征国家覆亡的政治意义，更是寄寓了作者对前朝的悲悼、对政治变动的感慨，已经发展成为一种寄托亡国哀思的文学意象。

（作者单位：中国传媒大学文学院）

[1] 范祥雍校注:《洛阳伽蓝记校注》，上海：上海古籍出版社，1978 年，第 2 页。

《楚居》与《楚辞》互证五事

黄灵庚

最近刊布的清华大学藏战国竹简《楚居》，[1]于释读屈子《楚辞》多所参证价值，若所以名"楚""郢"，楚人所以"夜祭"及屈氏先世，皆大白于此，其文献价值固不待言。本文据简文所载，以证楚文化、楚史及《楚辞》五事，多未见于传世文献所载，尽吾颛愚，不免拘牵，幸博雅之正谬、高明之指疵焉。

一　据简文以探究楚文化渊源

楚文化源自何处，从来有三说：一为西来说，与夏后氏同族，姜亮夫、岑仲勉等是也。姜氏以为屈赋中"不少地方写到西方"，"因为楚国的发祥地在西方"，"高阳氏来自西方，即今之新疆、青海、甘肃一带，也就是从昆仑来的"。[2]岑仲勉作《楚为东方民族辨》，亦力主楚为西来说，以为楚先颛顼、重华、祝融等皆"西方族类"或"西

[1] 李学勤主编:《清华大学藏战国竹简（壹）》，上海：中西书局，2010年，上册：放大图版，第117—124页；下册：释文，第180—192页。

[2] 姜亮夫:《楚辞今绎讲录》，北京：北京出版社，1981年，第29页。

方人物”，本居于昆仑山系河源之上。[1]一为东来说，与殷商族同宗，郭沫若、胡厚宣等是也。郭沫若早年提出“楚本蛮夷，亦即淮夷”之说，后又以为“淮夷即楚人”，[2]亦即《逸周书·作雒解》之“熊盈族”，“楚之先实居淮水下游，与奄人、徐人等同属东国”。[3]胡厚宣作《楚民族源于东方考》，以楚族原与夷、徐同居东国，后迁至江汉之间。[4]一为土著说。俞伟超主之最力，重黎为南方部落，三苗为重黎后裔之一，“楚人与三苗的祖先是同源的”。[5]更有甚者，称屈原“是一个苗族出身的诗人”，“是苗族血统的后代”。[6]是真可谓聚讼纷纭，未知孰是。关键问题文献不足征，各据现有材料所作推测而已。铸成铁案，一锤定音，还需要更坚实文献基础。

记载先楚渊源之简文，其记述楚先则自季连始，而季连以上如高阳、老僮、祝融、吴回、陆终等先帝未置一词焉。然老僮、祝融等楚先已见诸《包山楚简》《江陵望山沙冢楚墓》及《新蔡葛陵楚墓》等，[7]据以上逆补葺之。以是推断，《楚居》盖非完帙，季连以上楚族世系或有阙佚。楚先季连所涉地望在殷商舆图之内，未可楚境地之内求之。战国楚境内即有其地，亦后世所迁徙而因袭旧名名之者。简文载季连娶殷王盘庚女为妻，则为殷族赘壻，此尤见楚文化与殷商文化渊源关系所在也。本文将此简文抄录如下，且对若干疑难字词句作必要考释：

[1] 岑仲勉:《两周文史论丛》,《广东日报民族学刊》1949 年 1 月第 34 期。

[2] 郭沫若:《中国古代社会研究》，上海：上海联合书店，1930 年，第 251 页。

[3] 郭沫若:《殷周青铜器铭文研究》，北京：人民出版社，1961 年，第 479 页。

[4] 胡厚宣:《楚民族源于东方考》，北京大学潜社 1934 年《史学论丛》第 1 期。

[5] 俞伟超:《先楚与三苗文化的考古学推测》,《文物》1980 年第 1 期。

[6] 龙海清、龙文玉:《屈原族别初探》,《学术月刊》1981 年第 7 期。

[7] 湖北省荆沙铁路考古队:《包山楚简》，北京：文物出版社，1991 年。湖北省文物考古研究所:《江陵望山沙冢楚墓》，北京：文物出版社，1996 年。河南省文物考古研究所:《新蔡葛陵楚墓》，郑州：大象出版社，2003 年。

季䌕（连）初降于郻山，氐（抵）于空（穴）竆（穷）。逿（前）出于乔山，乇（宅）凥（处）爰波。逆上洲水，见盘庚之子，凥（处）于方山。女曰比（妣）隹，秉兹衒（率）【一】相，詈㬅四方。季䌕（连）餌（闻）亓（其）又（有）㖨（聘），从，及之盘（泮）。

○降：降，下也。凡远古先祖、宗神及帝王出生、出行称“降”，或称“陟降”。《天问》：“帝降夷羿，革孽夏民。”王逸注：“帝，天帝也。夷羿，诸侯，弑夏后相者也。”夷羿，东夷族祖也，其生称“降”。又曰：“禹之力献功，降省下土四方。”王逸注：“言禹以勤力献进其功，尧因使省迨下土四方也。”[1]禹出行称“降”。季连为楚之先祖，类神灵自天而降，示其非凡器质，不可以寻常“下”义视之。

○郻山：整理者释文“疑即騩山”。案：郻，从畏声，騩从鬼声。畏、鬼楚简通用。《上海博物馆藏战国楚竹书》（三）《亘先》：“異（翼）生異（翼），鬼（畏）生鬼（畏）。”[2]《山海经》称“騩山”者，楚人先祖神灵之所居。《西山经》云：“凡西经之首，自钱来之山至于騩山，凡十九山，二千九百五十七里，华山冢也。”郭璞注：“冢者，神鬼之所舍也。”[3]騩山犹冢墓。《山海经》所载者，实虚杂糅。虚者谓在昆仑之丘，三危之西。而实者谓在河南。《中山经》云：“又东十里曰騩山，其上有美枣，其阴有㻬琈之玉，正回之水出焉，而北流注于河。”毕沅云：“山当在今河南新安县西北，即青要山东阜。”[4]新安县在今洛阳

[1] 洪兴祖：《楚辞补注》，北京：中华书局，1983年，第99、97页。

[2] 马承源主编：《上海博物馆藏战国楚竹书》（三），上海：上海古籍出版社，2003年，第290页。下简称《上博简》。

[3] 《山海经》卷二，《二十二子》，上海：上海古籍出版社影印，1986年，第1343页。

[4] 《山海经》卷五，《二十二子》，上海：上海古籍出版社影印，1986年，第1358页。

西十里。骢山，又作魔山。《中山经》云："又西十里曰魔山，其阴多瑀琈之玉。"郭璞注："音如瓌伟之瓌。"毕沅云："山当在今河南县西,《隋书·地理志》新安有魏山，有孝水。魏、魔音同也。新安与河南接境。"[1]河南县，即洛阳也。于今地望考之，骢山在河南省嵩岳间。楚先季连以上皆居中原，未尝南迁。《国语 · 周语上》："昔夏之兴也，融降于崇山。"韦昭注："融，祝融也。崇，崇高山也。夏居阳城，崇高所近。"[2]

〇空（穴）竆（穷）：空，整理者释"'穴'字异体"。竆、穷同。戴侗《六书故》卷二五："穴，乎决切，窟穴，土室也。《记》曰：'先王未有宫室，冬则居营窟，夏则居曾巢。'穴故从宀。"又云："竆，穴竆极不通也。"[3]穴，本北土居室；竆，亦"穴"义。《战国策·楚策四》"堀穴穷巷"，鲍彪注："堀，窟也。以穷巷为窟穴。"[4]此"空竆"，地名，《山海经》"有穷"或"穷山"。《西山经》载槐江之山，即騩山也，"实惟帝之平圃"，居天地之中："南望昆仑，其光熊熊，其气魂魂"；"西望大泽，后稷所潜也"；"北望诸毗，槐鬼离仑居之"；"东望恒山四成，有穷鬼居之"。[5]有穷之地在騩山东。《海外西经》："轩辕之国在此穷山之际，其不寿者八百岁，在女子国北，人面蛇身，尾交首上。穷山在其北，不敢西射畏轩辕之丘。"郭璞注："其国（轩辕）在山南边也。"[6]袁珂云："案《楚辞 · 天问》云：'阻穷西征，岩何越焉？化为黄熊，巫何活焉？咸播秬黍，莆雚是营；何由并投，而鲧疾修盈？'此数语自来多不得其解。自唐兰《天问"阻穷西征"新解》(《禹贡》半月刊

[1]《山海经》卷五,《二十二子》，上海：上海古籍出版社影印，1986年，第1360页。

[2]《国语》卷一，上海：上海古籍出版社，1978年，第30、31页。

[3] 戴侗:《六书故》，文渊阁四库全书本，226册，第474页。

[4]《战国策》，上海：上海古籍出版社，1978年，第573、575页。

[5]《山海经》卷二,《二十二子》，上海：上海古籍出版社影印，1986年，第1345页。

[6]《山海经》卷七,《二十二子》，上海：上海古籍出版社影印，1986年，第1370页。

第七卷第一二三期合刊）一文出，谓‘穷’即《山海经·海外西经》‘穷山’，‘鲧尸剖而生禹，其尸体遂化为黄熊而西征，被阻于穷山，卒越岩而南，求活于诸巫’，乃豁然贯通焉。鲧所被‘阻’之‘穷’，确即此穷山，因巫咸国在其南，去此不远也。”[1]其说是也。穷山，或名“穷谷”。《史记·夏本纪》张守节《正义》引《晋地记》云：“河南有穷谷，盖本有穷氏所迁也。”[2]则季连所居“穴穷”，本在嵩岳间也。

○乔山：整理者以为乔山，即《中山经·中次八经》“景山”东北之“骄山”，在战国楚境之内。案：非也。乔山，或作桥山、桥陵，黄帝所葬之处。《史记·五帝本纪》：“黄帝崩，葬桥山。”《集解》：“《皇览》曰：‘黄帝冢在上郡桥山。’”《索隐》：“《地理志》：‘桥山在上郡阳周县，山有黄帝冢也。’”《正义》：“《括地志》云：‘黄帝陵在宁州罗川县东八十里子午山。’《地理志》云：‘上郡阳周县桥山南有黄帝冢。’案：阳周，隋改为罗川。《尔雅》云：‘山锐而高曰桥也。’”[3]此汉世桥陵也。黄帝本少典之子，号有熊氏，都涿鹿。《正义》引《舆地志》云：“涿鹿本名彭城，黄帝初都，迁有熊也。按黄帝有熊国君，乃少典国君之次子，号曰有熊氏。”《集解》引皇甫谧曰：“有熊，今河南新郑是也。”[4]所谓桥山，在新郑、嵩岳间也。“前出于乔山”者，谓季连之先出自乔山黄帝也。

○乇凥（处）爰波：乇，整理者曰：“三体石经‘宅’字古文。”“凥，即‘处’字。”“爰波，地名。”案：是也。处，战国简书作“凥”，实古“处”字。爰波，季连所居。《楚世家》：“季连生附沮，附沮生穴

[1] 袁珂：《山海经校注》，上海：上海古籍出版社，1980年，第45、221—222页。

[2]《史记》卷二《夏本纪》，北京：中华书局，1982年，第87页。

[3]《史记》卷一，北京：中华书局，1982年，第10、11页。

[4] 同[3]，第2页。

熊。”《集解》：沮，“一作祖”。[1]《大戴礼记·帝系》：“季连产什祖氏，什祖氏产内熊。”[2]什祖，当付（附）祖之讹；内熊，穴熊之讹。《楚居》季连之后虽未见“附沮”，然地望大略可推。附沮，居于鲋鱼之祖也。《山海经·海内东经》：“汉水出鲋鱼之山，帝颛顼葬于阳，九嫔葬于阴。”毕沅云：“《太平寰宇记》云：‘顿丘县鲋鱼山在县西北三十里。’”[3]顿丘在卫，汉水，当为濮水，字之讹，其在濮阳也。《大荒北经》云：“附禺之山，帝颛顼与九嫔葬焉。”[4]鲋鱼、附禺同。又作务隅，皆声近字通。《海外北经》：“务隅之山，帝颛顼葬于阳。”郭璞注：“颛顼，号为高阳，冢今在濮阳，故帝丘也。”袁珂引《史记·五帝本纪》之《集解》：“《皇览》曰：‘颛顼冢，在东郡濮阳顿丘城门外广阳里中。”[5]爰波，宜近濮阳。爰，通作洹。洹水也，在安阳殷都北。《史记·项羽本纪》：“项羽乃与期洹水南殷虚上。”《集解》：“应劭曰‘洹水在汤阴界。殷墟，故殷都也。’瓒曰：‘洹水在今安阳县北，去朝歌殷都一百五十里。然则此殷虚非朝歌也。《汲冢古文》曰：“盘庚迁于此。”《汲冢》曰：“殷虚南去邺三十里。是旧殷虚，然则朝歌非盘庚所迁者。”《索隐》：“按《释例》云，‘洹水出汲郡林虑县，东北至长乐入清水’是也。《汲冢古文》云：‘盘庚自奄迁于北蒙曰殷虚，南去邺州三十里。’是殷虚南旧地名号北蒙也。”[6]此即今河南省安阳小屯发见殷商龟甲片者是也。波，通作陂。《诗·陈风·泽陂》，“彼泽之陂”，毛传：“陂，泽障也。”孔颖达疏：“泽

---

[1]《史记》卷四〇，北京：中华书局，1982年，第1690页。

[2] 王聘珍：《大戴礼记解诂》，北京：中华书局，1983年，第128页。

[3]《山海经》卷十三，上海：上海古籍出版社影印，1986年，第1377页中。

[4] 同[3]，第1384页中。

[5] 袁珂：《山海经校注》，上海：上海古籍出版社，1980年，第245页。

[6]《史记》卷七，北京：中华书局，1982年，第309—310页。

障，谓泽畔障水之岸。”[1]洹陂，洹水之岸，东距濮阳亦不甚远。

〇逆上洲水：盖自洹陂至于方山，逆水流而西行也。洲，整理者云：“新蔡葛陵简甲三 · 一一 · 二四：‘昔我祖出自郿追，宅兹沱（沮）章（漳）。’‘郿追’之‘郿’，疑与洲水有关。”案：新蔡葛陵简作“郿道”，[2]道，非“追”字。郿道，即《上博简》（七）《武王践阼》云：“王餌（问）于帀（师）上（尚）父曰：‘不智（知）黄帝、耑（颛）琂（顼）、尧、壑（舜）之道才（在）乎’”之“耑琂”也。[3]琂，从玉、言，言亦声。或者谓琂从言、玉声。非也。与从“首”之“道”为元、月平入对转，同疑纽双声。“琂”之通“顼”，犹“道”之通“顼”。此新出土之文献尤证“道”“顼”二字以月、屋二部可以通转也。春秋、战国之世，楚人曰“耑琂”“郿道”，叠韵联绵词，盖“厜㕒”“嵳峩”“嵯峨”“巑岏”“嵔嵬”“崔嵬”“岩崿”“苍梧”“崱嶷”“嶒嶝”之声转，犹高远之义。帝高阳之名“耑琂”者，谓高远之始祖也。远古帝王之名，多以“高”“远”为义，若“太昊”“少昊”“尧”“舜”等是也。及至汉世以后，语之转，字别作“颛顼”，然其取名之义已晦不明也。[4]洲，顺也。洲水，顺水道行。谓季连自洹陂逆上而西，顺水道行也。

〇见盘庚之子尻（处）于方山：盘庚，整理者云：“疑即商王盘庚。”季连当商殷盘庚之世也。《殷本纪》：“帝阳甲崩，弟盘庚立，是为帝盘庚。帝盘庚之时，殷已都河北，盘庚渡河南，复居成汤之故居，乃五迁，无定处。”《集解》引孔安国曰：“自汤至盘庚，凡五迁都。”《正义》：“汤自南亳迁西亳，仲丁迁隞，河亶甲居相，祖乙居耿，盘庚渡

[1]《毛诗正义》，阮刻《十三经注疏》，北京：中华书局，1980 年，第 379 页中。

[2] 河南省文物考古研究所：《新蔡葛陵楚墓》，郑州：大象出版社，2003 年，第 189 页。

[3]《上博简》（七）《武王践阼》，上海：上海古籍出版社，2008 年，第 151 页。

[4] 黄灵庚：《楚辞与简帛文献》，北京：人民出版社，2011 年，第 29—30 页。

河，南居西亳。是五迁也。”[1]以盘庚迁都自耿渡河至西亳。《书·盘庚序》“盘庚五迁，将治亳殷”，孔颖达《正义》：“《汲冢古文》云：‘盘庚自奄迁于殷。’殷在邺南三十里。”[2]汲冢古书以盘庚迁都不在西亳，而至于殷也。与史迁说别。王静安《说殷》云：“殷之为洹水南之殷虚，盖不待言。然自《史记》以降，皆以殷为亳，其误始于今文《尚书·书序》讹字，而太史公仍之。”“要之，盘庚迁殷，经无‘亳’字。”[3]案：盘庚终迁于殷，是也。然亦尝居耿、居奄、居商丘、居西亳等，盖迁殷前，都无定处，是以殷民胥怨。方山，地名。整理者曰：“《山海经·大荒西经》有方山，但位置太远。”案：《水经注·河水五》：“河水又东，合汜水。水南出浮戏山，世谓之曰方山也。”杨守敬、熊会贞疏云：“《山海经·中次七经》：浮戏之山汜水出焉。《续汉志》：成皋有汜水。《地形志》：西成皋有汜水。今水出汜水县西南四十里浮戏山。《洧水注》，方山即浮戏之山，故《寰宇记》引《郡国县道记》称，汜水出方山。”[4]方山，近西亳，在今河南偃师西。此云季连见盘庚之子居于西亳之方山也。

〇女曰比（妣）隹：比（妣）隹，盖盘庚诸子之一。整理者释文以“比”为“祖妣”之“妣”。案：是也。隹，读作雎，音许维反，通作濉，水名，在商丘、睢阳间。《水经注·获水》：“获水又东，谷水注之，上承砀陂，陂中有香城，城在四水之中。承诸陂散流为零水、濉水、清水也。积而成潭谓之砀水。”[5]妣出于濉，是以谓之“妣濉”。

[1]《史记》卷三，北京：中华书局，1982年，第102页。

[2]《尚书正义》卷九，阮刻《十三经注疏》，北京：中华书局，1980年，第168页中。

[3] 王国维：《观堂集林》卷一二，北京：中华书局影印，1961年，第523、525页。

[4]《水经注疏》，南京：江苏古籍出版社，1989年，第399页。

[5] 同[4]，第1981页。

〇秉兹衠（率）相：秉兹，整理者云："秉慈爱之德。"读"兹"为"慈"。又以"率"为"奉顺"，以相为"品质"。案：非也。兹，此也。衠（率），通作律。节乐之器名，或以竹为之，或以金为之。《礼记·月令》"律中大蔟"，郑玄注："律，候气之管，以铜为之。"孔颖达疏："按司农注《周礼》云：'阳律以竹为管，阴律以铜为管'，郑康成则以皆用铜为之。"[1]《尔雅·释器》："律谓之分。"邵晋涵《正义》："《初学记》引蔡邕《月令章句》云：'律，率也。截竹为管谓之律。'律者，清浊之率法也，声之清浊以律长短为度。律谓之分，言其长短有分度也。"[2]相，乐器也。《礼记·乐记》："始奏以文，复乱以武，治乱以相。"郑玄注："相，即拊也，亦以节乐。拊者，以韦为表，装之以穅，穅一名相，因以名焉。"[3]张载《正蒙·乐器》："乐器有相，周、召之治与！"[4]秉此律相乐器，所以取悦嘉偶，犹《诗·关雎》"琴瑟友之""钟鼓乐之"是也。

〇詈冑四方：整理者疑"詈"为"丽"，以"冑"为"秀"，詈冑四方，谓"妣隹貌美，胜于四方女子"。案：詈，通作历。《释名·释言语》："詈，历也。以恶言相弥历也。"[5]詈、历古同锡部，来纽双声。冑，由声，读作游。《诗·王风·君子阳阳》"右招我由房"，马瑞辰《通释》："由、游古同声通用。"[6]詈冑，游历也。[7]此言妣瀤秉持律相之器，历

[1]《礼记正义》卷一四，阮刻《十三经注疏》，北京：中华书局，1980年，第1354页中。

[2] 朱祖延主编：《尔雅诂林》卷中，武汉：湖北教育出版社，1998年，第1964页上。

[3]《礼记正义》卷三八，阮刻《十三经注疏》，北京：中华书局，1980年，第1538页中。

[4]《张载集》，北京：中华书局，1978年，第55页。

[5] 王先谦：《释名疏证补》卷四，《尔雅广雅方言释名清疏四种》合刊本，上海：上海古籍出版社，1989年，第1050页下。

[6] 马瑞辰：《毛诗传笺通释》卷七，续修四库全书，68册，上海：上海古籍出版社，2002年，第437页上。

[7] 黄灵庚：《清华简〈楚居〉笺疏》，《中华文史论丛》2012年第1期。

游四方以娉嘉匹也。《离骚》云："忽反顾以游目兮，将往观乎四荒。"又云："溘吾游此春宫兮，折琼枝以继佩。及荣华之未落兮，相下女之可诒。吾令丰隆乘云兮，求宓妃之所在。"[1]屈子求女以琼枝，妣瀼求偶以律相，庶几与此妣瀼求偶相类也。

○季繇（连）䎽（闻）亓（其）又（有）噂（聘）：整理者以"噂"为"聘"，释为"媒聘"。案：是也。聘，谓娶妻及纳征也。《礼记·内则》："聘则为妻，奔则为妾。"郑玄注："聘，问也。妻之言齐也，以礼聘问，则得与夫敌体。"[2]《说文》作"娉"，段注："凡娉女及聘问之礼古皆用此字。娉者专词也，聘者泛词也。"[3]楚简噂从口，以口问，亦古字。简文女求夫壻亦谓之噂，盖母权婚俗之旧。《诗·氓》："匪我愆期，子无良媒。将子无怒，秋以为期。"[4]亦女以噂求夫君之证也。据此，季连为殷商之赘壻（犹今俗称"倒插门"），以故楚文化与商文化为多所相同，若楚如同殷制兄死弟及而不传嫡子，若楚王如同殷王屡屡迁都、都无定所，若楚俗尚赤、尚左、尚东、尚鳳贱龙等等，皆楚因承殷商礼制也。而与夏、周文化甚见差别。据此，楚文化源于东方，可以确信无疑，与殷商文化关系最为密切。殷商都无固定，盘庚五迁，而《楚居》载自季连以下凡建都计二十有六：京宗、夆宅、发渐、旁屽、乔多、都郢、焚、宵、免郢、疆郢、湫郢、蔿郢、为郢、𨞺郢、同宫之北、承之埜、乾溪章华台、媺郢、鹗郢、𨟻澫、鄢郢、鄗吁、蓝郢、鄩郢、𨜒郢、鄩郢等，庶几每王必迁，文王者三迁，而楚庄王者四迁，而皆未居疆郢，至都无定处。此乃传世文献所阙载。所建之都若夆宅、

[1] 洪兴祖:《楚辞补注》，北京：中华书局，1983年，第18、30—31页。

[2]《礼记正义》卷二八，阮刻《十三经注疏》，北京：中华书局，1980年，第1471页中。

[3] 段玉裁:《说文解字注》，上海：上海古籍出版社影印，1981年，第622页上。

[4]《毛诗正义》卷一五，阮刻《十三经注疏》，北京：中华书局，1980年，第324页中。

焚、宵、鄀郢、湫郢、薆（鲧）郢、嬰（睽）郢、同宫之北、承埜（蒸野）、乾溪章华台、酉澫、鄩郢等多在汝南、淮上陈蔡之间。凡内乱之起，即迁于此。盖以追溯先人旧迹，亦秉承商人迁都迹习也。

〇从：整理者释“追赶”。案：非也。从，谓依随也。《左传》僖二十四年“即聋从昧”，孔颖达疏：“从与是，依就之意也。”[1]谓季连见妣瀼有聘问之意，乃依就之也。

〇及之盘（泮）：整理者云：“盘，读为‘泮’，水涯。《易》‘鸿渐于盘’，《经义述闻》读‘盘’为‘泮’。”案：非也。及，追及之也。楚简多作“返”。盘，地名，非水涯，九河之一。《尔雅·释水》，九河其八曰钩盘。郭璞注：“水曲如钩，流盘桓也。”[2]盘，犹盘桓委曲也。单言曰盘，长言曰有盘、句盘。《汉书·地理志上》平原郡有般水。[3]《水经注·河水五》：“故渠川派东入般县为般河，盖亦九河之一道也。”[4]此入海之盘河也，其源即南乐、濮阳之间。[5]季连依就妣瀼之聘，及之于盘河，自商丘之相终至于濮阳高丘之盘也。《离骚》首称“帝高阳之苗裔”，楚族之发祥在濮阳高丘之盘，楚人源自东方者是也。

二 据简文楚之所以为名楚

楚之所以为称“楚”，学者多有考释，顾颉刚《讨论古史答刘胡

[1]《春秋左传正义》卷一五，阮刻《十三经注疏》，北京：中华书局，1980年，第1818页上。

[2]《尔雅义疏》中八，清疏四种合刊本，第232页上。

[3]《汉书》卷二八上，北京：中华书局，1975年，第1579页。

[4]《水经注疏》，南京：江苏古籍出版社，1989年，第451页。

[5]《后汉书·公孙瓒传》“遂出军屯盘河”，章怀太子注：“盘，即《尔雅》九河，钩盘之河也。其枯河在今沧州乐陵县东南。”《袁绍传》“还屯盘河”，章怀太子注：“《尔雅》有九河，钩盘是其一也。故河道在今德州昌平县界，入沧州乐陵县，今名枯盘河。”

二先生》谓楚人“是林中建国的，荆亦名楚，当以荆棘繁多之故”，[1]故称荆楚。张正明又谓“‘荆人’、‘楚人’之所以得名，是因为他们居住的地方生长着许多被称‘荆’或者‘楚’的杈木”。[2]则皆非达诂。《楚居》详载其所以称“楚”之义：

> 穴酓迟（迟）迻（徙）于京宗，爰旻（得）【二】妣𠭯，逆流哉（载）水，乓（厥）脜（状）聑（聂）耳，乃妻之，生侸叔（叔）、丽季。丽不从行，渭（溃）自𦢊（胁）出，妣𠭯宾于天，晉（巫）𢦏（并）赅（该）亓（其）𦢊（胁）以楚，氐（抵）【三】今曰楚人。……

〇穴酓遟（迟）迻（徙）于京宗：穴酓，整理者云：“即穴熊，亦即鬻熊也。”案：是也。战国楚简及楚器铭文凡楚王室“熊”姓之字悉作“酓”。包山楚简、新蔡葛陵楚简与“老童”“祝䝸”“媸酓”为“三楚先”。《包山楚简》第二三八简：“罷祷楚先老僮、祝䝸（融）、媸（鬻）酓（熊）各两羖，亯祭，筥之高丘（丘）、下丘（丘）各一全豢。”[3]《江陵望山沙冢楚墓》第一一九、一二〇、一二一简：“口（楚）先老僮、祝䝸（融）、媸（鬻）酓（熊）各一牂。”[4]第一二二、一二三简：“口先老僮、口口（祝䝸）、媸（鬻）口各一牂。”[5]《新蔡葛陵楚墓》甲三第一八七、一九七简：“罷祷楚先，老童、祝䝸（融）、媸（鬻）酓（熊）各二痒（牂）。”[6]以上称楚先者，为老僮、祝䝸（融）、媸（鬻）酓（熊）

[1] 顾颉刚:《古史辨》(第一册)，上海：上海古籍出版社影印，1982年，第122页。

[2] 张正明:《楚史》，武汉：湖北教育出版社，1995年，第22页。

[3]《包山楚简》，北京：文物出版社，1991年，第36页。

[4]《江陵望山沙冢楚墓》，北京：文物出版社，1996年，第244页。

[5] 同[4]。

[6]《新蔡葛陵楚墓》，郑州：大象出版社，2003年，第194页。

三人。然《新蔡葛陵楚墓》所祷楚先，或以老僮、祝融、穴酓（熊）三人居多。如：甲三第三五简："口（老）童、祝 䨣（融）、穴熊芳屯一口。"[1]甲三第八三："口口、祝䨣、穴熊、邵王、献惠王……"[2]据此，媸（鬻）酓（熊）、穴酓（熊）确是一人。前曰綅白（伯）、远中（仲）二人"先凥（处）于京宗"，此曰"穴酓遅逯（徙）于京宗"。遅，古迟字，后也。《离骚》"恐美人之迟暮"，王逸注："迟，晚也。"[3]穴熊后亦迁徙于楚京也。《左传》桓二年"蔡侯郑伯会于邓，始惧楚也"，孔颖达疏引《世本》云："楚鬻熊居丹阳，武王徙郢。"[4]非也。居丹阳者乃熊绎也。自附沮至穴熊，史迁谓有阙遗，《楚世家》云："附沮生穴熊，其后中微，或在中国，或在蛮夷，弗能纪其世。周文王之时，季连之苗裔曰鬻熊。鬻熊子事文王，蚤卒。"[5]以穴熊、鬻熊误判为二人。季连之后居于附隅之祖有綅白（伯）、远中（仲）二人。然自綅白（伯）、远中（仲）二人至鬻熊，当殷商盘庚至帝辛，历十二帝，近二百年之久，当有阙遗。穴熊，非綅白（伯）、远中（仲）二人之子明也。

〇爰旻（得）妣戡：整理者云："戡字在上博简《容成氏》一六号简中读为'疠'。"案：非也。戡，当隶为"戡"。《说文·水部》湛字，古文作"㴞"，从水、匧。[6]《容成氏》一六号简"戡（疠）役（疫）不至，祆（妖）羕（祥）不行"。[7]整理者"戡役"释"疠疫"。戡、疠不通用。戡，即戡字，音张甚反；通用祲，音咨林反。戡、祲古同侵部，端、

[1]《新蔡葛陵楚墓》，郑州：大象出版社，2003年，第190页。

[2] 同[1]，第191页。

[3]《楚辞补注》，北京：中华书局，1983年，第6页。

[4]《春秋左传正义》卷五，阮刻《十三经注疏》，北京：中华书局，1980年，第1743页中。

[5]《史记》卷四〇，北京：中华书局，1982年，第1690页。

[6]《说文解字》，北京：中华书局，1963年，第233页下。

[7]《上博简》(二)，上海：上海古籍出版社，2002年，第262页。

精旁纽双声，例可通用。祲，妖气也。祲疫，古习语也。戡字又见《包山楚简》第三简“匆戡”，第十简有“郧戡”，皆用作地名。[1]盖通作湛，即湛阪也。《史记·十二诸侯年表》：“晋平公彪元年，伐败楚于湛阪。”《索隐》：“地名也，湛音视林反。”[2]钱穆云：“《水经·汝水注》：‘湛水出犨县北鱼齿山。于城父东南，湛水之北，有长阪，即水以名阪，故有湛阪之名。’城父，今河南旧宝丰县东四十里。楚师败绩，遂侵方城之外也。”[3]女出于湛阪，故曰“妣戡（湛）”也。

〇氒（厥）脜（状）聶（聂）耳：聶，整理者释为“聂”，谓“通‘摄’或‘聂’。《山海经·海外北经》：有‘聂耳之国……为人两手聂其耳’。注：‘言耳长，行则以手摄持之也。’以上两句描述穴熊见妣戡的情状。”案：袁珂云：“《大荒北经》云：‘有儋耳之国，任姓，禺号子，食谷。’即此。《淮南子·墬形篇》无聂耳国，而云：‘夸父耽耳在其北方。’是耽耳即儋耳，亦即此经聂耳也。《大荒北经》云‘禺号子’者，禺号即禺虢，乃东海海神。《大荒东经》云：‘黄帝生禺虢，禺虢生禺京，禺京处北海，禺虢处东海，是为海神。’郭璞云：‘一本作号。’即此禺号也。”[4]然聂耳、儋耳、耽耳之国皆在海外，与此简地望不合。聂，通作襵。慧琳《一切经音义》卷六十四“襵衣”条：“《博雅》：‘襵，襞也。’《仓颉篇》：‘韏也。’……韏音卷。”[5]《广雅·释诂》：“韏，曲也。”王念孙《疏证》：“韏之言卷曲。”[6]聂耳，妣戡（湛）其状，耳之卷曲不舒也。

〇乃妻之，生侸吕（叔）、丽季：整理者以“丽季”即下“丽不从行”

[1]《包山楚简》，北京：文物出版社，1991年，第17页。
[2]《史记》卷一四，北京：中华书局，1982年，第637页。
[3] 钱穆：《史记地名考》，北京：商务印书馆，2001年，第592页。
[4]《山海经校注》，上海：上海古籍出版社，1980年，第237页。
[5]《一切经音义》，上海：上海古籍出版社影印，1986年，第2588页。
[6]《广雅疏证》卷一下，第370页；卷四上，第448页下。

之“丽”。案：是也。《楚世家》云鬻熊“其子曰熊丽”。[1]然称“生侸吾（叔）、丽季”者，丽最幼。侸吾（叔）在前，再前则当有某伯、某仲二人。共四子，《楚居》未载，盖其失传久矣。

○丽不从行，渭（溃）自䐐（胁）出：整理者以“从”为“顺”；渭，释为“溃”；䐐，读作“胁”。案：皆是也。胎身从出为顺，横梗为逆。《逸周书·周祝解》：“故万物之所生也性于从。”潘振云：“故万物之生，得其道而性顺也。”[2]不从行，谓丽生之时，身横塞于妣㕣母体之内，而溃自胁中出也。

○妣㕣宾于天：整理者云：“宾于天，上为天帝之宾。《山海经·大荒西经》：‘（夏后）开上三嫔于天，得《九辩》《九歌》以下。’开即启。《楚辞·天问》：‘启棘宾商（帝），《九辩》《九歌》。’《逸周书·太子晋》‘吾后三年上宾于帝所’，则是死的婉称。”案：《大荒西经》及《天问》“宾天”，启祀天之礼，乃献嫔于帝，为人牲也。详参拙著《楚辞章句疏证》卷四《天问疏证》。[3]引《逸周书》“上宾于帝所”，即登遐之意。二者不同。此简“妣㕣宾于天”者，妣㕣（湛）难产，登遐于天，谓死也。

○ 晉（巫）戕（并）赅（该）亓（其）䐐（胁）以楚，氐（抵）今曰楚人：整理者云：“戕赅，读为‘并该’，并合包裹。《孔子家语·正论》王肃注：‘该，包也。’楚，荆条。此句意为用荆条将妣㕣之胁缠包复合。或释‘戕’为‘戋’，读为‘缄’。”案：楚之荆条焉能包裹？非也。是承上文“渭（溃）自䐐（胁）出”，记巫剖胁妣㕣以生熊丽者也。《大戴礼记·帝系》：“鬼方氏之妹谓之女隤氏，产六子，孕而不粥，三年，启

[1]《史记》卷四〇，北京：中华书局，1982年，第1690页。

[2] 黄怀信等：《逸周书汇校集注》（修订本）卷九，上海：上海古籍出版社，2007年，第1066页。

[3] 黄灵庚：《楚辞章句疏证》，北京：中华书局，2007年，第1087页。

其左胁，六人出焉。”[1]《世本》作“启其左胁，三人出焉；启其右胁，三人出焉”。[2]《楚世家》称“陆终生子六人，坼剖而产焉”。[3]《上博简》（二）《子羔》：“亓（其）莫𡰥而画（划）于伓（倍、背）而生，生而能言，是墨（禹）也。”[4]《天问》：“何勤子屠母，而死分竟地？”王逸注：“言禹愊剥母背而生，其母之身分散竟地，何以能有圣德，忧劳天下乎？”[5]皆远古之世有剖产生子之证。戕，古荆字，《说文·刀部》作“刑”，云：“刭也。从刀，开声。”[6]朱骏声谓“按并省声，与从‘井’之荆罚字别”。[7]赅，通作刻，同亥声，例得通用。《广雅·释诂》：“刻，分也。”又云：“刻，画也。”[8]楚，荆也。《古文苑·荆州牧箴》“包楚与荆”，章樵注：“荆，牡荆也。楚，荆之翘者。”[9]谓楚翘之锋利似刃者也。楚，利器。以楚为刀（即手术刀），剖划妣𫌀之胁而生熊丽。“氏今曰楚人”者，楚之所以为名“楚”，用楚棘剖划妣𫌀之胁以产熊丽故也。楚族后世裔孙以先祖酓（熊）丽之出生为神异之事，而视“楚荆”能产先人熊丽，更为奇异之物，以示纪念，以励后世子孙，传之万代，故邦国以“楚”为名，如此而已。《天问》：“荆勋作师夫何长？”王逸注：“荆，楚也。”[10]楚人自称楚或荆，无美恶之别。《包山楚简》称“楚王”

[1]《大戴礼记解诂》卷七，北京：中华书局，1983年，第127页。

[2]《世本》，丛书集成初编，上海：商务印书馆，1937年，3700册，第7页。

[3]《史记》卷四〇，北京：中华书局，1982年，第1690页。

[4]《上博简》（二），上海：上海古籍出版社，2002年，第193页。

[5]《楚辞补注》，北京：中华书局，1983年，第99页。

[6]《说文解字》，北京：中华书局，1963年，第92页下。

[7] 朱骏声：《说文通训定声》“鼎部第十七”，武汉：武汉古籍书店影印，1983年，第866页下。

[8]《广雅疏证》卷一上，第358页上；卷四下，第466页上。

[9]《古文苑》卷一四，四部丛刊缩印本，407册，第104页下。

[10] 同[5]，第117页。

为“䣓(荆)王”。[1]《诗·殷武》“奋伐荆楚”，毛传:“荆楚，荆州之楚国也。”[2]以其封域言之，极言其小且弱也。春秋初多称荆，后则称楚，盖前未以楚为诸侯，后强盛，为诸侯国。故西周器铭曰“荆楚”(《过伯簋》)、曰“楚荆”(《墙盘》)，多含贬义。秦简日书称“荆”不称“楚”，避秦庄襄王讳也。

三　楚简“柰”字为夜祭名及与《九歌》夜祭考

楚简有“柰”字,《说文》未载，多不识其为何义。如,《包山楚简》有“顕(夏)柰之月”[3]“冬柰之月”[4](13)“屈柰之月”[5]“远柰之月”之名,[6]然“柰”何以称月，终不得明了。及至《楚居》记载，方知“柰”为夜祭名，与楚人祭祀发生礼俗有关，且破解《九歌》祀神何以在夜提供有力证据。

> 至酓羿与屈約(紃)，思(使)若(鄀)嗌(嗌)卜退(徙)于𡉚宅，为梫室=(室，室)既成，无以内之，乃欁(窃)鄀(鄀)人之犝(犝)以【四】祭。愳(惧)亓(其)宔，夜而内㞑(尸)，氐(抵)今曰柰，柰北(必)夜。

○至酓罴：罴，整理者释“绎”。案：是也。《楚世家》:“熊绎当

[1]《包山楚简》，北京：文物出版社，1991年，第36页。

[2]《毛诗正义》卷二〇，阮刻《十三经注疏》，北京：中华书局，1980年，第627页下。

[3] 同[1]，第17、18页。

[4] 同[1]，第22、33页。

[5] 同[1]，第26页。

[6] 同[1]，第33页。

周成王之时，举文武勤劳之后嗣而封熊绎于楚蛮，封以子男之田，姓芈氏，居丹阳。楚子熊绎与鲁公伯禽、卫康叔子牟、晋侯燮、齐太公子吕伋俱事成王。”[1]王符云：“芈姓之裔熊严，成王封之于楚，是谓粥熊，又号粥子。”[2]以熊严为始封，讹矣。

○思（使）若（都）嗌（嗌）卜遷（徙）于壵宅：整理者云：“思，读为‘使’。嗌，‘嗌’之籀文。若嗌，都人先祖。”案：楚简思、使通用。《包山楚简·祝祷》二二九简：“畢祷行宫一白犬，酉（酒）飤（食），思（使）攻叙于宫室。”[3]又：二四六简“思（使）攻解于水上与溺人。”[4]长沙子战库战国《楚帛书》：“思（使）軙奠四极。”又：“思（使）有宵有朝，有昼有夕。”[5]

○壵宅：整理者云：“地名，当即史书中的丹阳，近于郢。”案：壵，即夷字，谓淮夷也。宅，读如顿，地名。《楚世家》：（昭王）“二十年，楚灭顿。”《集解》：“骃案《地理志》，汝南顿县故顿子国。”《正义》：“《括地志》云：‘陈州南顿县，故顿子国。应邵云：古顿子国，姬姓也。逼于陈，后南徙，故曰南顿。’”[6]钱穆云：“南顿故城，今项城县北五十里。”[7]夷，在顿东，即亳州城父县。夷、顿，皆属淮夷，故曰“夷顿”。《包山楚简》有“宅州”“宅市”、[8]“宅人”[9]等（整理者误作“㡯”），即此“壵宅”也。熊绎与周公同时，周公居摄，避管、

[1]《史记》卷四〇，北京：中华书局，1982年，第1691—1692页。

[2]《潜夫论笺校正》卷九《志氏姓》，北京：中华书局，1985年版，第415页。

[3]《包山楚简》，北京：文物出版社，1991年，第35页。

[4]同[3]，第36页。

[5]王辉:《古文字通假字典》，北京：中华书局，2008年，第33页。

[6]同[1]，第1717页。

[7]《史记地名考》，北京：商务印书馆，2001年，第611页。

[8]《包山楚简》第五八简，第20页。

[9]《包山楚简》第一七二简，第30页。

蔡流言而"居东"，清华简《金滕》作"宅东"。[1]居东、宅东者，即《史记·鲁周公世家》"奔楚"也，以楚之"郪宅"，在成周东也。郭沫若氏称"楚本蛮夷，亦即淮夷"之说，后又以为"淮夷即楚人"，盖指熊绎时言也。若楚在丹阳，在成周南，则不得云"居东"、"宅东"、"奔楚"也。盖熊绎始迁丹阳前即居于郪宅，后徙丹阳也。若丹阳有"郪宅"，亦熊绎迁居丹阳后，择新地以名之，则非汝南之夷顿也。而酓䍙始封在丹阳，即今丹、淅之间，不在夷顿。《史记·韩世家》"斩首八万于丹阳"，司马贞《索隐》："丹阳，故楚都，在今均州。"[2]均州，在今河南省淅川县。宋翔凤云："是战国丹阳，在商州之东，南阳之西，当丹水、淅水入汉之处，故亦名丹淅。鬻子所封，正在于此。"又云："鬻熊后数世至熊绎，始南迁中国，而壹用力于蛮夷。"[3]丹、淅间之丹阳，即楚始封之居。淅川县下寺古城遗址，俗称龙城，有春秋古楚墓群，出土子午鼎及戈。午，庄王子，康王令尹子庚。[4]其正合宋翔凤云"丹水、淅水入汉之处"，即熊绎所居丹阳也。

○为椟室＝（室，室）既成，无以内之：整理者以"椟"为"楩"。案：是也。楩，通作便。便室，正室外之别室，权置之室也。《后汉书·彭宠传》："五年春，宠斋，独在便室。"李贤注："便坐之室，非正室也。"[5]《汉书·武帝纪》"夏四月壬子，高园便殿火"，颜师古注："凡言便殿、便室、便坐者皆非正大之处，所以就便安也。"[6]熊绎始迁至夷顿，权

[1] "周公石（宅）东三年"，《清华大学藏战国竹简（壹）》，上海：中西书局，2010年，第158页。

[2]《史记》卷四五，第1872页。

[3] 宋翔凤：《过庭录》卷九《楚鬻熊居丹阳武王徙郢考》，北京：中华书局，2006年，第159页。

[4] 河南省文物研究所：《淅川下寺春秋楚墓》，北京：文物出版社，1991年；张亚初：《淅川下寺二号墓的墓主、年代与一号墓编钟的名称问题》，《文物》1985年第4期。

[5]《后汉书》卷一二，北京：中华书局，1965年，第159页。

[6]《汉书》卷六，北京：中华书局，1975年，第505页。

置宫室，所以祭先人。内，读作纳。

〇乃䊩（窃）若（鄀）人之犝（㹅）以祭：整理者以“䊩”为“窃”，以“犝”为“㹅”，无角牛。皆信而有征。又以“若（鄀）人”为上鄀，云：“《左传》僖公二十五年：‘秋，秦晋伐鄀。’杜注：‘鄀本在商密，秦楚界上小国，其后迁于南郡鄀县。’铜器上有上鄀和下鄀。河南淅川下寺春秋楚墓出土上鄀公瑚。本篇中的‘若’当是商密之鄀，亦即铜器中的上鄀，在今河南淅川西南。”案：其说是也。谭其骧《中国历史地图集》（每一册）以“商密”之鄀为下鄀，而以南郡之鄀县为上鄀。[1]非也。

〇愳（惧）亓（其）宔，夜而内㞖（尸），氏（抵）今曰栾，栾朼（必）夜：整理以“愳”为古惧字。宔，读为“主”，主人，指鄀人也。又云：“㞖，祭祀名。楚月名‘刑㞖’、‘夏㞖’，秦简作‘刑夷’、‘夏夷’。‘㞖’（尸）与‘夷’通。《礼记·丧大记》：‘男女奉尸夷于堂。’孔颖达疏曰：‘夷，陈也。’简文之㞖，疑指陈列牺牲以祭。上博简《平王问郑寿》有‘㞖庙’。“栾，据简文可知夜里行祭为栾，夜字也从亦声。楚月有‘冬栾’、‘屈栾’、‘远栾’、‘夏栾’，秦简分别作‘冬夕’、‘屈夕’、‘远（援）夕’、‘夏夕’。”案：㞖庙，上博简整理者释为“宗庙”。[2]非也。栾、夜，楚简通用。《新蔡葛陵楚墓》甲三·六“坪夜君”，[3]《包山楚简》二·二〇三作“文坪栾君”。[4]楚族后世裔孙，念其先祖“辟在荆山，筚路蓝缕，以处草莽，跋山山林，以事天子”，杨伯峻云：“杜注云：‘筚路，柴车。’孔《疏》云：‘以荆竹织门谓之筚门，则筚路亦以荆竹

[1] 谭其骧主编：《中国历史地图集》（第一册），北京：中国地图出版社，1975年，第25—26页。

[2]《上博简》（第六册），上海：上海古籍出版社，2007年，第256页。

[3]《新蔡葛陵楚墓》，郑州：大象出版社，2003年，第189页。

[4]《包山楚简》第五八简，北京：文物出版社，1991年，第33页。

编车，故谓筚路为柴车。’蓝缕，双声连绵词。《方言》云：‘楚谓凡人贫衣被丑敝为蓝缕。’杜注：‘蓝缕，敝衣。’”[1]其创国之初艰难困穷若此，以至于窃鄀人犝牛以祭先祖者。后世子孙视之无不感慨，记其事以自励，为之记念，定为一族一国之礼制，非惟月名曰“𡰥”、曰“𡰥”，而先祖及鬼神祭祀亦定制于夜，成为一族一国之礼俗。故曰：𡰥，从示、亦声，楚人夜祭名也。王逸《九歌序》：“其祠必作歌乐鼓舞。”[2]《太平御览》卷五七二《乐部》十《歌》三引《楚词》“其祠”作“于夜”，[3]谓《九歌》祭祀诸神之礼皆在夕夜。征之《楚辞》，若《离骚》“巫咸之夕降兮”，《云中君》“烂昭昭兮未央”，《湘君》“夕弭节兮北渚”，《湘夫人》“与佳期兮夕张”，《东君》“夜皎皎兮既明”，《河伯》“日将暮兮怅忘归”。李大明有详说，可资参证。[4]夜祭礼俗犹存于《楚辞》之确证。楚人何以于夜祭神鬼？皆为千载未发之义、未晓之事、难解之谜，学者求之百方而未得。而此简揭橥其夜祭之起源、来历，千古之秘遂大白于世，何其快哉！自后汉代降神亦多在夜，则从楚礼也。《汉书·郊祀志》：“上有所幸李夫人，夫人卒，少翁以方盖夜致夫人及灶鬼之貌云，天子自帷中望见焉。乃拜少翁为文成将军，赏赐甚多，以客礼礼之。文成言：‘上即欲与神通，宫室被服非象神，神物不至。’乃作画云气车，及各以胜日驾车辟恶鬼。”又曰：“居室帷中，时昼言，然常以夜。”又云：“于是五利常夜祠其家，欲以下神。”[5]又云：“天子为塞河，兴通天，若有光云。”颜师古注：“为塞河及造通天台而有神光之应。”又云：“西

[1] 杨伯峻：《春秋左传注》（第二册），北京：中华书局，1990 年，第 731 页。

[2]《楚辞补注》，北京：中华书局，1983 年，第 55 页。

[3]《太平御览》卷五七二，北京：中华书局影印，1960 年，第 2584 页上。

[4] 李大明：《九歌夜祭考》，《文史》第 30 辑，北京：中华书局，1988 年，。

[5]《汉书》卷二五之上，北京：中华书局，1975 年，第 1219、1220、1224 页。

河筑世宗庙，神光兴于殿旁，有鸟如白鹤，前赤后青。神光又兴于房中，如烛状。广川国 世宗庙殿上有钟音，门户大开，夜有光，殿上尽明。”[1]《楚居》简文“祭必夜”，不惟证明王逸《九歌序》旧本“其祠”作“于夜”，且于研讨先秦礼制发生、礼俗源流、形成等亦甚有价值也。

四　屈氏先世应提前至周初

> 至酓𦍒与屈紃（紃），思（使）若（鄀）嗌（嗌）卜𨔶（徙）于𨑴宅……

○与屈紃（紃）：整理者以“屈紃”为“屈紃”，称“此人与楚武王后裔屈氏无关”。案：然“屈紃”“屈紃”，皆未见典籍所载，无改字之必要。屈紃与熊绎同为迁居夷顿开创者，于楚族甚有功，且俱生于周成王之世。

然传世文献多以为屈氏为楚武王之后，始祖是屈暇，在春秋之世。《离骚》“帝高阳之苗裔兮”，王逸注：“周幽王时生若敖，奄征南海，北至江、汉。其孙武王求尊爵于周，周不与。遂僭号称王，始都于郢。是时生子瑕，受屈为客卿，因以为氏。”[2]以屈氏始于武王子屈暇。然王说甚可疑，若“客卿”之称，始于战国，与诸侯宗族为别姓。诸侯王子及其同姓宗族称“公卿”“卿士”等，而绝无称“客卿”之例。朱熹《集注》云：“客卿，战国时官，为他国之人游宦者设。春秋初年，未有此事，亦无此官。况暇又本国王子乎？”[3]盖以“客”字为羡。《史

[1]《汉书》卷二五之下，北京：中华书局，1975年，第1242、1248页。

[2]《楚辞补注》，北京：中华书局，1983年，第3页。

[3] 朱熹：《楚辞集注》，上海：上海古籍出版社，1979年，第173页。

记·屈原列传》张守节《正义》引王逸注："楚王始都是，生子瑕，受屈为卿，因以为氏。"[1]则无"客"字，犹存其旧。《左传》桓公十一年："楚屈瑕将盟贰、轸，郧人军于蒲骚，将与随、绞、州、蓼伐楚师，莫敖患之。"杜预注："屈，楚大夫氏。莫敖，楚官名，即屈瑕。"[2]未见其为王子之迹。郑知同云："依《左氏》所载屈瑕事，于武王有君臣之义，无父子之亲。瑕恐非武王子。王氏不知何据。疑楚公子受屈为卿因氏之者，尚在其前。瑕乃其子孙也。"[3]其说是也。

《楚居》"酓罴与屈紃"之"与"字，二人既同时且同宗，于周成、康之世则楚族已有屈氏矣，故屈氏先世宜提前，不当认定屈暇为始祖。

五 称"郢"来历及城郢考

据传世文献载，楚国都郢，始于楚文王，在今湖北省江陵市。惟《楚居》所载，楚之都郢始于武王，而武王都郢，但划"疆界"而已，未尝筑城。异乎传世文献所载。

> 至武王酓䵣自宵遷（徙）居免，女（焉）㠯（始）【七】□□□□□福。众不容于免，乃渭（溃）疆浧之波（陂）而宇人女（焉），氏（抵）今曰郢。至文王自疆浧（郢）遷（徙）居湫郢＝（湫郢，湫郢）遷（徙）居𧆞郢＝（樊郢，樊郢）遷（徙）居为＝郢＝（为郢，为郢）逯（复）【八】遷（徙）居免郢，女（焉）改名之曰福丘。

[1]《史记》卷八四，北京：中华书局，1982年，第2481页。

[2]《春秋左传正义》卷七，阮刻《十三经注疏》，北京：中华书局，1980年，第1755页下。

[3] 郑知同：《楚辞考辨手稿》，贵阳：贵州人民出版社，2003年，第17页。

○至武王酓䶙自宵迻（徙）居免：案《楚世家》："蚡冒弟熊通，弑蚡冒子而代立，是为楚武王。"武王，简文名"䶙"，整理者云："'䶙'字左侧所从为舌之繁体。"然未识为何字。审其左旁作"胥"，从舌、从月，舌亦声。䶙，即舌声，盖通作彻。（舌音食列切，审纽，月部。彻，音丑列切，透纽，月部。透、审旁纽双声。）上博简《姑成家父》有"伐厇遀适"之"遀"，亦从"胥"，整理者云"未识"。[1]遀，亦彻字。酓䶙，即熊彻。彻，是其本名，《楚世家》作"熊通"，以避汉武帝名讳。免，整理者云："或释为'冗'。"非也。免，通作沔，即沔阳也。《新蔡葛陵楚墓》甲三·二六八："返（及）江、滩（汉）、瀋（沮）、漳，延至于瀿。"[2]瀿，从"米"声，沔之声转。《汉书·地理志》："华容：夏水首受江，东入沔，行五百里。"又云："江夏郡，高帝置，属荆州。"应劭云："沔水自江别至南郡华容上为夏水，过郡入江，故曰江夏。"[3]《水经·夏水注》："（夏水）又东至江夏云杜县，入于沔。……应劭十三州记曰：'江别入沔为夏水。'原夫夏之为名，始于分江，冬竭夏流，故纳厥称。既有中夏之目，亦苞大夏之名矣。当其决入之所，谓之堵口焉（夏水入沔之口曰堵口）。郑玄注《尚书》'沧浪之水'，言今谓之夏水。刘澄之著《永初山川记》云：'夏水，古文以为沧浪，渔父所歌也。因此言之，水应由沔。今按：夏水，是江流沔，非沔入夏。假使沔注夏，其势西南，非《尚书》又东文。'余亦以为非也。自堵口下沔水，通兼夏目，而会于江，谓之夏汭也。故《春秋左传》：'吴伐楚，沈尹射奔命于夏汭也。'杜预曰：'汉水曲入江，即夏口矣。'"[4]沔水不

[1]《上博简》（五），上海：上海古籍出版社，2005年，第246页。
[2]《新蔡葛陵楚墓》，郑州：大象出版社，2003年，第197页。
[3]《汉书》卷二八上，北京：中华书局，1975年，第1566、1567、1568页。
[4]《水经注疏》卷二八，南京：江苏古籍出版社，1989年，第2709—2710页。

从江别，自江别者，夏水也。固与应氏《十三州记》“江别入沔为夏水”者不悖。《汉志》注引应说“沔水”，实汉水也。以汉水未至江夏者为沔水。郦元以为“自睹口下沔水，兼通夏目，而会于江，谓之夏汭”云云，亦有疏失处。《地理志》下“武都郡”又云：“东汉水受氐道水，一名沔，过江夏，谓之夏水。”[1]《史记·夏本纪》：“嶓冢道瀁，东流为汉。”《集解》：“郑玄曰：‘《地理志》：瀁水出陇西 氐道，至武都为汉，至江夏谓之夏水。’”《正义》：“《括地志》云：‘嶓冢山水始出山沮洳，故曰沮水。东南为瀁水，又为沔水。至汉中为汉水，至均州为沧浪水。始欲出大江为夏口，又为沔口。汉江一名沔江也。’”[2]盖汉水至均州而未过江夏者，称沔水，或称沧浪水，《楚辞·渔父》所濯者也；沔与江夏合为夏水。而夏水在未与沔水合称江夏，合后为夏水。夏自江别，所别者谓之夏首；东入沔，与沔合为堵口；沔与江合，所合者为夏口，又称沔口。堵口，即沔阳也，今湖北省仙桃，亦即简文之“免”。武王拓地已近郢。沔口，武汉之汉口也。

○飼（始）□□□□□福：整理者：“飼，双音符字，读为‘始’，楚简习见。”案：“飼”下阙五字，盖言获福之意。《楚世家》，武王“三十五年，楚伐随。随曰：‘我无罪。’楚曰：‘我蛮夷也。今诸侯皆为叛相侵，或相杀。我有敝甲，欲以观中国之政，请王室尊吾号。’随人为之周，请尊楚，王室不听，还报楚。三十七年，楚熊通怒曰：‘吾先鬻熊，文王之师也，蚤终。成王举我先公，乃以子男田令居楚，蛮夷皆率服，而王不加位，我自尊耳。’乃自立为武王，与随人盟而去。于是始开濮地而有之。”[3]所谓“福”者，乃得濮地也。濮，当在沔、

[1]《汉书》卷二八下，北京：中华书局，1975年，第1609页。

[2]《史记》，北京：中华书局，1982年，第70、72页。

[3] 同[2]，第1695页。

随之间，非巴濮也。

○众不容于免，乃渭（溃）疆浧之波（陂）而宇人玄（焉），氏（抵）今曰郢：整理者云：“渭，读为‘溃’，毁坏。疆浧，最初可能是泽名，经武王时治理而成居人之地，遂为地名。疆郢是免郢扩建的一部分，浑言之，免郢、疆郢无别，析言之，二者有先后大小之别。波，读为‘陂’，泽障。”案：渭、溃古字虽通用，然谓毁溃陂障，不辞之甚。渭，通作“为”。《易·系辞下》“小人以小善为无益而弗为也，以小恶为无伤而弗去也”，[1]《潜夫论·慎微》引“为无益”“为无伤”二“为”字皆作“谓”。[2]为，营造也。营造疆浧之陂障以居人也。以免地之狭陋，不能容众，是以营造陂障而疆浧，疆浧、免固非一地。疆，谓界也。《周礼·封人》：“凡封国设其社稷之壝，封其四疆。”孙诒让《正义》引《夏官叙官》注：“疆，界也。”[3]武王为浧作疆界，故曰“疆浧”。“氏（抵）今曰郢”者，“疆浧”所以为“郢”者，即楚都江陵纪郢。始都于郢者，乃武王也。《世本·居篇》亦云：“楚鬻熊居丹阳，武王徙郢。”宋衷注：“今南郡江陵县北有郢城。”[4]《史记正义》：“《括地志》云：‘纪南故城在荆州江陵县北五十里。杜预云：国都于郢。今南郡江陵县北纪南城是也。’《括地志》云：‘在江陵县东北六里，故郢城是也。’”[5]《楚世家》以文王“始都郢”。盖非其实也。郢之名因于“疆浧”之“浧”。《说文》未录“浧”字。《广韵》郢、浧同音以整反。云：“浧，泥也。”[6]《集韵》：

[1]《周易正义》卷八，阮刻《十三经注疏》，北京：中华书局，1980年，第88页上。

[2]《潜夫论笺校正》卷三，北京：中华书局，1985年，第144页。

[3] 孙诒让：《周礼正义》，北京：中华书局，1987年，第891页。

[4]《世本》，丛书集成初编本，上海：商务印书馆，1937年，第100页。

[5]《史记》卷二，北京：中华书局，1982年，第70、72页。

[6]《宋本广韵》，北京：中国书店影印，1982年，第298页。

"浧，通流也。"又云："浧，涂泥也。"又云："浧，泥滓。"[1]非所以称"郢"之义。楚简"盈满"字皆作"浧"。《九店楚简·日书》："乃浧（盈）其志。"又云："处之不浧（盈）志。"《郭店楚墓竹简·老子》（甲种本）："金玉浧（盈）室，莫能守也。"又云："恃而浧（盈）之，不不若已。"又云："长短之相型也，高下之相浧（盈）。"又云："保此道者不谷（欲）尚浧（盈）。"（乙种本）云："大浧（盈）若中，其用不穷。"《太一生水篇》："罷（一）缺罷（一）浧（盈），以纪为万物经。"《语丛篇（四）》："金玉浧（盈）室不如谋，众强甚多不如时。"[2]盈，谓圆满无缺也。《墨子·经上》："盈，莫不有也。"[3]《礼记·礼运》"是以三五而盈"，孔颖达疏："盈，谓月光圆满。"[4]足以容众而圆满无匮乏之居者则谓之郢。然武王都郢，未尝筑城，但为之以疆界耳，故谓之"疆郢"耳。疆，可以垒土为，亦可以植荆楚为栅，以此物为生先祖者，故植之以围护其子孙。始筑城于郢者，乃子常囊瓦也。《左传》昭二十三年："楚囊瓦为令尹，城郢。"杜预注："囊瓦，子囊之孙子常也，代阳匄。楚用子囊遗言已筑郢城矣，今畏吴复增修以自固。"孔颖达疏云："楚自文王都郢，城郭未固，子囊心欲城之，其事未暇，将死而令城郢，故可谓之为忠。今郢既固矣，足以为治，而囊瓦畏吴侵偪，恐其入寇国都，更复增修其城，又求自固，不能远抚边境，惟欲近守城郭，沈尹谓之必亡，为其事异故也。"[5]孔疏"楚自文王都郢，城郭未固"云云，臆度之词，然子囊亦未筑城，是以吴师一举而下，似无所阻隔者。杜说不足信。要之，武王始为之

[1]《集韵》，北京：中国书店影印，1983年，第880、881页。

[2] 黄灵庚：《楚辞与简帛文献》，北京：人民出版社，2011年，第4页。

[3] 孙诒让：《墨子间诂》，诸子集成本，第四册，北京：中华书局重印本，1986年，第192页。

[4]《礼记正义》卷二二，阮刻《十三经注疏》，北京：中华书局，1980年，第1423页中。

[5]《春秋左传正义》卷五〇，阮刻《十三经注疏》，北京：中华书局，1980年，第2102页下。

疆界，兹后至昭王出奔之前，郢皆未尝有城。及昭王复郢以后，二十三年，乃使子常囊瓦始城郢也。

○至文王自疆浧（郢）逯（徙）居湫郢：案：简文“文王”以下皆不称名。《楚世家》，武王五十一年，“武王卒师中”，“子文王熊赀立”。[1]《新蔡葛陵楚墓》甲三·五：“口栾罌祷荆王，㠯（以）逾训（顺）至文王。”又，湫，甲三·四一四、四一二：“…… 毫二袿（社），一豢、一豬。赗于湫……”[2]据葛陵简文例，凡“赗于”下皆为地名。湫，即湫郢。整理者云：“‘湫’字疑禾声。”其说是也。文王迁徙始疆浧（郢），终至为郢，自南而北，湫郢，盖《鄂君启节·车节》之“象禾”也，“在今河南泌阳县北象河关，车行出方城伏牛山隘口，折东南抵此”。[3]文王远徙至蚡冒始所居之酉焚、象禾者，何哉？盖与武王之死有关。武王在位五十一年之久，四方征讨，西灭庸、谷，东伐随、申，南及疆郢，江汉诸蛮咸归，称王图霸，争雄中原。然志未毕，中道崩殂，死于伐随师中，而身葬于新蔡。《楚世家》：“周召随侯，数以立楚为王，楚怒，以随背己，伐随，武王卒师中。”《集解》：“《皇览》曰：‘楚武王冢在汝南郡鲖阳县葛陂乡城东北，民谓之楚王岑。汉永平中，葛陵城北祝里社下于土中得铜鼎，而名曰“楚武王”，由是知楚武王之冢。民传言秦、项、赤眉之时欲发之，辄颓坏填压，不得发也。’”《正义》：“有本注‘葛陂乡’作‘葛陵乡’者，误也。《地理志》云：‘新蔡县西北六十里有葛陂乡，即费长房投竹成龙之陂，因为乡名。’”[4]钱穆云：“鲖阳故城，今新蔡县东北。葛陵故城，今新蔡县西北，以近葛陂名。《水

[1]《史记》卷四〇，北京：中华书局，1982年，第1695页。
[2]《新蔡葛陵楚墓》，郑州：大象出版社，2003年，第199页。
[3] 谭其骧：《鄂君启节铭文释地》，《中华文史论丛》第二辑，北京：中华书局，1962年，第182页。
[4] 同[1]，第1695、1696页。

经注》:‘鲷阳县有葛陵城，城东北有楚武王冢。’然楚在随西，伐随而卒军中，无缘远葬随东北之新蔡 。后世传说，不可信据，率如此。”[1]葛陵“以近葛陂名”者，是也。葛陂、葛陵固一地，本楚平舆故地。1994年新蔡陵村发掘得楚之上卿平夜君成之墓，平夜君成盖为楚声王或楚悼王时封君。[2]平夜始封者为昭王之子、惠王令尹子西，虽于楚为僻壤，而屡见重如此，盖因武王葬也。武王伐随以至于新蔡之平夜，见其战场之长，非限于随也。文王率师以至于上蔡之酉焚、象禾，志在图复秉承武王之功绩而城湫郢、鲦郢也。

○湫郢遷(徙)居薚(樊)郢:整理者以“薚”为“樊”，称樊郢,“在今襄樊市樊城”。案:非也。薚，读为鲦，即《鄂君启节·车节》之“鲦阳”也，“鲦阳即《左传》襄公四年、定公六年之繁阳”，“故址在今河南新蔡北，自畐［酉］焚东行至此”。[3]

○薚(樊)郢遷(徙)居为郢:整理者以“为郢”与春秋楚蔿氏所居之“蔿”有关。案:《左传》僖公二十七年:“子玉复治兵于蔿。”杜注:“蔿，楚邑。”[4]未详其所在。据简文下“逿(复)遷(徙)居免郢”，则距免郢当亦未远，抑薳澨欤?蔿、薳，固一字。《左传》昭二十三年:“薳越曰:‘再败君师死，且有罪，亡君夫人，不可以莫之死也。’乃缢于薳澨。”杜注:“薳澨，楚地。”杨伯峻云:“据《汇纂》，薳澨在今湖北京山县西百余里汉水东岸。”[5]文王又率师自北折南也。

○为郢逿(复)遷(徙)居免郢，女(焉)改名之曰福丘:逿、复

[1]《史记地名考》，北京:商务印书馆，2001年，第526页。

[2]《新蔡葛陵楚墓》，郑州:大象出版社，2003年，第183—184页。

[3] 谭其骧:《鄂君启节铭文释地》,《中华文史论丛》第二辑，北京:中华书局，1962，第182页。

[4]《春秋左传正义》卷一六，阮刻《十三经注疏》，北京:中华书局，1980年，第1822页下。

[5] 杨伯峻:《春秋左传注》，北京:中华书局，2000年，第1447页。

一字，反也，谓反归于免郢也。《包山楚简》第三七简有地名“福昜”者，[1]整理者谓“疑与此地有关”。案：免郢建于武王，故曰“复徙”。文王“免郢”改“福丘”，确与第七简“至武王酓䤷自宵遷（徙）居免，女（焉）刣（始）□□□□□福”之“福”字有关。楚文王在位十三年，二年伐申，六年伐蔡，虏蔡哀侯以归。十二年灭邓。致意于汉北及淮上，良以图复武王之志也。然文王盖居疆郢之时甚短，其所经营者别有湫郢、蔿郢、为郢等三都，在汉北、淮上新蔡之间也。

[1]《包山楚简》，北京：文物出版社，1991年，第19页。

也谈清华简《楚居》与楚族之渊源

汤漳平

一

2011年初，由李学勤主编的《清华大学藏战国竹简（壹）》公开出版发行（上海中西书局2010年版），书中除了八篇是与《尚书》中的《周书》内容相关者外，另有一篇《楚居》。如同李学勤在介绍本卷内容时所预言："《楚居》具备无法估量的史料价值，将为目前的楚史研究提供新的材料，且必将引起更多崭新的开拓性学术课题！"两年多来，围绕《楚居》这篇面世的古代文献，学术界已有多位学者撰写文章加以探讨。湖北的学者自然尤为关注，2011年10月29—31日便在武汉大学召开了"楚简楚文化与先秦历史文化国际学术研讨会"，其中许多学者所提交的学术论文与《楚居》的内容有关。而且这些内容又集中在一个焦点上，即有关楚族起源的问题。

先秦时期的中华民族，在历经数千年的发展之后，至春秋战国时期，形成了中华文明史上一个灿烂辉煌的时代，而作为这一个时代的代表性文化，是北方的中原文化与南方的楚文化。由于秦始皇曾实行严酷的文化专制政策——"焚书坑儒"，使得先秦的重要典籍大多失传。而能流传至今日的或残缺不全，或曾受到后人的改动而被指为“伪作”。楚国是先秦时期能够和秦国抗衡的主要强国，有所谓“横成则秦帝，纵成则楚王”之说。因此，秦始皇对于楚文化典籍更是严加摧残，使得后人对先秦楚族、楚文化发展状况知之甚少。此后两千多年间，学术界在这一问题上聚讼纷纭，歧论百出。

自二十世纪六七十年代起，随着一批批古代金文及简帛文献的出土，使我们得以重见失传数千年的古代书籍，从而在一定程度上弥补了传世文献不足的缺憾，因而它自然引起国内外学术界的关注。特别有意思的是，迄今为止所有出土的先秦简帛文献凡能鉴定清楚的，皆出自古楚国，清华简虽至今没有能说明在何处出土，但明确指出其文字具有明显的楚文字风格。

在清华简出现前，已有一些与楚史相关的古代书籍的出现，不过多为片断的记叙，如上博简中的《昭王毁室》《柬大王泊旱》《庄王既城》《申公臣灵王》《平王问郑寿》《平王与王子木》《王居》等。而清华简此次发表的《楚居》，则是出土文献中最重要的一篇有关楚国历史的文献。整理者在该篇说明中指出：“本篇内容主要叙述自季连开始到楚悼王共三十二位楚公楚王的居处与迁徙，内容与《世本》之《居篇》很相类。”整理者根据该篇文字“是典型的楚文字”而认为：“《楚居》所记楚人之源起和世系都是楚人自记，可信程度很高，可以证明《楚世家》所记绝大部分正确无误，但也有多处与《楚居》不合，结合其他文献记载，可据以勘正。”

笔者一直在关注着《楚居》发表以来的相关讨论，因为一篇出土文献，往往能够有说服力地揭示出长期掩埋在历史尘埃中的史实真相，给人有说服力的新见解。可是，读了这两年来发表的有关《楚居》与楚族族源的论文后，颇觉意外，同样根据一篇出土文献，学者们作出的解释却五花八门，大体有淅川说、关中说、湖北说与中原说诸种。这固然因《楚居》中所涉及的古地名可能和今日学者们考释的地名在文字的记录上差别较大，我以为应当也和学者们在楚族源流及迁徙过程认知的不同有关。本文拟就这些相关的问题谈点粗浅的看法，以就教于学界朋友。

二

从《楚居》公开出版以来，对该文所涉及的楚族起源问题的讨论，其实是集中在此文开头三小段的文字与地名的训释上。《楚居》开头三段原文如下：

> 季连初降于隈山，抵于穴穷。前出于乔山，宅处爰波。逆上洲水，见盘庚之子，处于方山。女曰妣隹，秉兹率相，詈曹四方。季连闻其有聘，从及之盘，爰生绖伯，远仲。毓徜徉，先处于京宗。
>
> 穴酓迟徙于京宗，爰得妣疠，逆流哉水，厥状聂耳，乃妻之，生侸叔、丽季。丽不从行，溃自胁出，妣疠宾于天，巫并赅其胁以楚，抵今曰楚人。酓狂亦居京宗。
>
> 至酓绎与屈纠，使鄀嗌卜徙于夷屯，为楩室。室既成，无以内之，乃窃鄀人之犝以祭。惧其主，夜而纳尸，抵今曰栾，栾必夜。

以上三小段，写的正是楚族族源与楚国的开国史。这三小段中，涉及楚族与楚国历史上十分重要的三位人物——季连、鬻熊、熊绎。

我们看看司马迁在《史记·楚世家》中有关楚族渊源的记载：

楚之先祖出自帝颛顼高阳。高阳者，黄帝之孙，昌意之子也。高阳生称，称生卷章，卷章生重黎。重黎为帝喾高辛居火正，甚有功，能光融天下，帝喾命曰祝融。共工氏作乱，帝喾使重黎诛之而不尽。帝乃以庚寅日诛重黎，而以其弟吴回为重黎后，复居火正，为祝融。

司马迁在记载楚族渊源时，从黄帝写起，直至陆终之幼子季连时，才写到其“芈姓，楚其后也”。

《楚居》则没有前面的记载，直接从季连写起，这并不错，因为它要写的是楚族的形成与居处的变迁。季连正是楚之始祖，楚人之所以为“楚”的直接源头。当然，令研究者困惑的是《楚居》中的季连出现时间似乎太晚了些。

鬻熊，即《楚居》中的“穴酓”，也是楚族的重要祖先，《史记·楚世家》载：

吴回生陆终。陆终生子六人，坼剖而产焉。其长一曰昆吾；二曰参胡；三曰彭祖；四曰会人；五曰曹姓；六曰季连，芈姓，楚其后也。

周文王之时，季连之苗裔曰鬻熊。鬻熊子事文王，蚤卒。其子曰熊丽。熊丽生熊狂，熊狂生熊绎。熊绎当周成王之时，举文、武勤劳之后嗣，而封熊绎于楚蛮，封以子男之田，姓芈氏，居丹阳。楚子熊绎与鲁公伯禽、卫康叔子牟、晋侯燮、齐太公子吕伋俱事成王。

这一段话写的正是为楚国奠基的两位重要祖先鬻熊与熊绎。鬻熊为殷末时人，因为识时务弃殷投周，立下功劳，这才在周成王时得以荫及子孙。熊绎为鬻熊的孙子，受封而建国，是楚国的第一位国君。由是我们可以知道，《楚居》中的前三小段所提及的季连、鬻熊与熊绎对于楚族与楚国所具有的特殊重要地位，而楚族的族源问题也可以从中得到比较明确的信息。

但是，读了这两年多来学者们围绕《楚居》所发表的一批文章，却让人不得要领。

众所周知，关于楚国的历史和楚族之渊源在过去的几千年来并无太多争议，因为自《史记·楚世家》之后，两千多年来并无多少新材料出现。只是到了20世纪初，因“疑古派”的出现和当时的学术风气的影响，于是而有了许多不同的说法。也就是在传统的“中原说”的基础上，产生了“东来说”“西来说”和“土著说”，这些说法虽各持一端，然而也各有其所依据的理由在，而要真正得到比较准确的认识，就需要作一番认真的比较分析，否则将永远形不成可信的和比较一致的见解。

细读这两年来的有关《楚居》讨论的文章，我以为学术界其实还并未跳出原来的框框，大都以自己原已形成的思路来训释《楚居》，所以将其中所涉及的地名按自己原有的思路来追寻，形成了以下诸种主要看法。

李学勤先生是清华简《楚居》的整理者，他在《楚居》问世的同时，在《中国史研究》上发表了《论清华简〈楚居〉中的古史传说》(2011年第1期)一文，提出了有关楚族起源的一些新看法。李学勤先生认为，简文开始写的是，楚人先祖季连降于隈山，抵达穴穷，前出于乔山，宅居爰波。逆行而上汌水，见到盘庚孙女名叫妣隹。季连“听说妣隹受聘出嫁，火急追赶”到“汌水之滨，于是以之为妻，生了绲伯、远仲两个儿子，这是楚世系的直接源头，后来的楚君都出自妣隹，这正是她被尊称‘妣’的缘故。”他特别指出：“这一传说有一系列地名，即隈山、穴穷、乔山、爰波，汌水、方水和京宗，其间有几个是可考的。”这里李学勤先生共列举了七个地名，其实，还有一个“盘”，李先生认为应当释为“泮”，即“汌水之滨”，似有可议。后面两段文字涉及的地名还有都、鄀宅，共十处地名。对这十处地名的考释也正是学者们争论的焦点。

从李先生的考释地名可以看出，他认为楚族源于中原，祝融为其先祖。但季连的活动地点应是以汌水为中心的河南西南部淅川地区，大体上东北至嵩山、新郑，北至今豫西的宜阳、永宁（今洛宁）、卢氏，因这里有柄山，即《楚居》中的“方山”。而其南，即“汉水以南荆山一带，近于睢、漳二水发源处，从那里向北，过了汉水，正好逆水北上”。而“京宗”，李先生认为“可能与《中山经》的景山有关”。“景山”为荆山之首，其地“在湖北房县西南二百里。京山得名疑即与该山有关”。（以上未标篇名的皆引向李学勤先生的论文）

同认为楚族起源于中原说的另一看法出自黄灵庚先生的《清华简战国竹简〈楚居〉笺疏》。该文 2011 年 6 月间已提交当时召开的中国屈原学会第 14 届年会并收入了大会的论文集，而后发表于《中华文史论丛》2012 年第 1 期（以下皆简称黄文）。该文在第一部分即认为：

> 记载先楚渊源凡三简，记述楚先自季连始，而季连以上如高阳老僮、祝融、吴回、陆终等先帝未置一词焉。……以是推断，《楚居》盖非完帙之本，季连以上楚族世系或有阙佚。楚先季连所涉地望在殷商舆图之内，未可楚境地之内求之。战国楚境内即有其地，亦后世所迁徙而因袭旧名名之者。

黄文对有关楚族之源的前三小段地名，正是以此为据而展开笺疏与考释的。黄文据《楚居》提出了以今之郑州、洛阳及其北部的商王朝中心殷为季连、鬻熊的主要活动区域。如隈山即騩山，在今河南省嵩岳之间。穴穷即穷山，或名“穷谷”，也在嵩岳间。“乔山”或作桥山、桥陵，黄帝所葬之处。黄帝为有熊氏，在今河南新郑，所谓“桥山，在新郑、嵩岳间也”。“爰波，宜近濮阳，爰，通作洹。洹水也，在安阳殷都北。……波，通作陂。洹陂，洹水之岸，东距濮阳亦不甚远。”黄文认为“沏水”并非地名，沏同顺，指顺水道而行。而盘庚之子所居处的方山，黄文认为即在今郑州西之汜水之浮戏山，“《寰宇记》引《郡国县道记》称，汜水出方山。”近西亳，在今河南偃师西。盘，整理者以为指水滨，读为“泮”。但黄文认为应为地名，黄河的九河之八为钩盘，源于南乐、濮阳之间。而很重要的地名之“京宗”，黄文认为不是荆山之首的景山，而是“楚京”，濮阳西南有楚丘，京为高丘，因此“楚京”就是楚丘之绝高者。

由上引述部分即可知黄文对楚族族源与始居地与李文有很大差别。

第三种看法可以周宏伟的《楚人源于关中平原新证——以清华简〈楚居〉相关地名的考释为中心》为代表。周文发表于《中国历史地理论丛》2012年第2期。周氏曾于2009年在《北大史学》第14辑上发表有《新蔡楚简与楚都迁徙问题新认识》一文，便提出楚人源于关中平原这一观点。《楚居》出版后，周氏再写此文（下称周文），文章在“提要”中即认为：

> 《楚居》12个早期地名皆在今陕西境内：“郹山”即蒉山，在蓝田县境；“穴穷”即镐京，在西安市西；“乔山”即峣山，在蓝

田县与商州区之间；“爰陂”即原陂，在蓝田境；“汌水”即灌水，今赤水河；“方山”即华山，今华山山脉；“盘”即蕃；“京宗”即郑荆，皆在华县境；“哉水”即兹水，今灞河；“屈”即冢，今商州区境；“鄀”即上鄀，在洛河丹江上游；“䢅宅”即丹阳，今商州区域。这些地名位置的落实，为楚人源于关中平原的观点提供了新的证据，为楚文化之谜的破译奠定了新的历史地理基础。

周氏认为他的看法“是一种全新的看法，为前人所未及……至今楚史学界的绝大多数学者对这个新看法好像并没有特别在意。”

那么，周文提出楚先人居地在关中平原的新观点依据是什么？作者说自己依据的是对新蔡楚简“昔我先出自邕（雍）、遉（商），宅兹沮章（漳），台（以）选迁处”等一系列文献和有关考古资料、地理环境的深入系统分析。

当然就目前新见到的各种文章中，对《楚居》与楚族源作研究的不止上述三篇，如李守奎的《论〈楚居〉中季连与鬻熊事迹的传说特征》（见《清华大学学报》哲社版 2011 年第 4 期），凡国栋的《清华简〈楚居〉中与季连有关的几个地名》（武汉大学简帛研究中心，简帛网 · 简帛文库 · 楚简，2011 年 6 月 4 日），赵平安《〈楚居〉的性质、作者及写作年代》（《清华大学学报》，2011 年第 4 期），黄鸣的《从〈楚居〉的“聂耳”传说看商周之际的楚国地理与史实》（武汉大学简帛研究中心：简帛网 · 简帛文库 · 楚简，2011 年 12 月 22 日发布），子爵《初读清华简〈楚居〉的古史传说》（骑砍中文站论坛,2012 年 11 月 29 日）等等。这些文章各有其可供参考的有益的见解，它们都在一定程度上启发我们作更深入的思考和认识。例如赵平安的文章中谈到对“盘”作为地名的考释，他认为，“盘”应是地名，这对于理解盘庚的名字结构很有启发。他并引用了殷墟卜辞中的用为地名的例证以及两周金文中的“盘”氏器具和文字为证。黄鸣的文章从穴熊之妻“聂耳”传说，对照商末周初金文图画文字中有关内容与之对应的文字，认为是楚人族徽，其铜器多出于今河南辉县，证明晚商时代楚人曾聚居于该地。李守奎认为《山海经》中的《大荒西经》与《中山经》地名多相同，其中有一虚一实的两套系统等，上述观点均有启示意义，引导人们作进一步思考。

三

在回顾两年多来围绕《楚居》所进行的讨论后，我们可以看到，尽管目前的研究者未能因一篇《楚居》而立即形成统一的认识，但是和传统的，尤其是二十世纪初因疑古思潮影响而形成的四种（东、西、中原、土著）族源说法比起来，大家在认识上已相对集中了。

在二十世纪影响最大的四种楚族族源之说，今天看来，虽然让人觉得有些不可思议，但其实是各有其依归，并非空穴来风。例如关于楚族源于西方的说法，姜亮夫以屈作中有许多昆仑神话,《离骚》与《远游》中尤多，认为是楚人对祖源地的记忆。这不能说没有一定的道理。况且《史记·楚世家》认为楚人为黄帝之孙颛顼高阳的后裔，而神话传说中，黄帝族是从西部发展起来的,《山海经·大荒西经》甚至记载了楚人的先祖老童所居住的騩山是在昆仑之西，因此，楚人远祖应与西方有关。当然如同李守奎文章所说，只可能是保存楚人对祖先在西北活动传说的遥远的记忆。《山海经》中许多内容是中国古代神话，如果都当真的话，就会茫然不知所从。

“东来说”的提倡者有郭沫若、胡厚宣、陆侃如等，他们认为楚自称“蛮夷”，只是因周族的压迫而南迁。陆侃如写《中国诗史》时找不到楚国铜器铭文，就用徐国的铜器铭文来代替。东来说支持者甚少，但在对楚文化的研究中，许多学者都发现楚与殷的文化其实有许多相同点，如都“信巫”，因而巫风兴盛；其官制名称也多与中原的周人不同而承袭了殷人的官制；在对楚语的研究中，有学者发现所谓楚语词汇，许多其实是更古老的华夏语词，只是后来在中原地区不使用了，但却在楚语中保存和积淀下来，这一特点正是移民文化中特有的现象。至于文字，赵平安在论文中认为，“跟西周金文比起来，楚文字保留了比较多商代甲骨文的写法”，可知商文化对楚文化有深刻的影响。综合起来看，尽管楚文化并不源于商文化，但如《楚居》所载，楚曾与商族联姻而产生了亲缘关系，这显然使商文化在楚文化中打下深深的烙印。

“土著说”是20世纪兴起的，它认为楚文化和中原文化是两支平行发展的南北文化，楚族和楚文化一直是在江汉地区土生土长的，而后再北上中原，与华夏文化接触交融。他们甚至认为楚人不是华夏族裔，而属苗族或苗蛮集团，范文澜即持此种观点，至20世纪80年代，这一看法成为当时的主流观点，并得到北大俞伟超教授的支持，他们力图将屈家岭文化作为楚文化之根（俞伟超:《关于楚文化发展的新探索》,《江汉考古》1980年第1期），这一观点得到一批两湖学者的大力支持。然而，考古的成果并未能支持这一主张。我们发现，在本轮有关《楚居》与楚族之源的讨论中，已经较少这方面的主张。这固然是因《楚居》文本很难为“土著说”提供依据，而其他出土文物抑或出土文献也均未能对“土著说”提供强有力的支持，这也是“土著说”从20世纪80年代的高峰跌落下来的主要原因。

而“中原说”的两种看法是本次讨论的热点，李学勤在文章中认为楚族源于河南中部地区的观点和黄灵庚强调楚人早期在河南北方的濮阳一带的看法，可以说有同有异。其相同的方面是都从季连为祝融后裔，因而其活动地区在今河南中部嵩山一带出发来展开其足迹的；其相异之处在于，李文认为，季连追寻盘庚之子妣隹是在今以淅川为中心的顺水一带；而黄文认为此时的楚人活动地点在黄河北面的殷都一带，即居于楚丘，楚与殷人结亲，并未南下至河南西南部的淅川。因此，对《楚居》中地名的探寻就集中到上述两处。

毫无疑义，商族兴起之后，灭夏，早期的国都是在今河南偃师一带，史称“西亳”的地方。二里头遗址的发掘，许多考古工作者都认为，在四期文化层中，其三、四期文化显示出夏商之际文化演变的迹象。历史文献也记载有成汤都西亳。但是，夏、商都城多次迁徙，有夏都七迁，商都五迁之说。如郑州的古城遗址也被认为是其中的一次迁都所在地。不过商中期商王盘庚迁殷之后，273年更不徙都。《楚居》的开头在述说楚族史时，记载了楚族先人季连和盘庚之子发生的婚姻关系，以常理推之，此时的“盘庚之子”当不会南行至今河南南阳一带，而应仍在殷都。因此，简文中的“从及之盘”的“盘”，确应释为地名，而且也是在殷都的周围，而不会到南阳一带。目前争论中其实许多学者都已注意到殷末商初之时，楚人居住在殷都周围，至于是什么原因仍可讨论。如黄鸣在其文章中就认为：“大抵在殷亡周兴之际，熊丽都住在辉县一带观望形势，故具有楚人族徽的晚殷青铜器多见于辉县，亦散见于附近的安阳。在周灭商之后，其时鬻熊已死，熊丽见天下已定，意识到楚人在中原无利益可取，于是返回楚京宗故地，至其孙熊绎之时，始由周成王分封于丹阳。”从该文看，作者认为“《楚居》简中的‘京宗’是楚人从穴熊到熊狂这一长时间段的居住地。它可能历经夏商两代，将近千年的时间，楚人都在此处休养生息”，而“京宗”应与荆山之首的景山有关。那也就是说，早在尧舜时代，楚人即已南下居于今沮漳流域一带。这一看法虽不同于楚人为两湖土著的说法，但在时间点上，却将楚人南迁往前推进了千年以上。而且按照此文的观点，“或者可以推断，在传说中的季连北上与商文明接触之后，楚族就出现了迁徙与分族，所谓‘或在中国，或在蛮夷’，即指有的族群北上中原地区，其主要聚居地可能就是出土聂耳形状图形文字青铜器的辉县；有的则留在楚族发源之地，直到穴熊的后代鬻熊（季连之苗裔）出现，并北上参与到殷末商初的变局之中，这才是楚族兴起的标志”。此文的这一观点确为新论，但它与历史上所记载的楚人发源于北方，而后逐步南迁至江汉一带的说法恰恰相反。

当然，相比起来，所谓楚人源于关中平原说，如作者所说是其另立的“新说”，但立论依据实在薄弱。在楚族族源问题上，其实20世纪以来“新说”不断出现，又不断被否定。笔者以为，创立新说是好事，但必须将“新说”建立在可靠资料的基础上。反观周文的依据，实在过于薄弱了。该文以新蔡葛陵简的一小段文字训释为基础来作为他立论的依据。但新蔡葛陵简关于“出自”之后两字，目前学术界争论十分激烈，董珊博士以为是“颛顼”；李学勤认为是《楚居》中的“盘庚之子”妣隹；周文则认同应释为“雍、商”，是地名，故此想在关中平原寻找能与《楚居》中地名相合的线索。然而，我们看到，这一所谓的“新见”的立论依据是很不足的。新蔡简中的文字，目前学术界多认同为人名，为“颛顼”，而非地名。古代文献中“出自”之后多指人名，说是地名依据不足，又没有古代传世文献的依据，因而此说的基础原就十分薄弱。而在其后在相关地名考释中，则都是靠音转的近似来确立，这就更难令人信服。在一连串地名中，如果有少量以音转来训释的话，尚情有可原，然而大多数都是立论于音转，则需打上大大的问号。至于所列举的白鹿原南缘考古发掘的商代中后期文化遗址，只能说明这一代当时已有商人在此活动。但商文化遗址如何能说明即是楚人在此活动？商的文化遗存遍及多省，南至江西、两湖。北至河北、辽宁等，从这么广阔区域的商代遗址中，如何区分哪儿是楚族留下的文化遗址？如果区分不了的话，那就无法拿来作为证据使用。当然，一些学者认为，楚人南下初期，曾在商洛一带居留，但时间并不长，据此便将其说成楚人源于关中平原，未免有炒作之嫌。

上述诸说，笔者认同黄说。因为在季连的时代，楚人尚未南迁，即使如《楚居》所载，季连是和盘庚之子联姻，那么这位盘庚之子也只能居于殷都一带而不会渡河南下跑到远隔千里的江汉流域去求聘。因此，《楚居》开头的这段叙述中的地名，到黄河北面的殷商故地去追寻是比较合理的。我们注意到，无论赵平安还是黄鸣的文章，也都关注到殷商故地相关楚族活动的遗迹与文献考古的资料，说明大家的认识正在逐步趋于一致。当然，因为李文的首创而引发学术界的争鸣，是功不可没的。况且淅川一带，也是日后楚族南徙时的重要活动区域。因此李文的思考，自然也就在情理之中了。

四

本文以上分析了这两年来围绕《楚居》所引发的有关楚族族源问题的各种观点。我以为，在这场讨论中，各方都秉持摆事实、讲道理，寻找各种证据，以解决这一历史的谜案。虽然迄今依然莫衷一是，但这种讨论仍然是有益的，因为它有助于我们开阔视野，从中得到更多有益的信息。然而，这一讨论目前仍应属于起始阶段，尚有许多重要问题未能形成共识。举其要者，有如下几个方面：

（一）关于《楚居》的性质

虽然整理者在一开始就对《楚居》的史学价值作出判断，并得到多数学者的赞同，但其中仍有许多令人迷惑不解的问题。美国佛罗里达大学艺术史系的来国龙之《清华简〈楚居〉所见楚国的公族与世系——兼论〈楚居〉文本的性质》（武汉大学简帛研究中心《简帛网·简帛文库·楚简》，2011年12月3日发布）一文，"从考释篇首第1—4号简所涉及楚国公族的氏名出发，重新考虑该文本的性质"，他认为，《楚居》篇首就"用宗族世系制度中的'伯、仲、叔、季'来排列，是把春秋以来的楚国公族与楚王之间的政治形势作了一个总结性的陈述，以确立楚国公族与楚王之间的政治关系"。"简文中的某些段落可能反映的是楚国历史上的政治形势，而为楚国的后人认可，被当作'历史'转述，记录下来，具有政治意义的分支型世系一般都比较短，像《楚居》这样的长篇世系所记载的内容也有可能是经过较长时间的流传、整理而得出的一个文本，而在这个过程中可能存在多个版本，这只是其中之一。这样的世系，并不完全是对历史事实的真实记录，而是为当时的政治斗争所作的一种意识形态上的总结。……总之，本文认为清华简中的《楚居》不能简单地看作就是记述历史事实的历史，甚至也不能看作是以当时的史观力图辩证、澄清历史事实的历史著作（比如司马迁的《史记》），说《楚居》的'写者'，是楚国的'史官'倒有可能，但似乎还够不上现代意义上的'历史学家'。"

笔者这里所以引述了一大段，是认为这一见解很有认识意义。须知，在各诸侯国中，楚国被认为是一个历史知识特别丰富的国家，它不仅有自己的国史《梼杌》，而且有博学的史官如楚灵王时代的左史倚相，他能读懂《三坟》《五典》《八索》《九丘》等远古文化典籍，被楚人认为是楚国之宝。而王子朝在周发动内乱失败后，周王朝的史官带着许多周王朝宫廷珍藏的典籍奔楚，使楚国在文化方面成为南方的重镇。然而我们所看到的《楚居》，不仅季连以上世系记载不明，而且季连以下至鬻熊的世系有缺失，这不能用楚人当时已记不清楚来做解释。如果说，《史记》记载时因经秦火之后史料不全的话，那么在楚悼王时期写成的史书是不应出现这种状况的。从屈原《天问》中，我们看到楚人对中原上古神话到英雄历史传说都保存相当丰富的内容，他们应不会对本国并不遥远的（殷后期）历史记述不清楚的。因此来文所提出的问题值得我们深思。

（二）关于研究方法的问题

虽然在当前有关出土文献的研究中，大家一致认同王国维所提出的“二重证据法”。但是，每位研究者能否熟练掌握和运用这一方法，是值得研究的。不少研究者往往在进行研究时，根据个人立论的需要，只关注一个方面的问题，而忽视另一个方面的问题。例如在 20 世纪 80 年代有关楚族“土著说”盛行的时候，许多研究者是置传世的史料于不顾，而立图另创新论，甚至将传世的史料动则视为不实的记载或是后人的编造。不能否认，史学界是受“疑古思潮”影响最深最广的一个学科，有学者提出至今我国古代史研究中还笼罩着疑古思潮的说法并非无的放矢。

为了搞清楚族族源，史学界与考古界在 20 世纪 80 年代成立了由湖北、湖南、安徽、河南四省联合的楚文化研究会，笔者有幸参加了 1983 年在河南信阳召开的这四省联合举办的跨学科楚文化研讨会，并于会上提交了《河南在楚文化研究中的地位》（见河南省考古学会等编《楚文化觅踪》，中州古籍出版社 1986 年 7 月版）论文，文章的第一部分便是“楚族源于河南”。关于楚人出自帝高阳，为吴回祝融之后的说法，是载诸史册的，濮阳帝丘为“颛顼之墟”，向来没有疑义。

而“祝融八姓”中除楚南迁荆蛮地区外，其余皆在河南及山东的中原地区，所以楚灵王曾提出“昔我皇祖伯父，旧许是宅”，这个“皇祖伯父”，指的是居祝融八姓之首的昆吾，他的部族原居帝丘，其后迁许。因此楚灵王将他称为“皇祖伯父”。因为在吴回之子陆终所生的六个儿子中，昆吾最大，而楚人先祖季连最小，排名第六。屈原的《离骚》首句即谓自己是“帝高阳之苗裔”。先秦典籍中，如《左传》《国语》中均有关于楚族来源的相关记载，虽不够系统，但却非凭空虚构。而司马迁作《史记》，其中相关各诸侯国的族源世系的记载来自先秦的史料，应是比较可靠的。迄今为止，除了在楚族族源的问题上有那么多不同说法外，其余各国似无多少争论。这是因为其余各国都不像楚国，有着比较长期迁徙的历史。楚人在迁徙过程中必然留下了许许多多的有关地名的信息。即以《楚居》而论，其中涉及的自季连至悼王三十二代楚族首领与楚国国君在迁徙过程中就建都二十六处之多，这样都无定所的不断迁徙过程，在先秦诸侯国中也是绝无仅有的。但是，楚人在长达数千年的发展过程中，在未建国之前，实力并不大，而且如同有学者提出的当时的楚族中，或许有不同的支派。我们现在其实很难找出早期的楚文化有什么明显的特征，因为正如许多长期从事楚文化研究的学者也都认为，楚国早期发展过程中，主要受中原文化的影响，很难说它自身有什么显著的文化特点。只是到春秋中期之后，随着楚国的不断发展壮大，才逐渐形成具有自身风格和地方特色的文化类型。这是非常正常的，因为熊绎受封于周成王时，也不过“号为子男五十里”，其后虽经过多代人的艰苦拼搏，到春秋早期，依然“土不过同”（《左传·昭公·二十三年》，杜预注：“方百里为一同。”）如同《楚居》所写，熊绎虽已受封为楚国君，然而迁都夷屯，却连祭祀的牛也找不到，而不得不“窃鄀人之犝以祭”。在这种情况下要找出有特色的楚文化岂非向壁虚造？笔者当时写这篇文章时，正是“土著说”盛行之时，因此有评论以为这篇文章是给当时“土著说”者的一剂清凉药剂。

（三）外国史研究与中国史研究的方法差异

这里还应提醒的一点，是应当结合中华文化特点来探索历史上的悬案。今日探索中国古史传说时代的相关问题，我们不应再走20世纪初期“疑古派”的老路。“疑古派”是在西方（包括日本）学术思想的影响下，在未能做深入研究的情况下，（确实也有当时的客观环境和条件的限制），曾经对古史传说时代的中国历史采取一概怀疑的态度，造成中外学术界以为，先秦古籍均不可信从的后果，从而以虚无的态度来研究中国上古史，将《史记》中记载下来的三千年中国上古史说得一无是处。

如同有的学者指出，中西文化在发展过程中具有不同特点，从而存在许多不同的差异性，不能完全用西方的研究方法来研究中国历史文化。虽然人类早期的社会中，中西方都有原始的氏族血缘组织，并由此形成对祖先的崇拜。但西欧的古希腊、古罗马曾经经历了商业和城邦文化的繁荣兴盛，瓦解了原始的氏族血缘组织，在此基础上而形成了古希腊、古罗马的古代文化，出现了以探讨自然本体和本质为宗旨的西方自然哲学。而中国古代社会发展却走的是另一条道路，它“完整地保留了氏族公社的血缘关系和组织形式，构成了一个严整的宗法社会模式，从而形成了与古希腊、古罗马‘古典社会’迥然不同的社会组织制度”。东西方的社会发展这两种不同，在西欧形成文化上的自然哲学的兴盛，而在东方，尤其在中国，却出现了发达的历史学。追根溯源中国早期历史学能够产生并在其后得到高度发展的重要原因，是与中华文化中的“祖先崇拜的特点和口耳相传的”这一文化特质密切相连，因而，对于中国的历史研究而言，特别是对于中国早期的缺乏历史记载的历史时期，比如《新探》所研究的中华文明建立的前后这一重要时期，学者们应该对中西不同的文化传统，特别是中国的古史传说这一文化特质给予足够的地位和重要评价”。所以，对于中国上古史的保存资料，我们就不能套用西方的古典神话来看待远古时代的祖先英雄传说，认为是子虚乌有的东西，而应当通过多学科的研究方法，以我国先辈学者提出的“二重证据法”来研究中国的上古史。（以上参见及引自王成军《中西文化背景下的“古史传说时代”研究》，《宝鸡文理学院学报》2012 年第 1 期。）

从 20 世纪 70 年代以来的半个世纪中，一批批古代简帛文献相继出土，一个个中国古代文化之谜也相继被破解，这是历史对我们这一代学人的厚爱，清华简《楚居》的出土和研究的展开，相信也让我们正在朝着解开楚族族源之谜走近了大大的一步。

（作者单位：闽南师范大学中文系）

从清华简《系年》与《春秋》经传记录国君死亡事件看“《春秋》笔法”

肖　锋

收入整理报告《清华大学藏战国竹简》第二辑的清华简《系年》于2011年12月出版发行[1]，该报告“原无篇题，因篇中多有纪年，文字体例与若干内容又近似西晋汲冢出土的〈竹书纪年〉，故拟题为《系年》”[2]，其内容主要记录春秋至战国早期晋、楚两国的霸业发展史，关于《系年》的性质目前学界尚无定论，但《系年》记述西周到春秋战国前期的史事，因此其对某些历史事件的记述可同《春秋》经传相互印证，得见先秦历史著述的差异。

一、关于《春秋笔法》

《春秋》是鲁国的一部编年体史书，它记载了从鲁隐公元年（即公元前722年）到鲁哀公十四年（公元前481年）鲁国十二公，总共

[1] 清华大学出土文献研究与保护中心:《清华大学藏战国竹简（贰）》，上海：中西书局，2011年。

[2] 同[1]，第135页。

242年的历史。从编年史的角度来讲，《春秋》应当是一部极为平常的史书，但是孟子说："世衰道微，邪说暴行有作。臣弑其父者有之，子弑其父者有之。孔子惧，作《春秋》。《春秋》，天子之事也。故孔子曰：'知我者其惟《春秋》乎，罪我者其惟《春秋》乎。'"[1]他还说："王者之迹熄而《诗》亡，《诗》亡然后《春秋》作。晋之《乘》、楚之《梼杌》、鲁之《春秋》，一也：其事则齐桓、晋文，其文则史。孔子曰：'其义则丘窃取之矣。'"[2]自此开始，后世儒家无论是今文学家还是古文学家便根据孟子所赋予《春秋》的种种褒贬善恶、微言大义等深刻意蕴开始了对《春秋》"义例""微言大义""书法"的发掘，从而形成了贯穿两千年《春秋》学史的"春秋笔法"。

《史记·太史公自序》云：

> 夫《春秋》，上明三王之道，下辨人事之纪，别嫌疑，明是非，定犹豫，善善恶恶，贤贤贱不肖，存亡国，继绝世，补敝起废，王道之大者也。……《春秋》以道义。拨乱世反之正，莫近于《春秋》。《春秋》文成数万，其指数千。万物之散聚皆在《春秋》。《春秋》之中，弑君三十六，亡国五十二，诸侯奔走不得保其社稷者不可胜数。察其所以，皆失其本已。故《易》曰'失之毫厘，差以千里'。故曰'臣弑君，子弑父，非一旦一夕之故也，其渐久矣'。故有国者不可以不知春秋，前有谗而弗见，后有贼而不知。为人臣者不可以不知《春秋》，守经事而不知其宜，遭变事而不知其权。为人君父而不通于《春秋》之义者，必蒙首恶之名。

[1]《孟子注疏》，阮刻《十三经注疏》，北京：中华书局，1980年，第2714页。

[2] 同[1]，第2727—2728页。

《史记·孔子世家》：

> 子曰：“弗乎弗乎，君子病没世而名不称焉。吾道不行矣，吾何以自见于后世哉？”乃因史记作《春秋》，上至隐公，下讫哀公十四年，十二公。据鲁，亲周，故殷，运之三代。约其文辞而指博。故吴楚之君自称王，而《春秋》贬之曰“子”；践土之会实召周天子，而《春秋》讳之曰“天王狩于河阳”：推此类以绳当世。贬损之义，后有王者举而开之。《春秋》之义行，则天下乱臣贼子惧焉。

这几条引文都毫无例外地说到了孔子作《春秋》的缘起和目的，以为《春秋》是有微言大义的，《汉书·艺文志》云：“昔仲尼没而微言绝，”《汉书·楚元王刘交传附刘歆传》亦云：“及夫子没而微言绝，七十子终而大义乖。”所谓“微言大义”即指孔子用精妙简洁的文辞来表达深刻的含义，意即司马迁所说的“约其文辞而指博”，周振甫则认为“微言”是“言外之意，要旨”[1]。《史记·太史公自序》重点指出此种大义的重要表现就在于对“弑君”“弑父”的反驳，通过“上明三王之道，下辨人事之纪，别嫌疑，明是非，定犹豫，善善恶恶，贤贤贱不肖，存亡国，继绝世，补敝起废”，以此来成“礼仪之大宗”。皮锡瑞说：“《春秋》有大义，有微言。所谓大义者，诛讨乱贼以戒后世是也；所谓微言者，改立法制以致太平是也。”[2]

[1] 周振甫:《文心雕龙注释·史传第十六》，北京：人民文学出版社，1981年，第174页。

[2] 皮锡瑞:《春秋通论·论春秋大义在诛讨乱贼，微言在改立法制，孟子之言与〈公羊〉合，朱子之注深得孟子之旨》，见《经学通论》，北京：中华书局，1954年，第1页。

当然，对“《春秋》笔法”的是否存在亦不乏怀疑者，汉代的王充指出：“孔子因旧故之名，以号春秋之经，未必有奇说异意，深美之据也。”[1]朱熹也指出：“盖纪以善恶为实，不以日月为意。若夫公羊、谷梁之传，日月不具，辄为意使。失平常之事，有怪异之说；径直之文，有曲折之义，非孔子之心。”“春秋所书，如某人为某事，本据鲁史旧文笔削而成。今人看春秋，必要谓某字讥某人。如此，则是孔子专任私意，妄为褒贬！孔子但据直书而善恶自著。”[2]“春秋大旨，其可见者：诛乱臣，讨贼子，内中国，外夷狄，贵王贱伯而已。未必如先儒所言，字字有义也。想孔子当时只是要备二三百年之事，故取史文写在这里，何尝云某事用某法？某事用某例邪？”[3]当代学人杨伯峻甚至对孔子是否修订《春秋》表示了怀疑：“孔丘实未尝修《春秋》，更不曾作《春秋》……那么《春秋》与孔丘究竟有什么关系呢？我认为孔丘曾经用《鲁春秋》作过教本，传授弟子。”[4]

春秋时代，周天子王道衰微，诸侯纷起，邪说暴行产生，弑君、弑父有之，礼崩乐坏起兴，是故孔子修《春秋》，以彰显王道大义，以达拨乱反正教化之目的，由此形成“《春秋》笔法”。

《春秋》微言大义主要表现为对“弑君”“弑父”的反驳，其事实的主要依据就在于弑君三十六、亡国五十二，诸侯亡国奔走不可胜数。《春秋繁露 · 盟会要第十》说：“是以君子以天下为忧也，患乃至于弑君三十六，亡国五十二，细恶不绝之所致也。”[5]《汉书·楚元王传》记

[1] 黄晖：《论衡校释》(四)，北京：中华书局，1990年，第1139页。

[2]（宋）黎靖德著，王星贤点校：《朱子语类》，北京：中华书局，1986年，第2144页。

[3] 同[2]，第2146页。

[4] 杨伯峻编著：《春秋左传注》(一)，北京：中华书局，1990年，第15页。

[5] 苏舆：《春秋繁露义证》，钟哲点校，北京：中华书局，1992年，第141页。

载刘向事说：“当是时，祸乱辄应，弑君三十六，亡国五十二，诸侯奔走，不得保其社稷者，不可胜数也。”[1]《说苑·建本》载公扈子言云：“《春秋》之中，弑君三十六，亡国五十二，诸侯奔走不得保其社稷者甚众，未有不先见而后随之者也。”[2]《春秋繁露》和《汉书》都说“弑君三十六”“亡国五十二”，那么实际情况又是怎么的呢？就《春秋》实际上弑君和亡国的数字来看，弑君实不足三十六，而亡国也不足五十二，汪克宽说：“通诸一《经》弑君二十有五，称世子弑者三，楚商臣、蔡般、许止；公族而削其属与氏者四，卫州吁、齐无知、宋督、宋万；称公子者三，齐商人、郑归生、楚比；大夫而称氏称名者六，晋里克、赵盾、陈夏征舒，齐崔杼、陈乞，卫宁喜；称人者三；称国者四；称阍称盗者各一。”[3]而顾栋高却说：“春秋弑君者二十有五，称人者三，称国者四。”由是而得弑君之数为三十二，而顾栋高同时又说：“夫弑君之贼，大抵当国者居多，其情必不肯以实赴。今使后世有杀人者不得其名姓，则有当日之勘验，有司之鞠审，大吏之驳诘，而后真犯始出。《春秋》无是也，天王不问，列国不问，苟本国之臣子与为比党，而以委罪于微者赴，则鲁史无从而得其是非之实，只得从其赴而书之。”[4]“臣弑其君，子弑其父，其以实赴者几何，其罪必有所诿，大都微者当之也。”[5]正是因为顾栋高所说的这些原因，才使得虽然同是弑君事件，但在实际的书写过程中却有书“弑”与书“杀”以及不书的区别，这就造成了弑君事件总数的不一致。清华简《系年》对当

[1]《汉书》卷三十六《楚元王传第六》。

[2]（汉）刘向：《说苑》卷三《建本》，文渊阁四库全书本。

[3]（元）汪克宽：《春秋经传附录纂疏》卷二，文渊阁四库全书本。

[4]（清）顾栋高：《春秋乱贼表叙》，见《春秋大事表》第3册，北京：中华书局，1993年，第2496页。

[5]（清）顾栋高：《春秋乱贼表》，见《春秋大事表》第3册，第2505页。

时国君死亡的记载有17例。

二、《系年》记载国君死亡事件与《春秋》经传对照

《春秋》微言大义主要表现为对“弑君”“弑父”的反驳，其事实的主要依据在于弑君三十六、亡国五十二，诸侯亡国奔走不可胜数。收入整理报告《清华大学藏战国竹简》第二辑的清华简《系年》亦有关于国君死亡事件的记录，我们可以结合《春秋》经传对二者进行对照研究，由此考察二者在记录历史事件方面的差异。

《春秋》及经传在记述国君被杀的时候多采用“弑”“杀”“卒”“薨”以及“不书”等方式：

采用“弑”的则有：

隐公：四年戊申，卫州吁弑其君完。

桓公：二年春，王正月，戊申，宋督弑其君与夷及其大夫孔父。

庄公：八年，冬十有一月癸未，齐无知弑其君诸儿。

采用“杀”的则有：

襄公二十九年，阍杀吴子余祭。

哀公四年，春王二月庚戌，盗杀蔡侯申。

采用“薨”的则有：

隐公十一年，冬十有一月壬辰，公薨。

闵公：二年，秋八月辛丑，公薨。

采用“卒”的则有：

庄公三十二年，冬十月己未，子般卒。

文公十八年，冬十月，子卒。

襄公：七年，十有二月，公会晋侯、宋公、陈侯、卫侯、曹伯、莒子、邾子于鄬。郑伯髡顽如会，未见诸侯，丙戌，卒于鄵。[1]

昭公元年，冬十一月己酉，楚子麇卒。[2]

哀公十年，三月戊戌，齐侯阳生卒。

而《系年》中记录国君死亡的大体采用以下的方式：

1. 即世，其意思为亡卒，按照现在的理解为正常死亡，《系年》中记载即世的国君分别为：

第 2 章，武公即世，庄公即世

第 4 章，文公即世

第 11 章，穆公即世

第 15 章，庄王即世，灵王即世，景平王即世

第 18 章，康王即世，孺子王即世，晋庄平公即世，景平王即世

第 19 章，景平王即世，昭王即世

第 20 章，阖卢（即阖闾）即世

第 23 章，声王即世

《左传》记载君主或王后去世，也用"即世"，如《左传》成功十三年："无禄，献公即世""无禄，文公即世"，《左传》成公十六年："自我先君宣公即世"，《左传》襄公二十九年："子西即世，将焉辟之？"

[1]《左传》襄公七年："郑僖公之为大子也，于成之十六年与子罕适晋，不礼焉。又与子丰适楚，亦不礼焉。及其元年朝于晋，子丰欲愬诸晋而废之，子罕止之。及将会于鄬，子驷相，又不礼焉。侍者谏，不听；又谏，杀之。及鄵，子驷使贼夜弑僖公，而以疟疾赴于诸侯。"

[2]《左传》昭公元年："冬，楚公子围将聘于郑，伍举为介。未出竟，闻王有疾而还。伍举遂聘。十一月己酉，公子围至，入问王疾，缢而弑之，遂杀其二子幕及平夏。"

《左传》昭公十九年："其即世者，晋大夫而专制其位"，《左传》昭公二十六年："穆后及大子寿早夭即世"。

2. 早逝，即去世得早。

第18章，昭公、顷公皆早世[1]。据《春秋左传》，晋昭公在位六年，晋顷公在位14年。

3. 卒。《系年》中国君死亡记载"卒"的地方有8处：

第4章：戴公卒

第6章，献公卒，乃立奚齐

晋惠公卒，怀公即位

第8章，晋文公卒，未葬

第9章，晋襄公卒，灵公高幼

第12章，楚师未还，晋成公卒于扈

第16章，景公卒，厉公即位

第22章，宋悼公将会晋公，卒于鼬

许慎《说文解字》："隶人给事者衣为卒"[2]，后来指人死后敛尸备葬，指人的死亡。《礼记·曲礼》："天子死曰崩，诸侯死曰薨，大夫死曰卒，士曰不禄，庶人曰死。"《公羊传·隐公三年》："大夫曰卒"，但实际上当时对诸侯国君死亡，并没有完全采用《礼记》中的划分方式，杨伯峻《春秋左传词典》指出"卒"有8种含义，其中一种为"死，逝世"[3]，陈克炯《左传详解词典》指出"卒"有9种含义，其中一种

[1] 可分别见《春秋》昭公十六年："秋八月己亥，晋侯夷卒。"《春秋》昭公三十年："夏六月庚辰，晋侯去疾卒。"

[2] 段玉裁：《说文解字注》，扬州：江苏广陵古籍刻印社，1997年，第397页。

[3] 杨伯峻：《春秋左传词典》，北京：中华书局，1988年，第355页。

为“动词，死。诸侯、大夫死皆称卒”[1]。如《春秋·哀公十年》：“三月戊戌，齐侯阳生卒。”《春秋·隐公元年》：“公子益师卒。”

4. 在记述国君被杀的时候则采用“杀”，“杀”是一个中性的词语，记录本身不带有记录者个人的情感好恶。在《系年》中记录国君被杀大体分如下情况：

（1）诸侯杀周携惠王。

携惠王并非是正统的周王，第2章记载：“邦君诸正乃立幽王之弟余臣于虢，是携惠王。立廿又一年，晋文侯仇乃杀惠王于虢。”本章前部分其中详述了幽王立储所引发的动乱，结果造成周二王并立，后来惠王被晋文侯所杀，从而结束周二王并立的局面。《左传·昭公二十六年》：“至于幽王，天不吊周，王昏不若，用愆厥位。携王奸命，诸侯替之，而建王嗣，用迁郏鄏。”孔颖达疏：“《汲冢书纪年》云：平王奔西申，而立伯盘以为大子，与幽王俱死于戏。先是，申侯、鲁侯及许文公立平王于申，以本大子，故称天王。幽王既死，而虢公翰又立王子余臣于携，周二王并立。二十一年，携王为晋文公所杀。以本非適，故称携王。束皙云：案《左传》携王奸命，旧说携王为伯服，伯服古文作伯盘，非携王。伯服立为王积年，诸侯始废之而立平王。其事或当然。”[2]由简文可知，周幽王死亡之后，曾经有九年无王，“周亡王九年”，对照《左传》，周幽王去世九年后，周平王在晋文侯的支持下取得王位，这与孔颖达的疏显然不同。与周平王并立的还有携惠王，据简文可知，携惠王在周幽王被杀之后就被拥立，但携惠王没有被诸侯所承认。携惠王之所以未被诸侯所认可，大体有两种原因，一

[1] 陈克炯:《左传详解词典》，郑州：中州古籍出版社，2004年，第202页。

[2]《春秋左传正义》，阮刻《十三经注疏》，北京：中华书局，1980年，第2114页。

是携惠王余臣是幽王的弟弟，君王去世首先继承王位应当是君王的儿子，而非君王的兄弟，而周平王是周幽王正妻所生，“周幽王取妻于西申，生平王”，是名正言顺的王位继承人。其二，拥立携惠王的诸侯为虢公，虢国在当时是小国，实力显然不如晋国，所拥立的携惠王的号召力自然不如晋国。由此可知，晋文侯杀携惠王的时候，周平王已经被拥立，否则晋文侯杀携惠王就成了“弑君”，这在当时是不可想象，为了维护周平王，杀携惠王自然就成了一种正义的“讨贰”行为。所以晋文侯杀携惠王自然也就不是什么乱臣贼子作乱犯上的行为。对于此次杀“君”事件，《春秋》及经传并没有详细的记载。

（2）诸侯国君杀国君。

第2章，齐襄公杀郑子亹。

“齐襄公会诸侯于首止，杀子眉寿，车轘高之渠弥，改立厉公，郑以始正”。

《春秋经》桓公十八年：“秋七月。”《左传》桓公十八年：“秋，齐侯师于首止，子亹会之，高渠弥相。七月戊戌，齐人杀子亹，而轘高渠弥。”子亹，即简文中的眉寿。

《史记·郑世家》记载：“子亹自齐襄公为公子之时，尝会斗，相仇，及会诸侯，祭仲请子亹无行。子亹曰：‘齐强，而厉公居栎，即不往，是率诸侯伐我，纳厉公。我不如往。往，何遽必辱？且又何至是！’卒行。于是祭仲恐齐并杀之，故称疾。子亹至，不谢齐侯，齐侯怒，遂伏甲而杀子亹。”

《春秋啖赵集传纂例一》引刘贶《书》引《纪年》及《释》说：“郑杀其君某。”《释》说：“是子亹。”[1]按此说，则子亹当为郑所杀，但简

[1]（唐）陆淳纂：《春秋啖赵集传纂例》卷一，北京：中华书局，1985年，丛书集成初编本，第9页。

文则与此明显不同，由此可知《竹书纪年》“随意注解”所出现的差错。

第6章，“晋人杀怀公而立文公，秦晋焉始会好，戮力同心。”

《左传》僖公二十四年：“二月甲午，晋师军于庐柳。秦伯使公子絷如晋师。师退，军于郇。辛丑，狐偃及秦、晋之大夫盟于郇。壬寅，公子入于晋师。丙午，入于曲沃。丁未，朝于武宫。戊申，使杀怀公于高梁。不书，亦不告也。”

《史记·晋世家》：“子圉遂亡归晋。十四年九月，惠公卒，太子圉立，是为怀公。子圉之亡，秦怨之，乃求公子重耳，欲内之。子圉之立，畏秦之伐也。乃令国中诸从重耳亡者与期，期尽不到者尽灭其家。狐突之子毛及偃从重耳在秦，弗肯召。怀公怒，囚狐突。突曰：“臣子事重耳有年数矣，今召之，是教之反君也。何以教之？”怀公卒杀狐突。秦缪公乃发兵送内重耳，使人告栾、郄之党为内应，杀怀公于高梁，入重耳。重耳立，是为文公。”

简文的记述与《史记》的记述明显不同，简文明确指出是晋人杀晋怀公，而《史记》则指出是秦缪公杀的晋怀公。

第18章，楚灵王杀蔡灵侯。“灵王先起兵，会诸侯于申，执徐公，遂以伐徐，克赖、朱邡，伐吴，为南怀之行，县陈、蔡，杀蔡灵侯。”

《春秋经》昭公十一年：“夏四月丁巳，楚子虔诱蔡侯般杀之于申。楚公子弃疾帅师围蔡。”《左传》昭公十一年：“楚子在申，召蔡灵侯。灵侯将往，蔡大夫曰：“王贪而无信，唯蔡于感。今币重而言甘，诱我也，不如无往。蔡侯不可。三月丙申，楚子伏甲而飨蔡侯于申，醉而执之。夏四月丁巳，杀之。刑其士七十人。公子弃疾帅师围蔡。”

（3）大夫杀国君。

第2章，郑国大夫高渠弥杀郑昭公。“武公即世，庄公即位；庄公即世，昭公即位。其大夫高之渠弥杀昭公而立其弟子眉寿。”

此次事件《春秋经》无记载。

《左传》桓公十七年:“初，郑伯将以高渠弥为卿，昭公恶之，固谏，不听。昭公立，惧其杀己也，辛卯，弑昭公，而立公子亹。君子谓“昭公知所恶矣”。公子达曰:“高伯其为戮乎！复恶已甚矣。”

第6章，晋里克杀奚齐，又杀悼子。

“晋献公之婢（嬖）妾曰骊姬，欲其子奚齐之为君也，乃谗太子共君而杀之，或（又）谗惠公及文公，文公奔狄，惠公奔于梁。献公卒，乃立奚齐。其大夫里之克乃杀奚齐，而立其弟悼子，里之克或(又)杀悼子。”

《春秋经》僖公九年:“冬，晋里克杀其君之子奚齐。”

《左传》僖公九年:“冬十月，里克杀奚齐于次。书曰‘杀其君之子’，未葬也。荀息将死之，人曰:‘不如立卓子而辅之。’荀息立公子卓以葬。十一月，里克杀公子卓于朝。荀息死之。”

《春秋经》僖公十年:“晋里克弑其君卓及其大夫荀息。”

《春秋》及《左传》指出晋国大夫里克杀掉了晋献公的儿子奚齐，但简文则指出“奚齐”是被立为国君了的，故此处显然是一种弑君的行为。

《春秋公羊传》僖公九年:“冬，晋里克弑其君之子奚齐。”

杨伯峻《春秋左传注》:“‘杀’，《公羊》作‘弑’，段玉裁《经韵楼集·春秋经杀弑二字辩别考》谓此必当作‘弑’，盖未必然；奚齐非君，不得言弑。”[1]杨说与简文互证，可见杨说之误。

第17章，齐国崔杼杀齐庄公。

[1] 杨伯峻编著:《春秋左传注》(一)，北京：中华书局，1990年，第325页。

“齐崔杼杀其君庄公，以为成于晋。”

《春秋经》襄公二十五年：“夏五月乙亥，齐崔杼弑其君光。”

《左传》襄公二十五年记载，齐庄公与崔杼的妻子私通，于是崔杼将齐庄公杀害。

“庄公通焉，骤如崔氏，以崔子之冠赐人。侍者曰：“不可。”公曰：“不为崔子，其无冠乎？”崔子因是，又以其间伐晋也，曰：“晋必将报。”欲弑公以说于晋，而不获间。公鞭侍人贾举，而又近之，乃为崔子间公。夏五月，莒为且于之役故，莒子朝于齐。甲戌，飨诸北郭。崔子称疾，不视事。乙亥，公问崔子，遂从姜氏。姜入于室，与崔子自侧户出。公拊楹而歌。侍人贾举止众从者而入，闭门。甲兴，公登台而请，弗许；请盟，弗许；请自刃于庙，弗许。皆曰：“君之臣杼疾病，不能听命。近于公宫，陪臣干掫有淫者，不知二命。”公踰墙，又射之，中股，反队，遂弑之。”

第15章，陈公子征舒杀其君陈灵公。

“庄王立十又五年，陈公子征舒杀其君灵公，庄王率师围陈。”

《春秋经》宣公十年：“癸巳，陈夏征舒弑其君平国。”

《左传》宣公十年：“陈灵公与孔宁、仪行父饮酒于夏氏。公谓行父曰：‘征舒似女。’对曰：‘亦似君。’征舒病之。公出，自其厩射而杀之。二子奔楚。”

（4）杀国君自立。

第18章，楚灵王杀孺子王。“孺子王即世，灵王即位。”

《春秋经》昭公元年，冬十一月己酉，楚子麇卒。

《左传》昭公元年：“冬，楚公子围将聘于郑，伍举为介。未出竟，闻王有疾而还。伍举遂聘。十一月己酉，公子围至，入问王疾，缢而弑之，遂杀其二子幕及平夏。”

此处简文仅仅只说孺子王去世，并没有记述灵王的弑君行为。

（5）君王被杀，记述为“见祸”。

第16章，“厉公亦见祸以死，亡（无）后。”

《春秋经》成公十八年：“庚申，晋弑其君州蒲。”

《左传》成公十八年：“十八年春王正月庚申，晋栾书、中行偃使程滑弑厉公，葬之于翼东门之外。”晋厉公被杀分别被记述在成公十七年和十八年的传文中。

第18章，楚灵王被杀，亦记录为“见祸”。

“灵王见祸，景平王即位。”

《春秋经》昭公十三年：“夏四月，楚公子比自晋归于楚，弑其君虔于乾溪。楚公子弃疾杀公子比。”

对于“祸”，许慎《说文解字》解释为：“祸，害也，神不福也。”[1]通过《左传》可知，晋厉公及楚灵王都是不行君道而被杀，但《系年》的记述者将其记述为“见祸”，意即遇害。

三、初步结论

由此可知，在记述国君死亡的时候，《系年》与《春秋》既有相同之处，又有明显的区别。

1. 通过与《春秋》经传的对照，《系年》在记载国君的正常死亡时与《左传》有相通之处，都有“即世”的记述方式。

2.《系年》在记述一国之君杀另外一国君的时候都采用“杀”字，而不用“弑”字，其基本句式表现为“某杀某”，如“齐人杀子亹”“晋

[1] 段玉裁：《说文解字注》，扬州：江苏广陵古籍刻印社，1997年，第8页。

人杀怀公”“杀蔡灵侯”，这点与《春秋》经传的记载类似，如《春秋经》昭公十一年：“夏四月丁巳，楚子虔诱蔡侯般杀之于申。楚公子弃疾帅师围蔡。”这些都是基本历史事件的记述，不涉及“《春秋》笔法”。

3.《系年》在记载国君被该国臣子所杀的时候，也几乎都采用“杀”字，如郑国大夫高渠弥杀郑昭公、晋里克杀奚齐，又杀悼子、齐国崔杼杀齐庄公、陈公子征舒杀其君陈灵公，但与《系年》形成鲜明对照的则是《春秋》经传在记述时采用“弑”字，如《左传》桓公十七年记载“辛卯，弑昭公”、《春秋经》僖公十年：“晋里克弑其君卓及其大夫荀息”、《春秋经》襄公二十五年：“夏五月乙亥，齐崔杼弑其君光”、《春秋经》宣公十年：“癸巳，陈夏征舒弑其君平国”等，段玉裁《经韵楼集·春秋经杀弑二字辩别考》指出：“凡《春秋》传于弑君或云‘杀’者，述其事也；《春秋》经必云‘弑’者，正其名也。‘弑’者，臣杀君也。”[1]“凡举其事曰‘杀’，正其罪曰‘弑’。”[2]则充分表明了记述者本身的褒贬态度，反之则隐藏记述者本身对该事件的态度。杜预《春秋释例·书弑例第十五》指出：“《传》例曰：‘凡弑君，称君，君无道也；称臣，臣之罪。’称君者，惟书君名，而称国、称人以弑，言众之所共绝也。称臣者，谓书弑者主名，以垂来世，终为不义而不可赦也。然君虽不君，臣不可以不臣。故宋昭之恶，罪及国人，晋荀林父讨宋曰：‘何故弑君？’犹立文公而还，深见贬削。诸怀贼乱以为心者，固不容于诛也，若郑之归生，齐之陈乞，楚之公子比，虽本无其心，《春秋》之义，亦同大罪，是以君子慎所立也。”[3]弑君采用特定的笔法，

[1] 段玉裁：《经韵楼集》，上海：上海古籍出版社，2007年，第65页。

[2] 同[1]，第66页。

[3]（晋）杜预：《春秋释例》卷三《书弑例第十五》，北京：中华书局，1985年，丛书集成初编本，第54页。

以彰显大义，这就是《春秋》微言大义在弑君事实上具体呈现。

4. 值得注意的是，《系年》在记述楚国或晋国国君被杀事件的时候，采用的记述方式明显与前面他国臣子杀国君的记述方式不同。如楚国孺子王的死亡，第18章记录为“孺子王即世，灵王即位”，《春秋》记为“楚子麇卒”，《左传》记为“公子围至，入问王疾，缢而弑之”。

再如晋厉公的被杀则记为“厉公亦见祸以死”，第18章楚灵王的被杀记为“灵王见祸”，简文第15章记载有“灵王即世，景平王即位”，这显然与《春秋》直接记载为“弑君”事件不同，“见祸”即为遭遇祸害，其褒贬意味虽然没有用“被弑”更强，但也明显表达出至少记述者对这两次事件的态度。《系年》对孺子王被灵王所杀，灵王被公子比所杀都没有非常明确的采取“某杀某”的记述方式，这大概可能与《系年》的记述者为楚国人有关，对本国国君的遇害采取了“内讳”的方式。

通过对《系年》中记载国君死亡事件的梳理可知，其与《春秋》在写作上确实存在很大的不同，对“弑君”事件的不同处理，由此可从另一侧面证明“《春秋》笔法”的存在。

（作者单位：中国传媒大学文学院）

清华简《保训》与德治文明的起源

方　铭

德治在孔子政治思想中具有重要地位，《论语·为政》孔子曰："为政以德，譬如北辰，居其所而众星共之。"又曰："道之以政，齐之以刑，民免而无耻。道之以德，齐之以礼，有耻且格。"[1]德政是社会向善的基础，而德政的特点，就是领导人身体力行，要让群众做到的，自己首先做到。《论语·颜渊》载，齐景公问政于孔子。孔子对曰："君君、臣臣、父父、子子。"子张问政，子曰："居之无倦，行之以忠。"季康子问政于孔子，孔子对曰："政者，正也。子帅以正，孰敢不正？"又季康子患盗，问于孔子，孔子对曰："苟子之不欲，虽赏之不窃。"又季康子问政于孔子曰："如杀无道，以就有道，何如？"孔子对曰："子为政，焉用杀？子欲善而民善矣。君子之德风，小人之德草，草上之风，必偃。"[2]《论语·子路》载，子路问政，子曰："先之劳之。"请益，曰："无倦。"又孔子曰："苟正其身矣，于从政乎何有？不能正其身，如正人何？"[3]孔子这些论述中，最重要的观点，实际就是两点：第一，领

[1]（清）刘宝楠：《论语正义》，北京：中华书局，1990年，第37、41页。

[2] 同[1]，第498、504、505页。

[3] 同[1]，第515、532页。

导人先天下之忧而忧，吃苦在前；第二，坚持不懈地实践吃苦在前的原则。

《清华大学藏战国竹简（壹）》有《保训》一篇，是周文王病重后对周武王的训话。[1]根据李学勤先生的释文，按照现代通行文字，其内容可以有如下表述："惟王五十年，不豫，王念日之多历，恐坠宝训，戊子自靧水，己丑，昧［爽］……。［王］若曰：'发，朕疾揵甚，恐不汝及训。昔前人传宝，必受之以詷。今朕疾允病，恐弗念终，汝以书受之。钦哉，勿淫！昔舜旧作小人，亲耕于历丘，恐求中。自稽厥志，不违于庶万姓之多欲。厥有施于上下远迩，乃易位设稽，测阴阳之物，咸顺不逆。舜既得中，言不易实变名，身兹备，惟允。翼翼不解，用作三降之德。帝尧嘉之，用受厥绪。呜呼！祗之哉！昔微假中于河，以复有易，有易服厥罪。微无害，乃归中于河。微志弗忘，传贻子孙，至于成汤，祗备不懈，用受大命。呜呼！发，敬哉！朕闻兹不旧，命未又所延。今汝祗备毋解，其有所由矣。不及尔身受大命，敬哉！勿淫！日不足惟宿不详。'"[2]

《保训》是周文王告诫周武王姬发的政治嘱托，其核心思想，一是要学习虞舜，身体力行，率先垂范，不违背百姓的意愿；二是要学习舜和商汤五世祖上甲微的谨慎不懈。而这两条，与孔子之言"先之劳之"和"无倦"完全契合。这说明孔子德治思想，与先周文明是一脉相承的。孔子说："周监于二代，郁郁乎文哉！吾从周。"[3]孔子从周文明，即是服膺周对德治文明的贡献。

[1]《清华大学藏战国竹简（壹）》下册，上海：中西书局，2010年，第143页。

[2] 李学勤：《清华简〈保训〉释读补正》，《中国史研究》2009年第3期。

[3]（清）刘宝楠：《论语正义》，北京：中华书局，1990年，第103页。

一、不窋奔狄应该在夏后启篡位前后

周民族的兴起，最早可以追溯到五帝的晚期，周人先祖弃登上政治舞台的时间是唐尧时期，并在虞舜时期得到发展。《史记 · 周本纪》载弃儿时以“种树”麻、菽（豆类）为游戏，而且对种植业颇有心得，“麻、菽美”。及为成人，“遂好耕农，相地之宜，宜穀者稼穑焉，民皆法则之。帝尧闻之，举弃为农师，天下得其利，有功。帝舜曰：‘弃，黎民始饥，尔后稷播时百穀。’封弃于邰（今陕西武功县西南），号曰后稷，别姓姬氏。后稷之兴，在陶唐、虞、夏之际，皆有令德。后稷卒，子不窋立。不窋末年，夏后氏政衰，去稷不务，不窋以失其官而奔戎狄之间”。[1]

弃成人后，在唐尧之时任后稷之官，唐尧、虞舜、夏禹皆老寿，所以，后稷弃之子不窋“奔戎、狄之间”的时间，就应该是夏后启篡权之际。《史记 · 夏本纪》说夏禹死后，“三年之丧毕，益让帝禹之子启，而辟居箕山之阳。禹子启贤，天下属意焉。及禹崩，虽授益，益之佐禹日浅，天下未洽。故诸侯皆去益而朝启，曰‘吾君帝禹之子也’。于是启遂即天子之位”。[2]

夏后启即位后，结束了近年考古学界有人提到的“古国”时代，而建立了以地方自治为特点的“方国”时代。夏后启取代乃父夏禹，开始了父死子继的世袭制，以“天下为公”变“天下为家”，是上古社会的一次大变革，这次的变革的后果，到了辛亥革命胜利，才被终结。这次变革对官制设置和官员的影响，都是不难想象的。

---

[1]（汉）司马迁:《史记》，北京：中华书局，1959 年，第 112 页。

[2] 同 [1]，第 83 页。

《礼记·礼运》载:“昔者,仲尼与于蜡宾,事毕,出游于观之上,喟然而叹。仲尼之叹,盖叹鲁也。言偃在侧,曰:‘君子何叹?’孔子曰:‘大道之行也,与三代之英,丘未之逮焉,而有志焉。大道之行也,天下为公。选贤与能,讲信修睦。故人不独亲其亲,不独子其子,使老有所终,壮有所用,幼有所长,鳏、寡、孤、独、废、疾者有所养,男有分,女有归。货恶其弃于地也,不必藏于己;力恶其不出于身也,不必为己。是故谋闭而不兴,盗窃乱贼而不作,故外户而不闭,是谓大同。今大道既隐,天下为家。各亲其亲,各子其子。货力为己。大人世及以为礼,城郭沟池以为固,礼义以为纪,以正君臣,以笃父子,以睦兄弟,以和夫妇,以设制度,以立田里,以贤勇知,以功为己,故谋用是作,而兵由此起。禹、汤、文、武、成王、周公,由此其选也。此六君子者,未有不谨于礼者也,以著其义,以考其信,著有过,刑仁讲让,示民有常,如有不由此者,在执者去,众以为殃,是谓小康。”[1]

孔子“有志”于“大道之行”的五帝时代和“三代之英”。五“帝”是有“道”时期,是以“天下为公”为基本制度的“大同”时代,领导人的遴选采用“选贤授能”的“禅让制”,领导人的责任是保证社会的公平性和公正性。夏以后,“大道既隐,天下为家”。但是禹、汤、文、武、成王、周公此“六君子”是“三代之英”,他们“示民有常”,建立了“小康”社会。而夏禹之子取后益而代之,开始了以“天下为家”为基本制度的“小康”社会,贯彻“德治”原则,代表性的时代是夏、商、周三王时代,领导人的任用采用世袭制,社会的公平公正被颠覆。“小康”相对于“大同”,是一种彻底的社会退化。

[1]（清）朱彬撰,饶钦农点校:《礼记训纂》,北京:中华书局,1996年,第331—333页。

夏禹时代实际是“五帝”时代的尾声，而不是“三王”时代的开始。孔子以夏禹为“三代之英”，是因为夏禹和启实际形成了“大人世及”的事实。夏禹之子启取后益而代之，开始了“天下为家”的时代，领导人世袭，社会的公平公正被颠覆，无疑是一种彻底的社会退化。因此，对于忠于“天下为公”观念的五帝时期的人民来说，夏后启时代的开始，就是夏禹“政衰”的开始。

有学者提出不窋之“奔戎、狄之间”应在夏末。《史记·周本纪》说后稷之兴，“在陶唐、虞、夏之际，皆有令德”。[1]《史记》所载周世系不详，因此认为不窋之前，后稷的后代皆任“后稷”之官，后稷不只是后稷弃一人，可能是多代，因此，不窋作为最后一任“后稷”之子，也是完全成立的。假设夏代有后稷之官，而这位后稷之官就是后稷的后代，那么，不窋“奔戎、狄之间”的时间，就可能存在于夏朝的任何“政衰”阶段。包括夏后启之子太康失国时期，以及夏末夏桀无道亡国，可以看作是其中可能性最大的时间点。不过，如果仔细辨析“在陶唐、虞、夏之际，皆有令德”一句话，其意应该是指唐尧、虞舜、夏禹三位领导人交接的时间段，而不必一定包含“夏”朝。

因此，不窋“奔戎、狄之间”的时期，应该确定在夏后启篡权前后。

二、先周文明产生的时间应在不窋奔戎狄之后

周先祖后稷开始了农耕文明，但是，后稷时代的农耕文明只是先

[1] 李学勤:《清华简〈保训〉释读补正》,《中国史研究》2009年第3期。

周文化形成的基础。当不窋把农耕文明带到戎狄之间的庆阳，[1]农耕文明脱离了唐虞文化的范围，而独立发展为先周文明。

先周文明萌芽于五帝时期的尧、舜时期，并最终在戎狄形成和发展起来。《国语·周语一》载，周穆王将征犬戎，祭公谋父谏曰："昔我先王世后稷，以服事虞、夏。及夏之衰也，弃稷不务，我先王不窋用失其官，而自窜于戎、狄之间，不敢怠业，时序其德，纂修其绪，修其训典，朝夕恪勤，守以敦笃，奉以忠信，奕世载德，不忝前人。"[2]祭公谋父对不窋在开创先周文化方面的贡献的肯定，是非常中肯的。

不过，正像一般文化发展的规律一样，任何文化都不可能在封闭状态中独立运行，随着周民族沿泾河流域向镐京迁徙，周人的居住地东移，与商朝文明渐渐有了联系，并成为商的方国之一。随着武王伐纣，商朝灭亡，先周文明顺利过渡为周文明，并成为中国古代文化史上最重要和最有影响力的文明。

周朝的德治文明肯定有一个层叠累积的历史。在孔子提到的小康时代"六君子"中，去掉夏禹，夏就没有了德治之君，商朝只有商汤，可以算是例外。因此，在漫长的商朝，德治只是例外。至周初诸王，实现了较长久的德治，德治才成为主导文化。周先祖不窋奔戎狄的时间点既然在夏后启之时，而周的德治文化又是从后稷、不窋传承下来

[1] 晋杜预《春秋释例》卷七《土地名》云："不窋故城在庆州。"江永《春秋地理考实》卷四之《王朝列国兴废说·王朝兴废说》云："周，姬姓，黄帝之苗裔，后稷之后也。后稷封于邰，今武功县也，及夏之衰，后稷之子不窋，失其官，窜于西戎。《括地志》云，不窋故城在庆州弘化县，今庆阳府、安化县也，不窋之孙公刘徙居邠。今邠州东北有豳亭，三水县西有古豳城，皆是也。公刘传九世至太王，去邠邑于岐山之阳，今岐山县也。文王受命作邑于丰，今西安府鄠县南有酆城。武王克商而有天下，定都于镐，镐在丰水之东，丰在丰水之西，相去二十五里。平王迁都王城，今洛阳县西，河南故城是也。敬王又迁成周，今洛阳县东洛阳故城是也。平王四十九年鲁隐公立，敬王三十九年获麟之岁也。后九王二百二十年而赧王为秦所灭。"

[2] 徐元诰撰，王树民、沈长云点校：《国语集解》，北京：中华书局，2002年，第1—5页。

的，那么，周代的德治文化就不应该与夏、商文明相关。《论语·为政》载孔子说："殷因于夏礼，所损益，可知也；周因于殷礼，所损益，可知也。其或继周者，虽百世，可知也。"[1]周文明对殷商文明，殷商文明对夏代文明都有因革，"因"是继承，"损益"就是革新。继承文化，有可能保留的是文化糟粕；"损益"传统，有可能损减的文化精华，增益的是文化糟粕，所以，有继承有革新并不代表其价值，只有通过"损益"，把过往的文化推向一个新的高度，才是有价值的。《论语·八佾》载孔子说："周监于二代，郁郁乎文哉！吾从周。"[1]孔子认为，周对夏、商的"损益"，是取夏、商两代的文化之长，而开辟了最为有价值的新文明。而这个新文明，就是周人早就建立的自觉的德治文明。

周代文明得到了孔子的赞扬。而周文明的集大成者周公旦"制礼作乐"，也得到孔子的崇敬。孔子说："甚矣吾衰也！久矣吾不复梦见周公！"[2]孔子把梦不见周公，当作自己的衰老的重要征兆。《论语·泰伯》孔子曰："如有周公之才之美，使骄且吝，其余不足观也已。"孔子也把周公看作是能力和品德的化身，周公有才之美，同时不骄傲不贪婪。对于一个普通人来说，不骄不吝是容易做到的，但是对于像周公这样一个当过摄政王的人来说，不骄不吝就很难了。容易做到不骄不吝的普通人，即使骄吝，对于社会也不会有太大危害，而周公这样的人如果骄吝，社会就会危险了。

由于我们对夏、商文明中价值文化和制度文化了解的欠缺，我们不能判断周文化中究竟有多少是来自于夏、商两代的文明成果，但我们相信，周文明在周公时期，就达到了高峰，这说明周文化必然是以先周文化为蓝本，以夏、商文明为补充。而《保训》周文王对周武王

[1]（清）刘宝楠：《论语正义》，北京：中华书局，1990年，第103页。

[2] 同[1]，第256页。

的训诫，让我们知道，周文王心中的文明构成，结合了五帝时期的为民思想，以及商朝的敬慎思想。这说明周文明并不仅仅继承了商朝的文明，而是超越了商朝文明，上承五帝时期的文明价值的。

三、德治为先周文化的核心价值观

《国语·周语一》载祭公谋父反对伐戎，指出周代“先王耀德不观兵”，“先王之于民也，懋正其德而厚其性，阜其财求而利其器用，明利害之乡，以文修之，使务时而避害，怀德而畏威，故能保世以滋大”。[1] 祭公谋父专门把周代的德治历史溯源至后稷、不窋：“昔我先王世后稷，以服事虞、夏。及夏之衰也，弃稷不务，我先王不窋用失其官，而自窜于戎、狄之间，不敢怠业，时序其德，纂修其绪，修其训典，朝夕恪勤，守以敦笃，奉以忠信，奕世载德，不忝前人。”[2] 德治的核心就是严以律己，宽以待人，不以力服人。到了文王、武王时期，实在是因为商纣王无道，周武王不伐纣，则不能贯彻救民于水火，解民于倒悬的伟大使命，祭公谋父说：“至于文王、武王，昭前之光明，而加之以慈和，事神保民，莫弗欣喜。商王帝辛大恶于民，庶民不忍，欣戴武王，以致戎于商牧。是先王非务武也，勤恤民隐而除其害也。”祭公谋父的论述，给我们说明的，无论是先周文化萌芽时期的后稷，还是先周文化形成和发展的时期的不窋等人，及到了先周文明到周文明转换时期的周文王、周武王，其文明核心，都是继承五帝时期的文化传统，以“勤恤民隐而除其害也”为核心的价值追求。

《史记·刘敬叔孙通传》载，刘邦欲都洛阳，想与周室比隆，刘

[1] 徐元诰撰，王树民、沈长云点校:《国语集解》，北京：中华书局，2002年，第1—3页。

[2] 同[1]，第3—5页。

敬说："陛下取天下与周室异。周之先自后稷，尧封之邰，积德累善十有余世。公刘避桀居豳。太王以狄伐故，去豳，杖马箠居岐，国人争随之。及文王为西伯，断虞芮之讼，始受命，吕望、伯夷自海滨来归之。武王伐纣，不期而会孟津之上八百诸侯，皆曰纣可伐矣，遂灭殷。成王即位，周公之属傅相焉，乃营成周洛邑，以此为天下之中也，诸侯四方纳贡职，道里均矣，有德则易以王，无德则易以亡。凡居此者，欲令周务以德致人，不欲依阻险，令后世骄奢以虐民也。及周之盛时，天下和洽，四夷乡风，慕义怀德，附离而并事天子，不屯一卒，不战一士，八夷大国之民莫不宾服，效其贡职。及周之衰也，分而为两，天下莫朝，周不能制也。非其德薄也，而形势弱也。今陛下起丰沛，收卒三千人，以之径往而卷蜀汉，定三秦，与项羽战荥阳，争成皋之口，大战七十，小战四十，使天下之民肝脑涂地，父子暴骨中野，不可胜数，哭泣之声未绝，伤痍者未起，而欲比隆於成、康之时，臣窃以为不侔也。"[1] 刘敬指出了周以德治国、不以武力服天下的历史事实。又说后稷至公刘十余世，公刘避夏桀而在戎狄，这种说法容易让学者误会周自公刘才避居戎狄之间，但说周自后稷至公刘十余世，而夏自启至桀，凡十六世，与周自不窋至公刘十余世的说法，在时间上应该是吻合的。我们仔细辨析《史记·周本纪》"在陶唐、虞、夏之际，皆有令德"一句话，其意应该是指唐尧、虞舜、夏禹三位领导人交接的时间段，而不必一定包含夏启开始的夏朝。

《论语·泰伯》载孔子赞扬文王大伯泰伯曰："泰伯，其可谓至德也已矣。三以天下让，民无得而称焉。"又云："三分天下有其二，以

[1]（汉）司马迁：《史记》，北京：中华书局，1959 年，第 2715—2716 页。

服事殷。周之德，可谓至德也已矣。”[1]孔子所赞扬泰伯的“至德”，以及周之“至德”，就是不把天下当作自己的私产。孔子对泰伯的看法，可以和孔子对尧、舜、禹的看法联系起来，《论语·泰伯》载孔子曰:“大哉尧之为君也！巍巍乎！唯天为大，唯尧则之，荡荡乎，民无能名焉。巍巍乎其有成功也，焕乎其有文章！”又孔子曰:“巍巍乎，舜、禹之有天下也而不与焉！”又孔子曰:“禹，吾无间然矣。菲饮食而致孝乎鬼神，恶衣服而致美乎黻冕，卑宫室而尽力乎沟洫。禹，吾无间然矣。”[2]《论语·卫灵公》引孔子之言曰:“无为而治者，其舜也与？夫何为哉？恭己正南面而已矣。”[3]《论语·雍也》曰:“子贡曰:‘如有博施于民而能济众，何如？可谓仁乎？’子曰:‘何事于仁，必也圣乎！尧、舜其犹病诸！夫仁者，己欲立而立人；己欲达而达人。能近取譬，可谓仁之方也已。’”[4]《论语·宪问》云:“子路问君子。子曰:‘修己以敬。’曰:‘如斯而已乎？’曰:‘修己以安人。’曰:‘如斯而已乎？’曰:‘修己以安百姓。修己以安百姓，尧、舜其犹病诸。’”[5]

四、帝王霸与道治德治仁政

在战国秦汉之际，一般学者对中国古代社会由五帝至三王，由三王至五霸，由五霸至七雄的历史蜕变是清楚的，对这个变化过程中由道而德，由德而仁、义、礼的演变也是清楚的。除了《礼记·礼运》

[1]（清）刘宝楠:《论语正义》，北京：中华书局，1990年，第312页。
[2] 同[1]，第308页、313页。
[3] 同[1]，第615页。
[4] 同[1]，第248页。
[5] 同[1]，第605页。

关于由五帝“大同”到三王“小康”的论述以外,《道德经》云:“故失道而后德，失德而后仁，失仁而后义，失义而后礼，夫礼者，忠信之薄而乱之首。前识者，道之华而愚之始也。”[1]又《庄子·知北游》引黄帝之言曰:“故曰：失道而后德，失德而后仁，失仁而后义，失义而后礼，礼者，道之华而乱之首也。”[2]这里所说的道、德、仁、义、礼的变化，正是帝、王、霸社会发展的真实反映。

《战国策·燕策一》载郭隗之言，有“帝者与师处，王者与友处，霸者与臣处，亡国与役处”[3]四句。帝道、帝者指五帝时代，王道、王者指夏、商、周三王时代，霸道、霸者指春秋时期，强国之术、亡国指的是战国时期。五帝时代，特别是尧、舜时期，效法“天道”，政治制度以“天下为公”为基础，政治文化以“大同”为价值，经济权利和政治权力的平等，是这个时期的社会特征，简单说，就是有饭大家同吃，有衣大家同穿。三王时期，虽是“天下为家”的时代，但社会文化氛围强调德治，即领导人为人民服务，领导人先天下之忧而忧，后天下之乐而乐。在我看来，夏、商两代谈不上有德治传统，德治精神应该是周人克商之后建立的文化体系所体现的价值。周先祖不窋在夏后启破坏禅让体制、篡权建立世袭制政治体制后去夏，辗转在泾河流域的义渠，在周民族部落中传承“大同”文化。但是周克商后，民族融合，周人面临继承的“家天下”的政治制度遗产和固有的“大同”的政治文化遗产的冲突，因此，提出德治来调节人民和周天子利益相悖可能带来的困境。德治的特征，简单说，就是群众没有饭吃，领导不吃饭；群众没有衣服穿，领导不穿衣。五霸时代，霸主挟天子以令

[1]（魏）王弼:《老子注》，北京：中华书局，1954年，第23页。

[2]（清）王先谦:《庄子集解》，北京：中华书局，1954年，第137页。

[3]（汉）刘向:《战国策》，上海：上海古籍出版社，1985年，第1064页。

诸侯，其文化价值，承认领导人的特权，但是，领导人仍能“推恩”，具体体现就是贯彻“仁政”观念，领导人在享受特权的时候，也需要兼顾群众的生存问题。简单说，就是领导吃肉的时候，应该给人民留一点肉汤喝。而强国之术，强调的政治文化是弱肉强食，《论语·颜渊下》说：“爱之欲其生，恶之欲其死。”[1]《韩非子·五蠹》指出：“当今争于气力。”[2]《史记·天官书》说：“顺之胜，逆之败。”[3]这些话所表述的行事原则，就代表了这个时代的文化价值。简单说，就是群众顺从领导，则有饭吃，有衣穿；不顺从领导，则没有饭吃，没有衣穿。

从大同至小康，从小康至春秋，从春秋至战国，是中国社会制度不断退化的过程，《孟子·告子下》说：“五霸者，三王之罪人也。今之诸侯，五霸之罪人也。”[4]而实际上，三王也是尧、舜之罪人。大体说的也是从大同以下的社会蜕变带来的观念变化，道与大同时期相联系，德与小康时期相联系，而仁、义、礼则是小康之后至五霸时期的政治文化。

《史记·商君列传》载商鞅游说秦孝公，曰：“孝公既见卫鞅，语事良久，孝公时时睡，弗听。罢而孝公怒景监曰：‘子之客妄人耳，安足用邪！’景监以让卫鞅。卫鞅曰：‘吾说公以帝道，其志不开悟矣。’后五日，复求见鞅。鞅复见孝公，益愈，然而未中旨。罢而孝公复让景监，景监亦让鞅。鞅曰：‘吾说公以王道而未入也。请复见鞅。’鞅复见孝公，孝公善之而未用也。罢而去。孝公谓景监曰：‘汝客善，可与语矣。’鞅曰：‘吾说公以霸道，其意欲用之矣。诚复见我，我知之矣。’

---

[1]（清）刘宝楠:《论语正义》，北京：中华书局，1990年，第498页。

[2]（清）王先谦:《韩非子集解》，北京：中华书局，1954年，第341页。

[3]（汉）司马迁:《史记》，北京：中华书局，1959年，第1319页。

[4]（清）焦循:《孟子正义》，北京：中华书局，1954年，第494—495页。

卫鞅复见孝公。公与语，不自知厀之前於席也。语数日不厌。景监曰：'子何以中吾君？吾君之驩甚也。' 鞅曰：'吾说君以帝王之道比三代，而君曰："久远，吾不能待。且贤君者，各及其身显名天下，安能邑邑待数十百年以成帝王乎？" 故吾以强国之术说君，君大说之耳。然亦难以比德於殷周矣。'"[1]商鞅游说秦孝公，先说五帝天下为公之道，孝公不觉悟；然后说三王德治之道，孝公也无兴趣；商鞅改说春秋五霸之道，孝公以为善；商鞅明白孝公是个功利之徒，所以索性以等而下之的富国强兵之道投合孝公，因此得重用。而商鞅自己也知道，以富国强兵之道治国，必然没有办法达到三代的水平。所谓"道之以政，齐之以刑，民免而无耻。道之以德，齐之以礼，有耻且格"[2]。

桓谭《新论·王霸》曰："夫上古称三皇、五帝，而次有三王、五霸，此皆天下君之冠首也。故言三皇以道治，而五帝用德化；三王由仁义，五霸用权智。其说之曰：无制令刑罚，谓之皇；有制令而无刑罚，谓之帝；赏善诛恶，诸侯朝事，谓之王；兴兵众，约盟誓，以信义矫世，谓之霸。王者，往也，言其惠泽优游，天下归往也。五帝以上久远，经传无事，唯王霸二盛之美，以定古今之理焉。夫王道之治，先除人害，而足其衣食，然后教以礼仪，而威以刑诛，使知好恶去就，是故大化四凑，天下安乐，此王者之术。霸功之大者，尊君卑臣，权统由一，政不二门，赏罚必信，法令著明，百官修理，威令必行，此霸者之术。王道纯粹，其德如彼；霸道驳杂，其功如此；俱有天下，而君万民，垂统子孙，其实一也。汤、武则久居诸侯方伯之位，德惠加於百姓。夫王道之主，其德能载，包含以统乾元也。儒者或曰：'图王不成，其弊亦可以霸'。此言未是也。传曰：'孔氏门人，五尺童子，不

[1]（汉）司马迁：《史记》，北京：中华书局，1959 年，第 2228 页。

[2]（清）刘宝楠：《论语正义》，北京：中华书局，1990 年，第 41 页。

言五霸事者，恶其违仁义而尚权诈也'。"[1]桓谭关于"三皇以道治，而五帝用德化，三王由仁义，五霸用权智"的说法，明显与他的前代学者不同，大概源于他在五帝之前加了一个三皇，实际上，战国秦汉间人的说法更为可靠。五帝用道治，三王用德治。五霸仁义礼结合，仁在人心，义在行动，礼则是仁义的物化形态。至于战国七雄，则以先权谋，再继之以气力争天下。不过，道包含德，德包含仁义礼，而五霸之行仁义，又与智谋结合。因此，桓谭才会产生如此误解。桓谭说"无制令刑罚，谓之皇；有制令而无刑罚，谓之帝"，这二者可以合并。"赏善诛恶，诸侯朝事，谓之王；兴兵众，约盟誓，以信义矫世，谓之霸。王者，往也，言其惠泽优游，天下归往也"。桓谭的这个表述，基本是准确的。

应该说，周朝建立的是"天下为家"的体制，"天下为家"的体制决定了领导人的恶行和善举最终都是为了维护其统治，而与"天下为公"的一切以"全心全意为人民服务"为根本目的不同，但是，周朝的文化传统显然继承了先周文化传统，希望在"天下为家"的体制下，能实现"全心全意为人民服务"的宗旨。也正因此，《保训》之中，才强调遵从百姓之欲望，以及领导人自身的自律。先周文化和周文化本身，与近代以来的人类文明成果的核心价值是联系在一起的，是体现了人类普遍价值的观点。

在周文明的核心价值观指导下，周代文明在文化制度、社会制度、经济制度等方面，都体现出了重视人权及社会公平和社会和谐的特征，这些制度，在今天，在没有更好的选择的时候，我们仍然需要发挥其生命力。

[1]（汉）桓谭：《新论》，上海：上海人民出版社，1976年，第2—3页。

在孔子的思想体系中，恢复周礼只是他改造社会的阶段性成果，他的最终理想是实现社会大同，因此《论语·八佾》说："子谓《韶》，尽美矣，又尽善也。谓《武》，尽美矣，未尽善也。"[1]《韶》乐体现了"天下为公"的价值观，因此达到了至善，而《武》乐毕竟是想在"天下为家"的政治体制下实现"天下为公"的宗旨，其局限性不言而喻。《论语·先进》载孔子之言曰："先进于礼乐，野人也；后进于礼乐，君子也。如用之，则吾从先进。"[2]这句话历来有不同解释，但都不得要领，只有放在孔子对"大同"与"小康"的论述的文化氛围中，才能抓住其核心内涵。礼乐文化起源于三代，其目的是为了维护"大人世继"、"天下为家"的社会秩序，因此，三代之前以"道"行事，不需要礼乐制度，如果按照三代礼乐制度评判，则三代之前的人如"野人"，但三代之前的文化体现了"天下大同"的宗旨，所以孔子从"先进"，从"野人"，而不从"后进"，不从"君子"。

无疑，周文化是孔子非常尊敬的文化传统，孔子是站在更高的文化视野，对周文化进行了重新阐释，并由此形成中国传统文化的主流文化价值观。研究孔子的德治理论，必须重视周文化和先周文化研究。

（作者单位：北京语言大学人文学院）

[1]（清）刘宝楠：《论语正义》，北京：中华书局，1990年，第135页。

[2] 同[1]，第437页。

“保训”释疑

姚小鸥

2008 年 12 月 1 日，《光明日报》第 12 版（国学版）发表李学勤先生《初识清华简》一文，披露了有关清华大学古代简帛保护与研究中心入藏的战国竹简的若干信息，引起学术界的关注。2009 年 4 月 13 日，李学勤、赵平安两先生分别在《光明日报》国学版发表《周文王遗言》与《〈保训〉的性质和结构》两文，拉开了清华简研究的序幕。之后，学者们就李学勤等先生文章中所引用的清华简《保训》篇的部分内容陆续发表了一系列文章，进行讨论。

2009 年 5 月 4 日，《光明日报》“国学版”刊登姜广辉先生《〈保训〉十疑》一文，对清华简本身及李学勤先生等人的文章分别提出疑问，其中包括对篇题“保训”的质疑。

姜广辉先生是研究中国哲学史的专家，曾积极参与出土文献如《郭店楚简》的研究，在出土文献研究领域有一定影响，《〈保训〉十疑》所提出的一些问题又非常尖锐，所以这篇文章的观点值得人们认真思考和回应。

2009 年 5 月 28 日《光明日报》国学版发表吉林大学古籍研究所王连龙先生《对〈《保训》十疑〉一文的几点释疑》一文，作者试图“通过论述《保训》与《逸周书》的关系，对《保训》篇研究中涉及的一些问题进行探讨。同时，也对姜广辉先生《〈保训〉“十疑”》一文的若干疑问提出几点不同看法”。王连龙先生的文章结合《逸周书》，从十个方面对姜先生的质疑做出了解答，具体而细致。然而我们认为，结合其他传世文献如《春秋》经传和《尚书》的《顾命》等篇，还可以对姜先生的质疑做出进一步的回答。

王连龙先生文章中的第二个子目是《关于〈保训〉的篇名》，其内容主要是回应姜广辉先生“此篇以题为‘宝训’为宜。似不应题为‘保训’”一说。王先生说：

> 在金文及《尚书》等传世文献中，“保”读为“宝”的现象常见，所以，《说文·人部》王筠句读云：“古文、钟鼎文‘宝’字亦作‘保’。”就《保训》篇而言，其属于“书”类体裁。“书”类文献的命名主要是属意于篇章主旨。通常在具体形式上，这类篇名的后一部分代表篇章体裁，前一部分则表示这类体裁的发出者、地点及主旨。而《保训》篇主要讲文王训诫太子发遵行“中”道，以保周祀。所以，李学勤先生试题为《保训》。另外，“保”字用于篇章命名并不是没有先例，《逸周书》就有《保开》篇及《酆保》篇。而且，在《文儆》、《文传》所载文王遗训中，就明确提出“惧后祀之无保”及“我所保与我所守，传之子孙”。显然，就这个角度来看，《保训》篇命名并无不适之处。

我们认为，王先生上引文从两个方面论述了《保训》的命篇缘由。第一个方面的论述无疑是正确的，但还有进一步伸说的余地，而第二个方面虽有一定道理却与第一个方面相冲突，似值得作进一步的考证。

正如王先生文章所指出的，传世文献中“保”读为“宝”的现象常见。前代学者对此有所讨论。《春秋·庄六年》：“冬，齐人来归卫俘。”杜注：“《公羊》、《穀梁》经传皆言‘卫宝’，此传亦言‘宝’。唯此经言‘俘’，疑经误。俘，囚也。”孔颖达《正义》：

《释例》曰：“‘齐人来归卫宝’，《公羊》、《穀梁》经传及左氏传皆同。唯左氏经独言‘卫俘’，考三家经传有六，而其五皆言‘宝’，此必左氏经之独误也。案《说文》‘保，从人，𤓽省声。古文𠈃不省’。然则古字通用‘宝’，或作‘𠈃’字［引者按：“作”字原脱，据阮元校记补］，与‘俘’相似，故误作‘俘’耳。”杜既以为误，而又解俘为囚，是其不敢正决，故且从之。[1]

洪亮吉《春秋左传诂·春秋经庄六年诂》：

颜师古曰：“《经》书‘齐人来归卫俘’，《传》言‘卫宝’，《公羊》、《穀梁》《经》并为‘宝’，杜预《注》云疑《左氏传经》误。按：《尔雅》云：‘俘，取也。’《书序》曰：‘遂伐三朡，俘厥宝玉。’然则所取于卫之宝，而来献之，《经》、《传》相会，义无乖爽，岂必俘即是人？杜氏之说为不通矣。”惠栋云：“《周书·顾命》‘陈宝赤刀’，《说文》引作‘保’。李氏镜铭‘明如日月世之保’，与‘宝’同。”[2]

上引文及王连龙先生文章提出的证据，可以说明古书中“保”与“宝”

[1]《春秋左传正义》，阮刻《十三经注疏》，北京：中华书局，1980年，第1764页。

[2] 洪亮吉：《春秋左传诂》，北京：中华书局，1987年，第25—26页。

通用的事实。然而《保训》篇中"保"字的具体意义是什么？到底是"保守""保有"之意，还是"宝贵"之意呢？王先生对此未作明断，似可能引起"不敢正决"之讥。

我们认为，汉语修辞中虽然或有兼训之用，但在这里显然并不合适。从古书如《尚书》诸篇相关内容及《保训》本身的文辞看来，《保训》篇的"保"字，当训为"宝贵"之"宝"。

从本文撰写的主要动机出发，下面，我们首先辨明姜广辉先生《〈保训〉十疑》关于"周文王遗言，史无明文"的说法，然后顺带论述"保"字的一意义内涵，最后论及《保训》篇题的命名之由。

姜广辉先生在前引文中说："作为周文王这样的超级历史人物，有关其遗言后人全不知晓，特别是周族的后代同样也不知晓，那是说不过去的。"诚然，如果说周文王这样的"超级历史人物"，其遗言周人全然不知晓，当然"是说不过去的"，但这只是姜先生的误解。究其原因是姜先生没有仔细温习《尚书》这样超级重要的历史文献，以致造成失察。下面我们从《尚书》的《顾命》等篇中征引周初有关周文王遗训的材料以说明这一点。

《尚书·顾命》记述了成王的临终遗言：

> 王曰："呜呼！疾大渐，惟几，病日臻。既弥留，恐不获誓言嗣，兹予审训命汝。昔君文王武王宣重光，奠丽陈教，则肄肄不违，用克达殷集大命。在后之侗，敬迓天威，嗣守文武大训，无敢昏逾。"[1]

这里，成王明确指出文王和武王是有遗训的。对文王和武王的遗训，

[1] 曾运乾：《尚书正读》，北京：中华书局，1964年，第261页。

成王称之为“大训”，这和文王称前代圣贤的遗训为“宝训”，其修辞手法完全一致。《顾命》篇在记述康王即位仪式时又反复提到文王武王的遗训：

> 太师秉书，由宾阶隮，御王册命。曰：“皇后凭玉几，道扬末命，命汝嗣训，临君周邦，率循大卞，燮和天下，用答扬文武之光训。”[1]

在上引册命中，两次提到周文王和周武王的遗训。“皇后凭玉几，道扬末命，命汝嗣训”一语中的“嗣训”，即成王所言“嗣守文武大训”。册命又称文王武王的遗训为“光训”，其意义和语言形式也与前述成王所称文王武王之遗训为“大训”相类。

综上述可知，《顾命》中三次记载了周文王的遗训，尚不计“昔君文王武王宣重光，奠丽陈教”这样隐含文王遗训的字样。在如此明确的历史记载面前，怎么还能说“周文王遗言，史无明文”呢？

我们还应该注意到，文王和武王的遗训，周人特意书于嗣王继位的册命之中，其必将入于周人的国家档案库即类于《尚书·金縢》篇所记述的“金縢之匮”中。然而由于年代久远等这些大家都知道的原因，这些档案现在绝大多数已经荡然无存了，以致引起姜先生的前述疑惑。

上引《顾命》的这两段话中，还隐含着与《保训》极为相类的其他内容。我们上面征引的第一段话中，成王述及“在后之侗，敬迓天威，嗣守文武大训，无敢昏逾”。《孔传》释“在后之侗”为“在文武后之侗稚”。曾运乾先生《尚书正读》说：“《论语》孔注云，‘未成器之人’

[1] 曾运乾:《尚书正读》，北京：中华书局，1964年，第269—270页。

也。此成王自称，言文武既没，愚稚如予。敬将天威，嗣守前训，罔敢昏乱逾越也。"[1]曾运乾先生所引孔注参见《论语集注》的《泰伯》篇。

赵平安先生在《〈保训〉的性质和结构》一文中已经指出《顾命》的"在后之侗"与《保训》"必受之以詷"有所关联。大家知道，古文字中受、授不分，侗（詷）在这里是"宝训""大训""光训"的收受者。经分析，上面所征引的第二段《顾命》文字中"道扬末命，命汝嗣训"与《保训》相关语句的神似之处跃然纸上。当然，关于侗字的具体含义，我们的理解与赵平安先生不完全相同，这里就不多说了。

如果不仔细地进行研究和分析，上述《保训》与《顾命》等传世文献的相似之处很容易被人忽略，以致连姜广辉先生这样的中国哲学史专家都没有能够发现。由此可知，如果说《保训》出自"不懂史书笔法的现代作伪者"[2]，那是太耸人听闻了！

在此，我们要指出，在对《保训》篇这样重要的出土文献的研究，还刚刚开始。许多问题，包括标点断句这样的基础性工作，也还有进一步加强的必要。比如，"舜既得中言不易实变名身滋备惟允翼翼不懈用作三降之德"这一段话。各媒体所发表时的句读是这样的："舜既得中，言不易实变名，身滋备惟允，翼翼不懈，用作三降之德。"我们以为当读作"舜既得中，言不易，实变名，身滋备，惟允。翼翼不懈，用作三降之德"。有关这段话的内涵，我们拟另撰文解说，这里就不细谈了。

最后，我们就《保训》的篇题用字谈谈我们的看法，以收束本篇。

---

[1] 曾运乾：《尚书正读》，北京：中华书局，1964年，第262页。

[2] 姜广辉：《"清华简"鉴定可能要经历一个长期过程——再谈对〈保训〉篇的疑问》，《光明日报》2009年6月8日。

本文开篇引述过姜广辉先生《〈保训〉十疑》的意见。姜先生以为“此篇以题为‘宝训’为宜。似不应题为‘保训’”，应该说，他对“保训”即“宝训”的理解是正确的，王连龙先生《对〈《保训》十疑〉一文的几点释疑》没有就此对《保训》篇题的用字问题给予姜先生很好的回应。其实，问题并不难解释，这就是孔子所申述的“名从主人”原则。《穀梁传 · 桓公二年》：

> 夏，四月，取郜大鼎于宋。戊申，纳于太庙。桓内弑其君，外成人之乱，受赂而退，以事其祖，非礼也。其道以周公为弗受也。郜鼎者，郜之所为也。曰宋，取之宋也，以是为讨之鼎也。孔子曰：“名从主人，物从中国”，故曰郜大鼎也。[1]

近年中国国家博物馆征集入藏的具有重要史料价值的青铜器“柞伯鼎”，系周公庶子胙伯所作。《左传·僖公二十四年》：“凡、蒋、邢、茅、胙、祭，周公之胤也。”[2]“茅、胙、祭”是涉及古代祭祀礼仪的有关联的三个字。“茅”即《左传 · 僖公四年》所称“包茅”，在祭祀时用以“缩酒”。“胙”为祭肉之专名。故可知“胙”当为正字，“柞”为借字。学者们尽管在有关“柞伯鼎”的论文中都标示出这一点，但还是一致定该器的器名为“柞伯鼎”，盖由遵从作器主人之命名权。由此可知，李学勤先生对《保训》篇题的拟定并无疑问。

（作者简介：中国传媒大学文学院）

[1] 阮刻《十三经注疏》，北京：中华书局，1980年，第2373页。

[2] 同[1]，第1817页。

《清华大学藏战国竹简（壹）》校读五则

高中华

本篇为清华简第一辑相关语词训释五则。一为《尹至》“暴”，一为《保训》“念日之多历”，一为《耆夜》“以浮”，一为《金縢》“有迟”，一为《皇门》“用舄无用祀”。

一、《尹至》“暴𩪘”

𤺄，整理者释为“瘇”，注曰：“《说文》：‘胫气足腫……《诗》曰既微且瘇’。字或读为‘腫’，《说文》‘癰也’。”

按：简文云“惟灾虐极暴𩪘”，读“𩪘”为足腫之“腫”，于义无所取。疑“𩪘”为“恫”之借。同、童均东部定母[1]，例得通借。《列子·黄帝篇》“状不必童而智童，智不必童而状童”，晋张湛注“童当作同”[2]，可证。《说文·心部》“恫，痛也。一曰呻吟也”。《书·康诰》“恫瘝乃身，敬哉”，《传》曰“如病痛在汝身”，是其义。此篇“暴恫”，乃说夏桀暴虐，夏

[1] 唐作藩：《上古音手册》，南京：江苏人民出版社，1982年，第130页。

[2] 高亨：《古字通假会典》，济南：齐鲁书社，1989年，第18页。

民痛极也。

二、《保训》“念日之多历”

“历”，整理者训为“过”。又引《国语·吴语》“伯父多历年以没元身”，谓全句大意为“文王顾虑年事已高”。后说者有不同意见，或以“日”为“年”，谓此言文王在位“多历年所”；又或以“历”为“易”，谓此言文王来日无多。[1]二说皆改读，似不必。

按：“日之多历”即“多历日”，乃承上文“不豫”而来。“不豫”于《书》类文献中专指“病重”[2]，实为古人“成语”[3]。据此，全句大意为：王病势严重，且迁延多日，不见起色。《逸周书·五权解》“维王不豫，于五日，召周公旦”；“五日”即“不豫”所历具体日数，与《保训》书法相类。“日之多历”，说明病势迁延，《国语·晋语八》载韩宣子所云“寡君之疾久矣”，正是此意。正因如此，下文有“恐坠宝训”之说。如此一来，不烦改读而文从意顺。

三、《耆夜》“以浮”

“浮”原作“颰”，从风孚声，不见于《说文》。整理者未加说明。

---

[1] 参亓琳：《清华简〈保训〉研究综述》，吉林大学2012年硕士学位论文，第5—6页。

[2] 廖名春、黄怀信等说。见《清华简〈保训〉研究综述》。

[3]《保训》而外，又见于传世本《尚书·金縢》《逸周书·五权》、清华简《金縢》《顾命》。今传本《书·顾命》“不怿”，《汉书·律历志》载刘歆《三统历》即引作“不豫”（见顾颉刚、刘起釪：《尚书校释译论》，北京：中华书局，2005年，第1714页）。《保训》开篇与《顾命》极类，已有论者言之，愈可证“不豫”之为“成语”，表“病重”，乃不移之说。

黄怀信先生疑为“浮”[1]，是。

按：古形符“风”与“氵”可通。如“飘”，或作“漂”。《诗·郑风·萚兮》“风其漂女”，《毛传》：“漂，犹吹也。”《释文》：“漂，匹遥反，本亦作‘飘’。”[2]“以浮”之“浮”当读为“游”。“浮”“游”上古音同属幽部，故得通假。[3]

篇云周人戡黎之后，饮至庆功。宴饮中，献酬赋诗，宾主欢洽。周公作歌，云“王有旨酒，我忧以游”，欲以美酒消忧也。《诗·邶风·柏舟》：“汎彼柏舟，亦汎其流。耿耿不寐，如有隐忧。微我无酒，以敖以游。”《毛传》：“非我无酒，可以敖游忘忧也。”正欲以酒忘忧之意。周人以小邦周而欲代商有天命，诚非易事，其云“我忧”者，不亦宜乎！

四、《金縢》“有迟”

“迟”，整理者训为“久”。学者多有疑之者。或易读为“疾”[4]，或以为疾病之名。[5]

今按：整理者所训是。“有迟”即“久”，“有”作为词头，无实义。[6]“有迟”又见于简本《祭公》：“我闻祖不豫有迟，余惟时来见。”“不

[1] 黄怀信：《清华简〈耆夜〉句解》，简帛网，http：//www.bsm.org.cn/show_article.php?id=1418。

[2] 陆德明：《毛诗音义》，见《经典释文》，北京：中华书局，1983年，第65页。

[3]《广雅》：“浮，浮游也。”《易·系辞下》“诬善之人其辞游”，疏云“游，谓浮游”，此又二字联绵之用。

[4] 黄怀信：《清华简〈金縢〉校读》，《古籍整理研究学刊》2011年第3期。

[5] 或释为“寒病”，或以为“外伤”。廖名春：《清华简〈金縢〉篇补释》，《清华大学学报（哲学社会科学版）》2011年第4期。萧旭：《清华竹简〈金縢〉校读》，复旦大学出土文献与古文字研究中心，http：//www.gwz.fudan.edu.cn/SrcShow.asp?Src_ID=1365，2011年1月8日。

[6] 见王引之《经传释词》、裴学海《古书虚字集释》“有”字条。

豫有迟”即《国语》所载“之疾久矣”；与《保训》“不豫，王念日之多历”亦可互证。《金縢》篇言武王不豫良久，有危急之势，故周公祝祷，愿以己身代之；《祭公》篇言祭公不豫良久，或不久于人世，故穆王亲来探视。两处“有迟”，皆言病势之耽溺，天意之难测，人情之不安。简文“不豫有迟”不误。或以今本“有疾不豫”疑之者，未可从也[1]。

五、《皇门》“用𠷎无用祀”

“𠷎”，整理者释为“祷”；“祀”，整理者读为“祠”。并说之以《周礼·小宗伯》郑注“求福曰祷，得求曰祠”。于简文大意，乃谓“此云有祷无祀者，谓唯有祷求而无报塞之祠也”。

按：《皇门》乃周公诫为政之辞。其言为政不用善夫而用佞夫，将使“政用迷乱，狱用无成。小民用𠷎无用祀，天用弗保”。从文意可知，若世有乱政，则“小民用𠷎无用祀”，与求福不报塞何干？可见不通。

疑“𠷎”借为“祝”。《说文·老部》：“寿，声𠷎。”“寿”“祝”古音同在幽部，例得通借。《吕氏春秋·慎大览》“封黄帝之后于铸”，《礼记·乐记》“铸”作“祝[2]”，可证。

此篇“祝”用为“诅祝”字。《诗·大雅·荡》“侯作侯祝”，《毛传》“祝，诅也”，《孔疏》“无用牲之文，口告而祝诅之也”。后俗又作“咒”。祝诅口告而已，与“祀”之“用牲”以祈不同。“祀”主虔敬得福，而“祝”唯求逞欲而已。然则“小民”之用祝不用祀，正是乱政所致，故周公

[1] 由上举诸篇可知，“不豫有迟”为此类文献常用书法。今本《金縢》“有疾弗豫”乃传写之别本。

[2] 高亨：《古字通假会典》，济南：齐鲁书社，1989年，第782页。

深诫之。此亦《书·无逸》所谓“变乱先王之正刑，至于小大。民否则厥心违怨，否则厥口诅祝”也；亦襄公十七年《左氏传》“宋国区区，而有诅有祝”，实“祸之本”也。

附记：本文写作过程中蒙黄灵庚先生悉心指正，谨致谢忱！

（作者单位：首都师范大学文学院）

清华简《赤鹄之集汤之屋》开篇“曰”字的句读问题

姚小鸥　孟祥笑

《清华大学藏战国竹简（叁）· 赤鹄之集汤之屋》讲述了一个类似汤之小臣伊尹丑夏的故事。[1]其首句说：“曰故（古）有赤鹄，集于汤之屋……”整理者注：“曰，《说文》：‘词也。’故，《楚辞·招魂》注：‘古也。’曰故，见于史墙盘（《集成》一〇一七五）‘曰古文王’，楚帛书‘曰故……包戏’等。”[2]整理者对“曰”“古”二字的注释妥当，但未注意到相关句读问题。

除以上引文外，多种传世文献和出土文献以“曰”字句开篇，为论述方便，现胪列如下：

---

[1]《赤鹄之集汤之屋》中的“鹄”字，整理者认为此篇内容和《楚辞·天问》所载：“缘鹄饰玉，后帝是飨”有关，将其读为“鹄”字，解释说：“‘鹄’字从咎声，见母幽部；‘鹄’字从告，见母觉部，系对转。”侯乃峰则认为，从古音和古代典籍文献中关于商汤与“鸠”的记载来看，“赤鹄”中从“鸟”“咎”声的“鹄”字，读为从“鸟”“九”声的“鸠”是更好地选择。按，本文所引简文内容均出自李学勤主编《清华大学藏战国竹简（叁）》一书，简文的篇名暂从该书，称之为《赤鹄之集汤之屋》。参见清华大学出土文献研究与保护中心编，李学勤主编：《清华大学藏战国竹简（叁）》第168页，上海：中西书局，2012年；侯乃峰：《〈赤鹄之集汤之屋〉的“赤鹄”或当是“赤鸠”》，武汉大学简帛研究中心《简帛网》，2013年1月8日。本文中简称为《赤鹄》篇。

[2] 李学勤主编：《清华大学藏战国竹简（叁）》，上海：中西书局，2012年，第167—168页。

《尚书·尧典》:“曰若稽古帝尧……”

《尚书·皋陶谟》:“曰若稽古皋陶……”

《尚书·舜典》:“曰若稽古帝舜……”

《尚书·大禹谟》:“曰若稽古大禹……”[1]

《楚辞·天问》:“曰遂古之初，谁传道之？”[2]

《瘐钟》:“曰古文王，初盭龢于政。”[3]

上述文献“曰”字句的句式与《赤鹄》篇首句相似，相关分析对解决《赤鹄》篇“曰”字句的句读问题有所助益。对这些句子进行断句，首先必须明确“曰”字在这里的含义。“曰”,《说文》:“词也。从口乚，象口气出也。”段注:“词者，意内而言外也，有是意而有是言，亦谓之曰，亦谓之云。云、曰，双声也。《释诂》:‘粤、于、爰，曰也。’此谓诗书古文多有以曰为爰者。故粤、于、爰、曰四字可互相训。以双声叠韵相假借也。”[4]《说文》一般只解释文字的词汇意义，而不涉及其语法意义及句法功能。实际上，“曰”字在古文献中作为开篇之语，有重要的文体标志意义。李学勤先生早已揭示出“曰”字的这种特殊用法。在解释楚帛书《四时》“曰古〔黄〕熊包戏”句时，他援引前述《史墙盘》《尧典》《皋陶谟》等文献，得出结论说，这“是古人追述往史的常用体裁”。[5]

我们对《天问》的文体形式进行研究时，在李学勤先生观点的基

[1] 关于《尚书》引文均出自《尚书正义》，阮刻《十三经注疏》，北京：中华书局，1980年。

[2]（宋）洪兴祖撰，白化文点校:《楚辞补注》，北京：中华书局，1983年，第85页。

[3] 张亚初:《殷周金文集成引得》，北京：中华书局，2001年，第12页。

[4] 许慎撰，段玉裁注:《说文解字注》，上海：上海古籍出版社，1981年，第202页。

[5] 参见李学勤:《楚帛书中的古史与历史观》，收入张正明主编《楚史论丛·初集》，武汉：湖北人民出版社，1984年。（李学勤:《简帛佚籍与学术史》，南昌：江西教育出版社，2001年，第48页。）

础上指出："以'曰'开端，表明《天问》采用的文体是一种古老的叙事文体。因为'曰'是中国古史开篇的惯用语，它表明《天问》所记述的历史的来源可追溯到遥远的口传历史时期，同时表明其文体形式亦有所本。"在具体论证时，除引《今文尚书》中的《尧典》《皋陶谟》外，又列《舜典》《大禹谟》二例："《舜典》和《大禹谟》被称为《古文尚书》，其可信性虽然在历史上有所争议，但其文中采用以'曰'字开端的表述方式，却足以表明其编者对上古史书体例的认可。"文章还指出，金文《瘐钟》也是此类文例，《史墙盘》在金文中的这种用法并非孤证。[1]

除了皆以"曰"字句开篇以外，《天问》和《赤鹄》篇在内容方面也有相似之处。《天问》："曰遂古之初，谁传道之？"王逸《章句》："遂，往也。"[2]"遂古"即"往古"，与《赤鹄》篇"古"字的含义相当。《天问》在"曰"字后开始追叙天地开辟以降的人类历史，《赤鹄》篇亦系讲述古史传说。整理者指出："简文记载了汤射获一只赤鹄，令伊尹将之烹煮作羹，以及由此引发的种种事情。其内容可能与《楚辞·天问》'缘鹄饰玉，后帝是飨'有关。"[3]由于《天问》和《赤鹄》篇的种种关联，《天问》"曰"字句读的确定，对《赤鹄》篇"曰"字的句读问题具有重要的参考价值。

历代楚辞注家都十分关注《天问》"曰"字的解释和句读问题。主要有两种情况，一种虽都将"曰"字解释为"问曰"之意，但句读不同。朱熹《楚辞集注》解释《天问》首句说："问往古之初，未有天地，

[1] 姚小鸥：《〈天问〉意旨、文体与诗学精神探原》，《文艺研究》2004年第3期。
[2] 洪兴祖撰，白化文等点校：《楚辞补注》，北京：中华书局，1983年，第85页。
[3] 李学勤主编：《清华大学藏战国竹简（叁）》，上海：中西书局，2012年，第166页。

固未有人，谁得见之，而传道其事乎？”[1]足见朱熹认为“曰”字为“问曰”之意，和《赤鹄》篇整理本一样，未在“曰”字后读断。金开诚等编著的《屈原集校注》也未在“曰”字后加标点，作者解释说：“曰：发问辞，即‘问曰’之意。”[2]有的学者虽然也将“曰”解释为“问曰”，却在“曰”字后断开，现代标点者多标冒号。蒋骥《山带阁注楚辞》在“曰”字后断句并解释说：“世多言浑沌未分时事者，故首举为问。”[3]著名《楚辞》学者游国恩先生在“曰”字后加冒号，总结各家之见说：“此曰字，自是发端叩问之辞，其上当省一问字。”[4]另一种情况是，有的学者将“曰”字与后文断开，却未像蒋骥等作如上解释。王夫之《楚辞通释》断为“曰：遂古之初，谁传道之”。注曰：“统一篇而系以‘曰’，则原所自撰成章可知。”[5]孙作云《天问研究》所释与此相类：“‘曰’为全文的发端语，与篇末最后一句‘悟过改更，我又何言’的‘我’字，遥相呼应。可见全文有始有终，一气呵成，并不像王逸所说的《天问》是题壁诗，凌乱无次序。”[6]

以上学者对“曰”字的断句和解释各有已见，但皆未注意到“曰”字在文体上的特殊意义。

当代楚辞学者中首先将《天问》“曰”字的文体含义和句读明确联系在一起进行讨论的是江林昌教授。江林昌指出：“《天问》此‘曰’字，非疑问之词，而是篇首发端词，含有追叙往事之意。”在分析前

[1] 朱熹：《楚辞集注》，上海：上海古籍出版社，1979年，第49页。

[2] 金开诚、董洪利、高路明：《屈原集校注》，北京：中华书局，1996年，第292—295页。

[3] 蒋骥：《山带阁注楚辞》，上海：上海古籍出版社，1958年，第68页。

[4] 游国恩主编，金开诚、董洪利、高路明补辑：《天问纂义》，北京：中华书局，1982年，第10页。

[5] 王夫之：《楚辞通释》，北京：中华书局，1959年，第274页。游国恩先生《天问纂义》按：王逸谓此篇乃楚人论述，故王夫之辩之如此。

[6] 孙作云：《天问研究》，北京：中华书局，1989年，第114—115页。

文所举《尚书》《史墙盘》《瘐钟》、楚帛书时说:“在一些先秦考古资料里,‘曰古’一词常用于句首,表示开始追叙古史传说。”他说:“《天问》‘曰’与‘曰古’、‘曰若’、‘越若’同义,《天问》‘曰遂古’当即《尧典》‘曰若稽古’之义,而不当在‘曰’后断句。”[1]

从形式和内容两方面来说,《天问》开篇的“曰”都不等同于“曰古”。在上古汉语里,组成词组的每一个单音节词通常都有各自的含义。《说文》:“古,故也。”段注:“按故者,凡事之所以然,而所以然皆备于古。故曰古,故也。”[2]楚帛书、清华简《赤鹄》篇中“古”写作“故”,即缘于二者之间的这种通假关系。分析可知,“曰”字表示开篇追叙往事,“古”字与下文相连,表示所述为久远之事。二者各有相应的意义内涵,不应连读。从句式上来说,《天问》多四言句,将“曰”字与后文断开更符合《天问》全篇的句式特征。

考察《史墙盘》《瘐钟》《楚帛书》等出土文献,其“曰古……”句所涉内容的含义和断句也可作如上解释。由此可知,在“曰古……”类的句式中,“曰”字标志着叙述古史的体裁,表示叙述古史的开始,是一个具有完整意义的语义单位。“曰”字与“古”字断开,“古”字与下文相连,形成另一意义单位。

“曰”字的类似用法还见于王家台秦简《归藏》。李学勤先生指出,《归藏》各卦开端都有卦画、卦名,其后又一“曰”字。一类是举出过去的卜例,一般都以“昔者”开始,下面说某人以某事卜问,占者曰如何如何,所说即为繇辞。例如相当《既济》的《蚕》卦:

---

[1] 江林昌:《楚辞与上古历史文化研究——中国古代太阳循环文化揭秘》,济南:齐鲁书社,1998年,第242页。

[2] 许慎撰,段玉裁注:《说文解字注》,上海:上海古籍出版社,1981年,第88页。

> 鲞，曰：昔者殷王贞卜其邦尚毋有咎而攴占巫咸，巫咸占之曰：不吉，鲞（卷）其席，投入裕（谿），鲞在北为牝□□……（简 213）

相当《坎》卦的《劳》卦：

> 劳，曰：昔者蚩尤卜铸五兵，而攴占赤□……（简 536）

相当《鼎》卦的《鼒》卦：

> 鼒，曰：昔者宋君卜封□，而攴占巫苍，巫苍占之曰：吉，鼒之壱壱，鼒之䡒䡒，初有吝，后果述（遂）。（简 214）[1]

“曰：昔者……”是追叙往事的行文方式，“昔者”与“曰古”之“古”含义类似，整理者将《归藏》相关各卦辞在“曰”字后读断，显然是注意到了“古”与“昔者”是不同的意义单位。这一处理，类乎“曰古……”句式中在“曰”字后断句。

下面专门讨论“曰若稽古”的问题。江林昌在前述论证中，认为，“《天问》‘曰遂古’当即《尧典》‘曰若稽古’之义”。他将《天问》与《尚书》中的“曰”字句相比附，似以为二者的断句问题可以相互参照。上文已经指出，《天问》应当在开篇“曰”字后断句，《尚书》“曰若稽古”句是否应在“曰”字后断句呢?

“曰若稽古……”与“曰古……”相似而有所不同。孔安国注“曰若稽古帝尧”句为：“若，顺。稽，考也。能顺考古道而行之者帝尧。”

[1] 李学勤：《周易溯源》，成都：巴蜀书社，2006 年，第 293—296 页。

孔氏未对“曰”字的含义做出解释。孔颖达《正义》曰:“史将述尧之美,故为题目之辞曰,能顺考校古道而行之者,是帝尧也。”[1]《正义》赞同“曰”字为叙述古史的开始。后世学者有不同见解,曾运乾《尚书正读》:“曰若,审慎之词。曰,亦作粤,或作越。……越若,皆语词,无实义。稽,考也。古,故也。从十口,十口识前言者也。曰若稽古四字句绝。段玉裁《古文尚书撰异》云,曰若稽古四字为句,不独《皋陶谟》也,盖《尧典》亦然,《逸周书·武穆解》可证也。”[2]

“曰若稽古……”句式在古文献中多次出现,是先秦人们在追述古史时的惯用语,蕴含着特定的文化内涵。研究者不明此意,误将“曰若”解释为语词,将“曰若稽古”看作一个意义单位。从目前的研究来看,在“曰若稽古”句中,关于“稽古”的解释,学者们的观点并无不同,对“若”字的认识则有歧见。“若”字在《尚书》中多次出现,与“曰”字组成不同的句式。明确“若”字的含义,对解释“曰若稽古……”以及与此相关的断句问题甚为重要。

若,《说文》:“择菜也。从艸右。右,手也。一曰杜若,香艸。”《段注》曰:“《晋语》秦穆公曰:‘夫晋国之乱,吾谁使先若夫二公子而立之,以为朝夕之急。此谓使谁先择二公子而立之。若正训择。择菜引伸之义也。’”[3]此处段注所释有误。“择菜”即“释菜”,是古代重要的祭祀仪式。《诗经·关雎》篇云:“参差荇菜,左右芼之”。毛传:“芼,择也”。郑笺:“后妃既得荇菜,必有助而择之者。”从段注对“择菜”的解释来看,很可能受郑笺的影响。孔疏对郑笺进一步申论之:“《释言》云:‘芼,搴也。’孙炎曰:‘皆择菜也。’某氏曰:‘搴犹拔也。’郭璞曰:‘拔

[1]《尚书正义》,阮刻《十三经注疏》,北京:中华书局,1980年,第118—119页。

[2] 曾运乾:《尚书正读》,北京:中华书局,1964年,第2—3页。

[3] 许慎撰,段玉裁注:《说文解字注》,上海:上海古籍出版社,1981年,第43页。

取菜也。’以搴是拔之义。《史记》云‘斩将搴旗’，谓拔取敌人之旗也。芼训为‘拔’，而此云‘芼之’，故知拔菜而择之也。”[1]我们曾指出：“言‘芼’训‘拔’，结论断为‘拔菜而择之’，实为增字解经或一字重解，为训诂之忌。况且《尔雅·释言》邢疏所引相应的孙炎语并非如孔疏所引‘皆择菜也’，而是‘皆释菜也’。……‘释菜’之说则不但与毛传所亟称的《关雎》主旨相呼应，而且与古代礼制密合无间。”[2]因此，“毛传‘择也’之‘择’，应读为‘释’。”[3]与此同例,《说文》将“若”释为“择菜”，也必为“释菜”之误。

释菜为古代祭礼之仪程，或称“祭菜”“奠菜”，用于多种庄严、肃穆的场合，特别要求祭祀者怀有“敬”的态度。《左传·襄公二十八年》“济泽之阿，行潦之蘋藻，寘诸宗室，季兰尸之，敬也。”[4]《礼记·学记》:“大学始教，皮弁祭菜，示敬道也。”[5]《说文》将“若”字释为“择菜”，保存了宝贵的先秦旧说。[6]

由以上讨论可知，在“曰若稽古……”句中，“若”字表示对先王“敬”的文化内涵。“若稽古”表示怀着“敬”的态度考察古事，是一个完整的意义单位，该句应当在“曰”字后读断。

“曰若稽古……”与“曰古……”相比，用语更为典重，多用于庄重的讲史体裁。“曰古……”可视为“曰若稽古……”的略写，比

[1]《毛诗正义》，阮刻《十三经注疏》，北京：中华书局，1980年，第274页。

[2] 姚小鸥:《〈诗经·关雎〉篇与〈关雎〉序》，2001年第6期。

[3] 同[2]。

[4]《春秋左传正义》，阮刻《十三经注疏》，北京：中华书局，1980年，第2001页。

[5]《礼记正义》，阮刻《十三经注疏》，北京：中华书局，1980年，第1522页。

[6]“若”的这类用法，还可从《尚书》中“王若曰”句中得见。“王若曰”是古人的特殊用法，一般用于告诫群臣时，要求他们时刻保持“敬”，集中反映了周人“敬天命”的“天命观”。参见姚小鸥:《“王若曰”与周公称王问题》，待刊。

较灵活，凡是追述往事的体裁都可以采用。与“曰若稽古……”所涉内容相比，以“曰古……”开篇的文献，多涉及神话传说等内容。这种细小的差别，并不影响对二者句读的判断。

综上所述，古文献以“曰”字开头的句式中，“曰”字与后文构成了各自独立、完整的语义单位，应在“曰”字后读断。因此，按照现代标点规范，《赤鹄》篇首句：“曰故（古）有赤鹄……”应在“曰”字后加冒号。如此断句，不但与《赤鹄》开篇追述往史的体裁甚为相合，而且使我们看到中国早期小说借鉴史学著作的印记。[1]

（作者单位：中国传媒大学文学院）

[1] 参见姚小鸥、李永娜：《清华简〈赤鹄〉篇与中国早期小说的文体特征》，《文艺研究》2014年第2期。

由清华简《赤鹄》篇探兔子成神渊源

杨秋红

关于兔子被神化的原因，既往研究多从兔子为太阴之精，捣药的玉兔能为百姓消灾治病的角度解释。而2008年入藏清华大学的战国楚简《赤鹄之集汤之屋》篇中，有白兔作祟的情节，这为我们研究白兔成神提供了新视角。《赤鹄》篇中，小臣背着汤王尝了鹄羹，因惧祸而逃跑，中途被乌巫带至夏后处消灾。夏后之疾乃灵物作祟所致，其寝室内，栋梁之上藏有二黄蛇与二白兔，床下土中隐二陵阜。“夏后乃从小臣之言，撤屋，杀二黄蛇与一白兔；乃发地，有二陵屯，乃斩之。其一白兔不得，是始为埤丁诸屋，以御白兔。”[1]故事中兔子有三个特点：其一是色白罕见；其二是与黄蛇一起作祟，导致夏后生病；其三是狡猾灵异，一白兔竟然避开巫师的杀害而逃走。由此三点，可窥兔子成神的重要渊源。

一、兔子色白罕见，渐成祥瑞象征

我国很早就有兔子，河南安阳殷墟曾出土过近百件兔子残骸，但

[1] 李学勤:《清华大学藏战国竹简（叁）》下，上海：中西书局，2012年，第167页。

白兔罕见。葛洪《抱朴子》曰:“兔寿千岁，满五百岁则色白。”[1]《竹书纪年》与《赤鹄》篇是较早记载白兔的文献，但其中白兔并非瑞兽。

自汉代始，关于白兔的记载渐多，白兔向瑞兽的方向衍化。西汉梁孝王刘武所筑兔园，名气虽大，但实为游赏、延宾、解闷之所，并没有白兔。东汉始屡获白兔，分别在汉代光武帝建平元年、汉章帝元和三年、汉桓帝永康元年。《后汉书·光武帝刘秀》载:“(建武十三年)九月，日南徼外蛮夷献白雉、白兔。”[2]《东观汉记》卷二帝纪二“孝宗孝章皇帝”载:“章帝时，……白兔、白鹿、白燕、白鹊……，日月不绝，载于史官，不可胜纪。”[3]《后汉书·桓帝刘志》载:“(永康元年)十一月，西河言白菟见。”[4]

晋代白兔为瑞兽的特征增强。西晋末十六国之西凉武昭王李暠在位时现白兔，《晋书》卷八七列传第五十七《凉武昭王李玄盛》曰:“玄盛既迁酒泉……是时白狼、白兔、白雀、白雉、白鸠皆栖其园囿，其群下以为白祥金精所诞，皆应时雍而至。”[5]东晋时期，白兔和帝德联系在一起。《瑞应图》云:“王者恩加耆老，则白兔见。”[6]晋元帝得白兔，众臣纷纷朝贺。桓温《贺白兔表》将白兔出现说成帝王有德的象征:“臣闻至德通玄，则祯祥降，灵和所感，则异物生，今白兔见于舂穀县，皓质纯素，皦然殊观。”[7]王廙《白兔赋序》将本朝的白兔和周公的白雉相提并论:“丞相琅邪王，始受旄节，作镇北方，仁风所被，回面革

---

[1]（唐）欧阳询撰，汪绍楹校:《艺文类聚》，上海：上海古籍出版社，1982年，第1650页。

[2]《二十四史全译·后汉书》(第一册)，上海：汉语大词典出版社，2004年，第25页。

[3]（东汉）刘珍等撰，吴树平校注:《东观汉记校注》，郑州：中州古籍出版社，1987年，第23页。

[4] 同[2]，第138页。

[5]《二十四史全译·晋书》(第三册)，上海：汉语大词典出版社，2004年，第1936页。

[6] 同[1]，第1715页。

[7] 同[1]，第1651页。

心，昔周旦翼成，越裳重译而献白雉，著在前典，历代以为美谈，今在我王，匡济皇维，而有白兔之应，可谓重规累矩，不忝先圣也。”[1]王廙借祥瑞之说表达对司马睿政权的支持。张浚《白兔颂》则描绘白兔色泽之美：“其毛春素，织毫秋黑，点缀五采，渐染粉墨，盖久隐时见，应世德也，徐疾备体，达消息也，姿质皓朗，民之则也，被白含文，好无极也，秦失鹿於近郊，晋得兔於远境。”[2]从张浚的描述来看，这只神异的白兔还会随季节而变色。

沈约《宋书》卷二九志第十九“符瑞下”历述南朝宋以前出现白兔的情况。魏文帝时“郡国十九言白兔见”，晋时现白兔十三次，南朝宋现白兔十次，宋孝武帝时现白兔五次。[3]南朝梁时也曾获白兔，梁简文帝《上白兔表》曰：“瑞表丹陵，祥因旧沛，四灵可迈，既验玉衡之精，千岁变采，有符明月之状，岂殊丹岫之羽，不止帝梧，庶比素质之禽，得游君囿。”[4]此文补充了葛洪的说法，葛洪说兔“满五百岁则色白”，简文帝说白兔“千岁变采”。可见，杂有五彩的兔子比白兔更为珍稀。庾信《上白兔表》曰：“光鲜越雉，色丽秦狐，月德符徵，金精表瑞。”[5]也指出白兔光泽鲜亮超过野雉，色彩绚丽超过秦狐。

隋文帝时现白兔和礼佛有关。杨坚六十岁生日时请来数位高僧，决定在全国三十州选高爽清静之地建造舍利塔。唐西明寺沙门释道世撰《法苑珠林》卷第四十记载了各州建塔迎舍利的瑞象：“嵩州闲居寺立塔，感得白兔来至舆前。初阴雪，将下日朗，入已复合。”白兔为

[1]（唐）欧阳询撰，汪绍楹校：《艺文类聚》，上海：上海古籍出版社，1982年，第1650页。

[2] 同[1]，第1651页。

[3]《宋书》（第一册），上海：汉语大词典出版社，2004年，第700页。

[4] 同[1]，第1650—1651页。

[5] 同[4]。

佛祖祥瑞之征。

在宋代，白兔作为瑞兽，为“金方驯服之征”，尤被重视。《宋史》卷六十六志第十九“五行（四）金”记载了九次白兔出现的异事：“天圣九年五月，宿州获白兔。六月，庐州获白兔。明道二年六月，唐州获白兔。皇祐三年十二月，泰州获白兔。……熙宁元年九月，抚州获白兔。十二月，岚州获白鹿。四年九月，庐州获白兔。政和五年十二月，安化军获白兔。六月，泰州军获白兔。七年十月，达州获白兔。”[1]北宋嘉祐元年（1056年），滁州人获白兔，赠翰林学士欧阳修，欧邀集京师名流为这只没有上交朝廷的白兔举行了前后两次声势浩大的唱和活动，众人称赞此兔晶莹洁白，“莹若寒玉无磷缁”（刘敞）、“莹然月魄照霜雪”（刘攽）、“宫中老兔非日浴，天使洁白宜婵娟”（王安石）。刘攽还将其他变白之物与白兔相比：“飞若白鹭众不足珍，走若白马近而易驯。古来希世绝远始为宝，白玉之白无缁磷。乃知白兔与玉比，道与之貌天与神。”[2]

有意思的是，《宋史》卷六十六志第十九“五行（四）金”中还出现了“黑兔”，昭示不祥：“宣和元年十月，淄州获黑兔。宣和七年秋，有狐由艮岳直入禁中，据御榻而坐，诏毁狐王庙。”[3]不过在《晋书》中，黑兔曾为后赵皇帝石勒的祥瑞之兆。“石勒时，茌平令师欢获黑兔，献之于勒，或以为勒龙飞革命之祥：‘於晋以水承金，兔阴精之兽，玄为水色，此殿下宜速副天人之望也。’于是大赦，改咸和三年曰大和。”[4]

[1]《宋史》（第二册），上海：汉语大词典出版社，2004年，第1238—1239页。

[2] 吕肖奂：《宋代唱和诗的深层语境与创变诗思——以北宋两次白兔唱和诗为例》，《四川大学学报（哲学社会科学版）》2008年第2期。

[3] 同[1]，第1239页。

[4]（宋）李昉：《太平御览》（第四册），北京：中华书局，1960年，第4021页。

至明末白兔仍然是进贡朝廷的瑞兽,《明史》卷十七本纪第十七“世宗(一)”曰:

(十一年)十一月甲寅,四川巡抚都御史宋沧献白兔,群臣表贺。[1]

白兔生子,瑞上加瑞。《明史》卷十八本纪第十八“世宗(二)”曰:

四十一年春三月辛卯,白兔生子,礼部请告庙,许之,群臣表贺。[2]

清谷应泰撰《明史纪事本末》卷五十二“世宗崇道教”曰:

(四十三年)五月乙卯,桃夜降于御幄,左右云其空堕。上喜,修迎恩典五日。丙辰,桃复降。是夜,白兔生二子。上益喜,谢玄、告庙。顷之,寿鹿亦生二子,群臣表贺。上以奇祥三锡,手诏答之。[3]

(四十四年)交成王表得白兔于藐姑射山,撰颂以献,赐金衮。[4]

《清史稿》中已没有白兔踪迹,不过恰在明末清初,“兔儿爷”形成,其典型形象为“身披大红袍,头戴黄金盔,盔上斜出两耳。其面目极为俊俏可人,白脸、竖眉,两眼炯炯有神,鲜红的三瓣嘴总是抿着,两颊淡抹胭脂,态度平和,神情恬淡”[5]。兔儿爷兔首人身,以白兔为

[1]《明史》(第一册),上海:汉语大词典出版社,2004年,第182页。

[2] 同[1],第198页。

[3](清)谷应泰:《明史纪事本末》(第二册),北京:中华书局,1977年,第794页。

[4] 同[3],第797页。

[5] 王连海:《北京兔儿爷》,北京:北京工艺美术出版社,2010年,第5页。

基础的特征非常鲜明。20世纪初，世界范围内兔子养殖开始流行，白兔不稀罕了，其尊贵地位不再。

物以稀为贵，白兔因罕见而上升为“瑞兽”，进而和帝德联系在一起，具备了被神化的基础。在中国古代，除了白兔之外，赤兔也非常稀有，也成为王者至德的象征。《御定渊鉴类函》卷四三一《兽部·兔》引孙氏《瑞应图》曰：“赤兔者，瑞兽，王者德盛则至。”又曰：“赤兔上瑞，白兔中瑞。”《太平广记》卷第一百三十五征应一“帝王休征”之“北齐神武”曾记赤兔引打猎的神武巧遇摸骨盲妇（仙人），预知富贵称王之事。（出《三国典略》）[1]赤兔为上瑞，和古人的色彩等级秩序有关。而白兔成神，与月神崇拜有关，影响力更大。

二、白兔示凶兆或作祟，对人有消极影响

神祇的功能在于福佑人类，免除祸害，有不少神祇因害成神。记载先秦史的《竹书纪年》最早显示白兔为凶兆，《赤鹄》篇最早明确记录白兔作祟，揭示出白兔因害成神的重要线索。

白兔为凶兆及危害庄稼的记载多见于史书。《竹书纪年》“晋纪”二四曰：“晋献公二十五年正月，翟人伐晋，周阳有白兔舞于市。”（《水经·涑水注》）[2]“周纪”三三曰：“宣王三十年，有兔舞镐。”（《太平御览》卷九〇七兽部）[3]晋献公二十五年，晋伐翟，翟以重耳故，亦击晋於齧桑，晋兵解而去，二十六年秋，晋献公卒，“白兔舞于市”预示晋献

[1] 李昉：《太平广记（第三册）》，北京：中华书局，1961年，第968页。

[2] 方诗铭、王修龄：《古本竹书纪年辑证》，上海：上海古籍出版社，1981年，第74页。

[3] 方诗铭、王修龄：《古本竹书纪年辑证》，上海：上海古籍出版社，1981年，第57页。该书并举《初学记》卷二九兽部、《白氏六帖事类集》卷二九类似记载。

公不祥。“有兔舞镐”同年“有马化为人”，三十三年“马化为狐”，[1] 异象不断，三十一年周宣王攻打太原之戎失败，之后多次对周边部族用兵亦多失败，白兔之舞对周宣王而言也是凶兆。

《新唐书》卷三十五志第二十五五行二之“毛虫之孽”曰：

> 永淳中，岚、胜州兔害稼，千万为群，食苗尽，兔亦不复见。[2]
>
> 大历四年八月己卯，虎入京师长寿坊宰臣元载家庙，射杀之。虎，西方之属，威猛吞噬，刑戮之象。六年八月丁丑，获白兔于太极殿之内廊。占曰："国有忧，白，丧祥也。"[3]

《旧唐书》卷十一本纪第十一“代宗”、卷三十七志第十七“五行”也有类似记载。

《宋史》卷六十六志第十九“五行志（四）金”曰：

> 乾德四年八月，普州兔食禾。五年，有象自至京师。[4]
>
> 绍熙元年三月，临安府民家猫生子一，有八足二尾。四年，鄂州武昌县虎为人患。五年八月，扬州献白兔。侍御史章颖劾守臣钱之望以孽为瑞。占曰："国有忧。"白，丧祥也。是岁，光宗崩。[5]

[1] 方诗铭、王修龄:《古本竹书纪年辑证》，上海：上海古籍出版社，1981 年，第 258 页。“马化为狐”《开元占经》一百十八引《纪年》与《通鉴外纪》均为三十三年，王国维《今本竹书纪年疏证》为三十七年。

[2]《新唐书（第二册）》，上海：汉语大词典出版社，2004 年，第 729 页。

[3] 同 [2]，第 730 页。

[4]《宋史（第二册）》，上海：汉语大词典出版社，2004 年，第 1238 页。

[5] 同 [4]，第 1239 页。

上述白兔为凶兆的事例恰与“兔星”相应。《史记》卷二十七书第五“天官书”曰：

> 兔七命，曰小正、辰星、天欃、安周星、细爽、能星、钩星。其色黄而小，出而易处，天下之文变而不善矣。兔五色，青圜忧，白圜丧，赤圜中不平，黑圜吉。赤角犯我城，黄角地之争，白角号泣之声。[1]

兔星颜色白而圆、兔星长白色的芒角，都预示丧事。兔星虽为星象，按照五行学说，也与兔的属性相合。白兔示凶兆，一是因为色白主丧，二是因为失其常所预示灾异。《元史》卷三十九本纪第三十九“顺帝二”还记载了一次“白兔禁忌”：

> 夏四月丁丑朔，日赤如赭。禁民间私造格例。戊寅，封驸马孛罗帖木儿为毓德王。丙戌，太阴犯角宿。丁亥，禁服麒麟、鸾凤、白兔、灵芝、双角五爪龙、八龙、九龙、万寿、福寿字、赭黄等服。[2]

“太阴犯角宿（蛟）”，是以阴凌阳，为使天道和谐，朝廷便禁服有瑞兽图案的服饰，白兔为其中之一。“瑞兽四灵”本为“麟凤龟龙”，但因太阴作乱，白兔犯禁，该禁令特把神龟换成了白兔，要禳除它的灾祟。

白兔作祟的故事，《赤鹄》篇之后偶见于史书，小说杂传中较多。王隐《晋书》曰：“慕容跳田於南鄙，见父老曰：‘杆非猎所。’言卒不

[1]《史记》（第一册），上海：汉语大词典出版社，2004 年，第 457 页。

[2]《元史》（第二册），上海：汉语大词典出版社，2004 年，第 698 页。

见。明日又出，见白兔，驰射之，坠马于石，即死。”[1]南朝宋刘义庆《幽明录》曰：

桓大司马温时，有参军夜坐，忽见屋梁栋间有一伏兔，张目切齿向之，甚可畏恶。兔来转近，遂引刀而斫之，正中於兔，而实反伤其膝，流血滂沱。深怪此意，命家中悉藏刀刃，不以自近。後忽复见如前，意回，或复索刀重斫，因伤委顿，幸刀不利，故不至死。再过而止。[2]

上述两个故事中，白兔索命好似无常。南宋洪迈《夷坚甲志》卷第十六“二兔索命”，更加详尽地描写了兔子索命复仇之事。张宗正性好弋猎，常撒漫天网，风雪不止，猎杀无数。大宋南渡后居绍兴，也经常弹射：

尝于明阳观旁得一兔，甚小，耳有缺，如攫伤痕。未几，感疾如狂，自取猎具焚弃，筑道室独处。忽见二兔作人言，其一曰：“我为兔三百年矣，往在张氏东坟，[3]为尔所杀。”其一曰：“我百八十岁矣，隐于明阳观侧，与樵人俱出入，尝为鹰所搦，力窜得脱，伤吾耳焉。凡鹰犬罔罟，吾悉能避，不虞君之用弩矢也。今当以命见偿。”张逊辞求解，旁人悉闻之。病数月，小愈，然猷猷如痴人。后十年乃死。[4]

[1]（宋）李昉：《太平御览》，北京：中华书局，1960年，第4022页。

[2] 同[1]，第4023页。

[3] 原注：张氏坟在方城者曰“西坟”，惟其父别葬曰“东坟”。

[4]（宋）洪迈撰，何卓点校：《夷坚志》（第一册），北京：中华书局，2006年，第141页。

二兔精能使仇人“猒猒如痴人”，这和《赤鹄》篇中夏后“棼棼眩眩而不知人”的状态颇为相似。我们有理由推测，这两个兔精也是白兔。兔精所为，既是为己复仇，也是对大肆猎杀生灵者的惩罚。

北宋类书《太平广记》卷第四十五神仙四十五《王卿》，写到一只被收入釜中的白兔精。唐真元年中，郢中有一开酒肆的王卿，因心诚被道士带到自己的山中草舍，并伺机推荐给天师当守灶的仆从：

> 至厨下，见一大灶，下燃火，上有铁筒，闭盖数重。道士令卿守灶，专看之，不得妄视，令失坠。余道士四人，或汲水采药，蒸曝造食，以供天师。夜亦令卿卧厨下守火。经六七日，都不见人来看视釜中物者。后一日，卿无何窃开窥药。忽见一白兔，从铁筒中走出，騞然有声。道士曰：“药已失矣！”竟来窥看，惶惧失色。须臾，天师大怒曰：“何忽引俗人来？令失药！”俄召前道士责辱，欲鞭之。道士叩头，请却擒觅。道士数人，于庭施香禹步。道士二人，变成白鹤，冲天而飞。食顷，鹤已擒得白兔来，令投釜中，固济炼之。天师令速逐俗人遣归。（出《原化记》）[1]

这篇小说中的白兔，带有很强的妖异色彩，火烧数日而不死，与《西游记》中孙悟空在太上老君八卦炉中被真火焚烧的情形非常相似。此兔原应是一只能作祟的兔精，被天师镇伏后封在釜中，炼制长生不老药。明《西游记》中的玉兔精，摄藏天竺国王之公主，又假合真形，变做公主模样，戏哄国王，结彩楼，抛绣球，招驸马，欲破圣僧之元阳，也是白兔作祟的经典案例。

[1]（宋）李昉：《太平广记》（第一册），北京：中华书局，1961年，第283页。

史书中一系列白兔呈凶兆的记载和《赤鹄》篇开启的白兔作祟故事，明确显示出白兔对人类的消极影响也是其被祭祀成神的重要原因。

三、白兔逃脱厌胜巫术，彰显强大的法力

在《战国策》《史记》等文献中，兔有“狡兔”之称，清华简《赤鹄》篇当是最早记述“狡兔”事迹的文献。文中一白兔被杀，另一白兔逃跑。为了威慑逃跑的白兔，夏后专门修建“埤”（影壁墙）护宅。这说明此白兔法力强大，可能有通灵的本事，因而躲开了灾异，这也是白兔成神的基础。在《赤鹄》篇中，白兔以法力祟人和自保，没有明确的道德倾向。在后世逐渐衍化成赏善罚恶的形象：向贤君示瑞，向无道示凶，褒奖善人，惩罚恶人。前文所述可证其三，唯褒奖善人未论。白兔以法力福佑他人的功能主要体现为：与孝子为伍，为其扬名；充当好运的引路者。

白兔现于孝子之侧，以其通灵本事为基础，有强烈的道德评判意义。白兔与孝子为伍的记载颇多。据《艺文类聚》，谢承《后汉书》曰：“方储家（御览作“字”）圣羽（御览作“明”），幼丧明（御览作“父”），事母，母终，自负土成坟，种奇树千株，鸾鸟止其上，白兔游其下。”[1]王韶《孝子传》曰：“竺弥父生时畏雷，每至天阴，辄至墓，伏坟悲哭，有白兔在其左右。”[2]《新唐书》卷一百七十七列传一百二“冯宿”曰：“庐亲墓，有灵芝、白兔，号‘孝冯家’。”[3]同书卷一百九十五列传第一百二十“梁文贞”曰：“庐墓左，喑默三十年……。有甘露降茔木，

[1]（唐）欧阳询撰，汪绍楹校：《艺文类聚》，上海：上海古籍出版社，1982年，第1650页。

[2] 同[1]，第34页。

[3]《新唐书》（第七册），上海：汉语大词典出版社，2004年，第3878页。

白兔驯扰，县令刊石纪之。”[1]“许法慎”曰：“后亲丧，常庐于茔，有甘露、嘉禾、灵芝、木连理、白兔之祥。”[2]《宋史》卷四百二十三列传第一百八十二“杨大异”曰：“（十世祖）祥事亲孝，亲亡哀毁，泣尽继以血，庐墓终身，有白芝、白乌、白兔之瑞。”[3]同书卷四五六列传第二百十五孝义“陈思道”曰：“结庐墓侧，日夜悲恸，其妻时携儿女诣之，拒不与见。夏日种瓜，以待过客。昼则白兔驯狎，夜则虎豹环其庐而卧。”[4]“祁暐”曰：“暐既解官，就坟侧构小室，号泣守护，蔬食，经六冬，堕足二指。有白乌白兔驯扰坟侧，州人异之，以状闻。”[5]《明史》卷二百八十一列传第一百六十九“循吏”之“范衷”曰：“性至孝，庐父墓，瓜生连枝，有白兔三，驯扰暮侧。乡人莫不高其行。”[6]

上述资料中，孝子庐墓时，白兔与白乌、灵芝、甘露、嘉禾、木连理等祥瑞之物同现，是至孝感天的显应。孝子以此惊动朝廷，扬名天下，获赠官职粮帛，受世人尊敬，这也是白兔带来的福祉。山西清明节面食“蛇盘兔”以孝子介子推为兔，以介子推之母为蛇，蛇盘兔，喻子背母，兔甚至成了孝子的化身。

白兔作为好运的引路者，可为尊者、异人、善人带来善缘和财宝。

白兔可以引人找到神仙踪迹。《太平广记》卷第二十九神仙二十九“二十七仙”，记唐玄宗梦到二十七仙人，欲寻仙人居所，两次寻访而不得，“忽有白兔出于林中，径入崖下。寻所入而得嵌窦焉。石

[1]《新唐书》（第七册），上海：汉语大词典出版社，2004年，第4172页。

[2] 同[1]，第4180页。

[3]《宋史》（第十四册），上海：汉语大词典出版社，2004年，第9212页。

[4]《宋史》（第十五册），上海：汉语大词典出版社，2004年，第9873页，

[5] 同[4]，第9874—9875页。

[6]《明史》（第九册），上海：汉语大词典出版社，2004年，第5728页。

室宽博，中有石像二十七真，得之以进。”（出《神仙感遇传》）[1]

白兔可以引人找到异宝。《太平广记》卷第二三一器玩三“张祖宅”曰：

> 唐乾封年中，有人于镇州东野外，见二白兔。捕之，忽却入地，绝迹不见。乃于入处掘之，才三尺许，获铜剑一双，古制殊妙。于时长史张祖宅以闻。（出《朝野佥载》）[2]

白兔还可引失散的亲人重逢。元末南戏《刘知远白兔记》写五代后汉的开国皇帝刘知远发迹前被财主李文奎收留，娶其女李三娘。李文奎死后，刘知远不堪忍受妻兄嫂凌辱，被迫从军，入赘岳帅府。李三娘磨坊产子，送刘知远处。十八年后，儿子咬脐郎“前往郊外打围，草中赶走一个白兔。孩儿一箭正中，那兔连箭便走。孩儿加鞭拍马，直赶到徐州沛县，地名沙陀村，八角琉璃井边，有一个妇人，跣足蓬头。”（第三十一出《忆母》）此妇就是他的母亲。明徐元传奇《八义记》写赵氏孤儿事，赵氏灭族惨案十八年后，孤儿长大成人，奉旨到北邙山田猎，“一犬二鹘，打得两个兔儿。大的走了，一个小的，被这两个道人拿了。”（第四十出《阴陵相会》）这两位道人正是驸马与义士灵辄，程婴以兔为喻告诉他们换孤真相，公主驸马与孤儿相认。白兔作为亲缘引路者，也有道德评价意义。《白兔记》中白兔引路，既是对贞节李三娘的同情，也包含对咬脐郎之孝的肯定。《八义记》中的白兔奇缘，隐含着对赵氏冤情的怜悯。有法力扬善罚恶，这无疑也是白兔成神的重要条件。

[1] 李昉：《太平广记》（第一册），北京：中华书局，1961 年，第 188—189 页。

[2] 李昉：《太平广记》（第五册），北京：中华书局，1961 年，第 1769 页。

结 语

兔神主要有三：其一是月系神祇，嫦娥的副神，此观念在汉代已非常普遍。其二是北京、天津、山东等地的“兔儿爷”，大概形成于明末。明人纪坤《花王阁剩稿》曰：“京中秋节多以泥抟兔形，衣冠踞坐如人状，儿女祀而拜之。”其三是清代在福建一带流行的“兔儿神”，专司男男相悦之事。[1]月兔、兔儿爷的形成，白兔捣药、福泽众生的因源很清晰。兔儿神的形成，鬼魂作祟是根由，也和白兔通灵、能引善缘有关。溯白兔成神渊源，白兔之害不可忽视。《赤鹄》篇较早反映了白兔作祟现象，启发我们认识白兔因作祟与福佑两种原因而成神的过程，补充了以往对白兔因瑞成神的一般认识。

（作者单位：中国传媒大学文学院）

[1] 袁枚《子不语》卷十九“兔儿神”，讲了兔儿神出现的缘由，清初有胡天保爱福建巡按貌美，冒犯巡按被打死。“逾月，胡托梦于其里人曰：‘我以非礼之心干犯贵人，死固当，然毕竟是一片爱心，一时痴想，与寻常害人者不同。冥间官吏俱笑我，揶揄我，无怒我者。今阴官封我为兔儿神，专司人间男悦男之事，可为我立庙招香火。’闽俗原为聘男子为契弟之说，闻里人述梦中语，争醵钱立庙。果灵验如响。凡偷期密约，有所求而不得者，咸往祷焉。”

清华简《赤鹄》篇与“后土”人格化

姚小鸥　卢　翮

《清华大学藏战国竹简（叁）》之《赤鹄之集汤之屋》[1]，具有浓厚的巫术色彩。该篇共十五支简，内容为：成汤射获一只停落在他屋顶上的赤鹄，令小臣烹作羹。成汤的妻子纴荒与小臣先后将羹偷尝，被成汤发现。小臣恐惧而逃走，受到成汤的诅咒晕倒于路。随后，小臣被“巫乌”拯救，并从“巫乌”处得知夏后身患重病，系天帝命“二黄蛇与二白兔”以及“后土”对其施以巫蛊所致。简文关于“后土”受天帝之命作祟致使夏后身染重病的描述，是“后土”具有人格化行为特征的早期文献材料。

清华简《赤鹄》[2]全篇释文如下：

曰古有赤鹄，集于汤之屋，汤射之获之，乃命小臣曰：“旨羹

[1] 清华大学出土文献研究与保护中心编，李学勤主编：《清华大学藏战国竹简（叁）》，上海：中西书局，2012年，第166—170页。“鹄”字原字形为“䳩”，有学者认为当读为“鸠”，本文暂从整理者意见，读为“鹄”。以下简称为清华简《赤鹄》篇。

[2] 释文依据为李学勤主编：《清华大学藏战国竹简（叁）》，上海：中西书局，2012年，第166—170页。

之，我其享之。”汤往□[1]。小臣既羹之，汤后妻紝巟謂小臣曰：“尝我於尔羹。”小臣弗敢尝，曰：“后其杀我。”紝巟谓小臣曰：“尔不我尝，吾不亦杀尔？”小臣自堂下授紝巟羹。紝巟受小臣而尝之，乃昭然，四荒之外，无不见也；小臣受其余而尝之，亦昭然，四海之外，无不见也。汤返廷，小臣馈。汤怒曰：“孰调吾羹？”小臣惧，乃逃于夏。汤乃□[2]之，小臣乃眛而寢於路，视而不能言。众乌将食之。巫乌曰：“是小臣也，不可食也。夏后有疾，将抚楚，于食其祭。”众乌乃讯巫乌曰：“夏后之疾如何？”巫乌乃言曰：“帝命二黄蛇与二白兔居后之寝室之栋，其下舍后疾，是使后疾疾而不知人。帝命后土为二陵屯，共居后之床下，其上刺后之体，是使后之身疴蠚，不可及于席。”众乌乃往。巫乌乃歜小臣之喉胃，小臣乃起而行，至于夏后。夏后曰：“尔惟谁？”小臣曰：“我天巫。”夏后乃讯小臣曰：“如尔天巫，而知朕疾？”小臣曰：“我知之。”夏后曰：“朕疾如何？”小臣曰：“帝命二黄蛇与二白兔，居后之寝室之栋，其下舍后疾，是使后棼棼眩眩而不知人。帝命后土为二陵屯，共居后之床下，其上刺后之身，是使后昏乱甘心。后如撤屋，杀黄蛇与白兔，发地斩陵，后之疾其瘳。”夏后乃从小臣之言，撤屋，杀二黄蛇与一白兔，乃发地，有二陵廌（屯），乃斩之。其一白兔不得，是始为陴丁（当）诸屋，以御白兔。[3]

[1] □为缺字，疑即汤往某地之地名。参见李学勤主编：《清华大学藏战国竹简（叁）》，上海：中西书局，2012年，第168页，注释七。

[2] □为一残字，整理者指出该字从“示”，右有缺笔，疑与巫祝有关。参见李学勤主编：《清华大学藏战国竹简（叁）》，上海：中西书局，2012年，第169页。还有学者认为该字右旁疑为“教”字，当读为“祷”。

[3] 释文用通行字体。

简文涉及“后土”作祟的描述，从第七支简开始。其中具体叙述“后土”参与巫蛊行为的两段简文翻译成白话为：

> 巫乌说：“帝命令两条黄蛇和两只白兔藏在夏王寝室的脊檩处，其气向下，使得夏王很快患了重病，昏乱得认不清楚身边的人。帝命后土，在夏王的床下隆起两道陵阜，其气向上直冲入夏王的体内，使得夏王身体剧痛，不敢碰触到席子。”
>
> 小臣说：“帝命两条黄蛇与两只白兔藏在你的寝室的脊檩处，其气向下使得您患病，并且使您头脑昏乱，认不清楚身边的人。帝命后土在您的床下隆起两道陵阜，其气向上直冲入您的身体，使得您昏乱迷惑，疾病愈来愈重。您如果拆掉房顶，杀掉黄蛇与白兔，挖开地面铲平陵阜，您的病痛就会痊愈。”夏王听从小臣的话，拆除屋顶，杀掉两条黄蛇与一只白兔，挖开地面，铲平了两个陵阜。其中有一只白兔没有被抓到，于是夏后就筑起了小墙遮挡屋子用以防御白兔。

以上引文中，“后土”听命于天帝，隆起陵阜，以气冲入夏后身体致使其患病的行为，与“后土”的人格化有重要关联，值得引起人们的注意。

“后土”人格化的过程，伴随着“后土”身份的人格化，“后土”形象的人格化以及“后土”行为的人格化。早期文献中关于“后土”行为人格化的记载较为稀少，清华简《赤鹄》篇，填补了这方面材料缺乏的遗憾。

“后土”信仰发端于原始时期的土地崇拜，一般认为，它是传统土地神信仰的源头。清华简中，“后土”身份人格化的描述，揭示了“后土”概念意指范围的某些变化过程。

最初人们把大地作为一个有灵性的自然体来崇拜。《周礼·春官·大宗伯》:“王大封,则先告后土。”郑玄注:“后土,土神也,黎所食者。”[1]《礼记·郊特牲》孔颖达疏:“‘地载万物'者,释地所以得神之由也。地之为德,以载万物为用故也。”[2]在历史发展过程中,“后土”的神格含义逐渐出现分化,既有与“皇天”对应的地祇后土;又有人格身份愈发具体的“社”神及代表五行神之一的“后土”。[3]

“后土”身份在文献中有多种说法。《山海经·海内经》:“祝融降处于江水,生共工,共工生术器,术器首方颠,是复土穰,以处江水。共工生后土,后土生噎鸣,噎鸣生岁十有二。”[4]《国语·鲁语》:“共工氏之伯九有也,其子曰后土,能平九土。”[5]或将“后土”理解为神职名称,曾被不同的人担任。《礼记·月令》云:“中央土,其曰戊己,其帝黄帝,其神后土。”郑玄注:“后土亦颛顼之子曰黎,兼为土官。”孔颖达疏:“按昭二十九年《左传》云‘颛顼氏有子,曰黎,为祝融。共工氏有子,曰句龙,为后土。'后土为土官。知此经,后土非句龙而为犁者,以句龙初为后土,后转为社,后土官阙,犁则兼之。”[6]“后土”身份的歧异,正如郭沫若所言,“神话传说中人物,一人化为二人以上,一事化为二事以上,乃古今中外常有之事”。[7]

“后土”人格化所当具有的社会人际和亲缘关系的身份指标,在

[1]《周礼注疏》,阮刻《十三经注疏》,北京:中华书局,1980年,第764页。

[2]《礼记正义》,阮刻《十三经注疏》,北京:中华书局,1980年,第1449页。

[3] 参见萧登福:《后土与地母——试论土地诸神及地母信仰》,《运城学院学报》2005年2月。

[4] 袁珂校注:《山海经校注》,上海:上海古籍出版社,1980年,第471页。

[5]《国语》,上海:上海古籍出版社,1978年,第166页。

[6] 同[2],第1371—1372页。

[7] 郭沫若:《中国古代社会研究》,北京:人民出版社,1954年,第200页。

清华简《赤鹄》篇中有所体现。简文中受帝命参与作祟的，除“后土”之外，还有“二黄蛇与二白兔”。此处关于黄蛇的记载，可与其他文献相参照。《山海经 · 大荒北经》：“大荒之中，有山名曰成都载天。有人珥两黄蛇，把两黄蛇，名曰夸父。后土生信，信生夸父。”[1]“夸父”的形象为耳朵上穿挂着两条黄蛇，手里把握着两条黄蛇，且为“后土”之孙。虽然清华简《赤鹄》篇并未提及“后土”与“夸父”的关系，也没有提到“二黄蛇”是否与《山海经》中“夸父”形象直接相关，但是“黄蛇”之黄色表明了其与大地并及“后土”的关系[2]。

“后土”形象的人格化同样有一个从抽象到具体，从象征物到人形的演变过程。《管子 · 轻重戊篇》：“有虞之王，烧曾薮，斩群害，以为民利。封土为社，置木为闾，始民知礼也。”[3]陈梦家先生指出，在武丁卜辞中，土“作或，象土块之形。后世之社于地上立圜丘象之”[4]。人们把对土地的崇拜，投射到具体的“神性物体”上，是土地从“有灵观念”向人格化神过渡的一个阶段。[5]尽管清华简《赤鹄》篇中“后土”已有人格化的行为，但尚无造型的具体描述。以人形偶像作为“后土”崇拜的对象，出现时间相对较晚，东汉方有“土神”为“土偶人”造型的记载。《论衡 · 解除篇》：“世间缮治宅舍，凿地掘土，功成作毕，解谢土神，名曰‘解土’。为土偶人，以像鬼形，令巫祝延以解土神。已祭之后，心快意喜。谓鬼神解谢，殃祸除去。”[6]拥有具体人物造型和事迹的土地人格神形象，到《搜神记》中的“蒋子文”方才明晰。

[1] 袁珂校注：《山海经校注》，上海：上海古籍出版社，1980 年，第 427 页。

[2] 参见汪晓云：《云神：‘夸父’神话叙事本源》，《民俗研究》2007 年第 1 期。

[3]《管子校正》，《诸子集成 · 第五辑》，上海：上海书店，1986 年，第 414 页。

[4] 陈梦家：《殷墟卜辞综述》，北京：中华书局，1988 年，第 583 页。

[5] 鲁刚：《文化神话学》，北京：社会科学文献出版社，2009 年，第 1 页。

[6] 王充：《论衡》，上海：上海人民出版社，1974 年，第 386 页。

有关“后土”身份人格化和形象人格化的记载在早期文献中较成系统，某些方面在清华简《赤鹄》篇中得到进一步的印证。但关于“后土”人格化的一个重要指标——行为的人格化，人们的叙述通常较为笼统。究其原因，主要是文献有阙，无法对这一过程针对性地加以具体说明。清华简《赤鹄》篇正提供了“后土”具有切实的人格化行为的材料。

清华简《赤鹄》篇中对“后土”作祟的描述“帝命后土为二陵屯，共居后之床下，其上刺后之体”，是明显的“受命”而动的具体行为。从其与“帝”的关系来说，具有社会阶层意义。关于“后土”具有社会阶层意义的身份，在早期文献中可觅得其踪。20世纪出土的楚墓竹简，如江陵望山一号楚墓竹简、荆门包山楚墓竹简等，均有关于“后土”祭祀的简文。所祀神排列次序大致均为：“太、后土、司命、大水……”依此等等，通过神祇祭祀的排位，可以看出天神、地祇等神格及其地位的高下。[1]《左传·昭公二十九年》孔颖达疏：“刘炫云：‘天子以下俱荷地德，皆当祭地，但名位有高下，祭之有等级。天子祭地，祭大地之神也；诸侯不得祭地，使之祭社也。家又不得祭社，使祭中霤也。霤亦地神，所祭小，故变其名。’”[2]在《淮南子·天文训》中“后土”被视为辅佐之神：“中央土也。其帝黄帝，其佐后土，执绳而制四方。”[3]王逸《楚辞章句》注《楚辞·招魂》“魂兮归来！君无下此幽都些”：“幽都，地下后土所治也。地下幽冥，故称幽都。”王逸注“土伯九约，其角觺觺些”：“土伯，后土之侯伯也。……言地有土伯，执

[1] 参见汤漳平：《出土文献与〈楚辞·九歌〉》，北京：中国社会科学出版社，2004年，第123—132页。引用时本文核对了湖北省荆沙铁路考古队：《包山楚简》，北京：文物出版社，1991年，第34页。

[2]《春秋左传正义》，阮刻《十三经注疏》，北京：中华书局，1980年，第2123页。

[3] 何宁撰：《淮南子集释》，北京：中华书局，1998年，第186页。

卫门户……"[1]可见在汉人的观念中"后土"统辖冥府，在其权位之下有侯伯。清华简《赤鹄》篇中"后土"的具体行为——臣服和听命于"天帝"，与传世文献可互相参证。

清华简《赤鹄》篇"后土"人格化行为的具体表现，是其参与的巫祝活动，及对行为实施对象——"夏后"产生的严重负面后果，"使后之身疴蚃，不可及于席"并"昏乱甘心"。简文中，天帝不仅差使"后土"，还命令"二黄蛇与二白兔居后之寝室之栋"与"后土"共同对夏后施以巫蛊。弗雷泽在《金枝》中记述了通过接触某物来对某人或物施加影响的交感巫术。认为"巫术兼具谬误之子和自由真理之母的身份"，因为巫术在"引发了很多好事"的同时，也曾被"用来做了很多坏事"，[2]而咒诅和巫蛊术即为对某人或物施加负面影响的巫术。《尚书·无逸》:"民否则厥心违怨，否则厥口诅祝。"孔颖达疏"诅祝"云："谓告神明令加殃咎也。以言告神谓之'祝'，请神加殃谓之'诅'。"[3]清华简《赤鹄》中的咒诅和巫蛊术，便是对他人"加殃"的行为，而"咒诅不仅用于加害个人，也可以用来祈神降殃于敌国。"[4]早期文献中不乏此类记载。秦《诅楚文》反映了秦国战前诅咒楚国企图使其败亡的巫祝活动[5]。《史记·封禅书》关于西汉太初元年西伐大宛，"丁夫人、洛阳虞初等以方祠诅匈奴、大宛"[6]，亦为类似记载。《汉书》卷六十三武五子传第三十三所载"巫蛊之祸"也是由"巫蛊事起"的重大历史

[1] 洪兴祖撰:《楚辞补注》，北京：中华书局，1983年，第201页。

[2] 参见詹姆斯·弗雷泽著，赵昍译:《金枝》，西安：陕西师范大学出版总社有限公司，2010年，第16—53页。

[3]《尚书注疏》，阮刻《十三经注疏》，北京：中华书局，1980年，第222页。

[4] 詹鄞鑫:《神灵与祭祀——中国传统宗教综论》，南京：江苏古籍出版社，1992年，第451页。

[5] 参见《郭沫若全集·考古编·第九卷》，北京：科学出版社，1982年，第315页。

[6] 司马迁撰:《史记》，北京：中华书局，1959年，第483页。

事件[1]。

清华简《赤鹄》篇中“黄蛇”和“白兔”行“蛊”事，与它们在后世民俗观念中的灵怪意象亦相符合。《山海经·海内西经》：“开明东有巫彭、巫抵、巫阳、巫履、巫凡、巫相，夹窫窳之尸，皆操不死之药以距之。窫窳者，蛇身人面，贰负臣所杀也。”[2]“蛇身人面”反映了“巫者”与“蛇”意象的关联。

“白兔”在古代人们的观念中是具有神秘色彩之物。《抱朴子》曰：“兔寿千岁，满五百岁则色白。”晋桓温《贺白兔表》曰：“臣闻至德通玄，则祯祥降。灵和所感，则异物生。今白兔见于春谷县，皓质纯素，皦然殊观。”[3]瑞应图曰：“王者恩加耆老，则白兔见。”[4]清华简《赤鹄》篇中“二黄蛇与二白兔”和“后土”隆起的陵阜，上下其气，发挥“巫蛊”的作用，致使“夏后”身患重病，神志不清。这使人们联想到早期土地神的某些行为。

中国古代早期具有完整人格神形象的土地神，往往与巫祝行为相关。《搜神记》载：“蒋子文（者），广陵人也，嗜酒好色，挑达无度。常自谓已骨清，死当为神。……谓曰：‘我当为此土地神……为我立祠。不尔，将有大咎！’是岁夏，大疫……文又下巫祝：‘吾将大启佑孙氏，宜为我立祠。不尔，将使虫入人耳为灾。’俄而，小虫如尘虻，入耳皆死，医不能治。……又下巫祝：‘若不祀我，将又以大火为灾。’是岁，火灾大发，一日数十处。火及公宫。……”[5]由上述可知，六朝时期的

[1] 详参见班固撰：《汉书》，北京：中华书局，1962年，第2741—2773页。

[2] 袁珂校注：《山海经校注》，上海：上海古籍出版社，1980年，第301页。

[3] 欧阳询撰：《艺文类聚》，汪绍楹校，上海：上海古籍出版社，1982年，第1650页。

[4] 同[3]，第1715页。

[5] 干宝著，黄涤明译注：《搜神记》卷五，贵阳：贵州人民出版社，1991年，第127—129页。

一些文献记载中，土地神还不是主持公道，帮济百姓的“善神”，而是与清华简《赤鹄》篇中的“后土”类似，系以巫蛊的手段威胁或加害他人者。

在后世文献中，土地神的行为和具体职责开始更多地受“神话道德化”的制约，不再仅凭不加约束的欲望和本能来支配。早期文献中做派跋扈，以巫术胁迫百姓的蒋子文，明代已经赋予其忠烈英勇的品格而尊其为“汉秣陵尉蒋忠烈公子文”[1]，在民间立庙奉祀。历代各类笔记小说、戏剧舞台上的土地神更多为善良、仁慈、护佑百姓的正义之神，一些人们心目中的英雄贤士，如关羽、韩愈、岳飞等也成为民间信奉的土地神。土地神这种伦理化、道德化、世俗化的演变，体现了人们在敬畏的神明身上投射了文明和道德的理想。

据考古学测定，“清华大学藏战国竹简”的年代为公元前305年（正负三十年）的战国时期。[2]有关“后土”人格化的文献产生于这一时期绝非偶然，它反映了战国时期文化发展与变革的历史。从文献学角度来说，它是“后土”人格化早期行为形态的珍贵材料，在“后土”崇拜及土地神信仰的研究中具有重要意义。

（作者单位：中国传媒大学）

[1] 张廷玉等撰：《明史》，北京：中华书局，1974年，第1304页。

[2] 参见李学勤主编：《清华大学藏战国竹简（壹）》，上海：中西书局，2010年，前言第3页。

清华简《赤鹄》篇与中国早期小说的文体特征

姚小鸥　李永娜

关于中国古代小说的起源与形成，小说史通常作如下表述：先秦两汉时期，作为文学样式的小说尚在酝酿、萌发阶段。这一时期的神话传说、寓言故事及史传著述，孕育着古代小说的各艺术要素，为小说的形成作了准备。六朝志人小说（以《世说新语》为代表）、志怪小说（以《搜神记》为代表）的出现，标志着中国古代小说初步形成。唐人“则始有意为小说”。[1]近年来，虽有学者对此提出异议，然而在材料、方法两方面都没有取得突破，未能得出有说服力的新结论。[2]2012年底公布的清华简《赤鹄之集汤之

---

[1] 参见鲁迅:《中国小说史略》，北京：人民文学出版社，1973年。杨子坚:《新编中国古代小说史》，南京：南京大学出版社，1990年。李悔吾:《中国小说史漫稿》，武汉：湖北教育出版社，1992年。王恒展:《中国小说发展史概论》，济南：山东教育出版社，1996年。沈治钧:《中国古代小说简史》，北京：北京语言文化大学出版社，2001年。李献芳:《中国小说简史（古代部分）》，济南：山东大学出版社，2003年。

[2] 参见杨义:《中国古典小说史论》,《杨义文存（第六卷）》，北京：人民出版社，1998年，第5页。李剑国、陈洪主编:《中国小说通史（先唐卷）》，北京：高等教育出版社，2007年，第3页。

屋》[1]一篇（本文简称为《赤鹄》篇），[2]为研究中国早期小说的形成及早期形态提供了新的思路。这一新材料的发现，在中国小说史上具有重要的意义。

一

《赤鹄》篇由十五支简组成，整理者公布的释文为：

曰：故（古）又（有）赤鴼（鹄），集于汤之屋，汤射之获之，乃命少（小）臣曰："脂（旨）羹之，我亓（其）享之。"汤往□。少（小）臣既羹之，汤句（后）妻纴巟胃（谓）少（小）臣曰："尝我于而（尔）羹。"少（小）臣弗敢尝，曰："句（后）亓（其）[杀]我。"纴巟胃（谓）少（小）臣曰："尔不我尝，吾不亦杀尔？"少（小）臣自堂下受（授）纴巟羹。纴巟受少（小）臣而尝之，乃卲（昭）然，四荒之外，亡（无）不见也；少（小）臣受亓（其）余而尝之，亦卲（昭）然，四海之外，亡（无）不见也。汤樊（返）䢅（廷），少（小）臣馈。汤怒曰："孰洀（调）吾羹？"少（小）臣

[1]《清华大学藏战国竹简（叁）》第八篇简文，整理者命名为《赤鹄之集汤之屋》。其中的"鹄"字，整理者据《楚辞·天问》"缘鹄饰玉，后帝是飨"句，将其隶定为"鹄"字，并注云："'鴼'字从咎声，见母幽部；'鹄'字从告，见母觉部，系对转。"有学者指出，"赤鴼"中的"鴼"字从"鸟""咎"声，应读为"鸠"，古代文献典籍中多见商汤与"鸠"有关的记载，由此认为此篇当命名为《赤鸠之集汤之屋》。按，本文所引简文内容均出自李学勤主编《清华大学藏战国竹简（叁）》一书，故简文的篇名暂从该书，称之为《赤鹄之集汤之屋》。参见侯乃峰：《〈赤鹄之集汤之屋〉的"赤鹄"或当是"赤鸠"》，武汉大学简帛研究中心简帛网，2013年1月8日。清华大学出土文献研究与保护中心编，李学勤主编：《清华大学藏战国竹简（叁）》，上海：中西书局，2012年，第168页。

[2] 清华大学出土文献研究与保护中心编，李学勤主编：《清华大学藏战国竹简（叁）》，第166—170页。

惧，乃逃于夏。汤乃□之，少（小）臣乃痳（眛）而寝于路，见（视）而不能言。众乌将食之。巫乌曰:“是少（小）臣也，不可食也。夏句（后）又（有）疾，将䙡（抚）楚，于食亓（其）祭。”众乌乃讯巫乌曰:“夏句（后）之疾女（如）何？”巫乌乃言曰:“帝命二黄它（蛇）与二白兔居句（后）之寝室之栋，亓（其）下舍句（后）疾，是使句（后）疾疾而不智（知）人。帝命句（后）土为二陵屯，共居句（后）之床下，亓（其）上刺句（后）之体，是思（使）句（后）之身疴䓣，不可及于席。”众乌乃往。巫乌乃歝少（小）臣之朐（喉）渭（胃），少（小）臣乃起而行，至于夏＝句＝（夏后。夏后）曰:“尔惟谁？”少（小）臣曰:“我天巫。”夏句（后）乃讯少（小）臣曰:“女（如）尔天巫，而智（知）朕疾？”少（小）臣曰:“我智（知）之。”夏句（后）曰:“朕疾女（如）可（何）？”少（小）臣曰:“帝命二黄它（蛇）与二白兔，居句（后）之寝室之栋，亓（其）下舍句（后）疾，是思（使）句（后）慭＝恂＝（棼棼眩眩）而不智（知）人。帝命句（后）土为二陵屯，共居句（后）之床下，亓（其）上刺句（后）之身，是思（使）句（后）昏乱甘心。句（后）女（如）撤屋，杀黄它（蛇）与白兔,（发）地斩陵，句（后）之疾亓（其）瘳。”夏句（后）乃从少（小）臣之言，撤屋，杀二黄它（蛇）与一白兔；乃坐（发）地，又（有）二陵[illegible]，乃斩之。亓（其）一白兔不得，是始为埤（陴）丁者（诸）屋，以御白兔。[1]

---

[1] 清华大学出土文献研究与保护中心编，李学勤主编:《清华大学藏战国竹简（叁）》，第167页。释文尽量用通行字体，圆括号( )内的文字是原整理者标出的通假字，方括号[ ]内的“杀”字，系整理者据下文补。释文开篇“曰”字后的冒号为本文所加，参见姚小鸥、孟祥笑:《关于〈清华简〉“赤鹄”篇“曰”字的句读问题》，《清华大学藏战国竹简与先秦经学文献国际学术研讨会会议论文集》，中国传媒大学，2013年5月。

试将简文语译如下：

话说从前有一只赤鹄栖落在成汤的屋顶上，成汤将它射获，于是命令小臣说："做成美味的羹，我要享用它。"成汤去了□地。小臣做好羹后，成汤的妻子纴巟对小臣说："给我尝你的羹。"小臣不敢让她尝，说："王会杀了我的。"纴巟对小臣说："你不给我尝，我不也会杀掉你吗？"小臣从堂下把羹递给了纴巟。纴巟接过小臣手里的羹，尝后，眼睛十分明亮，四荒之外，没有什么是看不见的；小臣接过剩下的羹，尝后，眼睛也很明亮，四海之外，没有什么是看不见的。成汤回到宫中，小臣将羹进献。成汤生气地说："谁动了我的羹？"小臣害怕了，逃往夏。成汤于是施咒语，小臣就迷倒在路上，能看东西，却说不出话来。一群乌鸦想要吃掉小臣。巫乌说："这是小臣，不能吃。夏王患有疾病，(小臣可以)抚慰他的痛苦。去吃他的祭品吧。"众乌问巫乌说："夏王的疾病怎么样？"巫乌说："帝命令两条黄蛇和两只白兔藏在夏王寝室的脊檩处，其气向下使得夏王患病，昏乱得认不清身边的人。帝命后土生出两道陵阜，位于夏王的床下，其气向上冲入夏王的体内，这样，使得夏王身体剧痛，不敢碰触到席子。"众乌于是飞往那里。巫乌疏通了小臣的喉胃，小臣起身赶路，到了夏王那里。夏王说："你是谁？"小臣说："我是天巫。"夏王问小臣说："如果你是天巫，那么你知道我的病吗？"小臣说："我知道。"夏王说："我患的是什么病？"小臣说："帝命令两条黄蛇与两只白兔藏在您的寝室的脊檩处，其气向下使得您患病，这样，使您头脑昏乱，认不清身边的人。帝命后土生出两道陵阜，位于您的床下，其气向上冲入您的体内，这样，使得您昏乱迷惑、痛苦不堪。您如果拆除屋顶，杀掉黄蛇与白兔，挖开地面铲平陵阜，您的病痛就会痊愈。”夏王听从小臣的话，拆除屋顶，杀掉两条黄蛇与一只白兔；然后挖开地面，有两道陵阜，就铲平了它们。其中有一只白兔没有捉到，由此开始筑小墙遮挡屋子，来防御白兔。

二

简文以“曰”字发端，显示该篇系以讲史的方式叙述故事。简文整理者注:“曰,《说文》:‘词也。’故,《楚辞·招魂》注:‘古也。’曰故，见于史墙盘(《集成》一〇一七五)‘曰古文王’、楚帛书‘曰故……包戏’等。”[1]李学勤先生在解读长沙东郊子弹库楚墓帛书《四时》篇时曾指出，以“曰”开端，“是古人追述往史的常用体裁”，表明其所述内容可追溯至遥远的口传历史时期。[2]这种文体见于多种先秦典籍及出土文献，兹择要列表如下：[3]

内容	文献出处
曰若稽古帝尧……	《尚书·尧典》
曰若稽古皋陶……	《尚书·皋陶谟》
曰：遂古之初，谁传道之？上下未形，何由考之？	《楚辞·天问》

[1] 清华大学出土文献研究与保护中心编，李学勤主编:《清华大学藏战国竹简(叁)》，第168页。

[2] 李学勤:《简帛佚籍与学术史》，南昌：江西教育出版社，2001年，第47—48页。

[3]《尚书正义》，阮刻《十三经注疏》，北京：中华书局，1980年，第118、138页。洪兴祖撰，白化文等点校:《楚辞补注》，北京：中华书局，1983年，第85—86页。张亚初:《殷周金文集成引得》，北京：中华书局，2001年，第154、12页。李学勤:《简帛佚籍与学术史》，第47—48页。

曰古文王，初盭龢于政。	《史墙盘》
曰古文王，初盭龢于政。	《瘐钟》
曰故（古）[黄]熊包戏……	《楚帛书·四时》

《尚书》的相关篇章以“曰若稽古”起讲，叙述了帝尧时代的古史。《天问》以讲史的形式叙述自开天辟地至春秋时期的历史，全篇蕴含着深刻的哲理。[1]《史墙盘》《瘐钟》铭文，记述西周时期文王、武王等诸王的主要功绩以及作器者家族的历史。《楚帛书·四时》开篇描述宇宙生成时的混沌状态，继而叙述阴阳参化与四时生成，与《天问》等楚地文献叙述天地开辟的内容有共同的历史渊源。《逸周书·武穆解》:“曰若稽古曰：昭天之道”,[2]其开篇“曰”字前又有“曰若稽古”，系仿《尚书》所致。[3]

《赤鹄》篇采用讲史的形式，与中国早期小说的叙事传统有关。古代小说受到史学著作的直接影响。刘知几云:“偏记小说，自成一家。而能与正史参行，其所由来尚矣。爰及近古，斯道渐烦。史氏流别，殊途并骛。”[4]陈言谓:“正史之流而为杂史也，杂史之流而为类书、为小说、为家传也。”[5]今人黄钧、牛学恕、石昌渝等持论仿此，多认为“中国小说脱胎于史传文学”“史传文学是古典小说的主要孕育者”“中国小说的母体是史传”。[6]

[1] 姚小鸥:《〈天问〉意旨、文体与诗学精神探原》,《文艺研究》2004年第3期。

[2] 黄怀信、张懋镕、田旭东撰，李学勤审定:《逸周书汇校集注》，上海：上海古籍出版社，1995年，第339页。

[3] 黄怀信:《逸周书校补注译》，西安：西北大学出版社，1996年，第168页。

[4] 刘知几撰，浦起龙释:《史通通释》，上海：上海古籍出版社，1978年，第273页。

[5] 陈言:《颍水遗编》，北京：中华书局，1985年，第31页。

[6] 参见黄钧:《中国古代小说起源和民族传统》,《文学遗产》1987年第5期。张稔穰、牛学恕:《史传影响与中国古典小说民族特征的宏观考察》,《齐鲁学刊》1988年第5期。石昌渝:《中国小说源流论》，北京：生活·读书·新知三联书店，1994年，第53页。

小说成为一种独立的文体，它与史传就有了本质区别：史传是史实记录，小说则是一种虚构叙事。脱胎于史传的早期小说常常取材于历史上真实的人物和事件。《赤鹄》篇叙述小臣为汤作羹以及小臣逃汤奔夏的故事，具有鲜明的史传色彩。简文整理者认为，小臣为汤作羹的内容与历史上流传的伊尹“以滋味说汤”的故事相关，又可与《楚辞·天问》“缘鹄饰玉，后帝是飨”句建立联系，简文中的“小臣”即历史上为人们所熟知的汤之重臣“伊尹”。[1]

《赤鹄》篇自身不能证明其中的“小臣”即历史上的伊尹，然简文所述情节显见其与伊尹确有某种特殊的联系。汤与伊尹君臣际会之事，为历代史家所艳称。归纳起来，大致有“伊尹说汤”“伊尹为媵”“伊尹择汤”三种说法。[2]关于“伊尹说汤”，又有“以滋味说汤”与“汤聘伊尹”两说。其中，“以滋味说汤”多见于史籍著述，兹择其要者罗列如下：

> 伊尹负鼎俎而干汤，姓名未著而受三公。
>
> （《战国策·冯忌请见赵王》）
>
> 伊尹负鼎佩刀以干汤，得意，故尊宰舍。（《鲁连子》）
>
> 汤得伊尹，祓之于庙，爝以爟火，衅以牺猳。明日，设朝而见之。说汤以至味。（《吕氏春秋·本味》）

[1] 参见清华大学出土文献研究与保护中心编，李学勤主编：《清华大学藏战国竹简（叁）》，第166页。李学勤：《新整理清华简六种概述》，《文物》2012年第8期。

[2] 刘德杰：《“伊尹扶汤”考述》，《河洛文化与殷商文明》，郑州：河南人民出版社，2007年，第333—335页。

> 上古有汤，至圣也。伊尹，至智也。夫至智说至圣，然且七十说而不受，身执鼎俎为庖宰，昵近习亲，而汤乃仅知其贤而用之。故曰："以至智说至圣，未必至而见受；伊尹说汤是也。"
>
> （《韩非子·难言》）

> 伊尹故有莘氏僮也，负鼎操俎调五味，而立为相，其遇汤也。
>
> （《韩诗外传》）

> 伊尹名阿衡。阿衡欲奸汤而无由，乃为有莘氏媵臣，负鼎俎，以滋味说汤，致于王道。（《史记·殷本纪》）

> 夫百里奚之饭牛，伊尹之负鼎，太公之鼓刀，宁戚之商歌。（高诱注：伊尹负鼎俎调五味以干汤，卒为贤相。）
>
> （《淮南子·泛论训》）[1]

孟子曾对伊尹"以滋味说汤"提出质疑。《孟子·万章上》："万章问曰：'人有言伊尹以割烹要汤，有诸？'孟子曰：'否。不然。伊尹耕于有莘之野，而乐尧舜之道焉……汤三使往聘之……吾闻其以尧舜之道要汤，未闻以割烹也。《伊训》曰：天诛造攻，自牧宫，朕载自亳。'"[2] 朱熹注《楚辞》"缘鹄饰玉，后帝是飨。何承谋夏桀，终以灭丧？"谓："言伊尹始仕，因缘烹鹄鸟之羹、修玉鼎以事汤，汤贤

[1]《战国策》，上海：上海古籍出版社，1985年，第757页。滕吉庆：《〈鲁连子〉辑释与研究》，东北师范大学2009年硕士学位论文，第26页。许维遹撰，梁运华整理：《吕氏春秋集释》，北京：中华书局，2009年，第312—313页。梁启雄：《韩子浅解》，北京：中华书局，1960年，第22页。韩婴撰，许维遹校释：《韩诗外传集释》，北京：中华书局，1980年，第244页。司马迁：《史记》，北京：中华书局，1959年，第94页。何宁：《淮南子集释》，北京：中华书局，1998年，第967页。

[2]《孟子注疏》，阮刻《十三经注疏》，北京：中华书局，1980年，第2738页。

之，遂以为相，承用其谋而伐夏桀，终以灭桀也。此即《孟子》所辨'割烹要汤'之说，盖战国游士谬妄之言也。"[1]朱熹所谓"战国游士谬妄之言"，系指伊尹"以滋味说汤"故事的虚饰意味。汉代，有关"伊尹说汤"的各种异闻广为流传，史籍著述兼录之以备。《史记》除前引伊尹"以滋味说汤"外，还记述了"汤聘伊尹"说："或曰，伊尹处士，汤使人聘迎之，五反然后肯往从汤，言素王及九主之事。"[2]

《赤鹄》篇叙述汤射获赤鹄，命小臣作羹，商汤的妻子纴巟以及小臣本人相继偷尝鹄羹，小臣因惧怕汤的责罚而逃走。其相关细节不见于史籍，可能是流传于战国时期的有关伊尹的一种传说。《赤鹄》所述小臣为汤作羹的内容颇类伊尹"以滋味说汤"的故事，小臣逃夏部分与伊尹传说中"伊尹丑夏"的内容似有某种联系。

《赤鹄》篇第五简至第十五简讲述小臣逃亡途中受到汤的诅咒"眛而寝于路"，[3]巫乌拯救小臣并告知夏后患病之由，小臣按照巫乌的谕示，治愈了夏后的疾病。故事框架围绕小臣逃汤奔夏的情节展开，与《史记》"伊尹去汤适夏。既丑有夏，复归于亳"[4]的记载相仿佛。关于"伊尹丑夏"之事，文献记述如下：

> 昔夏桀伐有施，有施人以妹喜女焉，妹喜有宠，于是乎与伊尹比而亡夏。（《国语·晋语》）

> 五就汤，五就桀者，伊尹也。（《孟子·告子章句下》）

[1] 朱熹：《楚辞集注》，上海：上海古籍出版社，1979年，第63页。

[2] 司马迁：《史记》，第94页。

[3] 清华大学出土文献研究与保护中心编，李学勤主编：《清华大学藏战国竹简（叁）》，第167页。

[4] 司马迁：《史记》，第94页。

伊尹再逃汤而之桀，再逃桀而之汤，果与鸣条之战，而以汤为天子。（《战国策·苏代为奉阳君说燕于赵以伐齐》）

桀为无道……主道重塞，国人大崩。汤乃惕惧，忧天下之不宁，欲令伊尹往视旷夏，恐其不信，汤由亲自射伊尹。伊尹奔夏三年，反报于亳……汤与伊尹盟，以示必灭夏。伊尹又复往视旷夏……商涸旱，汤犹发师，以信伊尹之盟，故令师从东方出于国，西以进。未接刃而桀走，逐之至大沙，身体离散，为天下戮。

（《吕氏春秋·慎大览》）[1]

除上引材料外，出土文献中亦有和"伊尹丑夏"相关的记载。清华简《尹至》篇云："隹（惟）尹自顕（夏）蔖（徂）白（亳），彔（逯）至才（在）汤。"[2]简文整理者指出，《尹至》篇"记述伊尹自夏至商，向汤陈说夏君虐政，民众疾苦的状况，以及天现异象时民众的意愿趋向，汤和伊尹盟誓，征伐不服，终于灭夏"。[3]廖名春认为，《尹至》篇"写伊尹谋夏之事，情节与《吕氏春秋·慎大》篇近似"。[4]《今本竹书纪年》记载："十七年，汤使伊尹来朝。二十年，伊尹归于商"，王国维《今本竹书纪年疏证》认为其与《尚书序》"伊尹去亳适夏，

[1] 徐元诰撰，王树民、沈长云点校：《国语集解》，北京：中华书局，2002年，第250页。《孟子注疏》，阮刻《十三经注疏》，北京：中华书局，1980年，第2757页。《战国策》，第1089页。许维遹撰，梁运华整理：《吕氏春秋集释》，第353—355页。

[2] 清华大学出土文献研究与保护中心编，李学勤主编：《清华大学藏战国竹简（壹）》，上海：中西书局，2010年，第128页。

[3] 清华大学出土文献研究与保护中心编，李学勤主编：《清华大学藏战国竹简（壹）》，第127页。

[4] 廖名春：《清华简与〈尚书〉研究》，《文史哲》2010年第6期。李学勤主编：《清华大学藏战国竹简（壹）》，第127—131页。

既丑有夏，复归于亳”的内容相合，故引之。[1]

《吕氏春秋 · 慎大览》篇记“欲令伊尹往视旷夏，恐其不信，汤由亲自射伊尹”，这可能是“丑夏”过程中为了迷惑夏后而使用的“间夏”手段。《赤鹄》篇中小臣去汤适夏是否出自与汤之谋，小臣后来是否反归于亳，简文均未言及。就故事情节来看，《赤鹄》篇可能是根据当时普遍流传的伊尹传说为底本敷衍而成，所谓“近史而悠缪者也”。[2]

《赤鹄》篇的故事情节与先秦时期广泛流传的伊尹传说相仿，篇中“小臣”是否即为“伊尹”尚须讨论。

“小臣”在一些文献中或指称“伊尹”。春秋晚期的金文文献“叔尸钟”铭文:“伊(少)小臣惟辅，咸有九州，处禹之堵。”[3]陈梦家说:“指伊尹为辅（傅）于汤，少臣即小臣，卜辞称其官职为尹。”[4]东汉王逸注《楚辞·天问》“何乞彼小臣，而吉妃是得”句，谓此处“小臣”即“伊尹”。[5]有关“小臣”与“伊尹”关系的讨论，还应当考虑到先秦时期“小臣”的身份与地位。与《赤鹄》篇同出的清华简《说命》篇记载:

> 经悳（德）配天，余罔又（有）睪（斁）言。少（小）臣罔叟（俊）才（在）朕备（服）。[6]

[1] 王国维撰，黄永年校点:《古本竹书纪年辑校 · 今本竹书纪年疏证》，沈阳：辽宁教育出版社，1997年，第59页。

[2] 鲁迅:《中国小说史略》，第3页。

[3] 马承源主编:《商周青铜器铭文选（四）》，北京：文物出版社，1990年，第546页。

[4] 陈梦家:《殷墟卜辞综述》，北京：中华书局，1988年，第505页。

[5] 洪兴祖撰，白化文等点校:《楚辞补注》，第108页。

[6] 清华大学出土文献研究与保护中心编，李学勤主编:《清华大学藏战国竹简（叁）》，第128页。

《说命》中的“小臣”指的是傅说。傅说与伊尹的地位相当，都是商王的股肱之臣。

此外，“小臣”于商代甲骨文中多见。其中既有伊尹等参与政事的、身份显赫的“小臣”，也有服务于王室、从事专门职业的“小臣”。[1]《赤鹄》篇中“小臣”作为汤的近侍之臣出现，其身份符合当时的制度，其职司则因简文虚实相生的叙事而难以遽定。

三

简文整理者指出，《赤鹄》篇“最引人注目的特点，是有浓厚的巫术色彩”。[2]李学勤先生说，简文叙述成汤诅咒小臣，随后小臣被称作“巫乌”的鸟拯救，并由之知道夏后身患重病，原因是“帝命二黄蛇与二白兔居后之寝室之栋”，又“命后土为二陵屯，共居后之床下”，[3]从而解救了夏后的危难。“这些可能与楚人好信巫鬼的习俗有关。”[4]下面，我们从古代小说文体演变的角度就此稍展开讨论。

《赤鹄》篇所具有的巫术色彩，与其文体的文化性质有关。先秦时期存在一种“以辩说为特征的言论著述”，这种文体可称之为说体文。[5]说体文最早是从宗教祝辞发展而来的。上古文献中，“说”曾以祭祀名目出现，是上古时期先民遇到灾异时告神去灾的宗教祝辞，带有浓厚的神秘气息及巫术意味。《周礼·大祝》：“掌六祈，以同鬼神示，

[1] 韩江苏：《商代的“小臣”》，《2004年安阳殷商文明国际学术研讨会论文集》，北京：社会科学文献出版社，2004年，第261—272页。

[2] 清华大学出土文献研究与保护中心编，李学勤主编：《清华大学藏战国竹简（叁）》，第166页。

[3] 同[2]，第167页。

[4] 李学勤：《新整理清华简六种概述》，《文物》2012年第8期。

[5] 王齐洲：《稗官与才人——中国古代小说考论》，长沙：岳麓书社，2010年，第130页。

一曰类，二曰造，三曰禬，四曰禜，五曰攻，六曰说。”郑注引郑司农云：“类、造、禬、禜、攻、说，皆祭名也。”[1]《周礼·庶氏》：“掌除毒蛊，以攻说禬之，嘉草攻之。”郑玄注：“攻说，祈名，祈其神求去之也。”[2]

有关“说”祈的仪程，《周礼》中的《诅祝》《男巫》《女巫》中皆有记载。《诅祝》云：“诅祝掌盟、诅、类、造、攻、说、禬、禜之祝号。”《男巫》：“男巫掌望祀望衍授号，旁招以茅。冬堂赠，无方无算；春招弭，以除疾病。王吊，则与祝前。”《女巫》：“女巫……若王后吊，则与祝前。凡邦之大灾，歌哭而请。”[3]由此可知，“说”祈主要是在大祝的率领下，由诅祝、男巫、女巫等巫祝人员辅助祝官共同完成祭祀仪式。

《汤说》是目前所知最早的“说”辞，相关文字片段见于《论语》。《国语》及《尚书》等有与之相似的文辞。[4]《墨子》径以《汤说》名之。《墨子·兼爱下》：

> 且不唯《禹誓》为然，虽《汤说》即亦犹是也。汤曰：“惟予小子履，敢用玄牡，告于上天后。”曰：“今天大旱，即当朕身履，

[1]《周礼注疏》，阮刻《十三经注疏》，北京：中华书局，1980年，第808—809页。

[2] 同[1]，第888页。

[3] 同[1]，第816、817页。

[4]《论语·尧曰》：“尧曰：‘咨！尔舜！天之历数在尔躬，允执其中。四海困穷，天禄永终。’舜亦以命禹，曰：‘予小子履，敢用玄牡，敢昭告于皇皇后帝：有罪不敢赦。帝臣不蔽，简在帝心。朕躬有罪，无以万方；万方有罪，罪在朕躬。’”《国语·周语》内史过引《汤誓》：“余一人有罪，无以万夫。万夫有罪，在余一人。”《尚书·汤诰》：“其尔万方有罪，在予一人；予一人有罪，无以尔万方。”《论语注疏》，阮刻《十三经注疏》，北京：中华书局，1980年，第2535页。徐元诰撰，王树民、沈长云点校：《国语集解》，第32页。《尚书正义》，阮刻《十三经注疏》，北京：中华书局，1980，第162页。

未知得罪于上下，有善不敢蔽，有罪不敢赦，简在帝心。万方有罪，即当朕身，朕身有罪，无及万方。”[1]

孙诒让《墨子间诂》指出，《汤说》是汤祷旱之辞：“若然，则说礼殷时已有之。”[2]

《吕氏春秋·顺民》篇有关“汤祷”的记载，可见“汤说”之情貌：

昔者汤克夏而正天下，天大旱，五年不收，汤乃以身祷于桑林，曰：“余一人有罪，无及万夫。万夫有罪，在余一人。无以一人之不敏，使上帝鬼神伤民之命。”于是剪其发，磨其手，以身为牺牲，用祈福于上帝。民乃甚说，雨乃大至。[3]

周初说辞延续了商代“说”祈的形式，《尚书·金滕》篇记，克商二年，武王有疾，周公以“代武王之说”祝于先王：

惟尔元孙某。遘厉虐疾。若尔三王，是有丕子之责于天，以旦代某之身。予仁若考，能多材多艺，能事鬼神。乃元孙不若旦多材多艺，不能事鬼神。乃命于帝庭，敷佑四方。用能定尔子孙于下地，四方之民，罔不祗畏。呜呼！无坠天之降宝命，我先王亦永有依归。今我即命于元龟，尔之许我，我其以璧与珪，归俟尔命。尔不许我，我乃屏璧与珪。[4]

[1] 孙诒让撰，孙启治点校:《墨子间诂》，北京：中华书局，2001年，第122—123页。

[2] 同[1]，第122页。

[3] 许维遹撰，梁运华整理:《吕氏春秋集释》，第200—201页。

[4]《尚书正义》，阮刻《十三经注疏》，北京：中华书局，1980年，第196页。

学者考证，周公“代武王之说”有西周初年的原始档案材料为依据。[1]董乃斌通过分析周公“代武王之说”的内容，认为它“实在已颇似小说了”。[2]傅修延将此部分纳入《金縢》篇整体视角，认为“就叙事的完整性、故事的自足性、文笔的简练生动以及‘言’‘事’的合宜互补等而言，《金縢》不但远胜于《尚书》中其他篇章，在整个先秦叙事中也堪称先行之步”。[3]由此可见，殷商时期较为素朴的宗教祝辞在周初已有相当发展，而足以成为故事中具有魅力和趣味的部分。

有学者认为，战国中后期，“不仅有了对说体文的认识，有了说体文概念，也有了明确标示说体的文本”。其所举例有《墨子·经说》，《列子·说符》，《商君书·说民》，《庄子·说剑》，《韩非子·说林》、《内储说》、《外储说》、《八说》，《吕氏春秋·顺说》等。[4]《庄子·外物》篇“饰小说以干县令”[5]始揭示“小说”的名目。《荀子·正名》：“故知者论道而已矣，小家珍说之所愿皆衰矣。”[6]其中的“小家珍说”与《庄子》中的“小说”含意相同，带有强烈的感情色彩，显示出对“小

[1] 周公“代武王之说”的相关文字，亦见于清华简《周武王有疾周公所自以代王之志（金縢）》篇。清华大学出土文献研究与保护中心编，李学勤主编：《清华大学藏战国竹简（壹）》，第158页。并参见顾颉刚：《〈金縢篇〉今译》，《古史辨（二）》，上海：上海古籍出版社，1982年，第64页。

[2] 董乃斌：《现代小说观念与中国古典小说》，《文学遗产》1994年第2期。

[3] 傅修延：《先秦叙事研究：关于中国叙事传统的形成》，北京：东方出版社，1999年，第173页。

[4] 王齐洲：《稗官与才人——中国古代小说考论》，第104页。所举例参见孙诒让撰，孙启治点校：《墨子间诂》，第332—402页。杨伯峻：《列子集释》，北京：中华书局，1979年，第239—273页。章诗同注：《商君书》，上海：上海人民出版社，1974年，第21—25页。郭庆藩著，王孝鱼点校：《庄子集释》，北京：中华书局，2004年，第1016—1023页。梁启雄著：《韩子浅解》，第184—208、226—345、437—447页。许维遹撰，梁运华整理：《吕氏春秋集释》，第378—382页。

[5] 郭庆藩撰，王孝鱼点校：《庄子集释》，第925页。

[6] 王先谦撰，沈啸寰、王星贤点校：《荀子集解》，北京：中华书局，1988年，429页。

说”的轻视和鄙夷。

汉代，“小说”的指称继承了前代有关“小说”的文化传统。《汉书·艺文志》云：“小说家者流，盖出于稗官。街谈巷语，道听涂说者之所造也。”[1]有关“稗官”，学者认为系指“低级的小官微吏”，“是小说家队伍中的最重要成分”。[2]从史的角度而言，传统认为“稗官”为史之支流。[3]“稗官”演为“野史小说”的代称，又衍生出“稗史”等词。[4]“巫史文化”是中国早期文化的基本特点之一，《汉书·艺文志》指称的“小说”，带有浓厚的巫术文化色彩。关于汉代的小说整理过程，刘向《说苑·序奏》说：

> 护左都水使者光禄大夫臣向言：所校中书《说苑杂事》，及臣向书、民间书、诬校雠，其事类众多，章句相溷，或上下谬乱，难分别次序。除去与《新序》复重者，其余者浅薄，不中义理，别集以为百家，后令以类相从，一一条别篇目，更以造新事十万言以上，凡二十篇，七百八十四章，号曰《新苑》，皆可观。[5]

刘向校雠《说苑杂事》的结果是整理出《百家》《说苑》两书。《百家》和《说苑》虽同源自《说苑杂事》，但在《汉书·艺文志》的目录学

[1] 班固:《汉书》，北京：中华书局，1962年，第1745页。

[2] 魏德胜:《〈睡虎地秦墓竹简〉词汇研究》，北京：华夏出版社，2003年，第179—180页。陈洪：《“稗官”说考辨》，《中华文学史料（第二辑）》，北京：学苑出版社，2007年，第89、93页。

[3] 闲斋老人《儒林外史序》云:“稗官为史之支流。”参见李汉秋辑校:《儒林外史（汇校汇评本）》，上海：上海古籍出版社，1999年，第687页。

[4] 中国文物研究所、湖北省文物考古研究所编:《龙岗秦简》，北京：中华书局，2001年，第75页。

[5] 刘向撰，向宗鲁校证:《说苑校证》，北京：中华书局，1987年，第1页。

分类中，却分属“小说家”和“儒家”。[1]这种分类反映了当时人们对“小说”固有评介的感情色彩，与《荀子 · 正名》反映的“小说”观念一脉相承。刘向好方术，其所编《百家》很可能与方术有关。[2]《汉书·艺文志》著录的“小说十五家”“今皆不存”。[3]从名称来看，其中的《黄帝说》《封禅方说》《待诏臣饶心术》《待诏臣安成未央术》《虞初周说》等，多言道家、方术事，显示汉代所存的战国至秦汉间的小说作品仍有浓厚的原始巫术色彩。

《赤鹄》篇巫术色彩较为浓重的因素，主要反映在第五简至第十五简中。第五简说：“汤乃□之，少（小）臣乃痳（眛）而寝于路，见（视）而不能言。”[4]对于“汤乃□之”中的残字，简文整理者注：“‘之’字上一字残，从示，右有缺笔，疑与巫祝有关。”[5]黄杰认为残字从“示”从“孝”，又据《周礼 · 大祝》“作六辞以通上下亲疏远近。一曰祠，二曰命，三曰诰，四曰会，五曰祷，六曰诔”句，认为残字应读为“祷”，认为“汤之‘祷’所起的效果只是催眠，并不是使之致病”。[6]黄杰有关简文中个别文字的意见虽与整理者相左，但对简文巫术色彩方面的认识并无二致。

《赤鹄》篇第五简所记汤诅咒小臣，使得小臣“眛而寝于路，视而不能言”，[7]是类乎“诅”的一种巫术。《左传 · 隐公十一年》：“郑

[1] 班固：《汉书》，第 1727、1745 页。

[2] 孙逊：《中国古代小说与宗教》，上海：复旦大学出版社，2000 年，第 38 页。

[3] 鲁迅：《中国小说史略》，第 15 页。

[4] 清华大学出土文献研究与保护中心编，李学勤主编：《清华大学藏战国竹简（叁）》，第 167 页。

[5] 同［4］，第 169 页。

[6] 黄杰：《初读清华简（三）〈赤鹘之集汤之屋〉笔记》，武汉大学简帛研究中心简帛网，2013 年 1 月 10 日。

[7] 同［4］。

伯使卒出豭，行出犬鸡，以诅射颖考叔者。”[1]《襄公十一年》:“乃盟诸僖闳，诅诸五父之衢。”[2]《定公五年》阳虎“大诅，逐公父歜及秦遄，皆奔齐”。[3]这些都是春秋时期在神灵面前诅咒，祈求上天降祸于他人的事例。战国时期，秦国的石刻文字《诅楚文》，刻于楚怀王十七年(秦惠文王后元十三年)秋秦楚于蓝田大战时，是秦人在天神面前盟誓诅咒楚人的告神文辞。[4]

《赤鹄》篇描述夏后生病之由在于帝命两条黄蛇、两只白兔以及后土作祟。有关神怪灵异作祟的故事，屡见于先秦典籍，《左传·庄公八年》载有彭生鬼魂作祟：

> 冬十二月，齐侯游于姑棼，遂田于贝丘。见大豕，从者曰："公子彭生也。"公怒曰:"彭生敢见！"射之，豕人立而啼。公惧，队于车，伤足丧屦，反，诛屦于徒人费，弗得，鞭之，见血。走出，遇贼于门。劫而束之。费曰:"我奚御哉！"袒而示之背，信之。费请先入，伏公而出，斗死于门中。石之纷如死于阶下。遂入，杀孟阳于床。曰:"非君也，不类。"见公之足于户下，遂弑之。[5]

鲁桓夫人文姜与齐襄私通，鲁桓责难，文姜以告，齐襄遣大力士彭生拉杀鲁桓公，后杀彭生来回应鲁国的责问。最终，彭生鬼魂作祟而致齐襄死。《左传》还记载有其他神怪灵异作祟的故事：

---

[1]《春秋左传正义》，阮刻《十三经注疏》，北京：中华书局，1980年，第1736页。

[2] 同[1]，第1950页。

[3] 同[1]，第2139页。

[4] 郭沫若著作编辑出版委员会编:《郭沫若全集·考古编》(第九卷)，北京：科学出版社，1982年，第277—313页。

[5] 同[1]，第1765页。

夔子不祀祝融与鬻熊。楚人让之，对曰："我先王熊挚有疾，鬼神弗赦而自窜于夔。吾是以失楚。又何祀焉？"

（《左传·僖公二十六年》）

晋侯有疾。郑伯使公孙侨如晋聘，且问疾。叔向问焉，曰："寡君之疾病，卜人曰：'实沈、台骀为祟。'"

（《左传·昭公元年》）[1]

在夔人看来，熊挚之所以生病就是由于高祖祝融和鬻熊作祟的缘故。晋侯之疾，卜人谓实沈、台骀为祟。

殷商甲骨文中也有关于神怪灵异作祟的内容。王晖指出，"能作祟为害的先父先祖先母先妣如父乙、羌甲、祖乙、妣甲、妣庚、妣己以及先臣黄尹等。除确认的先祖之外，还有其他泛指的先祖及上帝鬼神。"[2]

《赤鹄》篇中巫乌说："帝命句（后）土为二陵屯，共居句（后）之床下，亓（其）上刺句（后）之体，是思（使）句（后）之身疴蓋，不可及于席。"其中神怪灵异作祟的观念与前述史传及卜辞相通。

《赤鹄》篇第九简至第十五简中小臣按照巫乌的谕示，解除夏后的危难，系以巫术禳病驱疫。长沙马王堆汉墓帛书《五十二病方》中有以巫术祛病之方，兹抄录二则如下：

巢者：侯（候）天甸（电）而两手相靡（摩），乡（向）甸（电）祝之，曰："东方之王，西方□□□□主冥冥人星"。二七而□。

尤（疣）：令尤（疣）者抱禾，令人嘑（呼）曰："若胡为是？"

[1]《春秋左传正义》，阮刻《十三经注疏》，北京：中华书局，1980年，第1821—1822、2023页。

[2] 王晖：《商周文化比较研究》，北京：人民出版社，2000年，第126页。

应曰："吾尤（疣）。"置去禾，勿顾。[1]

以上，从形式和内容两方面分析了《赤鹄》篇的文体特征。下面，我们从理论上对这篇小说的出现做出解释。

四

有关中国文学史上"小说"概念的提出，小说史及文学批评史著作通常作如下评述：典籍中"小说"一词，最早见于《庄子·外物》"饰小说以干县令"句，但这里的"小说"，指的是与高谈阔论相反的、没有理论价值的琐屑言谈，"与后来所谓小说者固不同"，不具备文体意义。[2]东汉桓谭《新论》较为具体地对小说的形式、内容、地位及作用做出评价。《新论》云："若其小说家，合丛残小语，近取譬论，以作短书，治身理家，有可观之辞。"[3]此处"小说"是指不本经传、与儒术背道而驰的"丛残小语"，截取日常生活中的片段以作形象化的譬喻，创作短小的故事，给人们以警醒或启发，"始若与后之小说近似"。[4]《汉书·艺文志》言："小说家者流，盖出于稗官。街谈巷语，道听涂说者之所造也。孔子曰：'虽小道，必有可观者焉。致远恐泥，是以君子弗为也。'然亦弗灭也。闾里小知者之所及，亦使缀而不忘。如或一言可采，此亦刍荛狂夫之议也。"[5]小说史家一般认为，

[1] 马王堆汉墓帛书整理小组编：《五十二病方》，北京：文物出版社，1979年，第45—46、55页。

[2] 鲁迅：《中国小说史略》，第1页。

[3] 萧统编，李善注：《文选》，北京：中华书局，1977年，第444页。

[4] 鲁迅：《中国小说史略》，第1页。

[5] 班固：《汉书》，第1745页。

班固的相关论述，为我国古典小说理论奠定了基础。《汉书》关于“小说”的观念为《隋书·经籍志》《旧唐书·经籍志》《新唐书·艺文志》等文献所承袭。[1]至此，中国传统的小说观念基本形成。[2]下面我们对这一小说史界的传统认识加以辨析。

《庄子·外物》“饰小说以干县令”句中，关键词“干”和“县令”的训诂直接影响到对“小说”一词的理解，故须先厘清这两个词语的确切含意。

“干”，成玄英疏：“求也。”成氏的这一解释，为学术界所认同。“县令”，成氏疏：“县，高也……高名令（问）〔闻〕……古悬字多不著心”，[3]此说虽仍有学者采信，但其将“县令”拆分为“县”和“令”两字分别解释，颇为牵强。战国时期各诸侯国普遍实行郡县制度，“县令”是一县的最高行政长官。根据这一历史事实，马叙伦指出，《庄子·外物》中的“县”应读为“郡县”之“县”，“县令”表示的是一县之长。[4]这一观点现已为多数学者所闻知。

与“饰小说以干县令”可资比较的是《庄子·天运》篇中的相关语句：

> 孔子谓老聃曰：“丘治《诗》《书》《礼》《乐》《易》《春秋》六经，自以为久矣，孰知其故矣；以奸者七十二君，论先王之道，而明

［1］魏征等：《隋书》，北京：中华书局，1973年，第1012页。刘昫等：《旧唐书》，北京：中华书局，1975年，第2036页。欧阳修等：《新唐书》，北京：中华书局，1975年，第1539—1543页。

［2］参见鲁迅：《中国小说史略》，第1页。方正耀著，郭豫适审订：《中国古典小说理论史》，上海：华东师范大学出版社，2005年，第8—9页。李剑国、陈洪主编：《中国小说通史（先唐卷）》，第5—8页。宁宗一主编：《中国小说学通论》，合肥：安徽教育出版社，1995年，第68—78页。

［3］郭庆藩撰，王孝鱼点校：《庄子集释》，第927页。

［4］马叙伦：《庄子义证》，上海：商务印书馆，1930年。

周召之迹，一君无所钩用。甚矣夫！人之难说也，道之难明邪？”老子曰：“幸矣子之不遇治世之君也！夫《六经》，先王之陈迹也，岂其所以迹哉！”[1]

“以奸者七十二君”中的“奸”字即“干县令”的“干”字，顾炎武《日知录》对其作过专门辨析：

《广韵》：姦，古颜切，私也，诈也。亦作姧，今本误姧作奸，非也。奸音干，犯也。《左氏》僖公七年《传》曰：君以礼与信属诸侯，而以姦终之。曰：子父不奸之谓礼。一传之中，二字各出而义不同。《释名》：姦，奸也，言奸正法也。以奸释姦，其为两字审矣，又奸字亦可训为干禄之干。《汉书·荆燕吴传》：齐人田生以画奸泽。《史记》作干。然则奸但与干通用，而不可以为姦也。后人于案牍移中，以姦字画多，省作奸字，此如繁之为烦，衝为冲，驿之为驲，臺之为台，皆借用之字。[2]

《天运》篇“以奸者七十二君”中的“奸”读为“干”，与《外物》篇中“饰小说以干县令”中“干”字的用法相同，皆表示“干谒”之意。

为了更加直观地比较“饰小说以干县令”与孔子“以奸者七十二君”，谨将二者的关系列表如下：

[1] 郭庆藩撰，王孝鱼点校：《庄子集释》，第532页。

[2] 顾炎武著，周苏平、陈国庆点注：《日知录》，兰州：甘肃民族出版社，1997年，第1391页。

主体	媒介	行为	对象	目的	出处
辁才讽说之徒	小说	干（干谒）	县令	大达	《庄子·外物》
孔子	六艺	奸（干谒）	国君	明道	《庄子·天运》

“六艺”与“小说”分属《六艺略》与《诸子略》。《六艺略》包括儒家经典《诗》《书》《礼》《乐》《易》《春秋》《论语》《孝经》附有《小学》共九种。《诸子略》作为“六经之支与流裔”,[1]居《六艺略》后为第二大类别，所列为十家,“小说家”即为其中之一。班固认为“诸子十家，其可观者九家而已”。[2]《汉书·艺文志》将“六艺”与“小说”分置不同的类目，高下悬殊。

据上述分析可知，“饰小说以干县令”，当解为“修饰小说来干谒县令”。孔子“以奸者七十二君”与“饰小说以干县令”，皆通过某种手段干谒当道者。孔子以“六艺”大道干谒君王以图复兴周礼，而“辁才讽说之徒”则是以“小说”这种小道来干谒作为地方长官的县令，企图求取个人的“发达”，所以《外物》篇云“其于大达亦远矣”。《荀子·正名》说:“故知者论道而已矣，小家珍说之所愿皆衰矣。”“知者论道”与“小家珍说”的对比意味颇似孔子“以奸者七十二君”与“辁才讽说之徒”“饰小说以干县令”二者之间的关系。

马克思在《经济学手稿》中说道:“人体解剖对于猴体解剖是一把钥匙。反过来说，低等动物身上表露的高等动物的征兆，只有在高等动物本身已被认识之后才能理解。”[3]这启发我们注意到后世的某些文

[1] 班固:《汉书》，第1746页。

[2] 同[1]。

[3] 中共中央马克思、恩格斯、列宁、斯大林著作编译局:《马克思恩格斯全集》(第四十六集上册)，北京：人民出版社，1979年，第43页。

化制度对于了解前代的文化传统具有一定的参考价值。比如，唐代科举文化中的行卷风气即有助于加深人们对《庄子》“饰小说以干县令”的理解。

唐人行卷用传奇小说的记载见于宋赵彦卫《云麓漫钞》：“唐之举人，先藉当世显人，以姓名达之主司，然后以所业投献；逾数日又投，谓之温卷，如《幽怪录》、《传奇》等皆是也。盖此等文备众体，可以见史才、诗笔、议论。”[1]这种为求取功名而以传奇小说干谒当道的行卷风气类似战国时期“辁才讽说之徒”“饰小说以干县令”的行为，有助于我们理解《庄子·外物》篇中“小说”的文体性质。

五

正确认识《庄子·外物》“饰小说以干县令”所表达的小说观，须先厘清今人所讨论的“小说”概念。

古人观念中的小说与今人所讨论的小说，在概念上相差甚远。中国古代所指称的“小说”范畴庞博芜杂。宋代史学家郑樵《通志·校雠略》云：“古今编书所不能分者五：一曰传记，二曰杂家，三曰小说，四曰杂史，五曰故事。凡此五类之书，足相紊乱。”[2]胡应麟亦云：“小说，子书流也。然谈说理道，或近于经，又有类注疏者；纪述事迹，或通于史，又有类志传者；他如孟启《本事》、卢瑰《抒情》，例以诗话文评，附见集类，究其体制，实小说者流也。至于子类杂家，尤相出入。郑氏谓古今书家所不能分有九，而不知最易混淆者小说也。”[3]这些都

[1] 赵彦卫撰，傅根清点校：《云麓漫钞》，北京：中华书局，1996年，第135页。

[2] 郑樵撰，王树民点校：《通志二十略》，北京：中华书局，1995年，第1817页。

[3] 胡应麟：《少室山房笔丛》，上海：中华书局上海编辑所，1958年，第374页。

说明中国早期小说具有与经、史、子、集相依托、渗透、交叉的特点。

今人所讨论的“小说”，是当代文学体裁分类中的一种文学样式，它主要来自西方文艺理论中的概念，侧重于虚构叙事。小说通常被定义为以人物形象为主体，以情节与环境为两翼的叙事文学作品。[1]如韦勒克、沃伦《文学理论》言：“小说的分析批评通常把小说区分出三个构成部分，即情节、人物塑造和背景。最后一个因素即背景很容易具有象征性，在一些现代理论中，它变成了‘气氛’或‘情调’。不用说，这三个构成因素是互相影响互相决定的。”[2]有必要说明的是，我们在这里所讨论的《庄子·外物》篇中的“小说”，就是以现代小说概念为基础的。

从现代小说的概念范畴来看，《外物》篇所记“任公子为大钩巨缁”的故事，本身就是一篇小说：

> 任公子为大钩巨缁，五十犗以为饵，蹲乎会稽，投竿东海，旦旦而钓，期年不得鱼。已而大鱼食之，牵巨钩，錎没而下，骛扬而奋鬐，白波若山，海水震荡，声侔鬼神，惮赫千里。任公子得若鱼，离而腊之，自制河以东，苍梧以北，莫不厌若鱼者。已而后世辁才讽说之徒，皆惊而相告也。夫揭竿累，趣灌渎，守鲵鲋，其于得大鱼难矣，饰小说以干县令，其于大达亦远矣，是以未尝闻任氏之风俗，其不可与经于世亦远矣。[3]

鲁迅先生在评价庄子其人、其文时说，其“著书十余万言，大抵

[1] 林辰：《古代小说概论》，沈阳：春风文艺出版社，2006年，第14页。

[2]（美）雷·韦勒克、奥·沃伦：《文学理论》，北京：生活·读书·新知三联书店，1984年，第242页。

[3] 郭庆藩撰，王孝鱼点校：《庄子集释》，第925页。

寓言，人物土地，皆空言无事实，而其文则汪洋辟阖，仪态万方，晚周诸子之作，莫能先也”[1]。“任公子为大钩巨缁”的故事亦是如此。故事夸饰任公子制作的大钩，竟用五十头犍牛作钓饵，更为奇特的是，任公子钓得的大鱼足以令浙江以东至苍梧以北的人们饱餐。故事对捕鱼过程的描述极具形象性，“已而大鱼食之，牵巨钩，錎没而下，骛扬而奋鬐，白波若山，海水震荡，声侔鬼神，惮赫千里”，生动地再现了钓得大鱼时惊险刺激的画面。故学者多以“寓言小说”称之，如陈蒲清等选编《中国古代寓言选》、公木主编《历代寓言选》及李水海主编《中国小说大辞典》（先秦至南北朝卷）均视“任公子为大钩巨缁”的故事为小说。[2]

汉代以前的文献，如《山海经》《穆天子传》《汲冢琐语》等，皆具一定的小说要素。有学者指出：“《山海经》在繁杂的记事状物过程中，无论是以人为中心的叙述还是一般性的叙述，都表现出了很高的叙事能力和对人物的表现力，显示出优秀的小说品格。”[3]《穆天子传》系汲冢竹书中的一篇，近代以来，治史者多以其为史书，治小说者则视为小说作品。[4]《汲冢琐语》与《穆天子传》同出汲冢，学者从现存遗文

[1] 鲁迅：《汉文学史纲要》，北京：人民文学出版社，1973年，第17页。

[2] 陈蒲清等选编：《中国古代寓言选》（增订本），长沙：湖南教育出版社，1985年。公木，朱靖华选注：《历代寓言选》，北京：中国青年出版社，1990年。李水海主编：《中国小说大辞典》（先秦至南北朝卷），西安：陕西人民出版社，1994年。

[3] 刘新生：《〈山海经〉小说叙述元素分析》，《东岳论丛》2011年第5期。

[4] 顾实、赵俪生等认为《穆天子传》应为史书，石昌渝、孟瑶、吴志达等认为其属于神话传说性质的书，马振方认为其是“我国小说的开山之祖”。顾实编：《穆天子传西征讲疏》，北京：商务印书馆，1934年。赵俪生：《〈穆天子传〉中一些部落的方位考实》，《寄陇居论文集》，济南：齐鲁书社，1981年，第200—216页。石昌渝：《中国小说源流论》，第62页。孟瑶：《中国小说史》，台北：传记文学出版社，1986年，第4页。吴志达：《中国文言小说史》，济南：齐鲁书社，1994年，第27页。马振方：《大气磅礴开山祖——〈穆天子传〉的小说品格及小说史地位》，《北京大学学报》2003年第1期。

分析，认为系“杂史类志怪著作”，“为志怪小说奠定了基础”，[1]“是志怪小说的开端”。[2]

近年来，出土文献中的《墓主记》及《妄稽》篇的文体性质引起人们的关注。《墓主记》系甘肃放马滩一号墓出土的战国末至秦代的竹简。李学勤先生认为，其所记丹死而复生的故事，“颇与《搜神记》等书的一些内容相似，而时代早了五百来年”。[3]学者据此论断加以补充，认为“《墓主记》的故事，可以说是志怪小说的嚆矢……在文学史上，弥补了秦代志怪小说的一段空白”。[4]

《妄稽》是《北京大学藏西汉竹书》中的一篇，现存竹简110余枚，近3000字，“记录了一个士人家庭内部因妻妾矛盾而引发的故事，情节曲折，语言生动，应是目前所知时代最早、篇幅最长的古小说”。[5]整篇小说中出场的人物，“除了妄稽、周春、虞士，还有乡党、姑舅、少母、吏，有的在外围起着场景烘托的作用，有的则深度参与故事情节的发展，各种人物之间的关系复杂”。“以我们今天‘小说’的概念范畴来看，说《妄稽》是一篇目前所知时代最早、篇幅最长的‘古小说’，可以说它当之无愧。”[6]有关《妄稽》的篇名，陈伟武认为：“‘妄’有虚无的意思，‘妄稽’也许就是‘无稽’，就是子虚乌有的意思，跟这篇文献属于小说的性质有关。”[7]何晋据此指出，篇中的“虞士”也

[1] 冯维林，王恒展：《论所谓先秦小说》，《山东师范大学学报》1995年第3期。

[2] 李剑国：《唐前志怪小说史》，天津：南开大学出版社，1984年，第96页。

[3] 李学勤：《简帛佚籍与学术史》，第167页。

[4] 张宁：《放马滩〈墓主记〉的文学价值》，《秦文化论丛（第七辑）》，兰州：西北大学出版社，1999年，第457页。

[5]《北京大学出土文献研究所工作简报》，2009年10月，总第1期。

[6] 何晋：《北大汉简〈妄稽〉简述》，《文物》2011年第6期。

[7]《北京大学出土文献研究所工作简报》，2009年12月，总第2期。

可解为“无事”，仅从作品中人物命名方式来看，《妄稽》篇具备小说的虚构叙事意味。[1]

《妄稽》篇中“妄稽”与“虞士”意指“无稽”与“无事”，与司马相如《子虚赋》《上林赋》中假托子虚、亡是公和乌有先生三人互相问答的形式相同。[2]《史记 · 司马相如列传》记载：

> 相如以“子虚”，虚言也，为楚称；“乌有先生”者，乌有此事也，为齐难；“无是公”者，无是人也，明天子之义。故空藉此三人为辞，以推天子诸侯之苑囿。[3]

司马迁的上述论断指出了司马相如赋作中言、事、人的虚构本质。《妄稽》篇中人物的命名原则与司马相如《子虚赋》《上林赋》相同，语言韵散错出，叙事曲折生动，人物关系复杂，符合小说虚构叙事的基本特征，其为西汉时期的小说作品当无疑问。

上述关于先秦两汉时期小说作品的讨论，可证《赤鹄》篇作为小说出现不是偶然的。《赤鹄》篇中众乌与巫乌的对话、巫乌告知小臣夏后患病之由以及巫乌解救小臣就是典型的虚构叙事。众乌、巫乌是故事发展中举足轻重的人物，其谈话内容为《赤鹄》篇故事的重要关节。巫乌拯救小臣的方法，是与神话传说中的“法术”相类似的巫术。这一切都是作者艺术想象的产物。

《赤鹄》篇全文不足500字，其中却出现成汤、小臣、纴巟、众乌、巫乌、夏后、帝、黄蛇、白兔、后土等一系列人物形象。作为次要人

[1] 何晋:《北大汉简〈妄稽〉简述》，《文物》2011年第6期。

[2] 司马相如撰，朱一清、孙以昭校注:《司马相如集校注》，北京：人民文学出版社，1996年。

[3] 司马迁:《史记》，第3002页。

物出现的成汤的妻子纴巟，简文虽然对其着墨不多，但她在故事中却是一个活灵活现、充满趣味性色彩的人物。纴巟向小臣索取羹时，命令道:“尝我于而羹”，遭到小臣的拒绝后，又威胁小臣说:“尔不我尝，吾不亦杀尔？”地位高贵、盛气凌人的王后形象刻画得入木三分。简文中出现的复杂的人物关系，与故事的发展相辅相成，是作者为编造故事有意设计而成。

简文中小臣与纴巟的对话、众乌与巫乌的对话及夏后与小臣的对话等，虽然只有寥寥数笔，但是充满戏剧性效果。《赤鹄》篇情节起伏，故事具备开端、发展、高潮及结局四个部分。在结尾处，巫乌的谕示应验，夏后病瘳，作者巧妙地以一只白兔未被捉到作为故事的尾声，饶有余味。从整体上说，《赤鹄》篇语言生动有趣，与故事节奏相配合，显示出作者高超的叙事艺术。

六

到目前为止，虽有学者提出“中国小说发端于战国”，[1]但尚未有论者在理论方面对此做出令人可信的解释。要弥补这一理论缺陷，必须理清中国小说史建构中存在的一些问题。

通行小说史著作一般以鲁迅《中国小说史略》的小说史观为基准，认为中国小说在魏晋时期初步形成，至唐“则始有意为小说”。[2]鲁迅的小说史观源自于他对中国文学史的总体判断，即所谓“魏晋文学

[1] 杨义:《中国古典小说史论》,《杨义文存》(第六卷)，第5—8页。

[2] 鲁迅:《中国小说史略》，第54页。

自觉”说。[1]“魏晋文学自觉”说的论断对中国文学史的研究产生了深远的影响。近年来，一些学者对此质疑，提出“春秋文学自觉”说以及“汉代文学自觉”说等。[2]诸家多从《诗经》《尚书》《楚辞》以及汉赋中寻找依据，较少有学者从小说史的角度加以阐释。

鲁迅在《中国小说的历史的变迁》中论及魏晋六朝小说的相关问题时说：

> 六朝时之志怪与志人底文章，都很简短，而且当作记事实；及到唐时，则为有意识的作小说，这在小说史上可算是一大进步。而且文章很长，并能描写得曲折，和前之简古的文体，大不相同了，这在文体上也算是一大进步。[3]

鲁迅认为六朝志人、志怪的文章“当作记事实”。他举刘向《列仙传》为例，说：“在当时并非有意作小说，乃是当作真实事情做的，不过我们以现在的眼光看去，只可作小说观而已。”[4]据此，他认为“小说亦如诗，至唐代而一变，虽尚不离于搜奇记逸，然叙述宛转，文辞华艳，

[1] 鲁迅：《鲁迅全集》(第三卷)，北京：人民文学出版社，2005年，第526页。

[2] 傅道彬、李永祥等主“春秋文学自觉”说，龚克昌、张少康、詹福瑞、李炳海主“汉代文学自觉”说。参见傅道彬：《春秋时代的“文言”变革与文学繁荣》，《中国社会科学》2007年第6期。李永祥：《“春秋文学自觉论”——兼与赵敏俐先生〈“汉代文学自觉说”反思〉商榷》，《汕头大学学报》2010年第2期。龚克昌：《汉赋——文学自觉时代的起点》，《文史哲》1988年第5期。张少康：《论文学的独立和自觉非魏晋始》，《北京大学学报》1996年第2期。詹福瑞：《从汉代人对屈原的批评看汉代文学的自觉》，《文艺理论研究》2000年第5期。李炳海：《黄钟大吕之音——古代辞赋的文本阐释》，吉林：吉林人民出版社，2005年。

[3] 鲁迅：《中国小说史略》，第280页。

[4] 同[3]，第273页。

与六朝之粗陈梗概者较，演进之迹甚明，而尤显者乃在是时则有意为小说”。[1]鲁迅认为六朝时期尚处于不自觉地、无意识地作小说的阶段，遑论先秦两汉。从我们今天所掌握的史料来看，鲁迅的上述论断并不符合中国小说发展的实际情况。

以《搜神记》而言，作者干宝自称其创作宗旨是“发明神道之不诬”[2]，但这并不意味着其著录的内容为实录。《晋书·干宝传》认为其父婢死后十余年复活，其兄气绝数日而见天地间鬼神事，乃干宝撰述《搜神记》的缘起，[3]不可尽信。干宝撰述《搜神记》有其主客观原因：第一，他本人“性好阴阳术数”。第二，他所生活的时代鬼神迷信风气十分盛行。[4]《晋书·干宝传》在评论干宝著述时说“博采异同，遂混虚实”。[5]“博采异同”是指其著述的“考先志于载籍，收遗逸于当时”[6]的辑遗性质。已有学者指出，“遂混虚实”“确是始于干宝的一种新的小说创作方式”，[7]它揭示出《搜神记》虚构叙事的文体特质。

自亚里斯多德《诗学》开始，“长度”就是研究叙事艺术必须关注的问题，[8]故鲁迅言唐传奇成就时，特意指出其“大率篇幅曼长”[9]，

[1] 鲁迅:《中国小说史略》，第54页。

[2] 干宝撰，汪绍楹点校:《搜神记》，北京：中华书局，1979年，第2页。

[3] 房玄龄等:《晋书》，北京：中华书局，1974年，第2150页。

[4] 同[3]。

[5] 同[3]。

[6] 干宝撰，汪绍楹点校:《搜神记》，第2页。

[7] 林辰:《古代小说概论》，第64页。

[8] 亚里士多德，罗念生译:《诗学》，上海：上海人民出版社，2006年，第30—36页。

[9] 同[1]。

我们以汪辟疆辑录的《唐人小说》[1]为据，将唐人小说篇幅列表如下，以与出土文献中的先秦两汉小说进行比较。

每篇字数	小说名目
0—1000字左右	《离魂记》《庐江冯媪传》《湘中怨解》《异梦录》《冯燕传》《秀师言记》《杨娼传》《玄怪录·元无有》《纪闻·牛应贞》《集异记·徐佐卿》《集异记·蔡少霞》《集异记·王维》《集异记·王涣之》《集异记·韦宥》《甘泽谣·陶岘》《甘泽谣·圆观》《甘泽谣·嬾残》《甘泽谣·红线》《三水小牍·王夵冲》《三水小牍·绿翘》《三水小牍·却要》《三水小牍·王公直》
1000—4000字左右	《补江总白猿传》《枕中记》《任氏传》《柳氏传》《李章武传》《霍小玉传》《南柯太守传》《谢小娥传》《三梦记》《东城老父传》《长恨歌传》《莺莺传》《周行秦记》《秦梦记》《无双传》《上清传》《虬髯客传》《郑德璘》《冥音录》《玄怪录·崔书生》《玄怪录·张佐》《玄怪录·岑顺》《玄怪录·齐推女》《玄怪录·郭元振》《续玄怪录·杨恭政》《续玄怪录·张逢》《续玄怪录·定婚店》《续玄怪录·薛伟》《续玄怪录·李卫公靖》《续玄怪录·杜子春》《续玄怪录·张老》《纪闻·吴保安》《甘泽谣·许云封》《传奇·昆仑奴》《传奇·聂隐娘》《传奇·裴航》《传奇·崔炜》《传奇·孙恪》《传奇·韦自东》《传奇·陶尹二君》《三水小牍·王知古》《三水小牍·步飞烟》
4000字以上	《古镜记》《游仙窟》《柳毅》《李娃传》

两相比较可以发现：唐传奇中虽出现了诸如《古镜记》《游仙窟》《柳毅》等篇幅较长的作品，同时也有大量近于五六百字的篇章，如《离魂记》等名篇。《赤鹄》篇与之相近。北京大学藏西汉竹简《妄稽》篇则已近于唐传奇中的篇幅长大者。

结　语

《清华简·赤鹄之集汤之屋》以战国以前广泛流传的伊尹传说为

[1] 汪辟疆校录:《唐人小说》(原中华上编版)，上海：上海古籍出版社，1978年。

底本敷衍而成，带有强烈的巫术色彩，符合中国早期小说的文体特征。它的发现，在中国小说史上具有划时代的意义。《庄子·外物》有关小说的描述较《汉书·艺文志》的小说断语更接近于现代小说观念。凡此，启发我们对中国早期小说史乃至整个中国古代文化史做出新的认识。

（作者单位：中国传媒大学）

有关上博楚简《周易·讼卦》

池田知久

一、序言

儒学的经典，即五经或者六经，除了《诗》和《书》是从比较早的时期就被赋予很高的位置之外，其他的如《礼》《乐》《春秋》《易》则是在其后即战国末期以后才被当作“经”来对待的。经过整个西汉时期儒学国教化的过程，以上这些经典的价值也逐渐增高，但是一直到西汉后期，五经还没有被看作是具有绝对价值的经典。

因此，对以上时期的经典研究重要的课题之一，就是五经本来的面貌是怎样的，根据什么样的理由、条件、背景而被承认为经典，又经过什么样的迂回曲折而扩展提高到了五经的地位呢？亦即：（1）针对具体的经典、经学及其历史的展开而做内在性的研究，还有（2）从围绕着这些经典、经学的周边文化及社会而做外在性的研究；也就是从内在和外在两个方面进行科学的、实证的研究和说明。而且，在进行这样的研究和说明的时候，必须注意以下的事情。——从战国末期以来所推进的各种文献的经典化、经过整个西汉时期而实行的儒学国教化、以后直到清代末期而延续的儒学的正统化，基于这些方面而对于诸经典的过度赞美和与之伴随着的神话、传说，都应该极力排除，应该致力于揭示各种经典的真实的面貌。还要通过这些工作而致力于正确地书写建立在中国古代社会发展基础上的思想史、学术史的发展。

我所看到的是，本应该探究汉代以前的五经等儒学经典的真实的研究，尽管到了 21 世纪的今日，自西汉时代开始的对经典的特别对待没有得到大的改变，依然没有从对诸经典的过度赞美和与之伴随的神话、传说的信仰中解放出来。关于《诗》，曾经在 1919 年葛兰言（Paul Marcel Granet）的《中国古代的祭祀与歌谣》（*Fetes et chansons anciennes de la Chine*）当中，体现出了从传统的经学的解释中几乎完全解放出来的很好的模范事例。不过我认为，同样形式的考察尝试应该针对所有的经典来进行。而且在出土资料大量被发现的今天，这种形式的考察尝试是可以比较容易地进行的。

那么，对于《周易》这一书籍来说，早在战国时代以前单称为《易》是很常见的，其被称为《周易》则是从西汉初期开始的。进而被称为《易经》大概是西汉后期以降的时候了。《易》原本是自古以来在民间存在着的占卜书以及其技术的体系，就是用来占卜在人们的日常生活中所发生的各种问题（例如交友、就职、结婚、生育、疾病、旅行、祭祀等）的吉凶、祸福的。近年来在中国，以往未知其存在而大量的有着珍贵内容的资料陆续地从地下出土，在这些新出土资料当中，包含很多和以上的《易》并列的《日书》《式法》《五星占》《归藏》等。这些是和《易》有着几乎同样性质的广义的占卜书，战国至西汉的时候，下自庶民，上至王侯、贵族，人们就是采用这些多种多样的占卜而经营着日常生活。

因而，直到战国末期之前的古《易》，可以认为是只由卦画、卦名、卦辞、爻辞构成的简单的《六十四卦》。它一方面不同于在此以前的殷代、周代的甲骨卜辞，是占卜对于王朝来说的大事（例如和异民族的战争、左右谷物收成的天气、王家祖先的祭祀等）的吉凶、祸福的；另一方面不同于在此以后逐渐被整理的《周易》或《易经》，包含儒学化高度的各种思想（例如形而上学，阴阳、五行的自然哲学，道德思想、政治思想等）。关于后者，尤其应该得到正确的理解。

在此次发表的报告当中，我想以新出的上博简《周易·讼卦》为一例而提出来，主要是想通过内在的方法，就有关《易》这种占筮的儒学化、道德化问题加以考察。

二、上博楚简《周易》讼卦（第四号简至第六号简）的经文与译文

（1）经文

☰☵讼。又（有）孚，窒（窒）意（惕），中吉，夂（终）凶。利用见大人，不利涉大川。

初六，不出御事，少又（有）言，夂（终）吉。

九二，不克讼，逯（归）肤（逋），丌（其）邑人晶（三）四户，亡（无）眚（眚）。

六晶（三），飤（食）旧悳（德），贞礪（厉），夂（终）吉。或从王事，亡（无）成。

九四，不克讼，逫（复）即命，愈（渝）安，贞吉。

九五，讼，元吉。

上九，或赐䋣（鞶）䋻（带），夂（终）朝晶（三）褫（剥）之。

（2）译文

☰☵讼。虽有诚信之心，穷途末路之中有所惧怕，途中虽好转为吉，但最终为凶。与大人见面虽有利，但对做涉水的大事不利。

初六，不要出去处理诉讼的工作，而且少言保持沉默的话，最终是吉利。

九二，不能进行诉讼，回到自己的故乡逃避。如果那是住民三四户的小村子，不会遇到灾害。

六三，以吃先祖代代相传的俸禄过日子的话，虽然占问会得出危险的断语，但最后为吉利。即便以王命为战争而去从军，也不会成功。

九四，不能进行诉讼，返回王城而从王命，改善想要进行诉讼的心思而安稳地生活的话，占问得吉。

九五，如果进行诉讼，大吉。

上九，即便王下赐了礼服的大带，在到早饭之前的短时间内会接二连三地被剥夺。

三、对讼卦整体内容的概括论述

卦名“讼”是指“诉”，“诉讼”，从卦辞整体来看，不得不说本卦是得到的消极的否定性的占断的卦。所以占问遇到本卦，有必要采取慎重的态度。

卦辞中要求“不涉大川”，就是不要做积极的大事业。而要求初六的“不出御事”，就是说不要出去处理诉讼的事务。还有“少又（有）言”就是少说话保持沉默，九二的“遏（归）肤（逋）”就是回到自己小小的封地以逃避，六三的“飤（食）旧悳（德）”就是以吃先祖代代相传的俸禄过日子，九四的“遉（复）即命，愈（渝）安”就是返回王城而从王命，改善想要进行诉讼的心思而安稳地生活，等等，所要求的就是这些事情。其后，到了九五遇到“元吉”，即大吉，但是在上九“或赐繙（鞶）緋（带），夂（终）朝晶（三）瀌（剥）之”，就是说王虽然下赐了礼服的大带，但是立即又被剥夺了，这样唤起注意。这样，始终一贯地要求有必要采取慎重的态度。

如上所述，在诉讼中被要求采取谨慎的态度的人，即占问的人物，大概是有与“大人”（卦辞）、“王”（六三）接触机会的具有很高的政治地位的贵族。《周易》中置以讼卦这一事实本身就证明当时中国社会内部不断地发生各种各样的纷争，而且与之相应，作为解决纷争的方法的涉讼在日常生活中已经非常普遍了。在本卦中，可以说很好地反映了围绕当时贵族阶级而进行诉讼的主要的很感兴趣的事情。

四、三种文本的《周易》讼卦的经文

（1）马王堆汉墓帛书本《周易》

☰☵ 讼。有复，洫宁，克吉，终凶。利用见大人，不利涉大川。

初六，不永所事，少有言，冬吉。

九二，不克讼，归而逋，亓邑人三百户，无省。

六三，食旧德，贞厉。或从王事，无成。

九四，不克讼，复即命，俞安，贞吉。

九五，讼，元吉。

尚九，或赐之般带，终朝三搋之。

（2）阜阳汉简本《周易》

不利涉大（第二十四号简）

厉，冬吉（第二十五号简）

（3）通行本（王弼本）《周易》

☰☵讼。有孚，窒惕，中吉，终凶。利见大人，不利涉大川。

初六，不永所事，小有言，终吉。

九二，不克讼，归而逋，其邑人三百户，无眚。

六三，食旧德，贞厉，终吉。或从王事，无成。

九四，不克讼，复即命，渝安，贞吉。

九五，讼，元吉。

上九，或锡之鞶带，终朝三褫之。

五、从本人研究《易》的儒学化、道德化这一问题意识来思考，上博简《周易》讼卦中包含有以下值得探讨的课题

（1）关于“又孚”

“孚”虽然是在通行本《周易》中频繁出现的词汇，但是确定其意义相当困难。对这个字，如《说文解字》爪部这样解说：“孚，卵孚也。从爪从子。一曰，信也。”《经典释文》的《周易音义》这样说明：“有孚，徐音敷，信也。又作尃。”那样，一般是采用作为“诚信”的意思来解释的说法。但是，高亨的《周易古经今注（重订本）》（中华书局，1984年）中说：

> 孚即俘字。《说文》：“孚，卵孚也。从爪从子。”按许说误。林义光曰：“孚即俘之古文，象爪持子。”（《文源》）是也。《说文》：“俘，军所获也。”军队虏获敌方之人员财物谓之孚。

认为“孚”是“俘”的古文，作军队的捕获物的意思。还有李镜池的《周易通义》(中华书局，1981年)也将“孚”作为“俘”的本字，解释为“俘虏”的意思。进而，白川静《字通》(平凡社,1996年)对“孚”作了如下的解释：

> 爪+子。爪是用手从上面来控制的形状，孚是俘获的俘的原文。……而且“者减钟”中“使和、使孚”是用孚信的意思。

而另一方面，对“俘”解释说：

> 声符为孚。孚为子上加以手之形，俘获之意。如金文中有孚人、孚贝、孚金、孚车、孚牛，都用孚。后来对人就用俘。……卜文，金文中用孚，文献中用俘。

是将“孚”作为“俘”的初文。

如高亨、李镜池、白川静所说,“孚”的古老的用例在出现的金文中，除了固有名词，几乎都是“俘”的假借字。用作“获”或“获物”的意思。举一个例子：

> 鄃侯获巢，孚厥金胄，用作旅鼎。(鄃侯鼎)
>
> 攻龠无敌，省于人身孚戈，用作宝尊彝，子子孙其永宝。(寔鼎)
>
> 周伯边及仲偯父伐南淮夷，孚金，用作宝鼎。其万年，子子孙永宝用。(仲父偯鼎)

> 寍孚贝，寍用作饔，公宝尊鼎。（寍鼎）
>
> 师同从，折首执讯，孚车马五乘，大车廿，羊百契，用造王，羞于宲，孚戎金，🈯卅，戎鼎廿，铺五十，剑廿，用铸兹尊鼎，子子孙孙其永宝用。（师同鼎）
>
> 癸未，戎伐笱，衣孚，多友西追……孚戎车百乘一十又七乘，衣复笱人孚，或搏于龏……执讯二人，孚车十乘……复夺京师之孚，多友乃献孚聝讯于公。（多友鼎）
>
> 孚人万三千八十一人，孚马□□匹，孚车卅辆，孚牛三百五十五牛，羊卅八羊。（小盂鼎）
>
> 过伯从王伐反荆，孚金，用作宗室宝尊彝。（过伯簋）
>
> 殴孚士女羊牛，孚吉金。今余弗暇组，余用作朕后男腊尊簋。（师寰簋）
>
> 执讯二夫，孚戎车盾矛戈弓箙矢裨胄。（㦰簋）
>
> 执讯四十，夺孚人四百，献于荣伯之所。（敔簋）
>
> 王征南淮夷，伐角淮征桐遹，翏生从，执讯折首，孚戎器，孚金，用作旅盨。（翏生盨）
>
> 员先入邑，员孚金，用作旅彝。（员卣）

还有在楚简中，在郭店楚简《缁衣》第二号简、第十三号简与上博简《中弓》第二十号简中可以见到。其中郭店《缁衣》的两个例子，都是《诗》的引文，我认为其“孚”是“诚信”的意思。上博简《中弓》的“孚”我认为大概是“愎”的假借字，因此对这个字的解释不起什么作用。

通行本《周易》经文中出现的“孚”的用例，除了讼卦之外，还有：

需。有孚，光亨，贞吉。利涉大川。（需卦的卦辞）

初六，有孚比之，无咎。有孚盈缶，终来，有它，吉。（比卦）

六四，有孚，血去惕出，无咎。（小畜卦）

九五，有孚挛如，富以其邻。（小畜卦）

九三，无平不陂，无往不复，艰贞，无咎。勿恤其孚，于食有福。（泰卦）

六四，翩翩不富以其邻，不戒以孚。（泰卦）

六五，厥孚交如威如，吉。（大有卦）

九四，随有获，贞凶。有孚在道，以明，何咎。（随卦）

九五，孚于嘉，吉。（随卦）

观。盥而不荐，有孚颙若。（观卦的卦辞）

习坎。有孚，维心亨，行有尚。（习坎卦的卦辞）

初九，壮于趾，征凶，有孚。（大壮卦）

初六，晋如摧如，贞吉。罔孚裕，无咎。（晋卦）

上九，有孚威如，终吉。（家人卦）

九四，睽孤，遇元夫，交孚，厉，无咎。（睽卦）

九四，解而拇，朋至斯孚。（解卦）

六五，君子维有解，吉。有孚于小人。（解卦）

损。有孚，元吉，无咎，可贞，利有攸往。曷之用，二簋可用享。（损卦的卦辞）

六三，益之用凶事，无咎。有孚，中行，告公用圭。（益卦）

九五，有孚惠心，勿问，元吉。有孚，惠我德。（益卦）

夬。扬于王庭，孚号，有厉。告自邑，不利即戎，利有攸往。（夬卦的卦辞）

初六，系于金柅，贞吉。有攸往，见凶，羸豕孚蹢躅。（姤卦）

初六，有孚不终，乃乱乃萃，若号，一握为笑。勿恤，往无咎。（萃卦）

六二，引吉，无咎，孚乃利用禴。（萃卦）

九五，萃有位，无咎。匪孚，元永贞，悔亡。（萃卦）

九二，孚乃利用禴，无咎。（升卦）

上六，井收，勿幕，有孚，元吉。（井卦）

革。巳日乃孚，元亨，利贞，悔亡。（革卦的卦辞）

九三，征凶，贞厉。革言三就，有孚。（革卦）

九四，悔亡。有孚改命，吉。（革卦）

九五，大人虎变，未占有孚。（革卦）

六二，丰其蔀，日中见斗，往得疑疾，有孚发若，吉。（丰卦）

九二，孚兑，吉，悔亡。（兑卦）

九五，孚于剥，有厉。（兑卦）

中孚。豚鱼，吉。利涉大川，利贞。（中孚卦的卦名）

九五，有孚攣如，无咎。（中孚卦）

六五，貞吉，无悔。君子之光，有孚，吉。（未济卦）

上九，有孚于饮酒，无咎。濡其首，有孚失是。（未济卦）

以上所见到的《周易》经文的“孚”中是否有“获物”的意思不很清楚。因为在《周易》中“孚”这个字好像在各种各样的意义上被使用，将这些“孚”以一种意思进行一贯的解释是不合适的。但是，许多“孚”，如通常所说的那样，用“诚信”或“取诚信的态度”来解释也无妨。即便是在将“孚”作为“俘虏”来解释的高亨的《周易古经今注（重订本）》中，也将萃卦的六二、升卦的九二、兑卦的九二、中孚卦的卦名中的“孚”解释为“信”的意思。而且，李镜池的《周易通义》也几乎将“孚”解释为“俘虏”或“获物”，但同时认为中孚卦的卦名中的“孚”为“信”的意思。如果是这样的话，这个字就是从古金文的“获”或“获物”的意思变化成为了《易》的“诚信”“取诚信的态度”的意思了。

如果大胆推测其变化过程的话，金文中的孚获的“获物”本来是献给上帝、鬼神的，或者是在上帝、鬼神面前发誓时所使用的带有宗教性质的东西。因此，这种孚获物本来就伴随着对上帝、鬼神的宗教性的“诚信”。与此几乎立于相同的宗教性基础上的“诚信”被继承到作为占筮的《易》中，其结果大概就是在《易》中变成了对上帝、鬼神，或在上帝、鬼神面前占问之际的“诚信”。上述通行本《周易》经文的“孚”的用例中有：

> 六二，引吉，无咎，孚乃利用禴。（萃卦）
> 九二，孚乃利用禴，无咎。（升卦）

我认为这两个“孚”，是在进行“禴”这种宗教祭祀时可以“用”的孚获物，同时也是其中所蕴涵的“诚信”之心。

（2）关于“中吉，夂凶”

“中”，濮茅左在《释文考释》中说：“‘中’，与‘冬（终）’相对应，用为‘中间’意。”这是《周易》本来正确的意思。上博简《周易》夬卦（第三十九号简）有：

> 上六，忘（无）唇（号），中又（有）凶。

这里“中”是“初，中，终”的“中”的意思。因为通行本的夬卦中有：

上六，无号，终有凶。

是由于将上博简的“中”改作了“终”。那么，本爻“中吉”的“中”也与“中有凶”的“中”是同样的意思。即不会是“中正”“中道”“中庸”等所谓儒学的道德思想的“中”的意思。

检阅通行本《周易》经文中所出现的“中”字，除了本卦的本爻之外，还有以下这些：

六三，即鹿无虞，惟入于林中，君子几不如舍，往吝。（屯卦）
九二，在师中，吉，无咎。王三锡命。（师卦）
九二，包荒，用冯河，不遐遗，朋亡，得尚于中行。（泰卦）
六四，中行独复。（复卦）
六二，无攸遂，在中馈，贞吉。（家人卦）
六三，益之用凶事，无咎。有孚，中行，告公用圭。（益卦）
六四，中行，告公从，利用为依迁国。（益卦）
九五，苋陆夬夬，中行，无咎。（夬卦）
丰。亨。王假之，勿忧，宜日中。（丰卦的卦辞）
六二，丰其蔀，日中见斗，往得疑疾，有孚发若，吉。（丰卦）
九三，丰其沛，日中见沬，折其右肱，无咎。（丰卦）
九四，丰其蔀，日中见斗，遇其夷主，吉。（丰卦）
中孚。豚鱼，吉。利涉大川，利贞。（中孚卦的卦名）

其中，就场所的“中”而言者为屯卦、师卦、家人卦；就时间的“中”而言者为丰卦（四例）；就心的“中”而言者为中孚卦，其他的泰卦、复卦、益卦（二例）、夬卦是“中行”这一用语。这些“中行”虽然都是“中道”的意思，但是未必是通常所解释的那种精神的、道德的意味（中庸、中正之道），毋宁说是物理的现象的意味（到行程之中去、到目的全体之中途进行）。如举出特别显著的例子，复卦的“中行”就是到途中去的意思。

不过，彖传中却说：

讼。有孚，窒惕，中吉，刚来而得中也。

这样，在这里渗入了象数《易》的“中正”的概念，在此基础上将其儒学化、道德化了。即变成了儒学的道德思想的“中”的意思。王弼《周易注》也沿袭了这种方法，在讼卦的卦辞所附的注中说（楼宇烈《王弼集校释》上册，参照《周易注》，中华书局，1980年）：

窒，谓窒塞也。能惕，然后可以获中吉。

于是，这就成为以后的传统解释的基础。不用说这是《周易》思想的进步、发展，但是这与《周易》本来的思想不同，我们必须要注意。

（3）关于“利用见大人，不利涉大川”

“利用见大人”这一句，通行本作“利见大人”，没有“用”字。这里问题首先是“利”或“利用”这一词语的用法。从《周易》本来的样子来考虑的话，“利”“利用”是做……有利、能够有利于做……是表现这种意思的助动词之一。对此，通行本《周易》乾卦文言传的“元亨利贞”解或《春秋左氏传》襄公九年随卦的“元亨利贞”解等，将“利”看作是《周易》的四德之一，作“利者，义之和也”这样的说明，是儒学化、道德化进展了的后代思想的表现。

“利用见大人”，是与身份高的为政者会面有利的意思。“不利涉大川”是积极地开展大的工作有不利的意思。对这个问题的分析、考证，已经在2006年韩国成均馆大学举办的“儒学经典方法论探讨”的国际会议上发表过了，就不再说了（参照池田知久《〈周易〉研究的课题与方法》，收入渡边义浩编《两汉的易与三礼》，汲古书院，2006年）。

顺便要说明的是，关于通行本的经文“利见大人”，彖传说“利见大人，尚中正也。”可见将得此“中正”的大人指九五的“讼，元吉。”与此对应，九五的彖传说“讼，元吉，以中正也”。这样，彖传说经的方法，可以说重复地将象数《易》的“中正”概念渗入《周易》经文的解释中，而使之儒学化、道德化了。值得注意的是，这不仅仅止于彖传，王弼《周易注》也始终一贯地沿袭这种方法这一事实。九二的王弼注为：

> 无善听者，虽有其实，何由得明，而令有信塞惧者得其中吉。必有善听之主焉，其在二〈五〉乎。以刚而来，正夫群小，断不失中，应斯任也。

九五的王弼注为：

处得尊位，为讼之主。用其中正，以断枉直。中则不过，正则不邪，刚无所溺，公无所偏。故讼，元吉。

（4）关于“或从王事，亡成”

“王事”，通行本《周易》经文中，除本卦的本爻之外，还有：

六三，含章可贞。或从王事，无成有终。（坤卦）

近年李镜池《周易通义》将此“王事”解释为战争。

这里，除了“王事”这一句，在通行本《周易》经文中，探讨一下王被视为从事什么工作，可以得到下面的数据。

九二，在师中，吉，无咎。王三锡命。（师卦）

九五，显比，王用三驱失前禽，邑人不诫，吉。（比卦）

上六，拘系之，乃从维之，王用亨于西山。（随卦）

上九，不事王侯，高尚其事。（蛊卦）

六四，观国之光，利用宾于王。（观卦）

上九，王用出征，有嘉，折首，获匪其丑，无咎。（离卦）

六二，晋如愁如，贞吉。受兹介福于其王母。（晋卦）

九五，王假有家，勿恤，吉。（家人卦）

六二，王臣蹇蹇，匪躬之故。（蹇卦）

六二，或益之，十朋之龟弗克违，永贞吉。王用享于帝，吉。（益卦）

夬。扬于王庭，孚号，有厉。告自邑，不利即戎，利有攸往。（夬卦的卦辞）

萃。亨。王假有庙，利见大人，亨，利贞。用大牲，吉，利有攸往。（萃卦的卦辞）

六四，王用亨于岐山，吉，无咎。（升卦）

九三，井渫不食，为我心恻，可用汲。王明，并受其福。（井卦）

丰。亨。王假之，勿忧，宜日中。（丰卦的卦辞）

涣。亨。王假有庙，利涉大川，利贞。（涣卦的卦辞）

九五，涣汗其大号。涣王居，无咎。（涣卦）

这些卦辞、爻辞中所反映的“王”的职务，可以分为以下四项：关于军事或战争的（师卦、离卦）、关于祭祀的（随卦、益卦、萃卦、升卦、涣卦）、关于狩猎的（比卦）以及其他关于各种政治、统治的（蛊卦、观卦、晋卦、家人卦、蹇卦、夬卦、井卦、丰卦）。因此，“王事”所指的内容也就可以推测就包含在此范围之中。但是，“王事”特别是在文献资料中多见于《毛诗》中，说军事或政治的事情非常多。例如，《邶风》的《北门》篇中有：

王事适我，政事一埤益我。我入自外，室人交徧谪我。已焉哉，天实为之，谓之何哉。

王事敦我，政事一埤遗我。我入自外，室人交徧摧我。已焉哉，天实为之，谓之何哉。

《唐风》的《鸨羽》篇中有：

肃肃鸨羽，集于苞栩。王事靡盬，不能艺稷黍，父母何怙。悠悠苍天，曷其有所。

肃肃鸨翼，集于苞棘。王事靡盬，不能艺黍稷，父母何食。悠悠苍天，曷其有极。

肃肃鸨行，集于苞桑。王事靡盬，不能艺稻粱，父母何尝。悠悠苍天，曷其有常。

《小雅》的《出车》篇中有：

我出我车，于彼牧矣。自天子所，谓我来矣。召彼仆夫，谓之载矣。王事多难，维其棘矣。……

昔我往矣，黍稷方华。今我来思，雨雪载涂。王事多难，不遑启居。岂不怀归，畏此简书。

《小雅》的《杕杜》篇中有：

有杕之杜，有睆其实。王事靡盬，继嗣我日。日月阳止，女心伤止，征夫遑止。

有杕之杜，其叶萋萋。王事靡盬，我心伤悲。卉木萋止，女心悲止，征夫归止。

陟彼北山，言采其杞。王事靡盬，忧我父母。檀车幝幝，四牡痯痯，征夫不远。

《小雅》的《北山》篇中有：

陟彼北山，言采其杞。偕偕士子，朝夕从事。王事靡盬，忧我父母。……

四牡彭彭，王事傍傍。嘉我未老，鲜我方将，旅力方刚，经营四方。

可以说不胜枚举。基于以上所见，认为本爻的“王事”也主要是指示军事或战争也未尝不可。

但是，马王堆《易传》的《易之义》篇中说：

或从王事，无成有冬（终），学而能发也。……《易》曰：“或从〔王〕事，无成又（有）冬（终）。”子曰：“言诗书之胃（谓）也。”君子笱（苟）得亓（其）冬（终），可必可尽也。君子言于无罪之外，不言于又（有）罪之内。

这是坤卦六三的爻辞，所谓“或从王事”，似乎解释为“学”习“诗书”中所描述的“王事”，能够就此“发”“言”。如上所见，“王事”本来是指军事或战争，在这里，需要注意的是，通过将“王事”解释为“诗书”中所包含的王道（王者的道德、政治）这一意义，而图谋《周易》的儒学化、道德化。

（5）关于“逿即命”

“逿”，濮茅左《释文考释》中说：“‘逿’，即‘复’字，《郭店楚墓竹简》、《包山楚简》、金文《中山圆壶》等都作此形，从辵，复声。‘复’，归。”是“复”的异体字。通行本《周易》经文中的“复”，与表示积极的结果的占辞一起出现的场合很多。以下举例说明。

初九，复自道，何其咎，吉。（小畜卦）

九二，牵复，吉。（小畜卦）

九三，无平不陂，无往不复，艰贞，无咎。勿恤其孚，于食有福。（泰卦）

上六，城复于隍，勿用师，自邑告命，贞吝。（泰卦）

复。亨。出入无疾，朋来无咎。反复其道，七日来复，利有攸往。（复卦的卦辞）

初九，不远复，无祇悔，元吉。（复卦）

六二，休复，吉。（复卦）

六三，频复，厉，无咎。（复卦）

六四，中行独复。（复卦）

六五，敦复，无悔。（复卦）

初九，悔亡。丧马勿逐，自复，见恶人，无咎。（睽卦）

解。利西南，无所往，其来复，吉。有攸往，夙，吉。（解卦的卦辞）

这样，“复”就与“吉”“无咎”“亨”“元吉”“无悔”等占辞结合在一起。其反面有：

上六，迷复，凶，有灾眚。用行师，终有大败，以其国君，凶。至于十年，不克征。（复卦）

九三，鸿渐于陆，夫征不复，妇孕不育，凶。利御寇。（渐卦）

这样，对“复”而言或为“迷”或为不“复”的时候，成为“有灾眚”“凶”这种消极的占断。那么，该卦此爻的“逿（复）”也最终变成了“吉”这一积极的占断。而且，本卦本爻的“复”，根据九二的

“逯(归)”，我认为是与之相对的用语。就是说，在九二不能顺利进行诉讼，逃回到自己的封地的那个小村子，经过在六三的封邑中蛰居，而在九四为“即（王）命”而“退（复）”（复归）王城。

“命”，程颐《周易程传》中解释说：

> 命谓正理，失正理为方命。故以即命为复也。方，不顺也。《书》云：“方命圮族。”《孟子》云：“方命虐民。”夫刚健而不中正，则躁动，故不安处。非中正，故不贞。不安贞，所以好讼也。若义不克讼而不讼，反就正理，变其不安贞为安贞，则吉矣。

且朱熹《周易本义》解释为：

> 即，就也。命，正理也。渝，变也。九四刚而不中，故有讼之象。以其居柔，故又为不克，而复就正理，渝变其心，安处于正之象。占者如是则吉也。

当然不是这种宋学式的“正理”“天命”的意思，而是为政者（这里是“王”）的命令的意思。通行本《周易》经文中的“命”是“王”的命令，关于这一点，在本卦的本爻之外，可以参照以下数据。

> 九二，在师中，吉，无咎。王三锡命。（师卦）
> 上六，大君有命，开国承家，小人勿用。（师卦）
> 上六，城复于隍，勿用师，自邑告命，贞吝。（泰卦）
> 九四，有命，无咎。畴离祉。（否卦）
> 九四，悔亡。有孚改命，吉。（革卦）

六五，射雉，一矢亡，终以誉命。(旅卦)

这些都是以“王”或“大君”为首的为政者所发的“命令”的意义来使用的。

（6）关于“元吉”

“元吉”与“大吉”意思相同，是“大大地吉利”的意思。除了“元吉”之语，检阅通行本《周易》经文中含有“元”的词的用例，乾卦的卦辞、坤卦的卦辞、屯卦的卦辞、大有卦的卦辞、随卦的卦辞、蛊卦的卦辞、临卦的卦辞、无妄卦的卦辞、升卦的卦辞、革卦的卦辞中有“元亨”，睽卦的九四中有“元夫”，比卦的卦辞、萃卦的九五中有“元永贞”。这样,“元”的用例只有“元亨”“元吉”“元夫”“元永贞”四种，而这些“元”都是“亨”“吉”“夫”“永贞”的修饰语，是作为副词或形容词来使用的。即可以解释为“大大地亨利”“大大地吉利”“大大的丈夫”“大大地占问长久的命运”。

顺便指出，通行本《周易》经文中“元吉”的用例，除本卦本爻之外，还有以下例子。

六五，黄裳，元吉。(坤卦)

上九，视履考祥，其旋元吉。(履卦)

六五，帝乙归妹，以祉元吉。(泰卦)

初九，不远复，无祇悔，元吉。(复卦)

六四，童牛之牿，元吉。(大畜卦)

六二，黄离，元吉。(离卦)

损。有孚，元吉，无咎，可贞，利有攸往。曷之用，二簋可

用享。(损卦的卦辞)

六五，或益之，十朋之龟弗克违，元吉。(损卦)

初九，利用为大作，元吉，无咎。(益卦)

九五，有孚惠心，勿问，元吉。有孚，惠我德。(益卦)

上六，井收，勿幕，有孚，元吉。(井卦)

鼎。元吉，亨。(鼎卦的卦辞)

六四，涣其群，元吉。涣有丘，匪夷所思。(涣卦)

关于这些，彖传或象传说明了"元吉"的事情，其说明很多情况是用象数《易》的"中正"概念，同时还在此"中正"之上使之与儒学的"中正"、"中道"的道德相重合，的确，无非是《周易》的儒学化、道德化。如同下面一样：

黄裳，元吉，文在中也。(坤卦的象传)

讼，元吉，以中正也。(讼卦的象传)

以祉元吉，中以行愿也。(泰卦的象传)

黄离，元吉，得中道也。(离卦的象传)

鼎，象也。以木巽火，亨饪也。圣人亨以享上帝，而大亨以养圣贤。巽而耳目聪明，柔进而上行，得中而应乎刚，是以元亨。(鼎卦卦辞的象传)

(作者单位：山东大学儒学高等研究院)

郭店楚简《语丛四》的抄者归属问题

西山尚志

本文的主旨在于探讨郭店楚简《语丛四》(以下有时简称为“语四”)的抄者归属问题。郭店楚简《语丛四》的抄者，不少学者认为与郭店楚简《老子》甲、乙、丙、《太一生水》(以下有时简称为“甲”“乙”“丙”“太”)的抄者有关，请看表1。

表1

作者	文献分类[1]	根据、方法
横田恭三	甲、鲁、穷、五、语四／乙、丙、太	从书法风格看来，将郭店楚简大致分为七类。[2]
李零	／甲、乙、丙、太、语四／	李零先生按照字体、形制将郭店楚简《老子》甲、乙、丙、《太一生水》放在“第一种字体”里。[3]

[1] 各字表示《郭店楚墓竹简》的各文献名。这表只列举与《老子》三个文本、《太一生水》有关的部分。各字表示如下:“甲”“乙”“丙”=《老子》甲、乙、丙本;“太”=《太一生水》;“缁”=《缁衣》;“鲁”=《鲁穆公问子思》;“穷”=《穷达以时》;“五”=《五行》;“语四”=《语丛四》。这里，斜线“／”表示在分类上与左右文献“有排他性”;“、”表示与左右文献“有关”。

[2] 横田恭三:《战国楚系简帛文字的变迁》,《书学书道史研究》第八号，日本：书学书道史学会编，1998年。

[3] 李零:《郭店楚简校读记》,《道家文化研究》第17辑，北京：生活·读书·新知三联书店，1999年。

续表		
周凤五	／甲、乙、丙、太、五、缁、鲁、穷、语四／	周凤五先生将郭店楚简的字体（形体结构与书法体势）分为四类："第一类见于甲、乙、丙三组《老子》与《太一生水》、《五行》、《缁衣》、《鲁穆公问子思》、《穷达以时》、《语丛四》等九篇。"[1]
中村伸夫	甲、语四／乙、丙、太	按照书法风格分为七类。[2]
濑筒宽之	／甲、乙、丙、太、五、缁、鲁、穷、语四／	"郭店楚墓竹简样式"与"异体使用频度"抽出来的"异体使用频度浓缩表"加以书法风格的分类。[3]
福田哲之	甲／乙、丙、太／语四	认定周凤五先生的分类恰当，用自己的方法再作详细划分。[4]

作为判断基准，本文不采用考察"笔迹""书体""风格"之类的模糊方法（以下，以"风格"为代表），只关注文字字形，加以统计学的解析方法，探讨《语丛四》的抄者归属问题。

笔者曾经在《关于郭店楚简〈老子〉三本、〈太一生水〉的抄者——字形种类的统计分析》（以下简称为"西山 2003"）[5]中分析郭店楚简《老子》甲、乙、丙、《太一生水》的抄者关系，笔者认为，郭店楚简《老子》甲、乙、丙、《太一生水》的四篇中有三位抄者，各用 A、B、

[1] 周凤五：《郭店竹简的形式特征及其分类意义》，《郭店楚简国际学术研讨会论文集》，武汉：武汉大学中国文化研究院编，2000 年。

[2] 中村伸夫：《〈郭店楚简〉にみえる字形的简化について》，书学书道史学会编《国际书学研究／2000》，日本：书学书道史学会，2000 年。

[3] 濑筒宽之：《郭店楚简的文字的研究》，《青山杉雨记念赏 第五回学术奖励论文选》，日本：青山杉雨记念赏实行委员会，2002 年。

[4] 福田哲之：《郭店楚简、上博楚简的字体と形制》，《新出土资料と中国思想史》，日本：《中国研究集刊》别册，第三十三号，2003 年。

[5] 日文版：《郭店楚简〈老子〉三本、〈太一生水〉における抄者的关系について－字形的バリエーション的统计学的考察－》，郭店楚简研究会编：《郭店楚简的思想史的研究》第六卷，东京大学文学部中国思想文化学研究室，2003 年 2 月；中文版：《关于郭店楚简〈老子〉三本、〈太一生水〉的抄者－字形种类的统计分析》，《全真道与老庄学国际学术研讨会论文集》上册，武汉：华中师范大学出版社，2009 年。

C表示说：

抄者A：郭店楚简《老子》甲本

抄者B：郭店楚简《老子》乙本

抄者C：郭店楚简《老子》丙本、《太一生水》

因此本文将抄者A、B、C为前提条件，探讨《语丛四》与抄者A、B、C的关系。本节的方法，与“西山2003”相同，运用似然比检验（likelihood ratio test）的统计学解析方法。得到了如下结果：《语丛四》的抄者，与“甲”“乙”“丙、太”都不同。下文将论述详细的过程。

一、考察抄写“风格”的方法的问题与本文所使用的方法

如上所述，本文只关注字形来探讨郭店楚简《语丛四》的抄者归属问题。历来，许多研究者提及抄写的出土文献的互相关系时，往往运用考察抄写“风格”的方法 。但是笔者认为，目前考察抄写“风格”的方法还未具科学性，因为考察抄写“风格”的方法往往存在如下两个问题：

① 目前大部分考察抄写“风格”的方法缺乏科学性。所以研究结果只有精通书法的一部分研究者才能理解。因而即使抄写“风格”的考察结果不同，专家也无法互相讨论。

② 运用抄写“风格”考察时，抽取样本不一定是随机的。笔者并不怀疑各研究者的研究态度，但是当探讨抄写“风格”时所抽取的样本字（或者样本部分），难免让人怀疑是为了得出预定的结论而选出的（对此研究者也无计可施）。如此，在由样本推广到总体的考察过程中，会造成相互矛盾的结论。

上文表1是各研究者对“语四”和“甲”“乙”“丙”“太”（未提及《太一生水》的论文也列在表里）抄写“风格”的分类结论。由此可一目了然地看出，各家意见并不一致。笔者认为，这是因为考察抄写“风格”的方法还存在以上两个问题。对此，笔者提出如下解决方法：

问题①的对策：

本文不采用考察抄写“风格”的方法，只关注字形进行探讨。本来“广义的字形”是“字体”“书体”的综合体[1]，但是本文只关注狭义的“字形”，并将比较检验分为（1）“甲”“语四”；（2）“乙”“语四”；（3）“丙、太”“语四”共三组，提出一个假设：“如果以上各组中的两篇文献是由同一个抄者抄写的，则这两篇中同一文字采用相同字的比率会十分接近。”对此假设本文将运用似然比检验（likelihood ratio test）加以解析。关于似然比检验，本文将在第二节中举例概说，在第三节中详细说明。

问题②的对策：

进行检验时，为了实现从总体中随机抽取样本的目的，本文只使用满足某些条件的文字。关于这个具体条件，参见本文第三节③—⑥。

因此，本文将不采用考察抄写“风格”的方法，独立运用做出统计学的解析方法而进行探讨。以下说明具体操作的方法。

[1] 参见铃木敦：《甲骨文字におけるセリエーション把握》，论集《中国古代文字と文化》，日本：汲古书院，1999年。

二、分析方法的概说

在图 1 中以“而”字的例子来概说本文所采用的似然比检验。由图 1 可知,“而”字在字形上可分为两种：有的“上部没有横画”（Ⅰ型）；有的“上部有横画”（Ⅱ型）。本文所采用的字形分类定义参见第三节第四点。

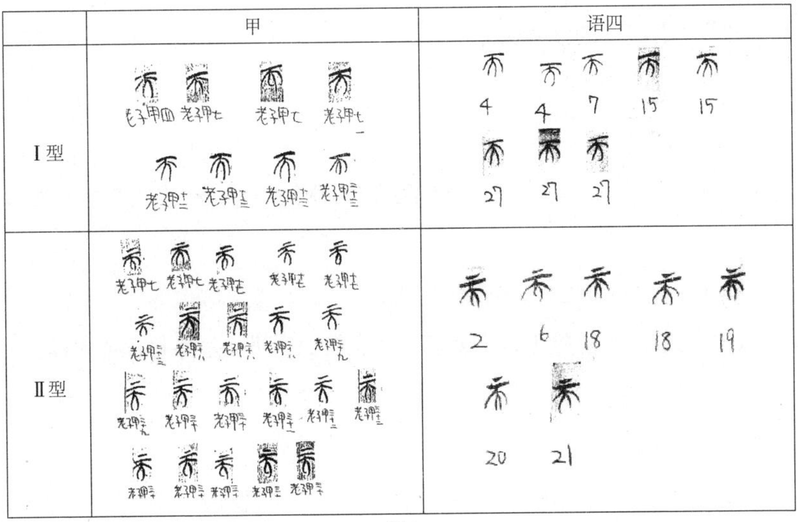

图 1

如上在“甲”“语四”的“而”字中，各字形的比例表示如下图 2。

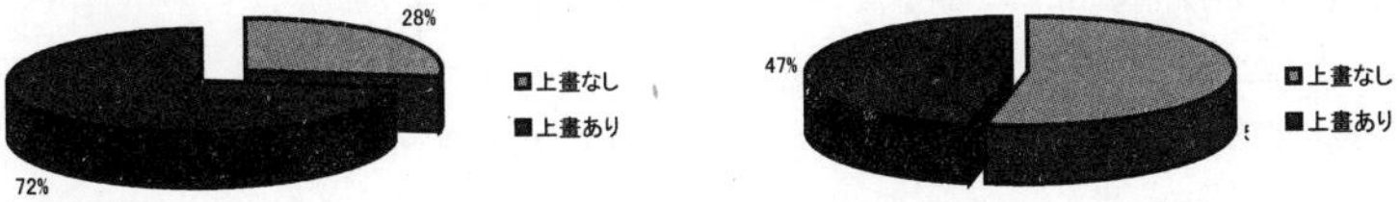

图 2《老子 · 甲》《语丛四》

因此，提出如下假设：如果“甲”“语四”是由同一抄者抄写的文献，则这两篇Ⅰ、Ⅱ型“而”字在该篇“而”字总量中所占比例应当相似。简而言之，如果“甲”“语四”是由同一抄者抄写的文献，图2的两个图表所示比率应当相似。但是，难以判断这两个文献是否由同一抄者抄写的。所以，对如上假设用似然比检验进行分析，取“甲”“语四”之中的“而”字的似然（likelihood）[1]再下判断。同时兼取“而”字以外的其他样本字的似然，最后从所有样本字角度综合判断“甲”“语四”的抄者关系。

三、检验方法的规定

本节，详细论述本文的检验方法。

① 在本文的检验上，楚文字的隶定按照《郭店楚墓竹简》的释文。

② 按照“西山 2003”的检验结论，将《老子·丙》与《太一生水》看作同一抄者的文献。

③ 将郭店楚简《老子》甲、乙、丙、《太一生水》的四篇分为（1）“甲”“语四”;（2）“乙”“语四”;（3）“丙、太”“语四”的三组进行检验，一次检验两篇。

④ 对③中的（1）—（3）检验时，抽取“有字形种类的文字”。此时，只有在检验的两篇中出现5字以上，才采用样本字。

[1] 检验假设为 P0；对立假说为 P1，（X1……Xn）的密度函数为 P，如下能表示为似然比检验（likelihood ratio test）。

$$\lambda = \frac{\sup\limits_{p \in p0} p(x_1 \cdots\cdots, x_n)}{\sup\limits_{p \in p0} p(x_1 \cdots\cdots, x_n)} > c \Leftrightarrow \phi = 1$$

加上，如上 λ 为似然比。参见《现代数理学事典》，日本：大阪书籍，1994年。

⑤ 按照“字形”将样本字加以分类。

a：笔画数不同。(例)“可”

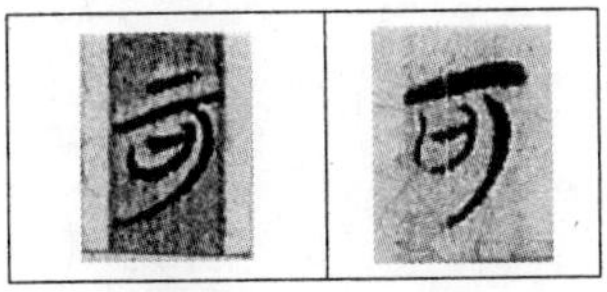

b：偏旁所放的地方不同。(例)“清”

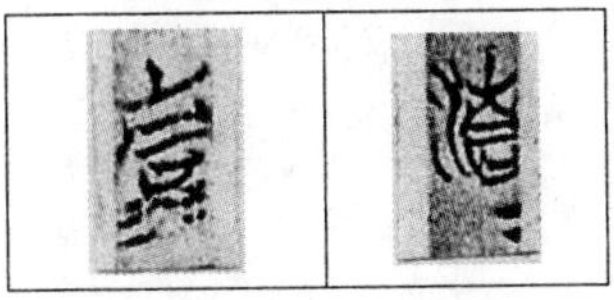

c：若在金文字形上能加以分类，但在抄写的出土文献上还不能客观地看出字形分类的话，这种文字则不统计在内。在图3中用“之”字为例，郭店楚简Ⅱ型是否属于Ⅰ型或Ⅲ型，难以客观地判断。

	Ⅰ型	Ⅱ型	Ⅲ型
金文字形[1]	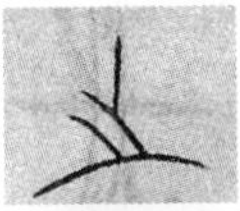		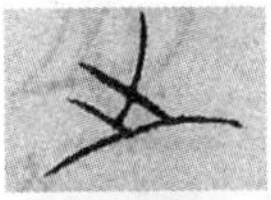
郭店楚简	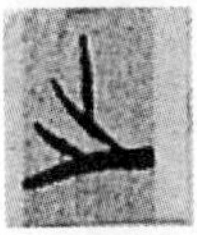	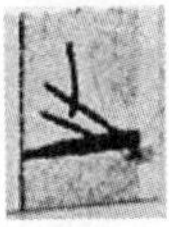	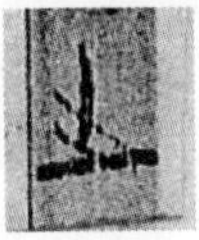

图3

[1] 从容庚编著《金文编》摘录图片。本文考虑郭店楚简是从旧楚国出土的文献，在此使用同样从旧楚国出土的酓忎鼎。参见容庚编著:《金文编》，北京：中华书局，1996年，416页。

d：将“”和“”看作同系列字，在字形分类上放在一起。

（例）“涅”

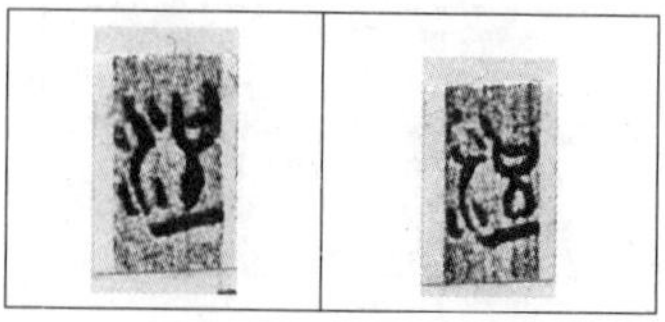

e：部分也有残缺的文字，不计算在内。

⑥ 进行检验时，某字接受检验的字形种类总数为该字在四篇之内辨认的字形种类数。以“於”字为例说明，见图 4。在图 4“甲”“语四”的字形种类总数为 3，但是同时考察“乙”“丙、太”，发现增加了Ⅲ型，字形种类一共为 4。检验“甲”“语四”两篇时，未必否定出现Ⅲ型，所以“於”字的字形种类总数为 4。

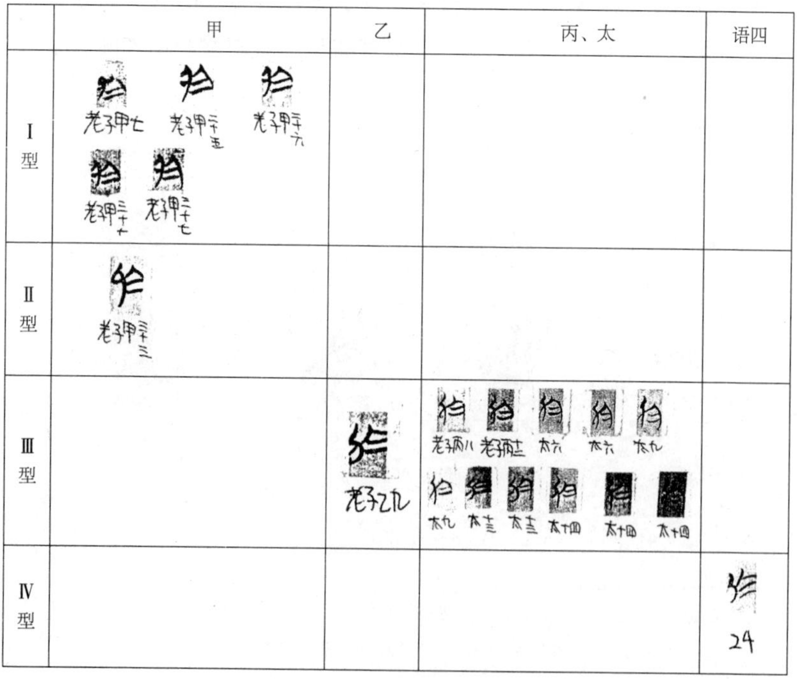

图 4

⑦ 即使检验对象的两篇内看不出字形种类，在其他两篇内还看得出字形种类的话，该字也加入样本，字形种类总数为该字在四篇之内辨认的字形种类数。在图5拿“至”字来说明。在图5中，检验“甲”“语四”时，“甲”“语四”之内看不出字形种类。但是与“乙”“丙、太”一起看，看得出还有一个字形种类（Ⅱ型）。在如此情况下，“甲”“语四”的字形种类总数为2。还有，如此文字在检验对象的各篇内只有各出现三次以上的文字，才加入样本，这种情况下似然为0。

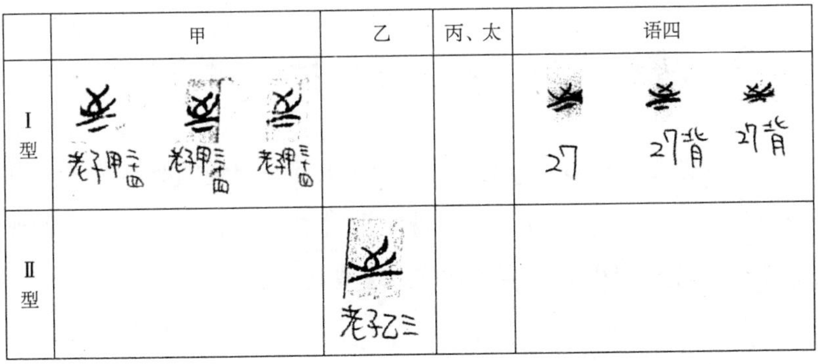

图5

⑧ 显著性水平（significant level）为5%。

⑨ 满足上述的条件，所抽取的样本字如下（排序不分先后）：

（1）检验“甲”“语四”……与、复、智、牆、得、相、则、事、其、下、才、不、弗、可、民、我、利、至、成、于、为、者、而

（2）检验“乙”“语四”……与、智、则、若、事、其、下、不、可、为、者、而

（3）检验“丙、太”“语四”……复、智、相、则、会、若、事、其、上、不、弗、可、成、于、为、者、而

四、检验的模型

① 文献（“甲”“乙”“丙、太”“语四”）为 i（i = 1、2、3、4）；样本文字的总数为M；各样本字为 j（j = 1，2，3…… M）。还有，样本字第j字包含的字形种类总数为 $T(j)$；这数为 k [1，2，3……$T(j)$]。

② X_{ijk} 表示在文献 i、文字 j 上的字形种类 k 的样本数。

③ 将文献 i、文字 j 为前提，字形种类 k 出现的概率为 P_{ijk}。就是说，在文献 i、文字 j 下，出现字形种类1，2，3……$T(j)$ 的概率为 P_{ij1}，P_{ij2}……$P_{ijT(j)}$。不言而喻，这些总和是1。

④ 假定多项分布，文献 i 、文字 j 的事件表示如下A。以下，A简称为 f（j， k ）。假定各个不同的文字之间发生的事件是独立，同时发生的概率为其积数。对文献 i 的事件为 j = 1 ~ M的相乘，能表示如下B 。

$$\frac{(\sum_{k=1}^{T(j)} X_{ijk})!}{\prod_{k=1}^{T(j)} X_{ijk}!} \prod_{k=1}^{T(j)} P_{ijk}^{X_{ijk}} \quad \cdots\cdots \quad \text{A}$$

$$\prod_{j=1}^{M} f(i,j) \quad \cdots\cdots \quad \text{B}$$

⑤ 文献 1 为模型 C；文献 2 为模型 D，C 与 D 是独立的话，同时发生的概率为 C 与 D 的乘积，以此为似然函数（likelihood function）。

$$\prod_{j=1}^{M} f(1,j) \quad \cdots\cdots \quad C$$

$$\prod_{j=1}^{M} f(2,j) \quad \cdots\cdots \quad D$$

⑥ 各 P_{ijk} 的极大似然估计量（maximum likelihood estimator）能表示为如下 E。

$$\hat{P}_{ijk} = \frac{X_{ijk}}{\sum_{k=1}^{T(j)} X_{ijk}} \quad \cdots\cdots \quad E$$

⑦ 以“原来文献 1、2 是由同一抄者抄写的文献”为原假设（null hypothesis）[1]。这假设为 H0，模型化为如下：

$$H0: P_{1jk} = P_{4jk} \ [\forall j = 1, 2, \cdots\cdots, M、\forall k = 1, 2\cdots\cdots T(j)]$$

⑧ 在 H0 下的 P_{1jk} 的极大似然估计量能表示为如下 F。

[1] “从统计学的角度来讲，在假设 H 成立的前提下，根据样本观测结果来判断这个前提是否有充分的理由站得住脚，从而决定是接受它还是拒绝它。这样的假设一般称谓‘零假设’或‘原假设’（null hypothesis）。”参见陆璇《数理统计基础》，北京：清华大学出版社，1998 年，第 135 页。

$$\hat{P}_{1jk} = \frac{X_{1jk} + X_{4jk}}{\sum_{k=1}^{T(j)} X_{1jk} + \sum_{k=1}^{T(j)} X_{4jk}} \quad \cdots\cdots \quad F$$

在H0，i = 2也一样，能表示为如下G。

$$\hat{P}_{4jk} = \frac{X_{1jk} + X_{2jk}}{\sum_{k=1}^{T(j)} X_{1jk} + \sum_{k=1}^{T(j)} X_{2jk}} \quad \cdots\cdots \quad B$$

于是，按照⑥、⑦进行似然比检验。

五、检验结果与结论

得到的结果如下：

（1）假设："原来郭店楚简《老子》甲本、《语丛四》是由同一抄者抄写的文献"的似然比检验的结果是，似然比111.03（小数点后保留两位，以下同）；自由度58。由于自由度58的 χ^2 分布右侧5%点是76.08，在5%显著性水平上能拒绝这假设。

（2）假设："原来郭店楚简《老子》乙本、《语丛四》是由同一抄者抄写的文献"的似然比检验的结果是，似然比111.87；自由度31。由于自由度31的 χ^2 分布右侧5%点是44.99，在5%显著性水平上能拒绝这假设。

（3）假设："原来郭店楚简《老子》丙本和《太一生水》是由同一抄者抄写的文献"的似然比检验的结果是，似然比141.57；自由度44。由于自由度44的 χ^2 分布右侧5%点是60.48，在5%显著性水平上能拒绝这假设。

如上检验结果与四篇的竹简形制特征一起考虑，笔者所导出的结果如下[1]：

郭店楚简《语丛四》的抄者，与《老子·甲》《老子·乙》《老子·丙》《太一生水》都不同。

就是说，笔者认为，郭店楚简《老子》甲、乙、丙、《太一生水》的四篇中有三位抄者，各用A、B、C表示说：

抄者A：郭店楚简《老子》甲本

抄者B：郭店楚简《老子》乙本

抄者C：郭店楚简《老子》丙本、《太一生水》

抄者D：郭店楚简《语丛四》

（1）—（3）的检验的似然比表示本节末尾“各检定结果的似然比”。

结　语

如上所述，本文的关注点在于郭店楚简的字形种类，运用统计学的方法来探讨郭店楚简《老子》甲、乙、丙、《太一生水》、《语丛四》的抄者关系。而且本文的方法是从字形为出发点来展开分析，没有采用考察抄写“风格”的方法，但是笔者并不否定抄写“风格”的研究方法。笔者认为，理想的方法是中村伸夫先生所说：“首先，分开字形、书法风格的两个要素，其次对这两个要素单独进行整理、分析，然后合并两者而进行探讨”[2]，但是笔者认为，抄写“风格”的研究在方法、根据上尚有模糊之处。由于对四篇的抄者关系各研究者的结论大有不

[1] 虽然本文将显著性水平设为5%，即使将它设为1%也能满足本文的检验结果。

[2] 中村伸夫《〈郭店楚简〉にみえる字形的简化について》，书学书道史学会编《国际书学研究/2000》，日本：书学书道史学会，2000年9月。

同，所以笔者认为目前未必合并抄写“风格”的研究与字形研究的研究结论。

各检定结果的似然比

（1）“甲”“语四”的似然比

文字	甲	语四		似然比	自由度
与	6	4		2.369878451	2
复	3	2		2.231435513	3
智	16	5		0.248534499	1
腘	8	1		6.278977725	5
得	8	1		0.250655145	1
相	7	2		0.537349269	1
则	1	4		5.004024235	3
事	8	3		3.330244137	1
其	28	11		0.468786551	1
下	13	1		0.703262467	1
才	5	1		2.634145784	1
不	30	19		12.63563	5
弗	17	3		10.20636937	2
可	12	3		3.849674136	2
民	14	2		12.05664516	2
我	4	1		5.004024235	2
利	4	2		7.63817002	3
至	3	3		0	1
成	4	1		5.004024235	5
于	4	1		5.741628456	3

续表					
为	21	5		15.21639	5
者	13	9		6.82663032	7
而	29	15		2.792545736	1
合计	258	99		111.0290254	58

（2）“乙”“语四”的似然比

文字	乙	语四		似然比	自由度
与	29	5		1.27495349	2
智	21	4		0.599161283	1
则	28	6		5.004024235	3
若	30	10		20.4503338	2
事	8	4		6.73011667	1
其	13	3		6.624853661	1
下	6	1		2.002978311	1
不	22	2		35.62332	5
可	17	2		7.34331356	2
为	12	2		13.3538	5
者	8	3		11.65750998	7
而	6	2		1.202355353	1
合计	116	83		111.8667203	31

（3）“丙、太”“语四”的似然比

文字	丙、太	语四		似然比	自由度
复	6	2		8.997362314	3
智	2	5		4.55668923	1
相	5	2		8.37577424	1

则	5	4		9.592719657	3
会	5	1		2.634145784	1
若	1	4		5.004024235	2
事	7	3		12.21728604	1
其	13	11		21.32397054	1
上	8	1		0.250655145	1
不	17	19		22.2254	5
弗	2	3		2.91103166	2
可	2	3		1.184939226	2
成	14	1		0.296977105	5
于	11	1		6.884063593	3
为	5	5		9.364262	5
者	15	9		16.19200127	7
而	11	15		9.561897403	1
合计	129	89		141.5731994	44

（作者单位：山东大学儒学高等研究院）

《清华大学藏战国竹简》与先秦经学文献国际学术研讨会综述

姚小鸥　李永娜

"《清华大学藏战国竹简》与先秦经学文献国际学术研讨会"2013年5月10—12日在中国传媒大学举办。研讨会由中国传媒大学文学院与《文艺研究》杂志社联合主办，中国传媒大学文学院、国学研究所承办。来自国内各高校和研究机构以及日本、韩国的代表和来宾50余名出席了本次会议。

中国传媒大学文学院院长张鸿声教授主持开幕式并致欢迎辞。会议召集人、中国传媒大学文学院教授、国学研究所所长姚小鸥报告了会议的筹备情况。清华大学出土文献研究与保护中心主任李学勤教授做了主题演讲。2008年7月清华大学抢救入藏的这批战国竹简多为经、史类佚书，涉及中国传统文化的核心内容，是前所罕见的重大发现。李先生说，经过对清华简的清理保护和鉴定、拍照、试读三个阶段后，当前的主要工作是进行缀合、编排和分篇，并逐篇进行隶定和释读，到目前为止，清华大学出土文献研究与保护中心业已发布三辑整理报告。李学勤先生强调，要在"二重证据"的视野下，关注《诗经》与《尚书》等经学文献的传流以及楚国在学术史上的地位等问题。

会议的三个主要议题是：(1)《清华大学藏战国竹简》与《诗经》《尚书》类文献的研究；(2)《清华大学藏战国竹简》其他相关内容的研究；(3) 其他简帛文献与先秦经学文献中的其他问题。会议收到论文35篇。40余名与会学者做了发言，主要内容如下。

一、《清华大学藏战国竹简》与《诗经》《尚书》类文献的研究

2010年公布的《清华大学藏战国竹简(壹)》所收录的九篇文献分别是《尹至》《尹诰》《程寤》《保训》《耆夜》《金滕》《皇门》《祭公》《楚居》。前八篇为《尚书》《逸周书》等类别的文献。2011年发布的《清华大学藏战国竹简(贰)》收录近于《竹书纪年》的《系年》一篇，它的内容在许多方面能和《左传》相印证。2012年底公布的《清华大学藏战国竹简(叁)》共收录文献六种八篇，即真正的古文《尚书》的《说命》三篇，类似《周颂》的《周公之琴舞》，类似《大雅》的《芮良夫毖》，记载黄帝到春秋时期著名君臣名录的《良臣》，巫术类文献《祝辞》和古小说《赤鹄之集汤之屋》。

清华简与《诗经》《尚书》是本次研讨会的重点。《保训》是周文王病重后对周武王进行训诫的重要文献。方铭教授(北京语言大学)《清华简〈保训〉与德治作为周文化核心价值的形成》，对不窋“奔戎、狄之间”的时间以及先周文明的产生作了分析，认为不窋奔戎狄的时间在夏后启篡位前后，先周文明即在此后产生。其间，不窋继续贯彻五帝之德，树立了以德治为核心的先周文化价值体系。

《耆夜》《金滕》《祭公》简文中相关文字的考释向为学者关注。李炳海教授(中国人民大学)《清华简〈耆夜〉与〈诗经〉相关词语的考释——兼论〈诗经〉科学阐释体系的建立》，认为“耆”为“实

现”“到达”之意,“耆夜”是指战后安庆的夜晚。“岁矞员荅”中的“矞”字,用于表达迅疾之义,并非为没有实际含义的语气助词。“岁矞员荅”中的“员”表示下行之义。李炳海教授指出，应在正确训释的基础上建立科学的《诗经》阐释体系。博士生高中华（首都师范大学）《〈清华简〉笔札二则》,对清华简《金縢》《祭公》中的“不豫有迟”以及《耆夜》中的“我忧以颬”作了考释，认为“不豫有迟”当译为“迟迟然不豫久矣”，“我忧以颬”中的“颬”，当读为“浮”或“游”。该文引《诗》为证，所述扎实可信。

《周公之琴舞》是一组十分珍贵的先秦佚诗,其中的“启曰”“乱曰”等前所未见的语汇与先秦诗乐舞传统的关系引起与会者的极大兴趣和关注。

蔡先金教授（济南大学）《清华简〈周公之琴舞〉文本与乐章》,通过考察《周公之琴舞》的文本和乐章结构，认为《周公之琴舞》当为周公与成王合作完成,反映了西周初期的诗乐面貌。江林昌教授(烟台大学)《清华简与先秦诗乐舞传统》,认为“启曰”“乱曰”“琴舞九絉”等乐舞术语分别与《楚辞》中的“倡曰”（或“重曰”)、“少歌曰”“九歌”相对应，提供了认识先秦时期诗乐舞一体原貌的线索。吴万锺教授（韩国全南大学)《清华简〈周公之琴舞〉之启示》，通过探讨诗篇文本的编订问题，认为孔子之后诗的文本分别以乐章和读物两种形式流传。徐正英教授（中国人民大学)《对〈清华简〉第三册〈周公之琴舞〉九首组诗的四点理解》,认为《周公之琴舞》原应都是《诗经·周颂》中的作品，可为孔子“删诗”说增添证据。刘丽文教授（中国传媒大学)《清华简〈周公之琴舞〉与孔子删诗说》，认为今本《诗经》是对古本删减的结果。删减古本诗歌有三种删法：一篇之中保存下来一部分、整篇被删掉、把一篇分为几篇。李颖副教授（中国传媒大学)

《清华简〈周公之琴舞〉与楚辞“九体”》，从《周公之琴舞》中“琴舞九絉”出发，以《楚辞》“九体”这一学界关注已久的问题作为切入点，认为“九体”是我国早期文学的一种样式，承载着深厚的礼乐文化内涵。博士生黄甜甜（清华大学）《试论清华简〈周公之琴舞〉与〈诗经〉之关系》，认为《周公之琴舞》在楚地主要是以儆毖体文献被接受。博士生王克家（中国传媒大学）《清华简〈敬之〉篇考释》，将清华简《敬之》篇与今本《诗经·周颂·敬之》相比勘，指出简文为《周颂·敬之》篇归于成王作提供了新的证据。姚小鸥、杨晓丽（中国传媒大学）《〈周公之琴舞·孝享〉篇研究》，考察了《周公之琴舞》的命名，指出《周公之琴舞》中周公所作歌诗前的介绍性文字具有小序的性质。依《诗经》命篇惯例，应将周公所作歌诗命名为《孝享》。

《芮良夫毖》是一篇蕴含丰富的历史文献。姚小鸥（中国传媒大学）《〈清华简·芮良夫毖·小序〉研究》，认为其开篇四十字与《诗经》《尚书》中的“序”（《毛诗序》《尚书序》）有相似之处，将其命名为《芮良夫毖·小序》。论文探讨了《芮良夫毖》的文体性质，认为它为《诗经》类文献，而非论者所言为《尚书》类文献。

传世《尚书》中的《说命》三篇经清代学者考定为“伪古文”。清华简《傅说之命（说命）》三篇的发现在经学史上有重要意义。廖名春教授（清华大学）《清华简〈说命（上）〉初探》对其中的疑难问题进行了考释，对简文中傅说讨伐失仲的经过及成功的原因多有发明。钱宗武教授（扬州大学）《清华简与今古文〈尚书〉“呜呼”的语用研究》，通过分析今文《尚书》、古文《尚书》及清华简中“呜呼”的语用类型及特点，探讨汉语叹词的形成和发展规律。朱萍副教授（中国传媒大学）《清华简〈说命〉（上）的“同梦”题材初探》，通过探讨清华简《说命》(上)的“同梦”故事与后世“同梦”题材的关系,将叙事类“同梦”题材作品溯至《尚书》。李有兵副教授(中国传媒大学)《商代天命观与中国传统价值体系之建立——以商书之〈盘庚〉、〈说命〉等材料为依据》,考察了商周时期“天”在中国传统价值体系中的地位,认为从“德行”到“德性”标志着“德”的内在化,标志着中国传统天命观价值论的建立。王永副教授(中国传媒大学)《简论〈古文尚书·说命〉篇的文体价值》通过与清华简《说命》篇对读,认为梅赜所献伪《尚书》对于命体文具有范本的意义,对后世除授类制诏文有深刻影响。肖锋副教授(中国传媒大学)《从清华简〈系年〉与〈春秋〉经传记录国君死亡事件看“〈春秋〉笔法”》,将《系年》国君死亡事件记述方式与《春秋》经传相互对照,深入了对“春秋笔法”的认识。

二、《清华大学藏战国竹简》其他相关内容的研究

《清华大学藏战国竹简(壹)》中的《楚居》篇叙述先楚世系及历代楚人建都之地,文献价值极高。黄灵庚教授(浙江师范大学)《〈楚居〉与〈楚辞〉互证五事》,认为楚人源自东方,“荆”“楚”之称与楚先祖熊丽的神异降生有关,《楚辞》中的《九歌》是先秦夜祭礼俗的遗存,楚之都郢始于武王。

《赤鹄之集汤之屋》是《清华大学藏战国竹简(叁)》中的一篇。杨秋红博士(中国传媒大学)《由清华简〈赤鹄之集汤之屋〉篇探兔子成神渊源》,从简文中兔子的三个特点即色白、作祟以及狡猾灵异切入,指出传说中兔子所附带的妖异色彩常为凶兆的预示,白兔可作为好运的指引者,这些都是白兔被祭祀成神的重要因素。姚小鸥、孟祥笑(中国传媒大学)《关于〈清华简〉“赤鹄”篇“曰”字的句读问

题》认为，“古”字与“曰”字应当断开，与下文相连，属于另一意义单位。“曰”字的使用标志着文献为叙述古史的体裁。姚小鸥、卢翮（中国传媒大学）《清华简〈赤鹄〉篇与“后土”人格化》，从“后土”的身份、形象、行为人格化三个方面，考察了土地神的渊源及形成过程。姚小鸥、李永娜（中国传媒大学）《清华简〈赤鹄〉篇与中国早期小说的文体特征》，通过对《赤鹄》篇内容以及中国早期小说文体特征的分析，指出战国时期已经出现了符合现代文学观念的“小说”。将“饰小说以干县令”（《庄子·外物》）与“以奸者七十二君”（《庄子·天运》）对读，可证《庄子·外物》篇“饰小说以干县令”是战国时期出现的成形的小说理论。

三、其他简帛文献与先秦经学文献中的其他问题

《诗经》是中国文化的经典，历来为学者重视。金荣权教授（信阳师范学院）《〈诗经·商颂〉为商人旧作》，认为从《左传》《国语》等史籍记载和《商颂》文本来看，《商颂》都应当是殷商时期的旧作。房瑞丽副教授（中国计量学院）《〈韩诗外传〉〈诗〉学体系的建构》，认为韩婴在著述体例的选取、编排结构的安排、释诗类型的运用和诗说特色的结合四方面，建构了自己的诗学体系。谷红丽博士（首都师范大学）《〈郑风·大叔于田〉主旨考辨》，通过对“叔”这一称谓的分析和关键字句的阐释，认为《大叔于田》借田猎盛况展现郑国军士严整的精神风貌，这也是郑国春秋小霸的原因所在。

《周易》作为“六经之首”，其经、传、注疏向为研究者关注。池田知久教授（日本大东文化大学、山东大学）《有关上海博楚简〈周易·讼卦〉》，探讨了《讼卦》中的“又孚”“利用见大人，不利涉大

川”“或从王事，亡成”“元吉”的含义，认为今本《周易》包含更多的儒学化、道德化因素。杨鉴生副教授（商丘师范学院）《王弼注〈易〉若干佚文考论——兼论王弼注〈系辞〉问题》发现了一条新的王弼注《系辞》的佚文。

杨树增教授（广州大学）《〈春秋〉〈左传〉原本皆为史》，认为《春秋》严格遵循编年史体例，被尊称为“经”，《左传》原本是一部独立的编年体史著述，是依时记事之“史”，非解经之“传”。李卫军副教授（商丘师范学院）《明代〈春秋〉学述要》，认为明代《春秋》学的主流是义理阐发，但在考据方面也取得一定成就。

孔漫春副教授《“哀公问社”章用字考》，指出汉代在《论语》的“问社”“问主”问题上已存在分歧，何晏《论语集解》采“问社”说，在一定意义上统一了有关“问社”“问主”的纷争，对其后论语学的发展影响深远。

西山尚志博士（日本大东文化大学、山东大学）《“秦焚书观”的变迁》，分析了“最古层的史料”（贾谊《新书》《过秦》和司马迁《史记》）和西汉末期以后的秦焚书观，认为争论主要集中于秦焚书的“真相”或“事实”，忽略了秦焚书观变迁的研究。基于这一学术认知，西山尚志将历史学的问题转化为思想史的问题。

刁生虎副教授（中国传媒大学）《“象喻”思维与先秦文学言说》，以《周易》《诗经》、诸子著作等为材料依据，考察了中国文学、文论的“象喻”化的基本建构方式。

参加本次会议学者从各自的论题入手，在某些重大问题方面渐达成共识。蔡先金、江林昌、吴万锺、徐正英、姚小鸥、刘丽文、李颖、黄甜甜、王克家、杨晓丽对于《周公之琴舞》中文本和乐章结构的研究在很大程度上回应了李学勤先生关于先秦佚诗的判断。

一些来宾以不同形式参与了研讨会。傅刚教授（北京大学）在会议上介绍了北京大学藏西汉竹简的内容，指出其中有小说及辞赋类文献。吴相洲教授（首都师范大学）对会议的召开表示祝贺，通报了国家批准成立中国乐府学会的情况，并就清华简相关内容与乐府的关系发表了自己的看法。赵敏俐教授（首都师范大学）、康保成教授（中山大学）、王培元教授（山东大学）、韩格平教授（北京师范大学）出席并主持或评论了各时段的研讨。邓田田博士（湖南社会科学院）参与了《说命》篇的研讨。国学网总裁尹小林研究员表达了国学网对研讨会的支持。

汤漳平教授（漳州师范学院）、丁进教授（安徽财经大学）因故未出席会议，但向会议提交了论文。

张鸿声教授主持了闭幕式。姚小鸥在会议总结中说，本次会议是《清华大学藏战国竹简（叁）》发行后举办的第一次重要学术研讨会，它必将有力地推动清华简研究的进一步开展，中国传媒大学文学院和国学研究所将继续尽力为同仁搭建研究平台。